WANDERER MIT DEM WIND

Alexandra David-Néel

WANDERER MIT DEM WIND

Reisetagebücher in Briefen 1904–1917

mit 24 Abbildungen
auf Kunstdrucktafeln

F. A. BROCKHAUS · WIESBADEN 1979

Titel der französischen Originalausgabe »Journal de voyage. Lettres à son mari.
11 août 1904–27 décembre 1917«. Librairie Plon 1975. Aus dem Französischen
übertragen von Christoph Rodiek.
Umschlag und Einband nach Entwurf von Erich Schulz-Anker.

© Librairie Plon 1975. V.Nr. W 1402 – ISBN 3-7653-0305-4. Printed in Germany.
Ohne ausdrückliche Genehmigung des Verlages ist es nicht gestattet, das Buch
oder Teile daraus photomechanisch zu vervielfältigen (Photokopie, Mikrokopie).
Satz: Satzstudio Frohberg, 3588 Homberg. Druck: ELEKTRA, Reprografischer
Betrieb, Kjeld Höjring, Niedernhausen.

Vorwort

»... Heb die Briefe auf, in denen ich Dir Einzelheiten berichte über die Länder, durch die ich komme, und die Leute, die ich dort sehe. Du mußt schon ein riesiges Paket haben; das ist jedoch platzraubend und unnütz. Heb nur die auf, die mir bei der Abfassung einer Reisebeschreibung als Gedächtnisstütze dienen können; die übrigen, in denen ich Dir z. B. erzähle, daß ich an Darmentzündung leide oder gerade keinen Pfennig Geld mehr habe, kannst Du verbrennen, sie sind nur kurzfristig von Interesse. Wenn sie aber auch nur die geringste Angabe enthalten über Land und Leute oder das, was ich dort persönlich erlebt habe, so bitte ich Dich, sie aufzubewahren, so hinderlich das auch sein mag. (...) Das, was ich Dir schreibe, sind meine einzigen Aufzeichnungen; Du siehst also, wie wichtig sie sind, später mein Gedächtnis aufzufrischen und mich an bestimmte Dinge zu erinnern, von denen ich zwar nichts notiert habe, die mir aber im Zusammenhang mit dem, was ich Dir geschrieben habe, wieder einfallen werden ...«

Dieser Abschnitt entstammt einem Brief, den Alexandra David-Néel — Schriftstellerin, Forschungsreisende und Orientalistin — vom Kloster Kumbum (im Nordosten Tibets in der chinesischen Provinz Tschinghai) am 23. Januar 1920 an ihren Mann Philippe Néel geschrieben hat, ohne dessen Großzügigkeit sie ihre Reiseleidenschaft nicht hätte befriedigen können.

Dieser Briefwechsel beginnt 1904 und endet 1941, als Philippe Néel stirbt; die Autorin der Briefe, Alexandra David-Néel, kehrt indes erst Ende 1945 oder Anfang 1946 nach Europa zurück und beendet so einen jahrzehntelangen Aufenthalt in Asien.

Es ist sehr schwer, ihre ersten Reisen zeitlich zu fixieren, doch Alexandra David-Néel, die sich gern an ihre ersten Ausreißversuche erinnerte und ganz entzückt davon erzählte — sie war damals zwei, fünf, fünfzehn und siebzehn Jahre alt — sagte mir, sie habe Ceylon und Indien im Alter von etwa 23 Jahren bereist; die Geldmittel stammten aus einer Erbschaft, die ihre Patentante ihr hinterlassen hatte.

Sie wurde am 24. Oktober 1868 in Saint-Mandé geboren, hat also gegen 1891 ihre erste große Reise gemacht.

In einem ihrer Bücher über Indien (»L'Inde où j'ai vécu«, Paris: Plon) beschreibt sie in bewundernswerter Weise, wie dieses große Land sie in seinen Bann gezogen hat; nachdem sie ein Jahr lang in ihm umhergereist ist, hat es ganz den Anschein, als käme sie mit der festen Absicht nach Frankreich zurück, erneut dorthin aufzubrechen.

Sie betreibt dann sehr ernsthaft ihr Studium an der Sorbonne und am Institut für orientalische Sprachen in Paris, widmet sich zugleich aber auch der Musik und Gesangsausbildung.

Einige ihrer Kompositionen sind veröffentlicht worden. Sie hat sich sogar um den Preis von Rom beworben.

Ihr Vater Louis David, seit dem Staatsstreich von 1852 zusammen mit Victor Hugo [1] im belgischen Exil, lebt vom Einkommen aus seinem Vermögen, legt sein Geld aber an der Börse schlecht an, so daß Alexandra ihren Lebensunterhalt allem Anschein nach selbst verdienen muß. Sie steht dann in verschiedenen Theatern auf der Bühne und singt mehrere Rollen, unter anderem die »Manon« von Massenet. [2] Das steht ganz außer Zweifel, denn Massenet selbst dankt ihr in einem Brief dafür, eine so gute Interpretin der Rolle gewesen zu sein. Die Briefe, die der Komponist vom 14. Juni 1896 bis zum 22. Oktober 1897 an A. David-Néel geschrieben hat, sind erhalten und befinden sich im Archiv von Digne, desgleichen eine Vielzahl von Briefen, die von hochgestellten Persönlichkeiten Frankreichs, Europas und Asiens stammen, und schließlich auch die ihres Vaters, aus denen wir erfahren, daß sie 1895 und Anfang 1896 eine »Anstellung als erste Sängerin der Opéra Comique« an den Theatern in Haiphong und Hanoi hatte und unter dem Pseudonym Mademoiselle Myrial auftrat.

Nach Beendigung der Tonkingtournee kehrt sie wahrscheinlich im Frühjahr 1896 nach Frankreich zurück und setzt sich erneut mit mehreren Komponisten in Verbindung, wie wiederum aus den Briefen Massenets hervorgeht.

Im November 1899 reist sie nach Griechenland, zur Athener Oper, am 24. Juli 1900 nach Marseille; von dort aus schreibt sie ihren Eltern, bevor sie sich nach Tunesien einschifft, wo sie ein Engagement hat.

1902 übernimmt sie die künstlerische Leitung des Casino in Tunis. Sie wohnt in La Goulette.

1903 ist Alexandra erneut in Frankreich. Sie verläßt die Bühne endgültig und ist als Journalistin tätig. Sie schreibt für französische und englische Zeitschriften, unter anderem für *La Fronde*.

---

[1] Victor Hugo (1802–1885), französischer Dichter
[2] Jules Massenet (1842–1912), französischer Komponist

Im Mai desselben Jahres bricht sie zu einer Studienreise nach Spanien auf und bittet ihre Eltern, ihr postlagernd nach Algier zu schreiben.

Ende Juli 1903 ist sie wieder in La Goulette, und in einem Brief an ihre Eltern äußert sie ihren Wunsch, in Tunesien zu bleiben. Sie ist weiterhin als Journalistin tätig und fängt an, orientalistische Bücher zu schreiben. Am 4. August 1904 heiratet sie den am 18. Februar 1861 in Alais (Gard) geborenen Leiter der Eisenbahngesellschaft Bône-Guelma, Philippe Néel, der einer alten, sehr vornehmen Familie entstammt und in Tunis wohnt.

Hiermit wären — sehr knapp und unvollständig — jene Reisen aufgezählt, die Alexandra David-Néel vor 1904 unternommen hat.

Wie aber bin ich in den Besitz dieses riesigen »Reisetagebuches« gelangt, das den Lesern Gelegenheit geben wird, eine außergewöhnliche Frau kennenzulernen und während der ereignisreichsten Jahre ihres Lebens zu begleiten? Das nachfolgende Gespräch, das ich so getreu wie nur irgend möglich wiedergebe, gibt die Antwort. Seit zehn Jahren war ich Alexandras Sekretärin in Digne, und 18 Tage vor ihrem Tode sagte sie unvermittelt zu mir:

»Tja, mein Schildkrötlein[1], vor mehr als zehn Jahren sind wir nach Samten Dsong[2] heimgekehrt, um zu arbeiten und Ordnung zu schaffen ... und dann ... faul bin ich gewesen ... Du auch ... wir haben fast nichts getan ... Und jetzt geht's zu Ende, ich werde sterben.«

»Das dürfen Sie nicht sagen ... Sie sind doch gar nicht krank.«

»Doch, doch, ich muß sterben. Wie sagte doch mein Vater? ›Das fühlt man.‹ Und dabei hätte ich noch mehrere Bücher zu schreiben ... Allein aus den Briefen, Du weißt ja, die drei Koffer, die Du vor einigen Monaten in meinem Badezimmer verstaut hast, allein daraus könnte ich noch zwei Bücher machen ... Doch jetzt ist es zu spät ...«

Ganz ruhig und beinahe mit Ironie schaut Alexandra zu den Stößen von Briefen hinüber, die man ihr aus aller Welt geschrieben hat und die auf eine Antwort warten ... zu den sich auftürmenden Zeitungen und Zeitschriften, die wir dennoch alle genau durchgegangen sind; zu allen ihren Büchern und auch zu dem Manuskript, das unvollendet bleiben wird ...

Die Stille wird immer bedrückender. Schüchtern frage ich sie: »Wären Sie damit einverstanden, mir die Briefe, die Ihnen soviel Sorge bereiten, anzuvertrauen? ... Glauben Sie nicht, ich könnte sie lesen und jene Passagen zusammenstellen, die Ihre Leser vielleicht interessieren könnten? ...«

---

[1] Kosename, den A. D.-N. mir gab. Vgl. „Dix ans avec Alexandra David-Néel" Paris: Plon.
[2] „Festung der Meditation", tibetischer Name der Villa A.D.-N.s in Digne.

»Aber ... versteh mich recht, Schildkrötlein ... die Briefe sind an meinen Mann geschrieben und ...«

»Das verstehe ich sehr gut, sicher kommen auch intimere Passagen vor, die ...«

»Und ich spreche über Dinge, die ...«

»... die zwischen Eheleuten ganz selbstverständlich sind. Aber wenn ich Ihnen verspräche, diese Briefe mit der größten Hochachtung und der tiefsten Zuneigung zu lesen und nur das zu veröffentlichen, was sich auf Ihre Reisen bezieht, denn Sie haben mir doch immer gesagt, dies sei mehr als alles andere Ihr ›Reisetagebuch‹ ...?«

Alexandra scheint nachzudenken. Mit größerem Nachdruck wiederhole ich meine Frage: »Nun? Haben Sie Vertrauen zu mir? ... Kann ich die Briefe lesen? ... Geben Sie Ihre Einwilligung dazu, daß ...«

Ich bringe den Satz nicht zu Ende, begreife plötzlich meine Taktlosigkeit ... und vor allem meine Eitelkeit.

Aber Alexandra beendet das Zwiegespräch und antwortet mit entschlossenem Blick und fester Stimme: »Ich vertraue Dir, gebrauche sie, so gut Du kannst.«

Einige Tage später, am 8. September 1969 um 3 Uhr morgens, brach Alexandra David-Néel zu ihrer letzten großen Reise auf; sie stand in ihrem 101. Lebensjahr.

Erst am 1. Juli 1970, ermuntert von Dr. Romieu, dem derzeitigen Bürgermeister von Digne und Universalerben A. D.-N.s, sowie Professor Gabriel Monod-Herzen, dem Testamentsvollstrecker, öffnete ich schließlich die drei Koffer. Obwohl es mich schreckliche Überwindung kostete, beschloß ich, ihren Inhalt zu erforschen.

Als die Koffer geöffnet waren, brachte mich das riesige Puzzlespiel, das ich vorfand, auf die Vermutung, daß Alexandra ihre Bücher geschrieben hatte, ohne in ihren »Aufzeichnungen« nachzusehen. Sie besaß in der Tat ein außergewöhnliches Gedächtnis — Daten ausgenommen. Wenn man ihr vorhielt, sie gehe in ihren Werken nicht genau genug mit ihnen um, antwortete sie: »Daten interessieren mich nicht, nur die Fakten zählen.«

Ich machte mich an die Lektüre; eigentlich müßte ich sagen, ich verschlang die Briefe, die natürlich nicht zur Veröffentlichung bestimmt, sondern ganz einfach an einen treuen Freund gerichtet waren, jenen einzigen Menschen auf der Welt, vor dem Alexandra kein Geheimnis hatte. Ihm hat sie alles gesagt, alles erzählt, und ich, die ich länger als zehn Jahre an ihrer Seite gelebt hatte, war fassungslos: Erst jetzt lernte ich sie langsam kennen.

Angstgefühle und Momente der Verzweiflung sind in erstaunlicher Offenheit zu Papier gebracht. Erinnert sie sich an Vergangenes, so hilft uns das, sie besser zu verstehen — mag es auch schmerzlich sein. In diesen Tausenden von Briefen wimmelt es nur so von Ideen, Eindrücken, Plänen, Beschreibungen, die einen Freund der Natur, der Philosophie oder des Abenteuers begeistern werden. Manch einer wird vielleicht an ihrem »maßlosen Stolz« Anstoß nehmen; niemand aber wird unempfänglich sein für den Bericht von Mut und Ausdauer in einem Leben, dessen Triebkraft die Freude an ethnologischen, philosophischen und religiösen Studien war. Die Frau, die ich in ihren letzten Lebensjahren als strengen, autoritären, ja despotischen Menschen kennengelernt hatte, erschien mir bei der Lektüre in ganz neuem Licht.

Wie bedaure ich es doch, daß der Tod Philippes einen Schlußpunkt hinter diese Abenteuerberichte gesetzt hat, hinter diese ... ganze Philosophie — oft unter schwierigen Bedingungen formuliert, aber dafür immer echt und erlebt!

Und da nun stand ich vor der Frage: »Darf ich diese Briefe veröffentlichen?«

Nach Monaten des Nachdenkens kam ich aus zwei Gründen zu einer positiven Antwort. Einerseits hatte die an einer so mannigfaltigen Erfahrung reiche Lektüre die wenigen Personen, die das Vorrecht genossen, einige Auszüge lesen zu dürfen, derart interessiert und gefesselt, daß es wünschenswert erschien, sie auch einem größeren Leserkreis zugute kommen zu lassen. Andererseits machte ich es mir zur Pflicht, einigen Verleumdern zu antworten, die zwar nicht Alexandra David-Néels Reisen und Studien in Zweifel zogen, wohl aber den Zweck ihrer Expeditionen. Gewisse Leute sahen in ihr so etwas wie eine als Lama verkleidete Mata Hari ... Diesen Leuten schlage ich vor, sich die zahlreichen Dokumente und Originale der Briefsammlung in Digne doch einmal näher anzusehen. Sie können dann die mit Briefmarken und Stempeln versehenen Umschläge sehen, die Alexandra im jeweiligen Herkunftsland abgeschickt hat, und sie können außerdem auch jene stattliche Anzahl von Briefen lesen, die ich zu meinem großen Bedauern aussondern mußte. Die Gesamtausgabe der Briefe hätte nämlich an die fünf Bände umfaßt, und das kam in der gegenwärtigen Wirtschaftslage nicht in Betracht. Ich habe also mein Manuskript gerafft, habe ihre körperlichen Leiden und ihre Geldschwierigkeiten nur ganz knapp dargestellt. Einige in Sanskrit oder in tibetischer Sprache geschriebene Wörter habe ich der technischen Schwierigkeiten wegen weggelassen. Ebenfalls gekürzt werden mußten die Beschreibungen, die Alexandra von ihren mannigfachen Wohnungen gab, wo sie immer auf jede Einzelheit einging: Quadratmeter, Fenstergröße, Höhe der Decke usw. Ich habe es jedoch peinlichst vermieden, ihren Gedankengang, der voller philosophischer Anschauungen ist, auch nur im geringsten anzutasten. Das schien mir das Entscheidende.

War es gut so? ... Ich weiß es nicht oder weiß es nicht mehr. Und doch — ich weiß, ich bin froh, daß es mir die Umstände möglich gemacht haben, ihren Lesern und dem übrigen Publikum einen Ausnahmemenschen vorzustellen:

Alexandra David-Néel, wie sie wirklich war, in Selbstzeugnissen.

Marie-Madeleine Peyronnet

Vizille, Isère, 11. August 1904

(...) Neulich wußten wir die Abfahrtzeiten der Züge nicht genau, und da ich keinen Anschluß nach La Mure bekommen habe, mußte ich in Saint-Georges-de-Commiers übernachten, wo ich übrigens abends, um Viertel nach acht, angekommen bin. Heute morgen habe ich besagten Ort um fünf Uhr zwölf in Richtung La Mure verlassen. Im großen und ganzen ist die Strecke nicht interessanter als die Hauptlinie Veynes-Grenoble. Ich habe darauf verzichtet, über den Ormon-Paß nach Bourg-d'Oisans zu kommen; der Betrieb ist eingestellt, und ich bin im Auto nach Vizille zurückgefahren. Ein trister Tag: Gewitter, Hagel, Platzregen; ich mußte mir in Vizine, wo man ganz schauderhaft im Schlamm herumwatet, Stiefeletten kaufen. Es stürmt, der Himmel ist verhangen, und ... ich vermisse schon sehr die sonnige »Musmee«[1] und die heiße, ausgedörrte Erde in unserem Afrika. Ich langweile mich schrecklich. Bin ich vielleicht zu anspruchsvoll? ... Jedenfalls finde ich die Landschaft recht mäßig. Die Erschöpfung hat cher ihren Teil schuld an meiner Verdrossenheit. Ich muß rasch ein stilles Eckchen finden, wo ich mich richtig ausruhen kann. Du fehlst mir, mein Freund; sogar sehr, und das überrascht mich ... tja, die Gewohnheit! Und überhaupt, ist da nicht mehr als bloß Gewohnheit zwischen uns beiden? ... Um halb acht fahre ich nach Bourg d'Oisans zurück. (...)

Paris, 27. September 1904

(...) Mouchy[2], sei nicht traurig, schau nicht argwöhnisch in die Zukunft, arbeite freudig für unser neues Heim, das eine Zufluchtsstätte der Ruhe und des Friedens für uns beide sein wird.

Mein Liebster, mein Ärmster, ich bin eine ganz traurige Jammergestalt geworden, und ich schäme mich meiner! Das ganze Gefühlsleben war mir früher völlig egal. Es fiel mir nicht ein, von der Gleichgültigkeit,

---

[1] Name, mit dem A. David-Néel ihr Quartier in La Goulette, einem Vorort von Tunis, bezeichnete.
[2] Kurzform von „Mamamouchi", Spitzname, den A. David-Néel ihrem Mann gegeben hat.

mit der meine Mutter mich behandelte, betroffen zu sein; ich suchte auch nicht anderswo Zuneigung. Glaub mir, ich bin nur noch ein armseliger Fetzen! — Du, ja Du warst ein richtiges Kind, Du hast gespielt, bist glücklich gewesen, wie es sich für Dein Alter gehört; Du hast eine Jugend gehabt, hast machen können, was Du wolltest und Dir Spaß machte ... Ich habe nichts gehabt, nur meinen Stolz, in den ich mich verkrochen habe und der mir alles andere ersetzen mußte. Jetzt, wo er elend zusammengebrochen ist, bin ich verloren inmitten der fremden Menge, die hin- und herrennt und Zielen entgegenhastet, die ich nicht verstehe, und aus Motiven heraus, die ich verabscheue. Von welchem Stern stamme ich eigentlich? ... gewiß nicht von diesem, dafür geht's mir zu schlecht! ...

Lieber Mouchy, Du Ärmster, ich fange Grillen, statt Dir neuen Mut zu machen. Aber ich habe es Dir ja gleich gesagt: Ich bin nicht hübsch, bin nicht fröhlich, bin Dir keine Frau, und es ist nicht sehr vergnüglich an meiner Seite ... Warum warst Du so beharrlich, so starrköpfig? ... Du, der Du die Liebe priesest und Dir schmeicheltest, mich trotz meines Achselzuckens noch für sie empfänglich zu machen ... warum nur hattest Du nicht ein klein wenig davon für mich übrig ... Hast Du sie an so viele andere verschenkt?

Ich will jetzt schließen; ich gehe noch zur Post, dann werde ich arbeiten. Schreib mir einen langen Brief und sei nicht betrübt, mein Freund. Trotz meiner schlechten Gemütsverfassung vertraue ich auf die Zukunft, die uns erwartet. Bleib mir nicht fern, Mouchy, laß Deine Gedanken zu Deiner kleinen Moumi[1] eilen, die im Nebel von Paris, im Nebel ihres allzu sensiblen Gemüts verloren ist. Ich will mich hier möglichst kurz aufhalten, und Du wirst sehen, wie wohl wir beide uns in der neuen, großen Mousmé fühlen werden. Ich möchte dem neuen Gebäude einen besonderen Namen geben, einen Sanskritnamen, und daraus ein kleines *Matham*[2] machen. Bei diesem Gedanken wird mir besser ... ein launiger Einfall ... Gut sind nur die Produkte der Phantasie (...)

Paris, 3. Oktober 1904

Ich habe Dir einen langen, sehr traurigen Brief geschrieben. Ich war mit den Nerven am Ende, und der mehr als kurze Brief, der Deinem Paket beilag, hat mich gekränkt. Ich bekomme so selten Post, und Du schreibst mir nur vier belanglose Zeilen ... Heute morgen habe ich einen weiteren Brief bekommen; er ist zwar auch nicht gerade lang, aber immerhin schon besser. Versteh doch endlich, mein armer Freund, jenes

---

[1] Diminutivform von „Mousmé", Kosename, den Philippe Néel seiner Frau gab.
[2] Ein alphabetisches Verzeichnis buddhistischer und hinduistischer Fachbegriffe befindet sich am Ende des Buches.

Glück, das Du Dir wünschst, das ich ebenso innig wünsche wie Du, können wir nur erreichen, wenn wir die alten Irrwege, die uns so unglücklich gemacht haben, verlassen. Es geht doch nicht mehr allein darum, Mouchy, mir ständig zu wiederholen: »ich komme zu Dir«, »ich bin ganz der Deine«, um dann in Wirklichkeit doch meilenweit von mir entfernt zu sein ... Du mußt, wenn es wirklich Dein Wunsch ist, denn diese Dinge leiden keinen Zwang, auch tatsächlich zu mir kommen, und zwar mit innigstem Zutrauen. Nur unter dieser Bedingung können wir ein gemeinsames Zuhause haben und nicht bloß im gleichen Zelt kampieren wie zwei Fremde, die irgendein Zufall auf ihrer Reise für ein paar Tage zusammengebracht hat. Was mich angeht, so wünsche ich es aufrichtig. Vor allem, weißt Du, verabscheue ich Dramen, lyrischen Dunst, weinerliche Elegien ... Leiden ist häßlich und ohne Sinn. Jeder Schmerz ist Mangel an Ordnung ... Es ist immer noch besser, sich abzufinden oder den Bruch zu vollziehen, als unnütze Tränen zu vergießen. Wenn ich mich gehen ließ, so nur, weil ich krank war, es noch immer bin. Ich hoffe jedoch, daß ich mein Gleichgewicht wiederfinde; ich setze alles daran. ... Wir haben zweifellos eine einmalige Ehe geschlossen; wir haben eher aus Bosheit als aus Zärtlichkeit geheiratet. Das war sicherlich eine Torheit, aber es ist nun einmal geschehen. Es wäre klug, unser Leben entsprechend einzurichten, d.h. so, wie es zu Leuten unserer Veranlagung paßt. Du bist nicht der Mann meiner Träume, und ich bin wahrscheinlich noch weniger die Frau, die Du brauchst ... Was nützt es, wenn wir bei dieser Feststellung zu seufzen anfangen! ... Mit Verstand und gutem Willen lassen sich die meisten Schwierigkeiten beheben.

Paris, 7. Oktober 1904

(...) Ich habe einige Arbeiten von der Rachilde (der Frau des Direktors des *Mercure*) gelesen; es sind ausgefallene, sehr gesuchte und sorgfältig durchgearbeitete Sachen, aber es steckt ein wirkliches Talent dahinter, und man hat fast Verständnis dafür, daß sie mit ihren Kollegen so streng ins Gericht geht. Dein Brief ist gerade rechtzeitig gekommen, um mir ein wenig Mut zu machen. Leider werden die Stunden der Trübsal wiederkehren, mein Freund; sie werden nicht ausbleiben in diesem neuerlichen Kampf, den ich zu bestehen habe. Es ist schon eine schlimme Sache, mutterseelenallein in einer riesigen Stadt einen Broterwerb finden zu müssen. Du, Mouchy, hast das nicht kennengelernt. Als Du mit dem Studium fertig warst, hast Du gleich eine Stelle gefunden; zugegeben, sie wurde schlecht bezahlt, aber Du hast nicht auf der Straße gestanden ... Du brauchtest die vertrauten Gefilde nicht zu verlassen, kamst finanziell immer besser über die Runden, ohne doch deswegen mehr tun zu müssen als deine Arbeit, deinen Beruf ... Ach, mein Lieber, nicht eine, zehn Nervenkrisen auf einmal hättest Du durchgemacht, wenn Du den Weg hättest gehen müssen, den ich hinter mir habe. Und dabei war ich nicht zimperlich; aber man spürt eben, wie man sich abnutzt, manchmal so sehr, daß man erschrickt. Ich leide unter Bewußtseinsstörungen, die ein Zeichen meiner großen Niedergeschlagenheit sind ... Wie soll es jetzt weitergehen? Es ist höchste Zeit, ein wenig Ruhe und Geborgenheit zu finden, mir Erleichterung zu verschaffen; denn die brauche ich unbedingt, wenn es nicht zu einer Katastrophe kommen soll. Doch genug mit all dem Elend. Glaub nicht, daß ich die Hoffnung aufgebe, ich bin heute morgen schon wieder voller Schaffenskraft; bis zum Ende dieser letzten Anstrengung will ich — um jeden Preis — tapfer durchhalten. Danach müssen wir weitersehen ...

Paris, 12. Oktober 1904

(...) Du fragst mich nach meiner Meinung zum neuen Haus. Ja, weißt Du, ich kann mir das Schmunzeln nicht verkneifen, wenn ich mir vorstelle, daß ein glücklicher Umstand mir zu der Idealwohnung verhilft, die ich mir für ein Ehepaar immer gewünscht habe: ein Garten und getrennte Wohnstätten. Schon in frühester Jugend hielt ich diese Anordnung für optimal, und wenn ich die Idee später nicht verwirklicht habe, so einfach deshalb, weil dort, wo ich von Berufs wegen wohnen mußte, eine solche Raumaufteilung nicht möglich war. Ja, jedem seinen Wohnungsteil und damit seine Freiheit, oder, genaugenommen, die Möglichkeit dazu, frei zu sein, allein zu sein. Die gemeinsam verbrachte Zeit wird um so schöner sein, denn nur wenn das Zusammensein freiwillig ist, kann man sich danach sehnen und es nach Belieben ausdehnen. Einen separaten Teil des Hauses, den man nach Gutdünken einrichtet, wo man völlig zwanglos allen möglichen Besuch empfangen kann, ohne befürchten zu müssen, seinen Lebensgefährten zu langweilen oder zu stören ... Welch ideale Lösung für Menschen, deren Veranlagung nach viel Unabhängigkeit verlangt! Und wieviel Reiz gewinnt dadurch erst das Zusammenleben, das zu einem Quell der Freude, des Vergnügens und der gegenseitigen Hilfe wird, zu einer dauernden Erholung, die frei ist von allem, was beim permanenten unfreiwilligen Zusammensein an Zuchthaus und Kette erinnert.

Paris, 24. Oktober 1904

(...) Ja, heute ist mein Geburtstag. Ich finde nicht gerade, daß diese Jahres-Tage sehr geeignet sind, Freude zu bereiten, besonders wenn man allmählich älter wird und schon etwas Lebenserfahrung hat. Die Katholiken tun gut daran, den Tag, der ihrem heiligen Schutzpatron gewidmet ist, zu feiern, denn dieses Datum ist weniger verfänglich und veranlaßt nicht zu melancholischer Besinnlichkeit. Der Jahrestag der Geburt ist letzten Endes nichts weiter als die Gedenkfeier jenes argen Streiches, den uns unsere Eltern gespielt haben, als sie uns in die Welt setzten. Dies ist ein wenig erfreuliches Thema. Meine vorzüglichen Eltern haben natürlich kein Lebenszeichen von sich gegeben. Sie haben das traurige Datum vergessen; sie haben überhaupt schon längst vergessen, daß sie eine Tochter haben.

Du glaubst also, mein Freund, es ist besser, wenn ich bis zum Jahresende hierbleibe. Wahrscheinlich nimmst Du an, Du hast dann mehr Ruhe, mich zu empfangen. Nun gut, es wäre sicher falsch, wenn ich trotzdem käme. Man soll nicht versuchen, jemandem gegen seinen Willen etwas Gutes zu tun; viele Leute begehen diesen Fehler. Und dabei weiß doch jeder selbst am besten, was gut für ihn ist. Sogar wenn dieses »Gute«, bei klarem Verstand betrachtet, sich gar nicht mit einem tatsächlichen Nutzen deckt, so ist es doch höher einzustufen als alles »Glück« des Individuums: Was es für gut hält, ist Ausdruck seiner Wünsche. Außerdem — was ist eigentlich jener »tatsächliche Nutzen«, jener »klare Verstand«? Metaphysische Wesenheiten! Nicht jedermann vermag diesen Seifenblasen etwas abzugewinnen.

(...) Ich werde also nicht kommen; Du würdest ja sowieso einer vorgezogenen Rückkehr andere Gründe unterschieben als die, die für mich ausschlaggebend sind: aufrichtige Zuneigung und ganz einfach der Wunsch, mich nützlich zu machen, Dich nicht allein zu lassen in einer schwierigen Lage, die Deiner Gesundheit höchst abträglich sein kann.

(...) Das alles ist schon sehr traurig, mein Freund. Und mein Geburtstag ist auch nicht gerade fröhlich. Er war es übrigens nie; soweit ich zurückdenken kann — welch eine Leere um mich her! Ich wäre sehr lieb zu Dir gewesen, wenn Du nicht von vornherein immer bestrebt gewesen wärst, mich in blödsinnigster Weise herabzusetzen, mich grundlos zu verspotten und mich so in einem Morast niederträchtiger Gedanken versinken zu lassen, in den ich ohne Dich nie hineingeraten wäre. Ich bin sehr unglücklich, Monsieur Néel. Sie versprachen mir so viel Sonne; warum haben Sie mich in die Nacht hinausgestoßen?

24. Oktober 1904. — Ein Wort noch: Es ist nicht meine Absicht, Dir einen Brief zu schreiben, der Dich unnötig bedrücken muß, denn daran hast Du natürlich keinen Bedarf. Ich halte es für eine wenig einleuchtende Philosophie, jemand anderem die seelische Verfassung vorzuwerfen, in der man sich gerade befindet und die in Wirklichkeit fast ausschließlich vom eigenen körperlichen Zustand herrührt. Hat vielleicht ein anderer dabei seinen Einfluß ausgeübt? War dieser andere frei, statt dessen auch etwas anderes zu tun? ... Vererbung, Atavismus, Erziehung, ewige Verkettung von Ursache und Wirkung. Ich bin eine schlechte Bud-

dhistin, daß ich das vergessen konnte! Wenn ich Dich betrübt habe, so tut es mir leid. Reich mir Deine Hand, mein lieber armer Mouchy, damit ich sie herzlich drücken kann.

Paris, 9. November 1904

(...) Es sind nur noch ein paar Tage bis zu meiner Rückkehr. Diesmal kommt eine entschlossene Moumi zu Ihnen zurück, Monsieur Mouchy. Haben Sie gar keine Angst davor? ... Du wirst schon sehen, das häufige Unwohlsein, das Dich plagt, wird schlagartig verschwinden, wenn Du erst diät lebst. Denn Du mußt natürlich hübsch brav sein, verstehst Du, und Dich schonen, genau wie Moumi es anordnet. Eine Krankheit ist doch ein zu arges Übel, als daß wir sie in dem hübschen Haus, das Du mir gebaut hast, dulden könnten! (...)

(...) Bis bald, Liebster! Ich bin wirklich gespannt auf die große Musmee. Wir werden uns darin verlaufen! Ganz die Deine, bester Freund; dies wird ein guter Winter, und wir werden einander mit Herz und Seele nahe sein.

Paris, 11. November 1904

(...) Mit all dem anderen, das Dich bedrückt und wovon in Deinem Brief die Rede ist, brauchen wir uns nicht weiter zu befassen, oder? Das sind Ungereimtheiten eines Alusch[1], der schlecht geschlafen hat. Inwiefern bin ich, bitte sehr, nicht Ihre Frau, Monsieur Mouchy? ... Ich habe Dich doch nicht gezwungen, mir einen Namen zu geben. Für meine Schriftstellerei benutze ich ein Pseudonym, das weißt Du so gut wie ich. Lieber Freund, wenn ich Dir damit einen Gefallen tue, verzichte ich eben auf das Pseudonym. Ich glaube allerdings, daß sich das negativ auswirken würde, besonders jetzt, wo ich einem kleinen Leserkreis nicht mehr gänzlich unbekannt bin. Andererseits bin ich der Ansicht, daß es für Dich, für Deine Stellung und Deine Beziehungen, besser ist, wenn Dein Name nicht unter den Artikeln steht, die ich mich vielleicht genötigt sehe, in der Tagespresse oder auch in Zeitschriften zu veröffentlichen. Es hat nicht jeder die gleichen politischen oder religiösen Auffassungen. Darum ist es besser, wenn meine Person von Deiner deutlich auseinandergehalten werden kann, wenn man weiß, daß Du mit dem, was ich sage oder schreibe, nichts zu tun hast – oder noch besser, wenn die Mehrzahl der Leute in Deiner Umgebung überhaupt keinen Zusammenhang herstellen können zwischen der Journalistin und Schriftstellerin Alexandra Myrial und dem Eisenbahningenieur Philippe Néel.

[1] Das arabische Wort „alusch" hat die Bedeutung ‚Schaf', ‚Hammel'. Philippe war Alexandra zufolge kraushaarig wie ein Hammel.

Hör doch auf damit, und denke lieber daran, daß ich sehr froh bin, bald wieder bei Dir zu sein, daß ich mit offenen Armen vor Dir stehen und sagen werde: Komm, mein armer Mouchy; komm, armer Alusch, Du hast zu spät eine Moumi getroffen, und noch dazu eine, die zu alt ist; laß uns versuchen, aus dem riesigen Trümmerhaufen in unserem Innern ein Glück zurechtzuzimmern, das uns zur Ruhe kommen läßt; wir wollen versuchen, uns gegenseitig zu verstehen. Mein Freund, wenn Du wüßtest, wie mir vor einem Leben, wie meine Eltern es führen, graut: Wie zwei Statuen stehen sie sich seit über fünfzig Jahren gegenüber und sind sich heute noch genauso fremd wie am ersten Tag, verschlossen füreinander, ohne geistige oder gefühlsmäßige Bande. Nicht wahr, solch ein Leben steht uns nicht bevor, so eins wollen wir nicht, wir werden ein anderes zustande bringen. (...)

Paris, 3. Dezember 1904

Heute morgen habe ich, kaum war ich aufgewacht, einen Brief meines Onkels erhalten: Mein Vater liegt im Sterben. Ich muß nach Brüssel fahren, meinst Du nicht auch? Es ist jetzt acht. Ich nehme den Mittagszug. Schreib mir an die Anschrift Rue Faider 105. Das hat mir gerade noch gefehlt. Immerhin ist es mein Vater, verstehst Du? Wann ich zurückkomme? Ich weiß noch nicht, das hängt von den Ereignissen in Brüssel ab. Ganz die Deine, Mouchy.

Du siehst, meine Ahnung hat nicht getrogen.

Brüssel, 10. Dezember 1904

Tue ich gut daran, Sie tagtäglich über die Situation auf dem laufenden zu halten? ... Ich bin mir nicht sicher. Natürlich kann die Sache an sich, der Zustand meines Vaters, nicht sonderlich interessant für Sie sein, denn Sie kennen ihn gar nicht. Doch ich berichte Ihnen ja nur insofern darüber, als sich seine Krankheit auf meine Pläne und meine Rückkehr auswirkt.

Ich glaube, am besten kümmere ich mich gar nicht weiter um die ganze Angelegenheit und mache mich auf den Weg nach La Goulette.

Außerdem befinde ich mich hier in einer Atmosphäre, wie sie niederschmetternder und für meine angegriffenen Nerven katastrophaler kaum sein kann. In der elterlichen Wohnung, die Zeuge meiner elenden Jugend war, wird die ganze traurige Vergangenheit wieder wach, und die Zukunft, von der ich mir ausmalen kann, daß sie der Vergangenheit nur allzu ähnlich sein wird – die gleichen Zwänge, die gleiche Trostlosigkeit quält mich nur um so mehr.

Es bringt natürlich nichts ein, dauernd dasselbe Thema wiederzukäuen; auch ist man an seinem Kummer zum Teil selber schuld. Ich war nicht beherzt, nicht stolz genug. Ich habe mich treiben lassen, statt mich wieder aufzurichten und den Kampf mit jener inneren Entschlossenheit wiederaufzunehmen, ohne die es keine wirkliche Freude geben kann. Ich habe es nicht getan ... und für diese Schwäche muß ich — wohl auch in Zukunft — bezahlen. Das Glück ist nur für die Mutigen da, so soll es sein!

Ich habe versucht, glauben Sie mir, Ihnen als eine wildfremde Person gegenüberzutreten, Sie als Unbekannten zu betrachten und ganz von vorn anzufangen, es diesmal besser zu machen. Wie töricht! ... Das Freimaurersymbol für die Ehe trifft schon zu: ein gläserner Stab, der zerbrochen ist und sich nicht wieder kitten läßt. Vertrauen, Glück, geistige und körperliche Anziehung sind doch in der Tat zerbrechliche Glasstäbe. Phantasie hat in meinem Leben keinen Platz gehabt, ich habe mich immer vor ihr in acht genommen. Einmal nur habe ich ihr nachgegeben, habe mich über die Einwände des Verstandes hinweggesetzt; traurige Umstände haben mir geradezu einen Vorwand geliefert, diesen Weg zu beschreiten. Aber man kann die Zeit nicht zurückdrehen; die Vergangenheit bleibt, was sie ist, und beherrscht unerbittlich die Zukunft, und meine Zukunft, das ist die schreckliche Reue, mein Leben verzettelt zu haben, meine Jahre vergeudet zu haben für etwas, das weder meinen Wünschen noch meiner freien Entscheidung entsprach ...

Sage ich Ihnen das alles, um Sie zu quälen, Monsieur Néel? Oh glauben Sie nur bitte das nicht! Eine solche Boshaftigkeit liegt mir fern. Ich bin sehr schwach, sehr elend und bringe meine Nächte damit zu, vor eben jenen Möbeln zu weinen, die schon meine verzweifelte Kindheit mit angesehen haben. Nein, glauben Sie nicht, ich fände Spaß daran, Ihnen Kummer zu machen; das ist bestimmt nicht meine Absicht, bestimmt nicht. Mein Gott, auch ich hätte gern einen Lebensgefährten gehabt, den ich vorbehaltlos hätte lieben können, der mein zweites Ich gewesen wäre — inmitten dieses beschwerlichen Lebens und all der gleichgültigen und feindlichen Menschen. Schwachsinnig wäre, wer mich für egoistisch oder herzlos hielte. Ich hätte mich nicht mit Rührseligkeit und Gefühlsduselei abgegeben, nein, ich wäre zu wirklicher Liebe fähig gewesen, wenn einer diese Liebe erwidert hätte, wenn er ihrer würdig gewesen wäre.

Doch finden wir uns mit dem Unabänderlichen ab. Ich will all das Traurige hinnehmen, die Schwierigkeiten ...[1]

---

[1] Das Ende dieses Briefes ist nicht erhalten, desgleichen viele Briefe, die Alexandra wahrscheinlich aus Paris geschrieben hat, wohin sie sich nach dem Tode ihres Vaters (am 20. Dezember 1904) begeben hatte.

Brüssel, 24. August 1905

(...) Was soll ich Dir von meinem Aufenthalt hier erzählen? ... Die Gefühle der »Zuneigung«, die meine Mutter für mich hegt, sind anscheinend noch stärker geworden. Ich bin mehr denn je eine Fremde für sie, und ich spüre, daß das bißchen Anhänglichkeit, das ich mir ihr gegenüber bewahrt hatte, angesichts ihrer boshaften Gleichgültigkeit dahingeschwunden ist. Alles an mir mißfällt ihr, so wie ihr an meinem Vater alles mißfiel. Ich bin ihm sehr ähnlich! Inmitten der alten Möbel, wo ich ihn habe leben sehen, ertappe ich mich dabei, wie ich Wörter und Sätze, die er gesagt hat, wiederhole, desgleichen seine Haltung und seine Gesten. Meine Mutter ahnt dies mehr, als sie es bewußt wahrnimmt. Ich bin die Tochter des Mannes, den sie nicht geliebt hat, ich bin nur seine Tochter, obwohl ich aus ihrem Blut gemacht bin und mich ihre Milch genährt hat. Ich bin ein Parasit, der in ihr herangewachsen ist.

(...) Das sind recht düstere Gedanken, aber mein Aufenthalt in Brüssel läßt mich nur selten auf andere kommen. Ich werde mit Freuden nach La Goulette, unserem Ruhesitz am Meer, zurückkehren. (...)

Man hat mich gebeten, beim nächsten Freidenker-Kongreß in Paris ein paar ethnographische Betrachtungen über den Ursprung der Laienmoral vorzutragen, die ich hier schon einmal dargelegt habe und an die sich anscheinend jemand erinnert hat. Ärgerlich ist nur, daß der Kongreß schon in einigen Tagen stattfindet, also bevor ich in Brüssel fertig bin. Ich habe geantwortet, ich könnte die Reise nur gegen eine angemessene finanzielle Entschädigung machen; die aber wird mir der Kreis, der schon mehrere Mitglieder auf seine Kosten hinschickt, wahrscheinlich nicht bezahlen können. Diese Antwort ist jedenfalls ehrlicher, als einfach abzulehnen. (...)

London-Ealing, 31 Amherst Road, 15. August 1906

Mein lieber Mouchy, heute morgen habe ich Deinen langen Brief erhalten. Der Briefträger hat fünf Shilling Strafporto verlangt; such bitte leichteres Papier, um diese doppelte Ausgabe zu vermeiden; aber verfalle nun nicht darauf, mir unter Hinweis auf das Gewicht kürzere Briefe zu schreiben; es ist besser, wenn Du anderes Papier nimmst, meinst Du nicht auch? ...

Mein bester Freund, es bedrückt mich, Dich so ratlos zu sehen. Du bist nicht geschaffen für große Verwicklungen und übermäßig subtile Gedankengänge und Empfindungen; dies sind übrigens durchaus fragwürdige Qualitäten, die lediglich dazu taugen, denjenigen, der mit ihnen beschenkt — oder besser: geschlagen — ist, ins Elend zu stürzen. Ein ganz schlichtes Glück würde Dir genügen ... und Du hast es meinetwegen nicht, das ist traurig, sehr traurig. Dein Unglück betrübt mich genausosehr wie mein eigenes. Der Mensch hat Anspruch auf Glück, falls man hierbei von einem Anspruch sprechen kann. Ich meine, es treibt ihn zum Glück, so wie es einen treibt zu essen; denn was anderes ist Glück als die Befriedigung eines — körperlichen oder geistigen — Bedürfnisses unseres Organismus? Wir benehmen uns töricht, wenn wir es schlecht finden, daß ein bestimmtes Lebewesen sein Glück auf jene ganz bestimmte Art sucht, die seiner Beschaffenheit gemäß ist. Die alten Grundsätze, die Hierarchie des Denkens und Tuns, die ganze Stufenleiter von Gut und Böse hält uns noch zu sehr gefangen, und selbst die freiesten Geister unter uns erliegen immer wieder der Gewohnheit, ihre eigenen Maximen auf andere zu übertragen. Ja, Dogmen, Pflichten, Ideale — welch eine Plage! ... Man selbst will so sein, der Nächste soll wieder anders sein, und keiner von beiden kommt der erträumten Richtschnur nahe ... Dies ist ein permanenter Widerspruch, und wie ein Tier, vorausgesetzt es kann seine animalischen Bedürfnisse in ausreichender Weise befriedigen, weiterleben möchte, so leben auch wir weiter — gequält, ausgehöhlt, verzweifelt über eingebildete Niederlagen — und sind schwer zu ertragen für unseren Nächsten ...

So ist es! Und du sprichst von Menschen, die sich gegenseitig die Hand reichen und gemeinsam durchs Leben gehen; das ist doch eine jener Utopien, mit denen man uns in unserer Jugend das Hirn vollgestopft hat und die genauso wirklichkeitsfern sind wie die symbolischen Heldengestalten der Sage ... Wo gibt's die denn, wer hat sie je gesehen? Es gibt unterwürfige Seelen, die sich an andere anklammern, aufopferungsfähige Geister — und emsige Beschützer ... es gibt sehr viele Geisteshaltungen im Bereich dessen, was man »Güte« nennt; aber die starke und intelligente Verbindung zweier starker und intelligenter Persönlichkeiten, die Freundschaft, die zwei Individuen so in eins verschmelzen läßt, daß sie nackt an Herz und Seele voreinander erscheinen und selbst ihre verborgensten und niedrigsten Gedanken gemeinsam denken, daß sie gar nicht mehr spüren, daß der andere *ein anderer* ist, daß sie vor ihm sind, was sie vor sich selbst sind — wo kann man denn so etwas finden? ...

Was kann ich für Dich tun, mein Freund? Alles drängt mich, Dich nicht länger allein zu lassen. Willst Du, daß ich unverzüglich zurückkomme? Ich bin bereit dazu und täte es von Herzen gern. Glaub nicht, mein Lieber, daß ich nicht genügend Zuneigung zu Dir habe. Auch ich würde Dich, wärest Du hier, fest an mich drücken und bei Dir in all meiner Verzweiflung Schutz suchen. Zu Margot[1] habe ich kein Vertrauen,

---

[1] Margot ist eine Jugendfreundin Alexandras, bei der sie eine Zeitlang wohnt. Sie will ihre Englischkenntnisse vervollkommnen, die sie für ihre orientalistischen Studien unbedingt braucht.

trotz aller Freundschaft, die sie mir entgegenbringt. Frieden kann ich nur bei Dir finden, wenn ich ihn überhaupt bei einem Menschen finden kann. Wenn nicht, müssen die Götter entscheiden!

Ealing, 21. September 1906

Ich war gestern bei Luzac und habe ihm dagelassen, was ich über Meh Ti[1] bereits fertig habe. (...) Die Sache wird keinen Gewinn abwerfen, das weiß ich genau. Aber ein Buch dieser Art könnte ein erster Schritt auf einem Weg sein, den ich weiterverfolgen möchte; wenn es mich bekannt macht, kann es mir bei Verlagen, die »populärwissenschaftliche Reihen« veröffentlichen — also bei Alcan und anderen — Tür und Tor öffnen. Man kann auf diesem Gebiet auch Zuschüsse vom Ministerium einheimsen, und ich möchte deshalb für den Hochschulunterricht und den Mann von Welt zwei attraktive und gut lesbare Abhandlungen über die Religionen und Philosophien im Fernen Osten und in Indien verfassen. Hierüber werden viel zu viel Romane geschrieben!

(...) Du hast recht, mein Freund, ich würde sehr gern das Geleise, auf das ich geraten bin, seit mein Leben keine Richtung mehr hat, verlassen. Ich könnte daraus seelische Erleichterung und eine Befriedigung schöpfen, die unsere Beziehung verändern und entkrampfen kann. Du solltest deshalb genau wie ich wünschen, daß es mir endlich gelingt.

(...) Ich muß immer an die Sache mit meinem Buch denken und hoffe sehr, daß es klappt. In meinen Jahren müßte ich unbedingt genug verdienen. Meine Lage ist schwierig, und ich bin nicht daran gewöhnt; schließlich konnte ich bisher alle meine Bedürfnisse befriedigen. Ohne es zu wissen, haben Margot und Mutter dieses heiße Eisen angerührt. Margot fragte mich, wieviel Du für Dich persönlich ausgibst. Ich sagte ihr, ich hätte keine Ahnung, wüßte aber, daß Du sehr — meiner Meinung nach sogar übertrieben — sparsam bist. »Wieso weißt Du das nicht? Gibt er Dir nicht sein Monatsgehalt?« Da habe ich ihr gesagt, daß wir zwar verheiratet sind, aber in Gütertrennung leben. (...)

Die Rolle der Frau als Dienerin, der man die Geldscheine einzeln zuteilt und die keinen Pfennig ausgeben kann, ohne daß man es merkt, ist traurig. Ihr muß man wohl auch den Leichtsinn und das geringe Interesse zuschreiben, das Frauen für gemeinsame Ersparnisse aufzubringen vermögen. Das Geld der Ehemänner ist nicht ihr Geld, sie geben es bedenkenlos aus und zwacken, wie eine Köchin, von den Ausgaben

---

[1] Le Philosophe Meh Ti (ou Mo-tse) et l'idée de solidarité, London: Luzac 1907. Das Buch wurde 1970 bei Plon (Paris) neu aufgelegt unter dem Titel: En Chine: L'Amour Universel et l'Individualisme intégral — Les Maîtres Mo-tsé et Yang-tschou.

für Fleisch oder Butter etwas ab, um sich eine Schleife oder ein Parfumfläschchen zu kaufen. Andere, die weniger kokett sind, legen eine heimliche Sparbüchse mit »ihren« Ersparnissen an, und dieses kleine Kapital, dieses Zwergvermögen wächst ihnen dann ans Herz. Ich glaube, diese Abhängigkeit und diese Heuchelei sind in mehr als einem Haushalt die Ursache allen Unglücks. Das heißt nun nicht, daß ich für das umgekehrte Verfahren plädiere, wo der Mann um Taschengeld betteln muß. Das ist Unsinn. Allerdings bestünde der nicht unerhebliche Unterschied darin, daß der Bittsteller — im Bewußtsein, daß das Geld letzten Endes eben doch ihm gehört und er es jederzeit zurückbehalten kann — sich nicht in so großer Abhängigkeit befindet. Was er auch tut, er handelt aus freien Stücken. Trotzdem hasse ich das gegenseitige Ausspionieren. Was man verdient, das gehört einem auch, und man darf frei darüber verfügen — von bestimmten selbstauferlegten Beschränkungen wie Kindererziehung usw. einmal abgesehen. Daraus läßt sich folgern, daß auch Frauen Geld verdienen sollten, oder aber, wie es einige Reformer wollen, daß Hausarbeit vergütet werden muß. Ist es etwa gerecht, daß eine Frau, die für ihren Mann gekocht, abgewaschen und seine Sachen in Ordnung gehalten hat, im Falle einer Trennung mit leeren Händen dasteht — daß sie jedoch, hätte sie diese Arbeiten für einen Fremden verrichtet, einen Lohn erhalten hätte — und daß andererseits der Mann, in dessen Diensten sie dann stünde, aus eben diesem Grunde (wenn er sich nämlich jemand anderen genommen hätte) sehr viel mehr ausgegeben hätte, als ihn der Unterhalt seiner Ehefrau kostet? Hier ist, besonders im Interesse der Klasse der Bedürftigen, noch einiges zu tun. (...)

London, 23. September 1906

Grauer Himmel, tiefhängende Wolken, Traurigkeit in allen Dingen, englische Sonntagsruhe, all dies paßt gut zum schwerfälligen, gebieterischen Aussehen der dicken schwarzen Bibeln. An diesem melancholischen Nachmittag ist Lesen die einzig angemessene Beschäftigung ... Die Bibel ersetzt mir der lange Brief, den Du mir letzten Mittwoch geschrieben hast ... Seit gestern abend schon denke ich über ihn nach ...

Zunächst danke ich Dir dafür, daß Du ihn geschrieben hast ... Er ist ein Beweis guten Willens, den ich Dir hoch anrechne. Mein Gott, wieviele Tage des Elends hätten vermieden werden können, wenn Du dergleichen schon früher versucht hättest! ...

Montag morgen. — Ich habe meiner Umwelt ein Zugeständnis gemacht und dem dumpfen, hartnäckigen Drängen der Dinge nachgegeben; ich bin gestern abend zur Kirche gefahren. Welch eine Fahrt! Bei meinem letzten Aufenthalt befand sich die französische Kirche in Tottenham Court Road. Ich bin mit der Untergrundbahn hingefahren und erlebte einen schönen Reinfall, als ich dort ankam. Das Gebäude beherbergt jetzt eine englische Kirche, vor der sich eine dichte Menschenmenge drängte; auch mich wollte man zum Eintreten bewegen. Ich habe jedoch einen Spaziergang nach Bloomsburry gemacht; dort habe ich einen Doppeldecker erklommen und bin per Omnibus nach Ealing zurückgekehrt. Es herrschte reger Betrieb; seltsame Gestalten hielten in den Kirchen ihr *Sunday meeting* ab; oft waren die Türen geöffnet, und man konnte hineinschauen: viel Geschäftigkeit, wenig Andacht. Das englische Christentum hat Sitten, die nach *business* oder Politik riechen; die Prediger treten mit dem energischen Geschäftsgebaren eines Werbeagenten oder Wahlredners auf.

(...) Heute morgen: der Himmel noch immer grau, überall ein weicher Watteschleier über den Dingen. Wie hat dieses Land nur ein so kriegerisches Volk hervorbringen können – man hat eher das Gefühl, man müßte im heimtückischen Nebel dahinschwinden. Dies ist eine Atmosphäre für Seelen und Möbel im Jugendstil: blasser Lack in gedämpften Tönen, Pessimismus als Teint, zarte Verschwommenheit, ein Anflug von Übersättigung!...

(...) Ich bin verzweifelt, das ist es; Du glaubst, ich würde zur Ruhe kommen, wenn ich fort bin, und in Wirklichkeit wird alles nur noch schlimmer. Sprechen wir heute nicht mehr darüber, ja? Ich werde noch lange nachdenken müssen über das, was Du mir sagst, und das, wie ich glaube, wirklich von Herzen kommt.

Soll jeder seine eigenen Wege gehen? Oh ja, das wäre eine Lösung, vielleicht hätte sie noch am meisten Würde und könnte den Verstand am ehesten zufriedenstellen... Aber weißt Du, mir wäre es unangenehm, das gebe ich offen zu. Ich gebe nicht vor, stärker zu sein, als ich auch wirklich bin; früher – ja, da hätte ich Mut zu einem solchen Schritt gehabt, aber heute... Ich bin älter, nicht bei bester Gesundheit ... Mouchy, oft strecke ich meine Hand ins Leere, und in solchen Augenblicken wäre es mir lieb, die Deine fassen zu können.

Kleiner Alusch, ich weiß, im Grunde schlägt unter Deiner rauhen und boshaften Oberfläche das Herz eines Kindes, und gerade deshalb hat Dich Deine Umwelt so stark beeinflußt und gegängelt.

Doch lassen wir's genug sein für heute, einverstanden? Wenn Du mich sehen könntest, würdest Du mich vielleicht an Dich drücken, und wir beide könnten uns einmal richtig ausweinen. Die Deine.

Ealing, 25. September 1906 (abends)

Ich habe Dir gerade einen sehr langen Brief geschrieben, mein lieber Mouchy, aber ich bin mir nicht sicher, ob Du aus dem vielen, das ich Dir darin sage, hast entnehmen können, daß ich Deine Bitte sehr zu schätzen weiß. Deine letzte Briefkarte – vom Freitag – zeugt wirklich von großer Güte, und ich möchte meinerseits mit Güte darauf antworten.

»Wie wäre es, wenn Du eine weite Reise unternähmest?«, schlägst Du mir vor. Vielleicht ahntest Du, als du diesen Satz niederschriebst, welch nachhaltige Wirkung er auf mich ausüben würde. Ich glaube jedenfalls, in ihm äußert sich Deine überaus gütige Absicht, mir zum Geschenk machen zu wollen, was mir von allen Gütern dieser Welt am meisten am Herzen liegt. Mein Freund, ich will mir Dein Angebot gut merken; eines Tages werde ich Dich sicherlich darum bitten, es in die Tat umzusetzen ... doch nicht heute. Heute bin ich zu verdrossen und würde meinen Verdruß und meine Sorgen nur überall mit mir herumschleppen. Laß uns versuchen, einen Ausweg aus unserer elenden Lage zu finden. Du wirst sagen, daß wir das schon recht lange getan haben, meiner Meinung nach jedoch nicht redlich genug. Wir haben uns lediglich bemüht, die Rolle braver Leute zu spielen, die wir nicht sind; auf die Dauer führte das fast zwangsläufig zu Unlust und Verärgerung. Was aber sind wir denn wirklich? Du bist ein Herr, der die ihm vertrauten Verhältnisse verlassen hat und plötzlich bestürzt feststellt, weder ein passendes Zuhause noch die passende Frau zu haben. Ich bin eine unglückliche Frau, die die Orientierung verloren hat, weil ihr Traum von einer Heimstätte, in der sie bis an ihr Lebensende Zuflucht zu finden hoffte, zerstört worden ist, die sich außerdem furchtbar gedemütigt fühlt, weil sie in einer Affäre, in der sie ohne Arg eine ganz andere Rolle zu spielen gedachte, so betrogen und verhöhnt worden ist, daß sie nicht mehr ein noch aus weiß. Daß wir an unserem Mißgeschick selber schuld sind, ist möglich, ja sogar gewiß; aber mit der bloßen Feststellung ist uns nicht geholfen. Die Gewohnheit – mehr gab es zwischen uns nie – ließ so etwas wie Sympathie entstehen. Ist diese Sympathie so groß, daß wir versuchen können, uns gegenseitig – denn an wen sonst sollten wir uns wenden? – dabei zu helfen, das Leid, das uns unsere traurige Lage zufügt, zu lindern? Ich für meinen Teil sage ›ja‹. (...)

Ealing, 6. Oktober 1906

(...) Ich verlasse Ealing nach dem Lunch ... und zwar leichten Herzens. Die Margot von einst existiert nicht mehr. Ihren Platz hat eine dicke, teilnahmslose Frau eingenommen, die sich stöhnend von einem Stuhl zum anderen schleppt und die Denk- und Handlungsweise des deutschen oder englischen Kleinstadtbürgertums angenommen hat ... Sie spricht davon, daß die »französische Gesellschaft von den Pariser Sitten verdorben« werde. Und sie vergißt dabei völlig, daß sie Martha den nicht gerade feinen Streich gespielt hat, ihr Erik, der sie heiraten wollte, zu verleiden und ihr statt dessen eine andere Partie einzureden, nur um Erik schließlich selbst zu bekommen. Sie lebt mit Erik in jener geheuchelten Vertrautheit, die man in den meisten Ehen findet und die mich so sehr abstößt ... Es scheint fast so, als müsse es in einer »normalen« Ehe nun einmal so zugehen. Der bloße Gedanke daran bereitet mir Übelkeit. In den gesellschaftlichen Beziehungen muß man gerade genug lügen und Rollen spielen; da soll zumindest das Zuhause der Ort sein, wo man die Maske fallen läßt und sich von der unumgänglichen Heuchelei erholen kann. (...)

Monnetier (Salève), 5. Oktober 1907

(...) Wie elend man sich doch fühlt, wenn man sein Geld so ganz ohne Erfolg ausgegeben hat. Natürlich habe ich nicht geglaubt, ein Monat an der frischen Luft könnte ein Leiden heilen, das durch jahrelang zum Zerreißen gespannte Nerven und eine unaufhörlich nagende seelische Not entstanden ist. Davon hätte wohl nur ein Narr zu träumen gewagt. Doch ich erhoffte mir, besonders nach Vichy, eine heilsame Wirkung auf das Verdauungssystem. Davon kann leider keine Rede sein. Soll ich nun sagen, mein Aufenthalt im Salève täte mir leid? Nein, ich fand dort zwar nicht die ersehnte Heilung, aber doch wirkliches Vergnügen: die ausgedehnten Wanderungen im Gebirge – die Ruhe des Hotels – unbeschwert zu sein von den täglichen Sorgen des Haushalts – befreit zu sein von diesen elenden Kellnern, die mir so sehr auf die Nerven fallen. All dies tat mir wohl, sehr wohl. Ja, sogar von Tunis, seiner Landschaft und seinem Stadtbild weit entfernt zu sein, tat mir diesmal gut. In solchen Tagen der Einsamkeit stelle ich überrascht fest, daß ich wieder so wie in meiner Jugend, wie in meiner Kindheit bin. Oft möchte ich mich selbst umarmen, wenn mir eine Bewegung, ein Gedanke, eine Empfindung oder eine plötzliche Freude bewußt werden, die dem, was ich mit zwölf oder sechzehn Jahren gefühlt und gedacht habe, sehr ähnlich sind. Ich zwänge mich in Kleider hinein, die wie eine Verkleidung wirken; aber in ihnen ist dieses kleine »Ich«, dem sie einst lästig waren, dasselbe geblieben. Und ich bin gern so, wie ich früher war. – Du siehst also, mein Freund, daß Du mit Deiner Absicht, mir eine Freude zu bereiten, Erfolg hattest. Glaub mir bitte, daß ich Dir dafür sehr, sehr dankbar bin. (...)

Montreux, 8. (oder 10.) Oktober 1907

Ein unverhofftes Ereignis, das mich völlig verändert hat: Ich bin in Montreux! Als ich in Genf da und dort meine Leute besuchte, traf ich drei sehr alte Bekannte, die ich längst aus den Augen verloren hatte und die sich gerade in Montreux aufhalten. Man lud mich ein, und ich hatte einfach nicht das Herz, »nein« zu sagen, wo ich doch nur die Schiffskarte zu bezahlen hatte. (...) Bereits heute abend habe ich das berühmte Schloß von Chillon gesehen. Der Himmel war in Richtung auf das Wallis teilweise mit Wolkenschleiern bezogen und bot gegen den Mont Blanc hin einen beeindruckenden Sonnenuntergang. Kurz und gut: eine romantische Kulisse, wie sie sich für diese Ecke des zu Recht vielgerühmten Sees gehört....

Paris, 22. Oktober 1907

(...) Wie soll ich folgenden Satz Deines Briefes verstehen: »Entfernt Dich die Abwesenheit nicht jeden Tag mehr von mir und den traurigen Erinnerungen, die ich bei Dir auslöse?« Du hast vielleicht zu wenig von einem Philosophen, mein Freund, als daß ich Dir sagen könnte, daß das das Beste wäre, was mir passieren kann, ja was wir uns, wären wir klug, als Ende unserer mißlichen Lage geradezu wünschen müßten. Ja, ich möchte von unserer Vergangenheit loskommen, möchte fühlen, was ich mit dem Verstand so deutlich begreife, daß nämlich ein — von Dir selbst als banal bezeichnetes — Abenteuer nicht das ganze Leben ist... In Wirklichkeit darf man überzeugt sein, daß ein Geliebter und das Vergnügen, das er einem verschafft, bzw. die kleineren Fälle von Untreue, die er sich zuschulden kommen läßt, nur Begleiterscheinungen des Lebens sind: Vorspeisen, die man auskostet, wenn sie schmackhaft sind, und rasch zurückweist, wenn sie bitter scheinen. Man darf Sorgen aus dem Bereich unterhalb der Gürtellinie nicht bis ins Gehirn aufsteigen lassen; was den Körper und die Tierseele bewegt, darf bei denen, die das Glück haben, einen Geist zu besitzen, nicht diesen Geist trüben. Gelänge es mir doch, mich von Dir »abzuwenden«, wie Du sagst; mir keine Gedanken mehr darüber zu machen, was Du getan haben könntest; nicht mehr krankhaft auf alten Fotos von Dir nach dem Ausdruck von Gefühlen zu suchen, die den meinen widersprechen. (...) Was bleibt denn, wenn wir Vergangenheit und Gefühlsduselei in die Lumpenkiste geworfen haben? Ich sehe da auf der Negativseite nur einen Punkt: unsere Gesundheit. Die aber wird weder in Deinem noch in meinem Fall so sehr aufs Spiel gesetzt, daß sie uns das Leben vergällen könnte, und sind erst einmal die Sorgen und ständigen Zerwürfnisse vorbei, wird bestimmt eine fühlbare Besserung eintreten. So sieht es also mit uns beiden aus... ich weiß, wir haben weder die gleichen Ansichten noch das gleiche Temperament, aber wir sind intelligent und liberal genug, um die Freiheit des anderen zu respektieren. Ich weiß nicht, was Du von mir denkst. Meine Überlegungen beziehen sich nur auf Dich, und ich sage Dir sofort, daß ich nur Positives an Dir entdecken kann, von einigen unbedeutenden, wirklich nebensächlichen Fehlern abgesehen. Du bist für mich ein ausgezeichneter Ehemann, ich kenne keinen Mann, gegen den ich Dich eintauschen wollte. Du bist sehr gebildet und hast hervorragende praktische Qualitäten, was Ordnung, Wirtschaften und Arbeit angeht. Wir passen gesellschaftlich zusammen, können gemeinsame Bekannte haben und uns gegenseitig helfen. Erkenne Du mir auch nur ein paar Qualitäten zu, die den Deinen vergleichbar sind, und Du wirst zugeben müssen, bester Freund, daß die meisten Ehen nicht über so viele Voraussetzungen zum Glücklichsein verfügen wie wir. (...)

London, 4. September 1910

(...) Gestern abend habe ich an einem Meeting teilgenommen, bei dem Leute aus Indien anwesend waren. (Versteh »Meeting« im englischen Sinne, wo es soviel wie »Versammlung« bedeutet; es wurde über Fragen der Orientalistik diskutiert.) Man bat mich, in Edinburgh vor einer Gruppe indischer Studenten einen Vortrag »loszulassen«. Der Vorsitzende dieser Gruppe, ein Medizinstudent, nahm an dem Treffen von gestern abend teil. Vielleicht handelt es sich nur um ein sehr verschwommenes Vorhaben; jedenfalls freue ich mich riesig auf die Fahrt nach Edinburgh.

Jetzt muß ich mich auf die Vorlesungen vorbereiten, die ich wie Brieftauben »loslassen« soll; das ist ein gutes Stück Arbeit, denn auch sonst lädt man mich oft ein, und da die Entfernungen beträchtlich sind, verliert man viel Zeit. (...) Gerade eben, als ich schon schließen wollte, erhielt ich zwei Briefe: einen aus Italien, den anderen aus Brüssel. In dem aus Brüssel bittet man mich um einen Vortrag. In dem aus Italien macht man mir den Vorschlag, einen kleinen »Novellen«-Band (in italienischer Übersetzung) herauszubringen, wenn ich meiner »Wüstenerzählung« *Im Angesicht Allahs,* die in einer Zeitschrift erscheinen wird, noch zwei oder drei ähnliche folgen lasse.

Ich bin auf dem richtigen Weg, für meine Neurasthenie bleibt keine Zeit mehr... Aber für Dich habe ich Zeit, mein sehr teurer Freund, um Dich meiner großen und aufrichtigen Zuneigung zu versichern.

Charlton (Kent), 11. September 1910

(...) Morgen nehme ich den Tee bei einer reizenden Dame, die ich schon mehrere Jahre kenne, Mrs. Mabel Bode, Professorin für Pali an der Londoner Universität. Sie ist eine sehr kluge, belesene kleine Person, und ich freue mich darauf, sie wiederzusehen. Auch mit Mrs. Rhys Davids, einer ebenfalls sehr gelehrten Orientalistin und Autorin zahlreicher Werke, werde ich mich in den nächsten Tagen treffen; sie wohnt allerdings in Manchester und weiß nicht genau, wann sie nach London kommt. Am 15. nehme ich den Tee bei einer anderen guten Bekannten. Es ist eine Feministin, eine geborene Französin, die jedoch nach der *Kommune* als Kind hierher kam und England seitdem nicht mehr verlassen hat. Am 22. esse ich bei Mrs. Mills, der Frau eines Professors an der Hochschule für Pharmazie, der ein paar Inder eingeladen hat, die auf der Durchreise sind.

Ich konnte nicht umhin, einige Einladungen anzunehmen, um so mehr, als ich auf diese Art mein Englisch vervollkommnen kann; allmählich habe ich freilich genug davon. Die Leute, die sich für Orientalistik »interessieren«, sind schwer zu ertragen. Sie stellen Fragen, die einen bisweilen völlig verblüffen, verfügen nicht einmal über Grundbegriffe und halten sich dessenungeachtet für sehr beschlagen. Es ist lustig anzusehen, welch fragwürdige Gestalten sich um einige Gelehrte, die die Englische Buddhistische Gesellschaft gegründet haben, als Jünger scharen. Diese Leute geben keine Ruhe, bis sie die Untersuchungen über die alten Texte um etwas aus ihrer Feder bereichert haben. Es heißt, die Gesellschaft für Wedantaforschung habe sich in London aus diesem Grunde aufgelöst. Dort sollten Kommentare und Übersetzungen von Sanskritwerken veröffentlicht werden; es stürzte sich jedoch eine solche Meute darauf, und es kam zu einer derartigen Cliquenbildung, daß die Orientalisten der Gesellschaft schließlich den Rücken kehrten. Trotzdem kommen derartige Forschungen ohne Zusammenschluß nicht aus — einerseits wegen der schwierigen Materialbeschaffung, andererseits wegen der Notwendigkeit, das eigene Wissen anhand der Unterlagen anderer zu überprüfen. (...)

Freitag, den 15. September 1910

Mein kleiner Mouchy, beinahe wärest Du Witwer geworden... Gestern habe ich im gesundheitsbewußten, preiswerten usw. Restaurant des berühmten Eustace Mile zu Abend gegessen. Dies ist ein ehemaliger Cambridgestudent, der das »Institut für Körpertraining« gegründet hat und ein Lokal besitzt, in dem man Beschwerden verursachende Speisen zu sich nimmt. Eine ältere Dame hatte mich dorthin eingeladen, und ich begleitete sie gern, wenn auch etwas argwöhnisch, da ich das Lokal kennenlernen wollte. Weh mir! Das Martyrium begann mit einem kleinen rosa Gebilde in Rautenform, das aus japanischem Zahnpuder gefertigt schien; dann kam eine Suppe, die für heiße Umschläge zubereitetem Flachskuchen ähnelte und in der sich Sand befand... Du weißt ja, Sand im Essen lockert die breiige Nahrungsmasse zur besseren Verdauung etwas auf; es folgten andere schreckliche Sachen, die auf Untertassen statt auf Tellern gereicht wurden. Zum Schluß gab es noch kleingehackten Käse, der in ranziger Butter gebraten war. Ich sah mein Gesicht in einem der Spiegel, die die Wände zierten. Es war bleich; die Därme drehten sich mir um. Ein Orchester begleitete die schauderhaften Überraschungen mit einer Musik, als wäre der Leibhaftige im Anmarsch ... Wie mir schien, bestand in der Tat für einen solchen Trauermarsch Anlaß. Das Lokal war randvoll; um mich her sah ich weitere Untertassen, die andere, nicht weniger furchterregende Gaumenfreuden enthielten. Auf einem Aushang war zu lesen, in diesem Etablissement würden Kurse in gesundheitsbewußtem Kochen abgehalten, und Mr. Eustace Mile erteile in einem ozonreichen Raum Unterricht in Gymnastik und Atemschulung. (...) Wahrlich, dies Haus könnte in einem der Höllenkreise Dantes stehen! Heute morgen habe ich kohlensaures Natron geschluckt, aber mein Magen hat die Mahlzeit in schmerzlichem Angedenken behalten. Nun ja, dies sind Abenteuer, die man mit Humor ertragen muß und die letzten Endes auch ganz lustig sein können. Morgen gehe ich mit Familie Payne zur Ausstellung über Japan; Margaret hat mich für Sonntag eingeladen, aber ich gehe nicht hin, weil ich arbeiten muß und auch ein wenig abgespannt bin. Gestern habe ich Monsieur Barrère, den Bruder unseres Botschafters in Rom, getroffen, dessen Frau mit Mrs. Payne befreundet ist. Er ist Französischlehrer an der Militärakademie, in der die englischen Stabsoffiziere ausgebildet werden.

Die Pariser *Aurore* hat meinen auf dem Brüsseler Kongreß vorgetragenen Bericht gewürdigt; die *Humanité* und andere Zeitungen wie *Petite République* usw. haben ihn erwähnt. (...)

(Auf dem Mittelmeer), 10. August 1911

Das Wetter ist schön, genau wie du es vorhergesagt hast, und ich schreibe Dir auf Deck, woran Du erkennen kannst, daß kaum Wind weht. Das Schiff übertrifft an Schmutz alles, was ich bisher gesehen habe. Das Deck ist nicht nur mit Ruß und Zigarrenstummeln bedeckt, sondern auch mit Speiseresten, Brotrinden, Knochen, Fettpapier. Von Leuten aus der dritten Klasse und Achterdeckpassagieren wimmelt es nur so auf dem viel zu engen Raum; sie haben hier geschlafen und bleiben auch jetzt noch auf ihren Bündeln liegen. Auf dem Boden packen sie den Inhalt ihrer Körbe aus und essen. Solche Szenen vertraulicher Verbrüderung mögen rührend sein, ich gebe jedoch offen zu, daß ich an so etwas nicht unbedingt teilnehmen möchte. In meiner Kabine gibt es Ratten, sie haben deutliche Spuren hinterlassen.

Von den Eindrücken nach unserem Abschied am gestrigen Abend kann ich Dir kaum etwas erzählen, denn deren gibt es nicht viele ... Ich habe tatsächlich das Bewußtsein verloren und bin wohl — seltsam genug — in meiner Ohnmacht eingeschlafen, denn heute morgen, um fünf, bin ich aufgewacht und hielt noch die Gegenstände von gestern abend in Händen (...) Ich bin ganz benommen und ohne jeden Gedanken (oder Denkvorgang, wie Du sagen würdest). Das Mittagessen war recht ausgefallen. Es gab »Esau-Linsen«; hierbei handelt es sich um in Wasser gekochte Linsen mit feingehackten gekochten Zwiebeln. Ich hielt es für einen Salat und nahm reichlich davon, schob aber die Zwiebeln, so gut es ging, beiseite. Als ich dieses äußerst bescheidene Gericht verzehrte, dachte ich, es sei ein Vorgeschmack auf die Klostermahlzeiten, die ich bald zu mir nehmen werde. Jedenfalls war das Essen zumindest nicht ungesund. Es ist hier sehr heiß, viel heißer als in unserem Haus. Ich habe etwas Fieber. Wenn ich weiterhin diese täglichen Anfälle habe, werde ich, gleich nach meiner Ankunft auf Ceylon, nach Nuwara Eliya hinaufsteigen und mich dort oder anderswo in den Bergen ein paar Tage aufhalten. Das wird vielleicht die Krankheitserreger abtöten.

Ja ... ist es denn wirklich wahr, daß ich nach Ceylon unterwegs bin? ... Es kommt mir gar nicht so vor.

(...) Meine »Maru« kommt erst morgen früh an. So bin ich denn im Hotel Beauvau abgestiegen, wo man mir zum Preise von vier Francs ein gut durchlüftetes Eckzimmer gegeben hat; ein Fenster mit Blick auf den Hafen, das andere auf die Avenue Canebière hinaus. Weißt du, mein lieber Kleiner, welcher Gedanke mir durch den Kopf ging? Die Maru Maru sein zu lassen und nach Vichy zu fahren, um Dich dort zu überraschen. Das wäre sicher nett gewesen, aber zweifelsohne auch sehr kindisch. Handlungen, die nicht genauestens vom Verstand kontrolliert werden, enden oft in einer schmerzlichen Ernüchterung; und wäre es vernünftig gewesen, jetzt auf eine Reise zu verzichten, die von langer Hand vorbereitet war, auf all das, was sie an künftigen Studienergebnissen und nützlichen Beziehungen in sich birgt? (Ich spreche hier nur von dem Aspekt, der Dich interessiert; die philosophische oder mystische Seite, die — Deiner Auffassung zum Trotz — die entscheidende ist, bleibt dabei unberücksichtigt.) Wäre es weise, die bereits vorgezeichneten Leitlinien und Markierungspunkte meiner Laufbahn als Orientalistin wieder auszuradieren, um dann, wenn das Strohfeuer meiner Projekte erloschen ist, von keinem Menschen mehr ernst genommen zu werden? Es besteht die Möglichkeit, mir einen durchaus ehrenvollen Platz in der französischen Orientalistik zu sichern, einen Platz, der Beachtung findet und auf mehr Interesse stößt, als man unseren Spezialisten schenkt, die die Grenzen ihrer trockenen und erstarrten Gelehrsamkeit nie überschreiten. Ich fühle, daß dieses Ziel erreichbar ist. Falls meine Ausdauer und meine Arbeit ausreichen, brauche ich diesen Platz nur noch einzunehmen. Dies sind keine leeren Träume, schließlich habe ich den Andrang bei meinen Vorträgen in Paris gesehen und auch die Zuhörerschaft bemerkt, die ich in Brüssel mobilisieren konnte. Ja, ich habe es erlebt, wie im Salon von S. Lévi Leute die Debattierrunde der Gelehrten verlassen, um mir zuzuhören, wie ich über eine indische Philosophie rede, die lebendig ist, die Lebensdaten oder Geburtsorten keine Bedeutung beimißt, ja sich nicht einmal um die tatsächliche historische Existenz der großen Denker kümmert, sondern nur Ideen als solche betrachtet und — unabhängig von ihrer Herkunft — in ihnen Ausdrucksformen des menschlichen Geistes, nicht jedoch von X oder Z erfundene Theorien, erblickt. Eine solche Einstellung zur Philosophie will nicht sklavisch an Denkformen der Vergangenheit kleben, sondern auch eine Grundlage bieten, die es unserer Generation erlaubt, weiter- und vor allem voranzuschreiten. Nimm nur den außergewöhnlich großen Erfolg Bergsons[1]! Dennoch bleibt alles, was er sagt, blaß und verschwommen. Entschuldige meine Verwegenheit, aber ich glaube, ich habe viel mehr und viel Besseres zu sagen als er. Dazu braucht man Ausdauer, Arbeitskraft und Belege, die der Kritik keine Angriffsfläche bieten. Wenn ich von Stubengelehrten kritisiert werde, muß das Publikum denken können: Nun ja, diese Leute haben ein immenses Wissen; sie jedoch kennt die Dinge, von denen sie spricht, aus eigener Anschauung, sie hat mit ihnen gelebt, ist täglich mit ihnen umgegangen. Selbstverständlich malt derjenige, der eine Blume frisch und in natura gesehen hat, sie besser als jemand, der sie nur vom Herbarium her kennt. Aber so wahr, richtig und vernünftig dies alles sein mag, im Augenblick habe ich doch vor allem das Bild eines Mouchy vor Augen, der in Biserta am Kai steht und dessen Silhouette langsam in der Dunkelheit verschwimmt...

Mandapam, 18. November 1911

(...) Als ich gestern in Tuticorin[2] ankam, war es ähnlich wie in Port Said. Damals hatte ich eine Sandfläche mit zwei oder drei Baracken gesehen; diesmal fand ich dort eine Stadt, Straßen, Bäume und eine Mole, auf der Züge fahren. Das Schiff in Tuticorin hat sich seinerseits in einen eleganten Dampfer verwandelt, der so groß wie die Tuasch, aber auf eine gänzlich andere Art hübsch ist. Und die Ausschiffung erfolgt jetzt in einer geräumigen Schaluppe, die an die Stelle des schmalen Kahns getreten ist, den einer ständigen Dusche ausgesetzte Ruderer auf dem Kamm der Wellen entlangbugsierten. Du siehst, alles ändert sich. Das Land wird bald nur noch eine gewaltige Fabrik sein! Auf der Mole von Tuticorin sah ich riesige Meerwasserschildkröten, die man auf den Rücken geworfen hatte, damit sie nicht entkommen konnten; Schildkröten kommen nämlich von allein nicht wieder auf die Beine.

Was soll ich erst von Madurai sagen! Die Terrasse, auf der ich in der ersten Begeisterung über die indische Atmosphäre einen Abend unter Sternen verbracht hatte, habe ich nicht wiedergefunden. Auch dort ist

---

[1] Henri Bergson (1859—1941), französischer Philosoph.
[2] In ihrem Buch „L'Inde où j'ai vécu" beschreibt A. David-Néel mit viel Humor ihre erste Fahrt durch die Meerenge von Tuticorin.

gebaut worden; nur der Tempel ist derselbe geblieben, und er flößt noch mehr Schrecken ein, falls das überhaupt möglich ist. In ihm habe ich sowohl gestern, in der Abenddämmerung und der Nacht, als auch heute, am frühen Morgen, mehrere Stunden zugebracht. Welch eine Nacht war das! Es wurden Götterbilder umhergetragen; stell dir nun aber keine Kirchenfahnen, Blumen oder Gläubige mit ausdruckslosem Gesicht vor wie bei katholischen Prozessionen, wo alles in eine Atmosphäre stumpfsinniger Einfalt getaucht ist. Hier vollzieht sich das Ganze im Sturmschritt; die Männer sind, bis auf den schmalen Lendenschurz, nackt, und sie tragen auf ihrer braunen Stirn eine symbolische rotweiße Bemalung und auf dem Oberkörper Linien aus Asche; auf einem auf langen Bambusstangen ruhenden Traggestell, dem Palankin, führen sie ihre Götter mit sich: recht unförmige Standbilder, die man in der Dunkelheit nur schlecht erkennen kann. Etwa zwanzig Männer tragen den Palankin auf den Schultern; ihnen voran gehen Fackelträger, deren Leuchten aber nicht wie bei uns aufrecht stehen, sondern quer liegen; es sieht aus, als wären ihre Hände voll Feuer, das freilich — ähnlich einer züngelnden Glut — nur wenig Licht spendet. Eine lange Trompete, die sich kaum beschreiben läßt, begleitet sie mit einer ebenso unbeschreiblichen Musik aus drei im Oktavabstand wiederholten Noten, mit Quinten, die hart, roh, ja infernalisch klingen und den Tempel mit schrecklichem Getöse erfüllen. Wie soll ich diesen Anblick, den Schauder, der einem kalt über den Rücken läuft, beschreiben? Man befindet sich außerhalb der Erde, in der Welt der bösen und fürchterlichen Kräfte, im Bereich jenes »Anderen«, von dem das Mittelalter spricht. Und man spürt in der Tat, wie der Hauch von etwas »Anderem« über einen hinwegweht. Obwohl so viele Jahre vergangen sind, wirken die Eindrücke genau wie damals auf mich, nur viel intensiver. Das gilt vor allem für diese Prozession inmitten von Gläubigen, die sich zu Boden werfen, wenn der Zug mit dem Götterbild kommt, und die Steine küssen, die seinen Weg säumen. Beim Anblick der abscheulichen Fratzen dieser geschwärzten, mit dem Öl der Opfergaben eingeriebenen Standbilder verdrehen sie ihre Arme zu zwanzig verschiedenen rituellen Andachtsgebärden. Die auf den Steinplatten zu symbolischen Figuren angeordneten Blumen sind längst zertreten; es sind ärmliche rosarote oder weiße Blumen, die in diesem Rahmen etwas erbärmlich wirken und irgendwie Furcht und Leid auszudrücken scheinen ... Und dann öffnen sich die hell erleuchteten Tore des verbotenen Altarraums und geben den Blick auf einen zugleich finsteren und funkelnden Schlund frei ... Welch unvergeßlicher Anblick, der viel mehr im Betrachter auslöst, als das Auge wahrzunehmen vermag. Ich möchte in dieser Umgebung, die ich einzigartig finde und die es vielleicht wirklich ist, möglichst lange verweilen, um alles analysieren, Zusammenhänge erkennen, das Typische erfassen zu können. Wieviele herrliche Seiten ließen sich füllen, wollte man alles beschreiben! Heute morgen habe ich mit einem Brahmanen Bekanntschaft geschlossen; er tat sehr wichtig, erklärte mir einige Sachen und war ausgesprochen stolz darauf, Englisch zu sprechen. (...)

Rameswaram, 19. November 1911

Ich schreibe Dir wieder von einem Bahnhof aus; mein Stuhl steht an einem geschützten Ort, gegenüber einem abfahrbereiten Zug und wenige Schritte von einem Maschinenschuppen entfernt. Auf dem Bahnsteig stehen der Stationsbeamte und zwei nachdenkliche junge Esel; in einem Winkel meines Unterstandes blicken versonnen zwei Kälber vor sich hin. Wenig hinduistisch das Ganze, die Umgebung erinnert mich an Dscherba.

Meine Ankunft heute morgen oder vielmehr die ganze Reise war recht bewegt. Zunächst teilt man mir sowie einem anderen Reisenden, der ebenfalls in dieser gottverlassenen Gegend hängengeblieben ist, in Mandapam mit, es ließen sich in Rameswaram keine Lebensmittel auftreiben. Wir jedoch bestellen für sieben Uhr unser Frühstück, essen bestens und in aller Gemütlichkeit weichgekochte Eier, Toastbrot und Konfitüre und begeben uns dann zum Schiff; wie immer folgt mir eine stattliche Anzahl Träger, von denen einer in einer riesigen Kiste meinen aus Konservenbüchsen bestehenden Reiseproviant auf dem Kopf trägt. Unser Zug ist durchaus beeindruckend, und man fühlt sich gleich wie ein großer Forschungsreisender! ... Wenige Augenblicke später, am Ufer, muß man sich auch schon unfreiwillig als solcher betätigen, denn von der Eisenbahnfähre fehlt jede Spur. Wir erkundigen uns. Sie ist um sechs Uhr abgefahren. Es sind Kähne da, aber wir wollen nicht bezahlen, da wir ja unsere Karten haben. Der Reisende ist Zweigstellendirektor der Bank von Madras, man kennt ihn, und der Eisenbahnbeamte sorgt dafür, daß wir in einem bereits recht malerisch mit Eingeborenen besetzten Kahn umsonst übergesetzt werden. Die Überfahrt erinnert mich sehr an die von Zarzis-El-Kantara nach Dscherba; wir haben günstigen Wind und kommen, ohne zu kreuzen, voran. In Pamban ist eine kleine Mole vorhanden, aber unser Hochseekapitän steuert nicht auf sie zu. Er hätte dazu wenden müssen, und das mag er wohl nicht. So befördert er uns geradewegs an den Strand, und zwar mit solcher Geschwindigkeit, daß wir beinahe gekentert wären; ich saß auf dem Rand und hätte ein ungemütliches Sitzbad genommen, hätte ich mich nicht gerade noch an einem Tau festhalten und hochziehen können. Nun begann ein lustiges Schauspiel. Den Einheimischen machte es nichts aus, ins Wasser zu springen, das ihnen bis zum Bauch reichte. (Ich spreche von Männern Deiner Größe!) Natürlich verspürten der englische Reisende und ich nicht die geringste Lust, es ihnen gleichzutun. Es herrschte beträchtlicher Seegang, und das Boot wippte bei jeder Welle auf und nieder. Schließlich setzt man meinen Reisegefährten zwei Eingeborenen auf die Schultern; so gelangt er ans Ufer. Nun wäre eigentlich ich an der Reihe, doch das Boot ist aufs Meer abgetrieben, und ich muß warten, bis man es wieder ans Ufer geholt hat. Schließlich stehe ich glücklich an Land, und dann ist auch mein Gepäck dran, meine berühmte Proviantkiste, die immer bedeutungsvoller und nach »Forschungsreise« aussieht. Weiter geht es erneut im Gänsemarsch, die Schwarzen tragen die Koffer auf dem Kopf, wie auf den Bildern zu sehen. Am Bahnhof erklärt man mir, es werde wegen starken Pilgerandranges ein Sonderzug eingesetzt. So brauche ich auf dem Bahnhof *nur* zwei Stunden auf einem Stuhl zu sitzen und zu warten. Diese beiden Stunden vergehen übrigens beim Betrachten des bunten Gewühls der Pilger schneller als erwartet. Rameswaram ist ein sehr gesunder Ort, und die Leute kommen aus dem Norden, aus Bengalen und sogar aus dem Himalaya. Sie schleppen seltsame Sachen mit sich herum. Alle haben gebadet, ihre Kleidung gewaschen und zum Trocknen über den Bahnhofszaun gelegt. Trotz dieser Reinlichkeitsmaßnahme sehen sie schmutzig aus. Schließlich setzt mich der Zug im heiligen Dorf ab. Ich lasse den Bahnhofsvorsteher rufen und zeige ihm einen Brief des India Office, woraufhin er mir seine Dienste anbietet. Vom heißen Wasser für meinen Tee abgesehen, ist er mir jedoch wenig hilfreich. Die Zimmer des Bahnhofs sind in schlechtem Zustand. (. . .) Kurz nach meiner Ankunft erscheint ein großer beleibter Brahmane, der »Tempelaufseher«; vom Bahnhofsvorsteher benachrichtigt, ist er gekommen, um mich bei meinem Besuch zu führen. Wir fahren auf einem mit zwei Ochsen bespannten Karren; da es weder eine Bank noch eine andere Sitzgelegenheit gibt, läßt man sich einfach auf dem Bretterboden nieder. Es beginnt in Strömen zu regnen, und als wir den Tempel erreichen, haben die Straßen sich bereits in Wasserläufe verwandelt. Rameswaram reicht bei weitem nicht an Madurai heran, und ich bereue es ein wenig, die Strapazen der Reise auf mich genommen zu haben, um schließlich bei derart schlechtem Wetter anzukommen. Ich kaufe einige religiöse Andenken, wie sie Pilgern angeboten werden, so z.B. Samenkörner, die in ganz bestimmter Art unterteilt sein müssen, wenn ihnen heilige Kräfte innewohnen sollen; mein Boy prüft sie peinlich genau, denn der Händler will uns anscheinend fünfgliedrige Körner, die ohne — oder fast ohne — Wert sind, statt der Verehrung genießenden sechsgliedrigen Körner verkaufen. Alle diese Gegenstände sind sehr billig (zwischen 10 und 30 Centimes). Ich habe allerdings auch eine gräßliche »Kapelle« gekauft; sie zeigt in Triptychonform die lokalen Gottheiten und hat einen Franc gekostet.

Ganz besonders reizend sind die kleinen Brahmanenmädchen, die für mich jene Tänze getanzt und gesungen haben, die sie im Altarraum vor dem Götterbild ausführen. Sie sind bezaubernd, ganz mit Edelsteinen behängt und tragen Blumen im Haar. In den Händen halten sie Stöcke, die einen musikalischen Klang erzeugen, wenn man sie aneinanderschlägt. Es war wirklich köstlich und ging weit über das hinaus, was gewöhnliche Touristen zu sehen bekommen.

Heute morgen bin ich weitergefahren; ich schreibe die Fortsetzung dieses Briefes im Zuge, am Montag, dem 20. Es begann stark zu regnen, als ich mit einer Schar buntgekleideter Pilger in der Dampfschaluppe saß. Ich habe versucht zu photographieren; das war zwar noch vor dem Regenguß, aber der Tag war grau in grau; schade, es wären bestimmt interessante Aufnahmen geworden. Nach der Landung lief ich gleich zum Zug und kam völlig durchnäßt an; hier sitze ich nun und fahre nach Madurai.

Ein dicker Brahmane ist gerade in mein Abteil eingetreten und hat mich sehr höflich gefragt, ob ich ihm gestatte, in Gemeinschaft mit mir zu reisen. Er hat eine Fahrkarte erster Klasse, und da der Zug nur ein Erster-Klasse-Abteil hat, ist er selbstverständlich berechtigt, es zu benutzen; ich willige ein und bin ihm für seine Höflichkeit dankbar.

Trichinopoly, 22. November 1911

Wo ist mein Indien von einst[1]: heiß, ausgedörrt, mit seinem furchtbar grünen Himmel und seinen Straßen, auf denen während der kurzen Morgenröte goldene Staubwolken aufgewirbelt werden! ... Tiefhängende, eintönig graue Wolken; grüne Bäume, grüne ... allzu grüne Felder; schlammige Wege mit ziegelroten Pfützen, in denen die Räder schier versinken; Regengüsse, die einen bis auf die Haut durchnässen; Nächte, in denen man, unter Wolldecken zusammengekauert, mit den Zähnen klappert ... All dies läßt mich eher an einen verregneten Sommer in Holland oder der Bretagne denken. Weißt Du, mit Indien ist es wie mit unserem Tunesien: Die Jahreszeit, die man den Touristen empfiehlt, ist im Hinblick auf Lokalkolorit und malerische Ansichten die ungünstigste. Dieses feuchte und graue Indien ist nicht das Indien eines *Wischnu* oder eines *Schiwa*; wenn Du nur wüßtest, wie armselig die Götter in den regennassen Mauern ihrer Tempel dastehen!

Heute morgen habe ich einige Tempel besucht, die außerhalb der Stadt liegen; auf dem Rückweg bin ich die dreihundert Stufen des Felsens, auf dessen Gipfel *Ganescha* thront, hinaufgestiegen. Erbärmlich! Der Regen hat alle Farbtöne verändert. Indien ist ohne Sonne nur ein

---

[1] Alexandra David-Néel reiste 1891, im Alter von 23 Jahren, zum ersten Mal nach Ceylon und Indien. Briefen ihres Vaters, die A. David-Néel aufbewahrt hat, läßt sich entnehmen, daß sie sich 1895/96 und 1897 in Indochina aufhielt.

Haufen Unrat. Ich verzichte deshalb darauf, Tandschur wiederzusehen, und nehme heute abend den Nachtexpreß nach Pondicherry, was freilich nicht ohne Schwierigkeiten abgeht. In dieser »touristischen Hochsaison« muß man, vor allem für Nachtzüge, einen Platz reservieren lassen. Um zwei Uhr schicke ich meinen Boy zum Bahnhofsvorsteher und teile ihm meine Absicht mit, mit dem Postzug um halb acht zu fahren. Einen Augenblick später taucht an meiner Zimmertür ein Tropenhelm auf, darunter ein großer, ziemlich verwirrter Engländer. Es ist der »station master« . . ., der keinen freien Platz mehr im Zuge hat. Die Vorstellung, hier 24 Stunden warten zu müssen, ist nicht gerade angenehm; aber ein Europäer genießt in den englischen Kolonien ein solches Ansehen, daß es gar nicht in Frage kommt, mich sitzen zu lassen, und das, obwohl ein öffentlicher Erlaß existiert, in dem alle Reisenden dazu angehalten werden, ihren Platz 24 Stunden vorher in dem Bahnhof, in dem der Zug zusammengestellt wird, reservieren zu lassen. Ich werde es irgendwie einrichten, sagt der Bahnhofsvorsteher zu mir. Ich werde einen weiteren Gentleman »hochhängen« oder noch einen Wagen anhängen. Einen Gentleman »hochhängen« heißt, ihm einen oberen Liegeplatz zuweisen; die Abteile sind wie Kabinen gebaut, und jeder hat seine Pritsche. Übrigens hat das Verb zwei Partizipien der Vergangenheit, wobei die regelmäßige Form *hanged* ausschließlich der Todesstrafe durch den Strang vorbehalten ist, während dem Gentleman, bei dem die unregelmäßige Form *hung* angewandt wird, kein größeres Leid widerfährt.

In der vergangenen Nacht habe ich wenig geschlafen, denn der Bahnhof ist sehr laut, und um vier Uhr morgens traf der Maharadscha von Travancore ein, der sich — unterwegs zum Durbar — einen Tag ausruhen wollte. Die Eingeborenentruppe gab ihm ein Morgenständchen, als er aus dem Zuge stieg. Mit meiner Nachtruhe war es natürlich vorbei. Diese Persönlichkeit ist gerade abgefahren, und wieder hat ihm das aus Einheimischen bestehende Kommando die militärischen Ehren erwiesen. Der Fürst kam ohne Eskorte in einem normalen Wagen an, ich sah ihn in den Bahnhof einfahren; es war auch kein Ordnungsdienst eingesetzt, und neben der Wagentür stand ein nackter Schwarzer mit einem Kasten »Gasus«[1] auf dem Kopf und sah ihm beim Aussteigen zu. Es geht genauso zu, wie bei uns.

Du möchtest wissen, wie es mit meinem Brahmanen weiterging, nicht wahr? Also, paß auf: Kurz nachdem er in mein Abteil eingetreten war, begann er wegen irgendeiner Nebensächlichkeit ein Gespräch . . . Ach ja, der elektrische Ventilator hatte sich plötzlich ohne unser Zutun eingeschaltet. Das Gespräch kam von Rameswaram, wo ich meine Reise

---

[1] „Gasus" nennen die Araber kohlensäurehaltige Getränke.

angetreten hatte, auf die Gottheiten, bis wir schließlich bei der Philosophie angelangt waren. Mit einem Hindu kommt man immer sehr rasch auf dieses Thema. Im Zusammenhang mit einem Zitat habe ich dann die *Bhagawadgita*, im sanskritischen Original, aus meiner Handtasche gezogen, was mir sofort die Hochachtung meines Reisebegleiters einbrachte. Ich nannte ihm mein Reiseziel, und er fragte mich als Antwort, ob ich den kommenden Tag in Madurai verbringen wollte; er würde den Lehrer, der im Tempel die *Weden* erläutert, zu sich bitten, und ich könnte mich mit ihm unterhalten. Der Vorschlag gefiel mir natürlich viel zu sehr, als daß ich ihn hätte ablehnen können.

So trete ich denn am Nachmittag in ein Brahmanenhaus ein, was außergewöhnlich ist, denn ihre Kastenzugehörigkeit verbietet es ihnen, Ausländer zu empfangen. Mein Gastgeber ist ein Wakil, also ein Notar oder Rechtsanwalt. Sein Zuhause ist äußerst schlicht und unkultiviert. Stell Dir einen Innenhof mit vier runden, sich nach unten verjüngenden Säulen vor. Einen Säulenzwischenraum verschließt ein ockergelber Vorhang, unter dem die Beine eines Diwans, eine weiße Decke und aufgehängte Kleidungsstücke vorschauen; dies dürfte das Schlafzimmer des Meisters sein. Vor dem Vorhang hängt an schwarz gestrichenen Eisenketten eine breite Schaukel, auf der ein Kopfkissen liegt. Die nächste Seite ist mit baumwollstoffbespannten Wandschirmen zugestellt, über die ein paar neugierige Köpfe hinweglugen; die dritte Seite ist Teil eines Durchganges, der von der Straße ins Innere des Hauses führt, und an der vierten Seite schließlich sitzen wir — vor einem Tisch, den ein johannisbeerrotes Stück Baumwolltuch bedeckt und auf dem die Beteldose steht, die Größe und Form eines Buches hat. In dieser Umgebung, wo es nach Jasmin, Weihrauch, Öl und ranziger Butter riecht — diese Substanzen werden nicht nur im Tempel, sondern auch auf dem Hausaltar verbrannt —, sprechen wir über Dinge, die sich in unseren westlichen Sprachen gar nicht ausdrücken lassen, mir aber glücklicherweise unter ihrer Sanskritbezeichnung geläufig sind. Einmal mehr warf ich die Fragen auf, mit denen sich in fernen Jahrhunderten bereits *Jainawalka* und *Arthabaja* beschäftigten; meine Brahmanen, die auch keine bessere Antwort wußten als ihre entfernten Vorfahren, waren vom bloßen Klang dieser von Generation zu Generation wiederholten Silben ganz entzückt, entzückt vor allem darüber, daß eine Abendländerin so geschickt mit ihnen umzugehen verstand. Sie vergaßen darüber ganz die sonst übliche Zurückhaltung, wiederholten in meiner Gegenwart die heiligen *Mantras*, diskutierten über ihren Sinn und ihre Kraft und enthüllten mir die Mysterien des »Tschutram«, von denen niemand außer den Brahmanen wissen darf. Mir war bereits bekannt, was der heilige Bezirk, das von so vielen Gängen, Altären und Gottheiten umgebene Herzstück des Tempels, birgt; aber nur wenige Nichteingeweihte wissen über diesen besonderen Punkt Bescheid, denn über ihn darf nichts mitgeteilt werden. Das Allerheiligste ist durch einen weiten Vorhang zweigeteilt; als Kulthandlung entzündet der Brahmane auf einem Tablett ein Stück Kampfer, hebt einen Zipfel des Vorhangs, und der helle Lichtschein der Stichflamme läßt hinter dem Vorhang kein Standbild, auch keinen anderen Gegenstand sichtbar werden, denn hinter ihm − ist nichts. Jawohl, inmitten der vielen fratzenhaften Standbilder, inmitten der gnädigen oder schrecklichen Götter und Göttinnen, die die Masse der Gläubigen fürchtet und anfleht, im Zentrum dieses hemmungslosen Polytheismus ist der Ort, den die Gläubigen als Sitz des Gottes bezeichnen, ein leerer Raum.

Man darf es nicht wissen, denn darin besteht das Geheimnis der Eingeweihten ... und es ist ein unglaublich symbolisches!

Ein Erschauern geht durch den Innenhof, wo der Anblick des Schleiers beschworen wird, hinter dem nichts ist.

Mein Gastgeber erklärt, um seine Mitteilsamkeit zu rechtfertigen: »Sie sind eine Eingeweihte des *Radscha-Joga*, ich weiß, daß das bei den Buddhisten genau wie bei uns ist.« Hieraus folgert er, daß ich bereits Bescheid wußte und er folglich nichts ausgeplaudert hat.

Man muß immer in Bewegung sein, der indische Boden ähnelt dem Treibsand, den es irgendwo an der bretonischen Küste gibt: Man versinkt bei jedem Schritt im Unbekannten, und eine nicht durchtrainierte Ratio weiß sich nicht zu helfen und wird hinabgezogen. Warum haben diese beiden Männer mich auf den *Radscha-Joga* hin angesprochen? ... Man sagt gemeinhin, man könne denjenigen, der diesen Joga häufig oder auch seltener ausübt, an seinen Augen erkennen, aber nur dann, wenn man selbst ihn ebenfalls betreibt ... (...)

Adjar-Madras, 27. November 1911

Es wird Dich nicht sehr überraschen zu erfahren, daß ich Dir aus dem Hauptquartier der theosophischen Gesellschaft schreibe; ich hatte Dir ja schon angedeutet, daß ich mich unter Umständen genötigt sehen könnte, mich dort einzuquartieren. Ich habe zu einem so niedrigen Preis nichts Geeigneteres finden können.

(...) Stell Dir eine weitläufige Besitzung von etwa fünfzig Hektar vor, zum Teil an der Küste ... im Sand sind Wege angelegt, hier und da stehen von Gärten umgebene Gebäude. Was mich angeht, so wohne ich in einiger Entfernung vom Meer in einer großen Villa, die mich an die Trianon-Schlößchen mit ihren Louis-seize-Kolonnaden erinnert. Versailles auch im Innern: weiße Rundzimmer, weiße Holztäfelung, Glastüren mit kleinen Scheiben. Man hat mich mit einem Zimmer bedacht, das etwa acht mal sechs Meter mißt, mit einer fast sechs Meter hohen Decke. Elektrisches Licht. Sehr geräumiges Badezimmer, ebenfalls weiß und in Rotundenform. Mit entsprechendem Mobiliar ließe sich eine Wohnstätte wirklich großen Stils herrichten. Aber die Einrichtung ist spärlich, und das Hindupersonal geht nicht gerade vorsichtig damit um. Ich habe einen Frisiertisch mit großem Spiegel, einen viertürigen Schrank, zwei Rohrsessel, einen mit Kissen ausgelegten Rotangsessel, einen breiten Ministerschreibtisch und ein Bücherregal. Und das Bett? — wirst Du fragen. Ha! Das ist das Beste, das Prunkstück inmitten der Möbel englischer Machart. Ja, mitten zwischen diesen europäischen Möbeln thront herausfordernd das primitive — wenn auch nicht schäbige — asketische Brahmanenbett: Es besteht aus einem blaugrau gestrichenen grobpolierten Holzrahmen, dessen Boden über Kreuz gespannte Riemen bilden; alte Bambusstangen tragen das Moskitonetz; die Matratze ist ersetzt durch den Rasai, eine sehr dünne wattierte Decke; die Kopfkissen sind winzig kleine Säckchen. Generation um Generation hat auf solchen Betten geschlafen; auf ihnen ruhten die Denker, die die *Upanischaden* verfaßten, und auf ihnen sinnieren auch noch die Denker unserer Tage. Man muß das mit Augen betrachten, die die Geschichte dieser Gegenstände kennen, vielleicht auch ein wenig mit den Augen des Künstlers, und kann dann die eigenartige geistige Wollust auskosten, das Bett eines *Schankaratscharja* in einem Louis-seize-Zimmer, das an Trianon und bukolische Dichtung denken läßt, vorzufinden.

Abenteuer ... ich habe sie Dir versprochen, und ich will Dir einige erzählen ...

Zunächst war ich in Pondicherry. Auch dort glaubte ich, irgendwie Versailles zu spüren: Eine tote Stadt, die sich an eine große Vergangenheit erinnert, in ihrer Würde erstarrt, tadellos sauber und bemüht, die Risse im alten Mauerwerk unter makelloser weißer Tünche zu verdecken. Auch mein Hotel prunkte mit einer prächtig getünchten Fassade, im Innern freilich hätten Staubwedel und Besen not getan. Ich verbrachte die Nacht in einem ekelhaften Loch; Ratten liefen im Zimmer umher, das am nächsten Morgen mit ihrem Kot übersät war. Das Wetter war glücklicherweise sehr schön, und ich konnte den ganzen Nachmittag in einem vorsintflutlichen, namenlosen Gefährt spazierenfahren, das vier Schwarze anschoben. Ich habe eine Aufnahme davon gemacht und werde sie dir schicken, sobald ich einen Abzug habe.

Am Abend habe ich mich mit einem Hindu[1] unterhalten, von dem ich Dir, glaube ich, überhaupt noch nicht erzählt habe, denn wir stehen nicht in Briefkontakt, und ich kannte ihn lediglich wegen der lobenden Äußerungen, die Freunde[2] über ihn getan hatten. Ich verbrachte zwei

[1] Es handelt sich um Schri Aurobindo Ghose.
[2] Paul Richard und seine Frau Mira Alfassa, die wenige Jahre danach zur hervorragendsten Schülerin von Schri Aurobindo wurde. 1926 wurde sie deshalb „Mutter" des „Aschram (Ashram)", den er in Pondicherry leitete. Die „Mutter" starb im November 1973.

sehr schöne Stunden damit, über die Gedankenwelt der alten indischen Philosophie zu fachsimpeln; mein Gesprächspartner, ein Mann von ganz seltener Intelligenz, gehört zu jenem außergewöhnlichen Menschenschlag, dem meine besondere Sympathie gilt: den vernünftigen Mystikern. Ich bin meinen Freunden wirklich dankbar für ihren Rat, diesen Mann aufzusuchen. Seine Gedanken sind so klar, sein Blick ist so strahlend hell, daß man hinterher glaubt, man habe die geistige Essenz Indiens geschaut, genau so, wie man sie sich nach der Lektüre der tiefsten Texte hinduistischer Philosophie vorstellt.

Ich wußte, daß dieser Philosoph in politischen Dingen eine Haltung eingenommen hatte, die den Engländern mißfiel; natürlich habe ich ihn taktvollerweise nicht darauf angesprochen, außerdem schwebten wir weit über den Niederungen der Politik. Andere jedoch blieben, während wir schwebten, lieber auf dem Erdboden ... und diese anderen waren die englische Polizei. Als ich in Madras ankam, erwartete mich bereits der Chef der Geheimpolizei persönlich, der höflich und sehr korrekt von mir wissen wollte, was ich in Pondicherry mit jenem verdächtigen Herrn zu schaffen hätte. Ich war eigentlich nicht überrascht, denn ich hatte damit gerechnet, daß mein Besuch bekannt würde. Im übrigen hatte ich ja auch gar kein Geheimnis daraus gemacht . (...)

Des weiteren habe ich noch die Bekanntschaft eines *Sannjasin* gemacht, der zu den allgemein verehrten Jogiasketen gehört, vor denen sich alle Hindus ehrfürchtig verbeugen. Diese Person nun bat, angesichts des großen Andrangs der Reisenden, um Aufnahme in mein Abteil. Das Zugpersonal war sehr verlegen, denn einerseits glaubte man, einer »weißen Lady« so etwas nicht zumuten zu können, andererseits hatte man zuviel Achtung vor dem heiligen Mann, als daß man ihn hätte abweisen mögen. Außerdem reiste er erster Klasse. Wir wurden sehr schnell gute Freunde. Er setzte sich, in der Stellung meines Buddha im Wohnzimmer, auf die Bank, und wir unterhielten uns. Er zeigte mir, wie er es anstellte, seine Adern augenblicklich anschwellen und sie ebenso rasch wieder abschwellen zu lassen. Er war nicht dumm, aber ungemein schwatzhaft!

Dienstag, den 28.

Ich habe eine ausgezeichnete Nacht hinter mir. Das Wetter ist prächtig, die Sicht herrlich. Ich glaube, ich habe jetzt das Haus gefunden, von dem ich immer geträumt habe und wo ich meine Aufzeichnungen ordnen kann, die allmählich durcheinanderzugeraten drohen; hier könnte ich auch eine gründliche Studie über die *Wedanta*-Philosophie verfassen, von der es in Madras Vertreter mehrerer Schulen gibt. Habe soeben eine Einladung erhalten, beim Gouverneur von Madras zu

»lunchen«. Der Chef der Geheimpolizei hatte mir gesagt, ich würde wahrscheinlich eingeladen werden, ich habe jedoch eigentlich nicht mehr damit gerechnet, denn der Gouverneur und seine Frau fahren am Abend des 29. (genau an dem Tage, für den sie mich einladen) zum Durbar. Oft ist eine solche Ehre eine unangenehme Last, aber noch kenne ich ja die »Exzellenz« und die Lady gar nicht; vielleicht sind es reizende Leute.

Adjar/Madras, 3. Dezember 1911

(...) Ich war beim Gouverneur von Madras zum Lunch, wie ich Dir bereits geschrieben hatte. Seine Frau ist sehr liebenswürdig. Ich saß Exzellenz zur Rechten, und er hat mich natürlich wieder auf meinen Besuch in Pondicherry angesprochen.

Am folgenden Tag aß ich bei den Eingeborenen der *Ramakrischna*-Mission zu Mittag; mir zu Ehren hatten die Mädchen den Boden vor der Eingangstür mit Bildern aus Blumen geschmückt. Es war eine schreckliche Mahlzeit mit einer Unmenge Fel-fel[1].

Adjar hat Klostercharakter, allerdings im schlechten Sinne; das Klosterleben erinnert an eine Anstalt. Es ist in der Tat wie in einem Irrenhaus. Sieht man von drei Gelehrten ab, die für ihre Arbeit in der Bibliothek bezahlt werden und hier wohnen, weil sie einen Broterwerb haben, der ihnen genügend Freizeit läßt, in Eigeninitiative Bücher zu schreiben, so wirkt, was übrigbleibt (vor allem die alten Jungfern), eher erschreckend als lächerlich. Wenn Du ihre wirr blickenden Augen sehen oder ihr ausgefallenes Gerede hören könntest! Und inmitten dieses Treibens hat sich Leadbeater, der Prophet, ungeachtet des riesigen Skandals, den es vor zehn Jahren gegeben hat, wieder sein kleines Sodom eingerichtet; dort lebt er abgeschieden mit seinen »Jüngern«, jungen Hindus, die keine Frau ansprechen darf und die er außerdem ja auch lehrt, sich alles Weiblichen zu enthalten. England, das so hart mit Oscar Wilde ins Gericht gegangen ist, dessen Freunde immerhin alt genug waren, um zu wissen, was sie wollen, sollte doch wirklich einmal ein Auge auf diesen Kreis haben, in dem der alte Schmutzfink fünfzehnjährige Jungen festhält ... Aber Adjar ist eine Stadt, und man sieht von einem Gebäude aus nicht, was im anderen vor sich geht. Die Neugriechen wohnen zu Fuß etwa zehn Minuten von dem Haus entfernt, in dem ich Quartier bezogen habe. An einem Abend habe ich die Gruppe auf der heiligen Terrasse kurz gesehen, bin aber später nie wieder hingegangen. Dieser Kreis von Narren, die sich in heuchlerischer Verehrung um eine Gruppe von Invertierten scharen, war ein widerliches Schauspiel für mich, das ich nicht unbedingt noch einmal sehen möchte. (...)

[1] arabisch für Piment

Madras, 19. Dezember 1911

Ich beginne morgen eine Reise an einen Ort, den man die Sieben Pagoden nennt und zu den interessantesten Punkten in Südindien zählt. Ich wollte eigentlich auf dem Wasserwege dorthin gelangen, denn die Regierung besitzt zwei Schiffe, die an Touristen vermietet werden; die Schiffe werden jedoch gerade ausgebessert und stehen vor dem 12. Januar nicht zur Verfügung. Du darfst Dir aber keine Dampfer vorstellen; es handelt sich um Schiffe, die den Kanal entlang getreidelt werden. Wir müssen also auf dem Landwege reisen; das geht zwar schneller, ist aber komplizierter. Selbstverständlich muß jeder, wie auch sonst üblich, Verpflegung, Geschirr, Bettzeug, Kerzen usw. selbst mitbringen. (...) Am darauffolgenden Tag gehen wir auf Besichtigung. Man hat mir einen Brief für einen *Wischnu*-Priester gegeben, der mir alles mögliche zeigen soll. Wir werden an Ort und Stelle nächtigen und am nächsten Morgen weiterreisen. Ich will noch einen weiteren Tag in Madras bleiben, dann fahre ich nach Radschamandri, wo ich mich mit einem hinduistischen Kollegen, einem Mitarbeiter an den *Dokumenten des Fortschritts*, treffe; danach fahre ich nach Puri, besichtige dort den berühmten Tempel des Dschagannath und fahre anschließend nach Kalkutta, wo ich mich ein paar Tage bei Hindus, die mit Dharmapala befreundet sind, aufhalten werde. So werde ich zwei Tage weniger auf See sein, denn die Strecke Kalkutta—Rangun ist bedeutend kürzer als die von Madras nach Rangun. (...)

Ich habe wirklich schon einen beträchtlichen Vorrat an interessanten Unterlagen. Auch gestern war ich wieder bei Brahmanen und diskutierte mit dem Familienoberhaupt, einem ausgezeichneten Professor für Vergleichende Philologie und Sanskrit, über philosophische Strömungen der Gegenwart. Seine Frau und seine Töchter begrüßten mich, und danach fand im Hause ein Familienfest statt: mit Musik ... aber was für einer Musik! Welch ein Trommelfell müssen diese Leute haben, um so etwas ertragen zu können! Ich sah hübsche Frauen mit schönem Schmuck. Das Ganze spielte sich vor einem Kreis sehr reaktionärer, verschlossener Brahmanen alter Schule ab. Aber da mich Freunde in aller Form eingeführt hatten, empfing man mich sehr freundlich.

Die Inneneinrichtung aller dieser Leute ist — falls das möglich ist — noch lächerlicher als bei unseren Arabern. Sie sind buchstäblich bar jeden Geschmacks, wahre Wilde; an die Wände hängen sie in solcher Menge billigste Farbdrucke, daß man glauben könnte, man wäre in einem Basar. Und alles ist wenig gepflegt, ja man kann ruhig sagen: dreckig.

(...) Ich habe vor, wenn mein zweiter Aufenthalt in Indien beendet ist, Dir eine Kiste mit Büchern, unterwegs zusammengetragenen Gegenständen und überhaupt allem, was ich nicht länger mit mir herumschleppen möchte, zu schicken. Ich beabsichtige damit, mein Gepäck für den restlichen Teil der Reise erheblich zu reduzieren. In Birma oder Japan würde ich gerne einige Sachen erwerben, um unsere Wohnungseinrichtung, die ohne viel Stil aus schlecht zusammenpassenden Einzelstücken besteht, zu bereichern ... Wir werden langsam alt und müssen an die Zeiten denken, wenn das Rheuma uns ans Haus fesselt. Ich weiß, daß Dir ein nett eingerichtetes Heim nicht gleichgültig ist. ... Und mir selbst? ... Ich weiß nicht so recht. In der Umgebung, in der ich jetzt lebe, verliert man jedes Gefühl für diese Dinge ... Ich werde demnächst an den Hindu in Pondicherry schreiben, von dem ich Dir erzählt habe; er ist ein kritischer Geist und geht den Dingen auf den Grund ... Ich werde ihn an Experimente erinnern, die er selbst mit größter Sorgfalt und unter genauester Kontrolle durchführt, und zu ihm sagen: »Trete ich in den *Samadhi*-Zustand ein, bin ich wirklich dem *Nirwana* nahe, oder ist es einfach Erschöpfung, hat das Alter meine Empfindungen abgestumpft? ... Sind meine Gleichgültigkeit und Glückseligkeit transzendenter Natur, oder äußert sich darin lediglich Erstarrung und Beginn des Verfalls? ...« Ich nehme an, er wird über die Frage genauso herzlich lachen wie an jenem Tage, als ich in ähnlichem Zusammenhang zu ihm sagte: »... Man ist dann also so weit, daß man nicht mehr weiß, ob man ungeheuer weise oder schlicht verrückt wird ...« (...)

Wie weit entfernt kommt einem doch die Welt mit ihrer emsigen Betriebsamkeit vor ... die vielen Menschen, die hier leben, plappern, schwatzen. Warum? ... Irgend etwas, vielleicht der Schleier eines Zaubermantels, hüllt einen ein, schirmt einen ab, erhebt und wiegt einen in grenzenloser Glückseligkeit. So ungefähr stelle ich mir die letzte Empfindung des sterbenden Weisen vor: Die Welt verblaßt immer mehr, weicht zurück, versinkt in ferner Dunkelheit; das Nachlassen der Lebenskräfte führt zu einem Zustand gelassener Gleichgültigkeit ohne jeden Wunsch, ohne den Willen, auch nur den Finger zu heben, um jene verschwimmenden Schatten zurückzurufen ... (...)

Adjar, 25. Dezember 1911

(...) Der Ausflug zu den Sieben Pagoden hat vier Tage gedauert und war reich an Zwischenfällen, von denen einer beinahe schlimm geendet hätte. Als wir an den Ufern des Buckingham Kanals anlangten, den die Regenfälle in ein kilometerbreites Meer verwandelt hatten, war stockdunkle Nacht. Unser Schiff lief mitten in den Lagunen auf Grund; es war zwar zum Glück bald wieder flott, wir bekamen jedoch noch mehr Verspätung, und ich war nach einem leichten Abendessen in unserem Bungalow sehr schläfrig. In diesem Zustand wollte ich mir im Garten die Zähne putzen, lief jedoch an der Treppe vorbei, statt sie hinunterzugehen ... unmittelbar daneben war der etwa 1,20 Meter hohe Mauerabsatz, auf dem die Veranda ruhte, und vor der Mauer stand ein großer Blumentopf, in dem irgendein Strauch wuchs. Diesen Blumentopf nun stieß ich um, stürzte selber und lag arg zerschunden am Boden. Ich fühlte mich einer Ohnmacht nahe, kam nicht wieder hoch und rief deshalb meine Reisegefährtin zu Hilfe. Sie kam; doch als ich ihr zurief, sie solle aufpassen, damit ihr nicht das gleiche passiere, stürzte sie bereits über den Mauerrand, fiel auf mich drauf und versetzte mir einen kräftigen Faustschlag aufs rechte Auge. Diese besondere Art der Hilfeleistung, diese zweite Quetschung bewahrte mich vor der Ohnmacht. Einige Engländer, die ebenfalls im Bungalow untergebracht waren, eilten herbei; ich war jedoch schon wieder auf den Beinen und lachte über das Mißgeschick. (...)

Ein beinahe nordisches Weihnachten in Madras: kein Sonnenstrahl, Regen ... Ich bin, wie Du, ganz allein. Alle theosophischen Vögel sind in Richtung Benares davongeflogen, wo sie ihre alljährliche Hauptversammlung haben. In dieser riesigen Besitzung sind jetzt nur mehr zehn Weiße ...

In Gedanken bin ich, mein lieber Freund, in diesen Tagen, die die gewöhnlichen Sterblichen Festtage nennen, bei Dir ... Weshalb eigentlich ein Fest? Weshalb für die Nichtchristen, die nicht an den Erlöser glauben? Weshalb für die sogenannten Christen, die seiner Lehre abschwören, die durch ihr Leben sein Beispiel verhöhnen und ihn rasch ans Kreuz schlügen, falls er in seinen Beduinenlumpen zurückkehrte und mit Leidenschaft die Stimme des bäuerlichen Propheten erhöbe: »Jerusalem, Jerusalem, du steinigest deine Propheten! Wie oft wollte ich deine Kinder um mich scharen, so wie die Henne ihre Küchlein um sich schart! ...« Wie zahlreich sind doch solche, die versucht haben — ob klein oder groß, genial oder einfältig — die elende Menschheit zu sammeln und zu einem höheren oder freudvolleren Leben zu führen, und wieviele sind umgekommen bei diesem Versuch, der allem Anschein nach gar nicht gelingen kann und der doch eine so übermächtige Verlockung darstellt, daß ihm tagtäglich irgendeine jener Seelen nachgeben muß, die von dem ewigen, vielleicht verrückten Traum, der einen Christus und einen Buddha zu schaffen vermag, nicht loskommen können.

Dies sind einige Betrachtungen zum Weihnachtsfest, die für Dich sicher nicht sehr nahe liegen und gewiß außerhalb jener friedlichen Gewässer angesiedelt sind, die Du zu befahren pflegst, mein lieber Alusch; sieh sie einer Moumi nach, die in wenigen Tagen an den Ufern des Ganges stehen wird und sich in einer Welt von *Swamis*, *Jogis*, *Sadhus* und *Sannjasins* bewegt, die von der gewöhnlichen ganz verschieden ist.

(...) Ich sende Dir alle Segnungen und alle Verzückungen, von denen die hinduistische Atmosphäre so gesättigt ist, alle Düfte und all das Unsichtbare, das einen anweht in diesem alten Lande, in dem so viele Gedanken lebendig waren ...

Radschamandri, 30. Dezember 1911

Dem Briefkopf kannst Du entnehmen, daß ich Madras verlassen habe, wo ich umständehalber, aber auch der Schwerfälligkeit der Asiaten wegen länger verweilt habe, als ich eigentlich wollte. Ich habe jedoch diese unbeabsichtigte Verlängerung meines Aufenthaltes nicht bereut, denn sie hat mich etwas erleben lassen, was gewiß einzigartig in meinem Leben bleiben wird, ein ungewöhnliches Abenteuer, von dem ich Dir jetzt erzählen will. Das Ganze geschah vorgestern:

Ort der Handlung ist der große Salon der Villa, die ich in Adjar bewohne. Es stehen ihrer drei vor mir — im langen Kaftan und einem weißen Musselinturban mit Silberplättchen. Auf ihrer dunkelhäutigen Stirn ist das Zeichen der Wischnu-Sekte aufgemalt; bei einem von ihnen wurde die Farbe offensichtlich der sehr heiligen Substanz entnommen, die die Kühe auf natürlichem Wege ausscheiden; die arglosen Tiere ahnen ja gar nichts vom religiösen Wert ihrer Verdauungsrückstände! Ihr Gesichtsausdruck ist hart und entschlossen, wie vor einer Schlacht, und zu einem Kampf sind sie ja in der Tat gekommen ... um mir etwas vorzuschlagen, was wahrscheinlich noch nie jemandem meiner Rasse und vor allem meines Geschlechts angeboten worden war: alles aufzugeben und als *Sannjasin* so lange unter ihnen zu leben, bis ich eines Tages das große Vollbringen — das einzigartige Brahma — erreicht habe und das Abendland lehren kann, was noch kein Gelehrter ihm aufzuschließen vermochte: den großen *Wedanta* ihrer Heiligen und Philosophen. Ja, ich sollte meine Kleider von mir werfen, nackt — oder fast nackt — in irgendeinem Unterschlupf leben, ohne Möbel und ohne Diener, ein die alte Regel befolgender *Jogi* werden und — nicht mit Hilfe von Büchern, sondern durch mündliche Initiation der Gurus — den befreienden »Mokscha« suchen. Vorsichtig gab ich zu bedenken, daß irgendwo auf einem anderen Kontinent ein Herr lebt, der mein Ehemann ist und vielleicht wenig Begeisterung für ein solches Abenteuer seiner Frau aufbrächte.

Oh, mein Lieber, mit welchem Schwung, welch stolzer Verachtung wurden Argumente dieser Art beiseite gewischt! Das zwei Jahrtausende alte Indien erhob sich vor mir mit seiner ungezähmten, leidenschaftlichen Mystik; was lag schon an einem Ehemann! Aus der Entfernung betrachtet mag das albern und lächerlich wirken, und als meine Besucher abgezogen waren, habe ich selbst eine Weile herzlich lachen müssen; doch im Moment des Geschehens war das Ganze überhaupt nicht komisch. Es war wie eine Episode aus einem hinduistischen Epos – ein wenig barbarisch, aber nicht ohne Größe – und hat volle drei Stunden gedauert. Der Anführer des Kommandos hielt manchmal, vom Reden erschöpft, inne; seine Augen waren geschlossen, die Nerven angespannt; in größter Konzentration aller Geisteskräfte richtete er ein Gebet an jenes *Brahma*, von dem die heiligen Texte sagen, es könne »weder Sein noch Nichtsein« genannt werden: *na sat na asat*. Diese Leute wußten, daß ich Buddhistin bin; aber welches Gewicht hatte schon die lächelnde, ein wenig skeptische und friedlich agnostische Philosophie meines Meisters für sie? Welchen Wert konnten dieser Religion mit ihrem Verbot zu töten schon die Anbeter der schlachtenschlagenden Helden *Krischna* und *Rama* beimessen, die alle beide »tapfere Krieger auf ihrem Wagen« oder »große Wagenlenker« waren, wie das *Mahabharata* berichtet und damit an die Zeit erinnert, als man noch von einem Fahrzeug aus kämpfte . (...)

Außer einem gewissen Kunstgenuß wurde mir durch dieses Erlebnis noch eine andere Freude zuteil: Bei diesen Leuten handelt es sich nicht um Wilde, sondern um Absolventen englischer Universitäten. Einigen von ihnen muß in Fragen der Religion Kompetenz und sogar eine gewisse Berühmtheit bescheinigt werden; wenn sie mir einen Vorschlag machen, wie ich ihn Dir gerade geschildert habe, und sich an mich als eine Person wenden, die nicht nur in der Lage ist, sie zu verstehen, sondern ihnen geeignet erscheint, ein befugter Prediger der Wedanta-Lehre zu werden, so ist das ein Beweis dafür, daß ich den Geist dieser Lehre, der in seinem Tiefsinn wirklich schwer zu verstehen ist, richtig erfaßt habe. (...) Ich habe hinsichtlich des *Wedanta* die monistische Schule des *Schankaratscharja* immer am meisten geschätzt, dafür aber um so weniger Sympathie für ihre Schüler aufbringen können. Über die Theorie, die klar und einleuchtend ist, braucht man nicht zu streiten. Buddha lehrte sie wahrscheinlich, wie man bestimmten Einzelheiten seiner Unterweisungen entnehmen kann; klug wie er war, hat er jedoch seine persönlichen Ansichten für sich behalten und auch uns immer wieder eingeschärft, es ebenso zu halten: Metaphysisches gehöre in den Bereich privaten Denkens, nur einwandfrei Beweisbares solle auch geäußert werden. Die Mentalität der meisten Wedanta-Philosophen ist verheerend menschenfeindlich und antisozial; es ist nicht verwunderlich, daß sie Indien in den beklagenswerten Zustand geführt haben, in dem es sich heute befindet. Man muß einmal aus der Nähe gesehen haben, wie dieses Volk von Sklaven im Mist herumkrabbelt. Wenn daher ein »Wiwekananda« seine Landsleute rühmt, so sind das eitle Phrasen, die durch die Wirklichkeit widerlegt werden; die Wirklichkeit ist hier nämlich Roheit, Gewalt, rücksichtsloser Egoismus, tiefste Verachtung für den Mitmenschen und unbeschreibliche Schäbigkeit. Wer nicht erlebt hat, wie Hindus verschiedener Kasten einander behandeln und wie die kastenlosen »Unberührbaren« leben, die ihrerseits wieder in verschiedene Kasten unterteilt sind, kann über Indien nicht mitreden.

Diesen Brief, mein Lieber, habe ich abschnittweise im Verlaufe meiner Reise geschrieben. Heute ist der 30. Dezember. (...)

Ich habe die Neujahrsnacht recht ärmlich zugebracht; spät am Abend kam ich nach Kurda Road, wo ich den Postzug verließ, um mich nach Puri zu begeben. Ich habe mein Bett im Wartesaal aufgeschlagen und dort kampiert, nachdem der Bahnhofsvorsteher die Eindringlinge, die dort gern genächtigt hätten, vertrieben hatte. Es war ein Raum, dessen Wände mit schmutziger roter Farbe getüncht waren und wo es erstickend nach einem reichlich ausgestreuten Desinfektionsmittel roch. Wir befinden uns hier im Vorzimmer von Pest und Cholera, deren Wiege in der heiligen Stadt des Tempels des Dschagannath steht. Ich schlafe in voller Bekleidung ein, das Gesicht unterm Tropenhelm versteckt, über den ich als Moskitonetz meinen Schleier ausgebreitet habe. Es ist sehr kalt, genauso kalt wie bei uns zuhause im tiefsten Winter. (...)

Ich habe eine weitere Nacht im Zug verbracht und bin am 2. Januar morgens in Kalkutta angekommen.

Ich habe sehr freundliche Aufnahme bei einigen Hindus gefunden, die mit Dharmapala befreundet sind, und bin hier in ein Haus sehr reicher Bengalen geraten: Geschäftsleute (Banken und irgendeine Handelstätigkeit) mit Auto, zwei anderen Fahrzeugen, Pferden und Scharen von Dienern. Man hat eine ganze Zimmer»suite« für mich vorgesehen. Die Räume sind hübsch, im dressing-room steht sogar ein sehr elegantes Möbelstück mit einem Drehspiegel in der Mitte und schmalen Kommoden zu beiden Seiten; aber alles ist unbeschreiblich schmutzig. Ich werde im Speisesaal zu Mittag essen, der Herr des Hauses ist in sein Büro gefahren. Seine Frau spricht nicht Englisch, zwei andere Verwandte unterhalten sich jedoch mit mir, und der Verwalter widerspricht ihnen ganz ungezwungen. Ich esse allein, die anderen gucken mir zu. Bei orthodoxen Hindus ißt man nie gemeinsam; Mann und Frau haben jeweils einen eigenen Koch, essen verschiedene Speisen und vor allem nie zusammen. Du kannst Dir vorstellen, wieviel Vergnügen es macht, vor all den Augen, die mich anstarren, zu kauen und nicht zu wissen, was man zu den einfachen Frauen, die so eingesperrt leben wie unsere Tunesierinnen, sagen soll. Und was ich zu essen bekomme!!! Feuer, wie der Feuerschlucker auf dem Jahrmarkt! Bei dieser gewürzreichen Kost würde ich keine Woche überstehen (...) Ich habe höflich zum Ausdruck gebracht, daß ich näher am Europäerviertel sein wollte, wo ich zu tun hätte, und heute habe ich in einem »family house« eine Wohnung gemietet, die annehmbar erscheint. In Anbetracht der Seuchengefahr bleibe ich vielleicht im Januar so lange hier, wie es kalt ist und der Ganges noch nicht austrocknet, was im allgemeinen ein erstes Anzeichen für Fieber, wenn nicht schlimmere Krankheiten, ist. Es »läuft« auch sehr gut mit meinen Wedanta-Studien; es ist sicher besser, jetzt, wo meine ganze Aufmerksamkeit darauf gerichtet ist, damit weiterzumachen und nicht zuviel anderes nebenher zu betreiben. Ich werde ja sehen. Da ich keine Verpflichtungen eingegangen bin, kann ich meine Arbeit nach Belieben unterbrechen. In einer der buddhistischen Missionsstationen habe ich einen bengalischen *Bhikku* kennengelernt, einen reizenden und sehr klugen Jungen, mit dem ich die auf Ceylon begonnenen Pali-Übersetzungen fortführen kann. Er ist ein wirklich netter Junge, ein Intellektueller, der sich unter den Ritualisten nicht recht heimisch fühlt; er kannte mich dem Namen nach schon lange, denn er hatte meine Artikel gelesen. Wir waren uns gleich sympathisch. Unter den Gelehrten Kalkuttas hat er viele Freunde und hat mich mit mehreren interessanten Persönlichkeiten zusammengebracht, unter anderem mit einem Forscher, der in Tibet mit einer Mission betraut war und zahlreiche Dokumente von dort mitgebracht hat.

Gestern war ich auch am »Math« von Belur, wo die Schüler des berühmten Schri Ramakrischna Paramahamsa eine Art Philosophenkreis, wenn nicht gar Kloster, eingerichtet haben. Man hatte mich ausreichend empfohlen, und so fand ich bei den »Heiligen«, den »Glücklichen« (so lassen sich die Titel *Swami* und *Sadhu*, die man diesen Herren verleiht, übersetzen) freundliche Aufnahme. Aber die Hindus gehen verschwenderisch mit Titeln um, und hochtrabende Bezeichnungen besagen hier viel weniger als bei uns. Nichtsdestoweniger werfen sich gewöhnliche Sterbliche vor einem *Swami* der Länge nach in den Staub. Ich brauche wohl nicht eigens zu erwähnen, daß ich dieses Zeremoniell nicht mitmache; der *Swami*, an den ich mich öfters wende, reicht mir freundschaftlich die Hand; wir plaudern miteinander. Alle diese Leute in Belur sind gebildet und die Gespräche mit ihnen interessant, aber wie wenig engagiert ist ihre Philosophie, wie sehr verachten sie das Leiden des kleinen Mannes, ohne Barmherzigkeit oder auch nur Anteilnahme. Zwei *Swamis* laden mich zum Tee ein, und wir setzen uns auf eine Terrasse, von der aus man den Blick über den Ganges und die »Ghats« schweifen lassen kann; in der Ferne sieht man den Turm des alten Tempels, von dem es heißt, er sei an der Stelle errichtet worden, an der ein Finger der Sati, der Frau des Schiwa, hingefallen war, deren Leichnam Wischnu zerstückelt hatte. Rosa und lila bricht über dem perlgrauen Fluß der Abend herein. Ich denke an die Rückfahrt . (...) Einige junge Leute haben ein Boot, während ich selbst den Fehler beging, mit dem Zug zu kommen; sie bieten mir jedoch an, mich irgendwo am anderen Ufer abzusetzen. Ich nehme — für mich und meinen Boy — gerne an, und schon sind wir auf dem Wasser. Die jungen Leute sind neugierig und wollen wissen, was ich mit den Heiligen zu tun hätte und ob ich ihre Schülerin sei. Ich erkläre es ihnen und stelle meinerseits Fragen. Als sie hören, daß ich Buddhistin bin, bitten sie mich, ihnen vom »Herrn Buddha«, wie man hier sagt, zu erzählen. Das Boot treibt langsam die Strömung hinunter, sie klammern sich aneinander, und ich erzähle ihnen, was »der Herr Buddha« ein gutes Stück flußaufwärts, in Benares, vor rund 2500 Jahren gelehrt hat. (...)

Mouchy, wie steht es um Dich, während ich hier auf der göttlichen, allerheiligsten Ganga (eine von den barbarischen Abendländern vermännlichte Göttin!) predige und Vorträge halte. Ich habe eine Ewigkeit nichts von Dir gehört und hoffe, daß mich über Rangun bald wieder etwas von Dir erreicht. Ich hätte Dich gerne hier, aber Du würdest mir erwidern: Was soll ich denn dort, wenn ich die schönen Eisenbahnbrücken erst gesehen habe, noch machen? ... Die seelische Verfassung der *Swamis* interessiert Dich wenig, und Du fühlst Dich auch nicht berufen, irgendein Evangelium zu verkünden, sogar wenn es auf dem Ganges wäre. Mein armer, sehr lieber Freund, da hast Du Dir also eine Moumi meines Schlages auf den Hals geladen! Wirst Du es nicht vielleicht eines Tages leid sein und sie vollständig den schon geduldig darauf lauernden Göttern, dem gelben Gewand der Mystiker des alten Indiens abtreten? ... Wer weiß! (...)

Kalkutta, 9. Januar 1912

(...) Kalkutta, mein Lieber, ist in seinem Europäerviertel — sieht man einmal von der zerlumpten buntscheckigen Menge ab, die die Straßen verstopft — das reinste London. Der graue Nebel, der abends vom Ganges heraufsteigt, die Straßenlaternen mit einem Hof umgibt und in dem schließlich alles versinkt, täte auch der Themse keine Schande an. Als ich gestern durch den Chawringhee zu Fuß nach Hause ging, glaubte ich, weniger an den Eden Gardens als vielmehr an St. James Park oder Kensington Garden entlangzuspazieren. Auch die von europäischen und britischen Produkten überquellenden Warenhäuser könnten in London stehen; oft ertappe ich mich dabei, wie ich den vielen Dingen wie alten Bekannten zulächle, denen man recht gerne wieder begegnet. Im Augenblick ist es jedenfalls mit dem Dschungel vorbei: Ich habe zum ersten Mal seit Reisebeginn meine Handschuhe hervorgeholt, ein Kostüm und Lederhalbschuhe getragen ... Man kleidet sich eben entsprechend, wenn man mit dekolletierten Ladies und befrackten Gentlemen das Abendessen einnimmt. All das kann einen Augenblick lang durchaus gefallen, wird aber vielleicht morgen schon lästig. (...)

Habe ich Dir schon gesagt, daß ich zusammen mit einer französischen Freundin den berühmten Tempel der »Kali« am Ganges besucht habe? Wir haben unsere Röcke bis zu den Waden aufschürzen müssen und sind in den Lachen von Opferblut regelrecht gewatet. Ein widerlicher Schlachthof! (...)

Kalkutta, 13. Januar 1912

Mein Lieber, ich muß mich nun doch mit einer ernsten Darmentzündung herumplagen. (...) Hätte ich nur wie in Colombo eine Diät einhalten und einen eigenen Koch haben können! (...) Aber wir befinden uns hier nicht mehr im Bereich des Buddhismus; die Menschen sind in Kasten eingeteilt und einer Unzahl von Vorschriften und Beschränkungen unterworfen: Jemand, der zwar dazu bereit ist, einem die Schuhe zu putzen, wäre doch für alle Zeiten entehrt und würde von den Seinen verdammt, falls er sich auch dazu hergäbe, ein Zimmer zu fegen; andere dürfen nicht bei Tisch aufwarten oder wollen einem allenfalls Tee oder Obst, jedoch nichts Gekochtes servieren. Du siehst, auf welche Annehmlichkeiten man hier stößt! Als ich Ceylon verließ, glaubte ich, ich könnte darauf verzichten, ständig einen Boy bei mir zu haben, und würde dort, wo ich einen brauchte, leicht einen finden — weit gefehlt! In Madurai traf ich zufällig einen netten achtzehnjährigen Jungen, der klug war und sich zu helfen wußte; er hat mich bis nach Madras begleitet und ist dann nach Hause zurückgekehrt. Danach hatte ich nur Schwachköpfe, die zu nichts zu gebrauchen waren. In Kalkutta findet man kaum jemanden, der Englisch spricht. Erst heute habe ich mich wieder von einem getrennt, der lediglich schlafen und meine Putztücher vollschneuzen konnte. Die jüdische Dame, die übrigens Protestantin ist wie viele deutsche Konvertiten, hat sich sehr hilfsbereit gezeigt und mir mehrere Jungen »herbeigeschafft«, die ihr ihr eigenes Dienstpersonal vermittelt hatte. Morgen kommt ein Muslim, der — gelobt sei der Prophet! — keine Skrupel hat, mir ein Abendessen zu bringen oder sogar unterwegs zu kochen. Er hat bei bekannten Leuten gedient und Offiziere auf ihren Reisen begleitet; er wirkt ein wenig »soldatenhaft«, aber wenn man einmal in einem abgelegenen Bungalow im Busch schläft, ist es doch recht angenehm zu wissen, daß ein wackerer Bursche vor der Verandatür liegt. Du bist sicher der Ansicht, daß in einem solchen Fall ein Mensch die Aufgabe eines Hundes erfüllt; das ist richtig, aber sie sind daran gewöhnt, vor allem wenn sie Ladies begleiten und von selbst ihre Matte auf der Türschwelle ausbreiten. Trotzdem hätte ich, wäre ich mir über diese Schwierigkeiten von vornherein im klaren gewesen, besser einen Singhalesen mitgenommen, der alles kann, wie der, den ich auf Ceylon hatte. Doch genug von diesen Problemen des Hausstandes!!!

Gestern war ich in der Sanskritschule, die zur Universität gehört. Dieser Besuch war ein Ereignis, und der Direktor, der mir die Ehre gab, schickte eine Mitteilung an die Zeitungen, worin er von meinem Besuch berichtete und erklärte, ich habe höchst bedeutsame Gespräche mit den Professoren geführt. Ich wurde in der Tat fast wie eine Hoheit behandelt. Man entschuldigte sich, daß mein unvorhergesehener Besuch nicht genügend Zeit ließ, einen Empfang vorzubereiten; so improvisierte denn ein anscheinend sehr berühmter Dichter einige Sanskritverse zu meinen Ehren. Ich wurde mit Saraswati, der Göttin des Wissens, verglichen, und eine Flut von Segenssprüchen ergoß sich über mich. Wie altertümlich diese Anstalt war! Du darfst Dir nicht etwa Unterrichtsräume wie bei uns vorstellen ... Es sind hohe, weitläufige Säle, die mit Marmorplatten ausgelegt sind. Hier und da liegt ein Teppich, meistens wie die arabischen Decken blau-weiß gestreift. In der Mitte des Teppichs befinden sich eine kurze, flache Matratze und ein großes zylinderförmiges Kissen, beide mit weißem Überzug ... Dies ist die Lehrkanzel, auf der – in der Haltung meines Buddha im Wohnzimmer – der Meister thront. Die Schüler bilden um die Matratze herum einen Kreis und sitzen in der gleichen Körperstellung. Einige dieser Gelehrten sehen recht gewöhnlich aus, und man sähe sie lieber auf Stühlen sitzen; andere aber haben Charakterköpfe. Besonders bemerkenswert ist der Professor, der Wedanta-Kunde lehrt. Er ist sehr groß und schlank, aber nicht mager; seine Gesichtsfarbe ist hell (ein richtiger arischer Brahmane aus dem Norden), auf seiner hohen Stirn trägt er das Sektenzeichen der »Waischnawas«, eine Art ›V‹. (...) Der Direktor der Anstalt erklärte mir, die Dozenten stünden mir für jede gewünschte Auskunft zur Verfügung. Ich habe in dieser Hinsicht sogar bemerken können, daß er die genannten Professoren in einer ungezwungenen und autoritären Art behandelt, wie wir es in Europa nicht gewohnt sind. Diese Pandits des Sanskritkollegs in Kalkutta werden unter den hervorragendsten Hochschullehrern ausgewählt, sie lassen sich also mit unseren Professoren am Collège de France oder an der Sorbonne vergleichen – und der Direktor springt mit ihnen um, wie ich mit meinen Boys. Man nimmt übrigens keinen Anstoß daran – Gewohnheitssache!

Einer von ihnen ist vorgestern – wir haben heute den 15. – zu mir gekommen und hat mir zwei Stunden lang von den Thesen des *Schankaratscharja* erzählt. Es ist erstaunlich, wie schwach das eigenständige Denken in Indien ausgeprägt ist. Wenn man verschiedene Personen über dieses Thema reden hört, könnte man glauben, ein Phonograph gäbe jedesmal dieselben Worte wieder. Die Eintönigkeit ist geradezu entmutigend.

Ich habe auch einen Zweig der »Brahmo Samadsch« (die Kirche der Neuen Dispensation) besucht. Man fühlt sich dort an den Protestantismus erinnert, glaubt sich fast unter Unitarier versetzt ... wobei der äußere Rahmen natürlich grundverschieden ist: Keine Spur von dem hellen, sauberen Saal, der die Kirche meiner Jugend war. Der indische Dreck fehlt auch hier nicht, was einen Abendländer insofern überraschen muß, als die Brahmos ausschließlich den gehobenen Gesellschaftsschichten entstammen; Leute aus dem Volke findet man bei ihnen ebensowenig wie bei den Unitariern. Man läßt sich auf Bänken nieder, die auf den Balkonen des Innenhofes stehen, und plaudert. Vor mir sitzt ein halbes Dutzend Greise, es sind Missionare der Kirche. Wir sind hier weit entfernt vom transzendenten Denken der Wedanta-Intellektuellen, weit entfernt von der Samadhi, die den Vorhang in Chidambaram lüftet, und ebensoweit entfernt vom Lächeln derer, die alle Theorie, Moral, Religion oder Gottheit hinter sich gelassen haben ... Wir haben es hier mit Gläubigen in unserem christlichen Sinne zu tun; allerdings kennzeichnet sie ein größerer Eklektizismus und eine unbeschränkte Toleranz, die freilich, ohne daß meine Gastgeber dies bemerkten, ein gut Teil Skeptizismus mit einschließt. Ja, vom klaren, ein wenig erschreckenden und zugleich auch etwas bitteren Denken des philosophischen Indiens sind wir weit entfernt; dafür aber finden wir hier den Geist praktischer Heiligkeit, echter Barmherzigkeit, wirklichen sozialen Fortschritts, der den Wedanta-Philosophen in der Abgeschiedenheit ihres Elfenbeinturms völlig abgeht. Die Brahmos sind die Wegbereiter aller großzügigen Reformen in Indien.

Gestern brachte ich einen ganzen Tag im Math von Belur zu, bei den Jüngern des verstorbenen *Wiwekananda*, dessen Geburtstag gerade gefeiert wurde. Ich werde im Math immer sehr herzlich empfangen, und diesmal spielt sich gerade etwas ganz Besonderes ab. Hunderte von Leuten sind gekommen und bevölkern die Gärten, in denen man die von überall herbeigeeilten Armen speist. Unter einem Behelfsdach ist eine Küche errichtet, der Reis wird sackweise auf Matten geschüttet, etwa zwanzig riesige Kessel sind mit Curry angefüllt und kochen über aufgestapeltem Holz. Soweit die materielle Seite des Ganzen. Was den geistigen Aspekt angeht, so befindet sich unter einem Pilz aus Stroh, wie wir sie in Parks aufstellen, eine Art Blumenbeet. In der Mitte des Beetes steht, in gelbe Chrysanthemen eingefaßt, ein großes Porträt des Verstorbenen, der als Sannjasin gekleidet ist: oranges Gewand, den Danda oder Pilgerstab in der Hand und mit stolzer, selbstgefälliger, ja fast anmaßender Miene, wie er sie zu Lebzeiten aufzusetzen pflegte und in Europa und Amerika zur Schau getragen hat. Er war ein guter Redner, sprang aber impulsiv und unsystematisch von einem Gedanken zum anderen. Auch hatte er sicherlich einige edle, hellsichtige Anwandlungen; sie blieben jedoch sporadisch und verflüchtigten sich immer wieder sehr rasch ... er blieb zeitlebens der hartherzige Reaktionär jener berühmten Rede, die er vor den Herren aus Madras, die seine Rückkehr aus Amerika feierten, gehalten hat. Als er noch lebte, habe ich ihn nicht sehr geschätzt, und ihn jetzt so vergöttert zu sehen, macht ihn mir auch nicht sympathischer. Halbkreisförmig vor seinem Bilde aufgestellt psalmodiert unterdessen ein Chor junger Leute, der sich mit einem silberhellen Glöckchen den Takt vorgibt. Sie singen die sehr alten, berühmten Sanskrithymnen des Schankaratscharja. Ich schaue ihnen von einer Terrasse aus zu; einzelne Satzfetzen dringen zu mir herauf, und ein *Swami*, der sie wie ich aufschnappt, übersetzt mir, was ich nicht habe hören können: »Wie kannst du nur glauben, dein Selbst sei dein Leib ... Wie kannst du nur glauben, dein Selbst sei dein Sinn ... Ohne Dauer sind sie ... Schon ist die Jugend vorbei, und das Alter, es naht; Todeshauch streift deinen Leib und zerstreut deinen Sinn ... Dein ewiges Selbst ist nicht hier ... Suche das Brahma ... Such nur das Brahma! ...« Ich möchte ins Betzimmer hinauf, was — noch dazu in Gegenwart all der Leute — gegen die Vorschrift ist, denn strenggenommen dürfen nur Hindus es betreten. Aber einer der *Swamis* meint: »Warum sollten Sie eigentlich nicht eintreten dürfen? ...« Ich ziehe meine Schuhe aus und betrete das kleine Heiligtum. Vor einer Art Thron, auf dem das Porträt des Schri Ramakrischna Paramahamsa steht, haben sich einige Leute zu Boden geworfen; vor dem Thron liegen ein paar Sachen, die ihm gehörten; seine Asche befindet sich im Thron selbst. Es ist, im großen und ganzen, eine helle und saubere Grabkapelle. Im Vorraum schmücken religiöse Bilder die Wände, und ich verweile vor einer beeindruckenden, sehr beredten Kali, die auf einem Schiwa tanzt, der weiß und ebenfalls sehr beredt unter den Füßen der Rasenden liegt und mich durch seine geschlossenen Augenlider hindurch anblickt. (...)

Zurück zum Fest: Ich bin bis 3 Uhr 30 dageblieben und war der einzige Europäer und die einzige Frau, denn diese Gemeinschaften empfangen selten Ausländer. In einem Boot mit zwei Ruderern bin ich dann gangesaufwärts zum Tempel von Dakschineschwar gefahren. Eine Begegnung, wie die Sagen sie von Helden der hinduistischen Mythologie berichten, gab der Fahrt das Gepräge. Wir bewegten uns mit Hilfe einer Stange gegen die Strömung am Ufer entlang vorwärts. Ich schaute zur Böschung hinauf, sah Badende und Frauen, die ihre Kupferkrüge reinigten; plötzlich erblickte ich einen sonderbaren länglichen Gegenstand, an dem ein Hund zerrte, und als ich meinen Augen einfach nicht trauen wollte, sagte mein Boy in aller Ruhe: »Das ist ein Mensch.«

Es war tatsächlich ein Leichnam; er war rosa geworden wie eine gewöhnliche Lederpuppe; der Kopf war bis zur Unkenntlichkeit entstellt, die Lippen zerfressen, so daß die Zähne frei lagen. Die Füße waren zusammengebunden, und das Fleisch schien, obwohl es im Wasser gelegen hatte, recht hart, denn der Hund zerrte mit aller Kraft, schüttelte bei seinen Anstrengungen den ganzen Körper, dessen Arme und Beine in die Luft gehoben wurden; dennoch gelang es ihm kaum, etwas zum Fressen loszureißen. Ich ließ den Kahn anhalten, um eine Aufnahme zu machen. Leider war es ziemlich weit weg, und obwohl wir Niedrigwasser hatten, konnte ich nicht in den Schlamm steigen, um näher an das unheimliche Objekt heranzukommen. Ich glaube deshalb nicht, daß das Photo sonderlich gelungen ist; außerdem hob sich der Leichnam nur wenig von der grauen Schmutzschicht ab. Ich habe zwei Photos geschossen. Vielleicht läßt sich durch Vergrößern etwas herausholen. Das wäre doch ein reizendes Dokument, das man denen zeigen sollte, die das alte Indien besingen. Du mußt wissen, daß wir hier nicht in Benares sind und es in Kalkutta strengstens verboten ist, Tote in den Fluß zu werfen. Na ja, vielleicht war der Mann ja gar nicht tot, als er in den Strom geworfen wurde oder sich hineinstürzte! Erzähl niemandem, daß ich mich damit abgebe, solche Motive zu photographieren. Die Abendländer haben ihre besonderen Ansichten über den Tod. Sie töten ohne Skrupel, im Krieg oder durch Richterspruch, und sie töten natürlich auch Tiere; aber sobald das Lebewesen ein Leichnam ist, wird es für sie zugleich heilig und schrecklich. Ich erinnere mich, welch verheerenden Eindruck ich erweckt habe, als ich den »Botanikern«[1] in Toseur erzählte, ich hätte, als ich auf dem Friedhof saß und mir den Sonnenuntergang anschaute, einen Kabylenhund gesehen, der zu einem Grab lief und dort Mahlzeit hielt. Dies mit *angeschaut* zu haben, ohne Schreie des Entsetzens auszustoßen und das Dorf in Aufruhr zu versetzen, hielt man für skandalös. Dir ist sicher klar, was geschehen wäre, wenn ich einen Kabylenhund beim Fressen gestört hätte; wahrscheinlich hätte er mir seine Fangzähne ins Fleisch geschlagen. Es war doch zweifellos besser, wenn er sie an dem armen, aber gefühllosen Toten erprobte! Ob Würmer, Hund oder Schakal — ihm konnte es schließlich egal sein! Dies nur, um Dir zu zeigen, daß man sich doch nur von mir abgestoßen fühlen würde.

Der Tempel liegt inmitten hübscher Gärten und ist einer der schönsten in Nordindien. Ich habe das Zimmer gesehen, in dem Schri Ramakrischna gelebt hat; den Baum, unter dem er die Erleuchtung gesucht hat, und den, wo er sich nach der Erleuchtung niederzusetzen pflegte. Nichts daran ist feierlich, die Hindus fragen nicht viel nach einem besonderen Rahmen. Eine Anzahl Pilger war da, auch Leute, die mich kannten ... Man empfängt mich überall sehr freundlich. Wer behauptet, die Hindus stünden dem Buddhismus prinzipiell feindlich gegenüber, ist im Irrtum. Ein geschickter Redner könnte heute einen

---

[1] Zu Beginn des Jahrhunderts hatte sich Alexandra David-Néel einer mit einer wissenschaftlichen Mission betrauten Expedition deutscher Botaniker angeschlossen und so ganz Nord- und Südafrika sowie die Sahara-Oasen bereist.

großen Teil Indiens dazu bewegen, den Glaubenswechsel rückgängig zu machen; dessen bin ich gewiß. Weil ich Buddhistin bin, verhalten sich die Leute mir gegenüber ganz anders als zu Christen. Auf dem Ponton, zu dem ich im Boot gelangt bin und wo ich auf den Dampfer warte, der mich nach Kalkutta zurückbringen soll, sprechen mich zwei Gentlemen an ... auch sie haben mich irgendwo gesehen, und wie bereits üblich bedanken sie sich bei mir, daß ich mich für ihre Glaubenslehren interessiere. Dann bittet man mich, ich möge vom Buddhismus sprechen. Die Menge steht dicht gedrängt auf dem engen Ponton, die Leute bilden einen Kreis, drängen sich um mich, und ich erzähle ... Welch wunderliches Volk, dem Mystik über alles geht, das immer wieder von Göttern zu hören wünscht, von Helden religiöser Mythen und von dem, was für sie alle das höchste Ziel ist: *Mokscha-Nirwana*. Die Sonne versinkt rot in den Wolken, unter unseren Füßen fließt graublau und mit Kupferreflexen der Ganges ...

(...) Da Ebbe ist, bleiben wir auf der Rückfahrt in der Mitte des Flusses und brauchen uns nur treiben zu lassen. Als wir zum Anlegen das Ufer ansteuern, kommen wir an der Stelle vorüber, wo ich den Leichnam gesehen habe. Mein Boy sagt: »Alles schon vorbei.« Tatsächlich wimmelt es dort, wo vorhin die unheimliche rote Puppe lag, von Geiern, die die Hunde vertrieben haben; wenn sie davonfliegen, wird an der Stelle nichts zurückbleiben. (...)

16. Januar

Da Lord Hardinge nach Kalkutta zurückgekehrt ist, habe ich heute morgen im Government House meine Empfehlungsschreiben präsentiert. Nie habe ich dergleichen erlebt: Man könnte glauben, man ist in Rußland. Selbst wer lediglich einen Sekretär sprechen will, wird nur zögernd ins Palais eingelassen. Ich kann einfach nicht glauben, daß solch ein Bammel vor der Obrigkeit gerechtfertigt ist. Mir erscheint ihre Ängstlichkeit stark übertrieben; immerhin können sie die Lage vielleicht doch besser beurteilen als ich. (...)

Vorgestern, am Montag, dem 15., habe ich die Witwe des vergotteten Schri Ramakrischna Paramahamsa besucht; es ist der Mann, dessen Zimmer im Tempel von Dakschineschwar und dessen Kapelle in Belur ich besichtigt hatte. Der Frau eines Gottes gegenüberzutreten ... so etwas gibt es nur in Indien und gilt dort übrigens als durchaus natürlich!

Das Haus steht in einem abgelegenen Stadtviertel und ist gar nicht leicht zu finden; es ist weiß und hebt sich durch äußerste Sauberkeit von allem ab, was man sonst hier anzutreffen gewohnt ist. Im Erdgeschoß ist die Redaktion der Mission *Ramakrischna* untergebracht. Der Herausgeber, ein *Swami*, wohnt hier. Es ist ein dicker, sehr einfacher und umgänglicher Mann. Seine Freunde in Belur haben ihm meinen Besuch angekündigt, und er schenkt mir liebenswürdigerweise ein paar Bücher. Anschließend gehen wir zu der alten Dame hinauf, die das obere Stockwerk bewohnt. Auf halber Treppe bittet mich der *Swami* unter tausend Entschuldigungen, meine Schuhe auszuziehen, da das Zimmer, in das wir gehen, eine Kapelle sei. Ich beeile mich, es zu tun, aber es ist doch eine recht umfangreiche Operation — Schleife lösen, Schnürsenkel lockern —, und ich bin völlig verdutzt, als der *Swami* plötzlich wie selbstverständlich zu mir sagt: »Soll ich sie Ihnen ausziehen? ...« Das sagt Dir vielleicht nicht viel, denn für einen Abendländer ist so etwas natürlich nichts Besonderes. In Indien aber ... bei einem *Swami*, vor dem sich die Leute in den Staub werfen, ist das ungewöhnlich. Ein junger Mann, ein Verwandter Ramakrischnas, der hinter mir die Treppe hinaufstieg, konnte bei diesem Vorschlag, den ich übrigens abgelehnt habe, einen unwillkürlichen Ausruf des Protestes nicht unterdrücken. (...)

Oben finde ich wirklich eine Kapelle vor, mit einem kleinen Thron, einem Baldachin und — genau wie in Belur, nur etwas kleiner — einem Porträt Schri Ramakrischnas. Auf dem Rande eines breiten, matratzenlosen Bettes aus Holzbrettern sitzt die ganz in Weiß gekleidete Witwe. Bengalischem Brauch entsprechend, der dem der Muslime ähnelt, verhüllt sie ihr Gesicht, weil der *Swami* kein Verwandter ist. Er entfernt sich schließlich und läßt mir den jungen Mann, der zur Familie gehört, als Dolmetscher zurück. Die alte Dame zeigt mir jetzt ihr Gesicht, und es ist ein sehr hübsches Gesicht, das für eine sechzigjährige Asiatin außergewöhnlich jung geblieben ist. Es hat keine Falten, und ihre Augen sind die schönsten der Welt, lebhaft und klug. Selten habe ich bei Hindu-Frauen ein so intelligentes Gesicht gesehen. Die Unterhaltung ist natürlich kurz, wie alle Gespräche, zu denen man einen Dolmetscher braucht; außerdem ist die alte Dame schrecklich schüchtern. (...)

Ich habe anschließend die Amerikanerin besucht, die die Schule der Hindu-Witwen leitet. Ich habe Dir, glaube ich, bereits gesagt, daß es hier fünfjährige Witwen gibt, denn man verheiratet die Kinder, wenn sie noch in der Wiege liegen, und die Ehe wird in der auf die erste Menstruation des Mädchens folgenden Woche vollzogen. Die öffentliche Meinung regt sich allmählich und fordert die Abschaffung dieser Abscheulichkeit. Viele dieser Witwen sind unberührt, sie können jedoch nicht wieder heiraten, weshalb sie in großer Zahl verelenden oder der Prostitution verfallen. Die fragliche Schule gehört zu denen — es gibt auch andere —, wo man die jungen Witwen einen Beruf lehrt, damit sie ihren Lebensunterhalt bestreiten können.

Das Haus liegt mitten in einem Hindu-Viertel, ist jedoch von einer Amerikanerin bewohnt, was automatisch Sauberkeit und — bei aller

Schlichtheit der Wohnstätte — fast schon Komfort bedeutet. Wir nehmen den Tee ein ... dies ist ein Stück Abendland! Aber es ist schon später Nachmittag, und die Stunde des hinduistischen Vespergottesdienstes rückt näher, bei dem man die Lichter vor den Götterbildern auf und ab trägt, sie für die Nacht ankleidet und in den Häusern dieses Brahmanen-Viertels die Glocken zu läuten anfangen ... das Abendland entschwindet dann sehr rasch wieder. (...)

Ich habe auch am Gottesdienst eines Zweiges der Brahmo Samadsch teilgenommen. Er fand in einem richtigen Tempel statt, und als ich eintrat, hatte ich jenes wohlige Gefühl von Zufriedenheit, das einen bei der Begegnung mit etwas Vertrautem durchströmt. Auch der Geistliche erinnert sehr, viel zu sehr in diesem Land wuchernder Gottheiten, an den ›clergyman‹. Er ist kein guter Redner und hält sich eine Ewigkeit mit ermüdenden Gebeten auf, die die Aufmerksamkeit der Anwesenden überbeanspruchen. Ich betrachte mir die Gesichter der Menge. Einige sehen sehr intelligent aus. Wer hierher kommt, gehört zur liberalen Elite der Nation; dennoch sind die meisten wenig gepflegt in ihrer Kleidung. Ein Abendländer, der die Verhältnisse nicht kennt, würde glauben, er befände sich unter Armen. Vor mir sitzt in tiefer Andacht ein Mann, der in orangefarbenen Wollstoff gehüllt ist. Er ist sehr hellhäutig, Haare und Bart sind tiefschwarz, die Wimpern reichen ihm bis zu den Wangen hinab. Er ist sehr schön — ein Kunstwerk — und beeindruckt mich tief in seiner mystischen Verzückung ... ich betrachte ihn voller Freude, er ist eine Augenweide ... und dann kehrt meine schöne Statue aus ihren Träumen zurück und — das darf doch nicht wahr sein! — schneuzt sich in ihr kostbares orangefarbenes Gewand. (...)

Kalkutta, 21. Januar 1912

Die Überraschung wurde mit der allergrößten Freude aufgenommen, Dein Porträt ist ausgesprochen gelungen. Beide Aufnahmen sind hervorragend. Gedacht, getan — der Alusch, dem ich als krimineller Photograph einen halben Fuß amputiert hatte, mußte sofort dem Neuankömmling Platz machen. Ich habe von beiden Photos dasjenige zum Einrahmen ausgewählt, auf dem Du zu drei Vierteln zu sehen bist. Über den Grund wirst Du lachen: Du paßt ausgezeichnet in das englische Milieu, in dem ich mich hier befinde. Das Porträt ist unbedingt das eines Lords, eines britischen Staatsmannes; in meiner Phantasie steht unter der Photographie geschrieben: »Sir Néel, M.P.« (Baron, Mitglied des Parlaments). Dieser so dekorative und repräsentative Herr auf meinem Schreibtisch macht mir unendlich viel Spaß; ohne Zweifel verdanke ich ihm größere Wertschätzung von seiten meiner Besucher. Ich sollte Dir auch sagen, daß Du im Augenblick neben der Witwe des göttlichen

Schri Ramakrischna stehst, die mir ein sehr hübsches Porträt von sich geschickt hat. Welch ein Abgrund zwischen den Physiognomien von Euch beiden! Der Unterschied der Rasse, der Mentalität, des Lebens, das Ihr gelebt habt, kommt greifbar zum Ausdruck. Selbstverständlich fändet Ihr Euch gegenseitig absurd ... Und wer hätte dabei eigentlich recht? ...

(...) In meinem augenblicklichen Leben ist kein Platz für außergewöhnliche Ereignisse. Ich verbringe den größten Teil des Vormittags damit, das, was mir der Pandit am Vortage von 6—8 Uhr erklärt hat, zusammenzufassen; das Resümee lege ich ihm dann am kommenden Tag vor, damit er eventuelle Fehler berichtigen kann. Diese Arbeit ist durchaus klassisch. Morgen will ich an einem Vortrag teilnehmen, der von einem anderen Zweig der Brahmo Samadsch veranstaltet wird. Am Donnerstag bin ich zur Preisverteilung im Sanskrit College eingeladen usw. Die Tage vergehen in schwindelerregendem Tempo, und alles, was ich tue, muß in Ruhe und ohne Hast ausgeführt werden. An einem Tage bekomme ich hier etwas mit, am nächsten dort. Die Hindus rücken nur langsam mit der Sprache heraus; im übrigen verträgt ja auch der Gegenstand keinerlei Überstürzung, soll nicht statt einer korrekten Darstellung eine Karikatur herauskommen. (...)

Meine liebsten Gedanken, mein sehr lieber Alusch, gelten Deinem Geburtstag, zu dem ich Dir meine herzlichsten Glückwünsche sende, die hoffentlich ungefähr zum richtigen Datum eintreffen. Ich wünsche Dir, mein Freund, jenes kostbarste und seltenste Gut der Welt: das Glück, wie Du es Dir vorstellst, in Gestalt jener Dinge, die Dir als dazu geschaffen willkommen sind. Das Glück ist für jeden etwas anderes! ... Läßt Dir die Tatsache, daß ich Dir aus Indien schreibe, den ernsten, gar zu oft vorgebrachten Wunsch »Frieden und Verständigkeit sei mit Ihnen«, entschuldbar erscheinen? Unser Wort »Frieden« freilich ist matt und blaß, verglichen mit dem Sanskritwort »Ananda«, das nicht einen trübseligen Frieden meint, sondern die strahlend helle, lebenslange Glückseligkeit, die ein Attribut des »Parabrahm« ist. Ach, ich zweifle wohl doch daran, daß es so etwas gibt! Und doch ...

Kalkutta, 12. Februar 1912

(...) Alles scheint wunderbar glatt zu gehen, und ich glaube, ich werde eine höchst interessante Reise in die an Tibet grenzende Himalayagegend machen. Ob ich wohl die Grenze überschreiten kann? Würden nicht chinesische Banden das Gebiet durchstreifen, hätte ich mich längst mit Unterstützung eines örtlichen Radscha irgendeiner Karawane reicher Pilger angeschlossen, die Material für ein einigermaßen bequemes Lager mitführen. Du kannst Dir gar nicht vorstellen, welches

Ansehen ein europäischer Buddhist in den buddhistischen Ländern Asiens genießt! Immerhin ist Lhasa nur fünfhundert Kilometer von Dardschiling entfernt. Ich weiß wohl, daß es ganz schön lange dauert, wenn man sie quer durchs Gebirge mit Pferden und Palankinen zurücklegen muß, obwohl die Hauptstrecke instand gehalten wird und sich in einem Zustand befindet, der unseren Straßen zweiter Ordnung in etwa entspricht ... Nun ja, die Versuchung bleibt mir erspart — selbst britische Untertanen dürfen zur Zeit nicht nach Lhasa; mir erginge es wahrscheinlich kaum besser. (...)

Du lebst nicht in solchen Kreisen, Du hast keine Ahnung, wozu gewisse Leute imstande sind; ihr Haß auf den Fiminismus gewinnt tagtäglich an Boden.[1] Diejenigen, die sich in meiner Jugend bemühten, uns in den schmalen Korridoren und Wendeltreppen der alten Sorbonne zwischen Tür und Wand einzuquetschen oder uns die Stufen hinunterzustoßen, die den Mädchen, die vor ihnen saßen, in höchst anmutiger Weise ihre Hutnadeln in den Kopf drückten und ihnen Fußtritte versetzten, wenn sie im Hörsaal in einer höheren Reihe saßen — diese Herrschaften sind älter geworden und haben zum Teil ihre Einstellung beibehalten. Mußte damals nicht mehrmals die Polizei eingreifen, um Medizinstudentinnen zu schützen, die man ganz lieb mit Tischbeinen durchzuprügeln begonnen hatte? Du hast vielleicht selbst in Deiner Jugend von derartigen Vorkommnissen gehört, und vielleicht fandest Du es sogar lustig und witzig, wenn Frauen so behandelt wurden, die nicht nur nicht reich waren, sondern außerdem die unverschämte Dreistigkeit besaßen, ihr Brot mit etwas anderem als ihrem Geschlecht verdienen zu wollen. (...)

14. Februar

Ich war heute morgen im »Government House«. Man wird mir eine Anzahl Empfehlungsschreiben geben, die mir auch weiterhin Zugang zu vielen Leuten und Dingen mancherlei Art verschaffen sollen. Natürlich weiß man auch dort, daß ich in Pondicherry war und Aurobindo Ghose besucht habe. Ich ahnte ja nicht, daß er ein so bedeutender Mann ist. Andernfalls hätte ich versucht, mit ihm über Politik zu sprechen, um zu erfahren, was an einschlägigen Ideen dem Hirn eines Wedanta-Mystikers zu entsprießen vermag. Ich wußte zwar, daß man ihm einen politischen Prozeß gemacht hatte, kannte aber den Anlaß nicht genau. Heute morgen sagte der Privatsekretär des Vizekönigs zu mir: »Ich glaube, er

---

[1] A. David-Néel hatte gerade durch einen Zeitungsausschnitt von einem Skandal erfahren, der eine bekannte Wissenschaftlerin kompromittierte. Sie spricht deshalb von der ,,Frauenfeindlichkeit'' des beginnenden Jahrhunderts.

findet unsere Kultur, unsere Erziehung und unseren gesamten Fortschritt »godless« (was »gottlos« bedeutet) und verurteilt sie aus diesem Grunde.« Das wäre durchaus möglich. Die Hindus sehen Gott und die Welt unter anderem Blickwinkel als wir. Wäre unsere Begegnung nicht auf wenige Stunden der Dämmerung in seinem klösterlichen Haus in Pondicherry beschränkt geblieben, hätte ich vielleicht in diesem Gehirn entdecken können, worin bei uns materialistischen Abendländern der Knacks besteht ... und hätte vielleicht eine interessante Denkungsart, die Europa fremd ist, kennenlernen können. Ja, es wäre bestimmt aufschlußreich gewesen ... der Sektionssaal mit seinen Überresten menschlicher Organismen war ebenfalls sehr interessant ... aber ach!, vielleicht verdanke ich meinem ungenügenden Informationsstand eine schöne Erinnerung — die trügerisch ist und wie die meisten schönen Erinnerungen auf einer Illusion beruht, gewiß ... die Erinnerung an den weitläufigen kahlen Raum, in dem Aurobindo Ghose und ich am Fenster, das zum malvenfarbenen Abendhimmel hin offen stand, über das allerhöchste »Brahma«, das ewige Sein, sprachen und für einen Augenblick die Schwelle überschritten, jenseits derer Leben und Tod nichtig sind, und diesen Augenblick lang den Traum der »Upanischaden« leben durften ... Es war dies eine schöne Blume, die ich als Wandernde auf meinem Weg gepflückt habe ... eine goldene Blume aus dem Allerheiligsten in Chidambaram. Wozu sich etwas verderben? (...)

Ich weiß sehr gut, welche Verdienste Du Dir bereits erworben hast mit Deiner Langmut gegenüber einer allzu philosophischen Gattin. Wenn Du hier wärest, mein Lieber, würde ich Dir dafür um den Hals fallen, daß Du mir im Herbst meines Lebens eine so große Freude bereitest, daß Du es mir ermöglichst, die Studien zu betreiben, die die große und einzige Leidenschaft meiner Jugend waren und die ich nur unfreiwillig und teilweise aufgegeben hatte. (...)

Kalkutta, 26. Februar 1912

Ich komme gerade von einer »garden party« bei der Maharani von Utwa. Derartige Empfänge sind aufwendig und eher düster. Ausgewähltes Publikum: der Vizekönig und Lady Hardinge, Lady Carmichael aus Madras, bei der ich schon zu Mittag gegessen habe, Lady Jenkins, die mich zum Tee und zu einem Musiknachmittag eingeladen hat (sie ist die Frau des »chief justice«, des obersten Justizbeamten in ganz Indien, der so etwas wie ein kleiner Minister ist), und andere Leute vergleichbaren Ranges. Auf seiten der Eingeborenen ebenfalls die Crème. Von Herzlichkeit ist hier natürlich nichts zu spüren; man grüßt nach der einen oder anderen Seite, wechselt ein paar Worte; die *natives* sind verlegen und die Engländer bemüht, die Würde der »Weißen« zu wahren. Nur den Frauen ist es erlaubt, zur Maharani hinaufzusteigen und sie zu begrüßen; es ist eine winzige Kreatur mit ängstlicher Miene, die so sehr mit Schmuck und Edelsteinen bedeckt ist, daß man inmitten all der Gehänge nur ihre Augen sieht. Die Empfangsräume sind geschmacklos auf europäische Art eingerichtet ... aber voll äußerst kostbarer Gegenstände. Die Vorhänge sind aus rosa Spitze, einige Möbelstücke mit Brokat und feuerrotem Plüsch bezogen. Stell es Dir jedoch nicht wie im Palast des Bei vor. Dort gibt es statt Glaskugeln schöne Vasen aus Sèvresporzellan und wirkliche Kunstwerke. In den Gärten treten zur Unterhaltung hinduistische Akrobaten und japanische Jongleure auf; ein Wahrsager liest mir aus der Hand, daß ich immer genau soviel Geld haben werde, wie ich ausgeben möchte ... Jawohl, was meinst Du dazu? ... Aber da ist noch die Kehrseite der Medaille: Ich bin allem Anschein nach dazu bestimmt, vier Söhne und drei Töchter zu haben. Ich weiß nicht, mein guter Alusch, wie wir es anstellen müssen, um dieses Wunder wahr zu machen. Ich habe auch einige Bekannte wiedergetroffen: die Frau des schwedischen Konsuls, einige andere Leute und Mrs. Woodroffe, die sich gar nicht gut zu unterhalten schien und mit der zusammen ich den Tee genommen habe. Beim Aufbruch waren die Gärten erleuchtet, und die Damen gingen sich von der Maharani verabschieden. Man reichte uns in einem Goldtöpfchen auf ebenfalls goldenem Tablett Rosenwasser, mit dem alle einen Zipfel ihres Taschentuches benetzten; schließlich beehrte man uns mit einer Art Kette aus Goldborte, die man uns über die linke Schulter hängte, als wir fortgingen.

Solche Pflichtübungen dürften für die Maharani wohl kaum sehr lustig sein. Aber diese armen, heruntergekommenen Zwergfürsten haben nun einmal fröhlich zu sein und Feste zu geben. Der junge Maharadscha, der Sohn der Maharani, war in rosa Brokat gekleidet, der mit echten Perlen bestickt war ... Worüber werden sich diese Leute wohl unterhalten, wenn die Ausländer gegangen sind, das Haus gereinigt ist und sie selbst ein Bad genommen haben, um sich von dem Schmutz zu reinigen, den die Berührung mit all den unreinen Europäern an ihnen zurückgelassen hat ... Das wäre sicher interessant mitanzuhören! (...)

Ich bitte Dich um Deine Meinung. Was soll ich tun? ... Du merkst an der großen Zahl kritischer Artikel, zu denen mein letztes Buch Anlaß gegeben hat, und an der Schärfe, mit der der Kirchenklüngel es bekämpft, daß es zu denen gehört, denen man Bedeutung beimißt. Mein »Wedanta« wird vielleicht noch viel mehr Aufsehen erregen, und die Vorträge, die ich plane, werden mich ins Rampenlicht der Öffentlichkeit stellen. In einer solchen Lage muß man sich auf eine ausreichende Gelehrsamkeit stützen können. Ich müßte hinsichtlich der Pali- und Sanskrittexte noch eine etwas bessere Basis haben; danach könnte ich dann ganz allein zurechtkommen. In Birma oder Indien könnte ich das sicher bequem zuwege bringen, und anschließend würde mir Japan ein wertvolles Forschungsfeld bieten. Muß ich Dir sagen, daß dieses Programm weitere Monate in Anspruch nähme? Bist Du der Ansicht, Mouchy, wir sollten in Anbetracht unserer Lage, unserer Charaktere das Opfer bringen, eine weitere Zeitspanne der Trennung auf uns zu nehmen? Du magst davon halten, was Du willst, mein Lieber, aber auch ich möchte Dich sehr gern wiedersehen. Ich habe jedoch so viel getan, um hierher zu kommen; muß ich da nicht aushalten, um die Früchte dieses langen und kostspieligen Fernseins zu ernten? Meine Lage unter den Orientalisten ist schwierig. Sie betrachten mich nicht als Quantité négligeable und diskutieren über mich. Ich habe nun aber keine Lust, ewig in ihrem Schatten zu stehen. Ich will zeigen, was ich gesehen habe, was ich aus eigener Erfahrung über die asiatischen Lehren weiß und wie die Asiaten selbst sie verstehen; all das hat überhaupt keine Ähnlichkeit mit dem, was unsere Gelehrten dargelegt haben, die so sehr an grammatischen Wurzeln und historischen Daten kleben, jedoch keine Ahnung haben, welcher Geist wirklich hinter den Theorien steht, über die sie schreiben. Keiner von ihnen könnte hier als Prediger der »Arja Marga« auftreten, wie ich es neulich vor einer gebildeten Zuhörerschaft getan habe; aber das kümmert sie ja auch wenig, sie würden sich höchstens belästigt fühlen, falls ihnen jemand zeigte, daß die Texte, die sie so gescheit übersetzt haben, etwas ganz anderes bedeuten, als was sie in sie hineinlegen. Hinzu kommt, daß ich eine Frau bin, mich außerdem dadurch auszeichne, praktizierende und militante Buddhistin zu sein; Du kannst gewiß sein, daß sie mich nicht schonen werden. Deshalb muß meine Position gut abgesichert sein.

Dies alles ist für Dich selbstverständlich weniger wichtig, Du brauchst Dir nicht darüber den Kopf zu zerbrechen, wie mein künftiges Wedanta-Buch oder die anderen Werke, die ich zu schreiben vorhabe, von der Kritik aufgenommen werden. Diese Fragen interessieren Dich nicht; weshalb solltest Du ihretwegen etwas opfern, was Dir lieb ist? Und ich gebe ja zu, mein sehr lieber Freund, daß das große Haus Dir etwas trostlos vorkommen muß, denn schließlich bevölkerst Du es nicht mit befreundeten Dewas, die plötzlich vor Dir auftauchen und deren »Lotosfüße«, wie man hier sagt, berauschende Düfte zurücklassen, wo sie gegangen sind. Du stehst mit beiden Beinen auf der Erde, und dort geht es nicht immer fröhlich zu. Ich war wohl kaum zur Ehe geschaffen! Ich gehöre zu denen, die wie Buddha jenen Satz im Kopf haben, den Du so gern zitierst: »Ans Haus gefesselt zu leben, ist ein arges Los«; und doch liebte Gautama seine Frau. Die Schriften besagen, daß er sie aus Liebe geheiratet und erst nach allen möglichen Proben, mit denen er seinen zukünftigen Schwiegervater von seinen Fähigkeiten überzeugen mußte, bekommen hat. Trotzdem hat er sich eines Nachts zu Pferde aufgemacht, besessen von der Idee, die ihm keine Ruhe ließ, die stärker war als seine Liebe und die Du als »Hirngespinst« bezeichnest, obwohl sie vielleicht das einzig Wirkliche ist. In diesem wunderlichen Asien machen sich alle so auf den Weg, wie Tschaitanja, dessen Frau Wischnuprija in seinen Armen eingeschlafen war; er stand in der Nacht auf, bettete sie, die sich an ihn gelehnt hatte, auf ein Kissen und ging fort; um keine Spuren zu hinterlassen, schwamm er über den Fluß und ging seinem Schicksal entgegen. Im Menschen wohnt etwas, das stärker ist als er, das ihn Wege gehen läßt, die ohne Ziel scheinen. Dennoch ist glücklich, wer auf ihnen geht: »Was Nacht ist für die übrigen Lebewesen, ist Tageslicht, bei dem die Hellsichtigen dahinziehen, die über sich selbst hinausgelangt sind«, heißt es in der »Bhagawadgita«. (...)

Kalkutta, 14. März 1912

(...) Ich komme gerade von einem *afternoon* bei den Woodroffe... Immer wieder dieselben Frauen in goldenem Musselin, allerdings nicht ganz so intensiv golden, wie wenn sie bei Hindus zu Besuch sind. Zuerst wird im Garten an kleinen Tischen Tee geboten, dann im Salon Musik. Und was für eine Musik!

... Auf einen Teppich niedergekauert spielt ein einheimischer Künstler auf der Vina und singt dazu. Es ist ein wirklich großer Künstler, nicht zu vergleichen mit denen, die der gewöhnliche Tourist an jeder Straßenecke hören kann, und obwohl der Rahmen auch nicht im geringsten an den mit der Tradition von Generationen befrachteten Familiensalon der Tagore heranreicht, geht von dem altertümlichen Instrument doch eine traumhaft-unwirkliche Stimmung aus. Was spielt der Barde eigentlich da, was singt er? ... Ich weiß es nicht, Liebeslieder vielleicht; jedenfalls breitet sich die tiefe Wehmut des Daseins um ihn aus; alle Eitelkeit von Freud und Leid kommt in dieser etwas dumpfen Musik, in dem sanft einlullenden Gesang zum Ausdruck. (...)

Die Szene wechselt; der Direktor des Konservatoriums, ein Franzose, Monsieur Philippe Sandré, wird Mrs. Woodroffe auf der Violine beim Klavierspiel begleiten: erst ein Stück von Wieniawski, dann eine Sonate von Grieg... (...)

Als das Stück zu Ende ist, verabschieden sich sowohl Ranis als auch Nichtranis, und der schillernde Zug erfüllt den Raum mit einem wogenden Meer zarter Farbtöne, die beinahe schon fröhlich zu nennen wären – aber in Indien ist nichts fröhlich. Mrs. Woodroffe sagt zu mir: »Bleiben Sie doch noch ein wenig, der Vina-Künstler kommt wieder!« Und ich bleibe sehr gern! ... Es sind nur noch etwa zwanzig Frauen im Salon, ich sitze neben der bengalischen Dichterin, von der ich Dir früher einmal erzählt habe. Bald hebt die zum Halluzinieren verleitende Musik wieder an ... sie wirkt, im Anschluß an Grieg, etwas dünn, fast dürftig, doch die Sinne stimmen sich bald wieder auf sie ein ... unbeirrbar strömt sie dahin, gleichförmig, siegessicher. Rastlosigkeit des Okzidents und Abgeklärtheit des Orients prallen hier gegeneinander; nach jener anderen Musik berührt mich diese fast unangenehm. Spöttische Stimmen flüstern: »Entscheide dich endlich für einen Weg! ...«; und in einer Variation des Künstlers, im schrillen metallischen Klang der Saiten höhnt es: »Alle Wege sind eitel und toll; der Mensch ist eine Luftblase auf der riesigen Fläche des Ozeans ... eine Luftblase, die des Denkens mächtig ist — und doch beschränkt genug, sich dessen zu brüsten ...«

Man hat ein flaues Gefühl im Magen, weiche Knie ... ich brauche vor dem Abendessen etwas Bewegung an frischer Luft, trotz der Hitze.

Mein lieber Kleiner, Du bist immer ein Herr gewesen, der sich »amüsiert« hat, um diesen banalen, geläufigen Ausdruck zu gebrauchen; Du selbst hast mir oft erzählt, welchen Platz die Wollust im Leben einer anständigen Person einnehmen sollte. Darf ich Dir etwas sagen: Du hast nie erfahren, was Sinnlichkeit ist ... die ganz große ... die der »Nur-Gehirn-Menschen«! ...

(...) Ich habe gestern wieder Post vom glückseligen Hardwar bekommen, den die Götter anscheinend zu meinem Aufenthaltsort bestimmt haben; einen sehr herzlichen, schlichten und aufrichtigen Brief. Der Leiter des Gurukula (das ist eine Art Hochschule, die an die alte brahmanische Tradition anknüpft und an der neben Sanskrit die heiligen Schriften gelehrt werden), den ich nur oberflächlich kenne, hat ihn mir geschrieben: »Suchen Sie nicht irgendwo anders«, schreibt er mir, »wir bieten Ihnen alles an, was wir haben: Unterkunft, Verpflegung, wenn Sie es wünschen auch einen Platz für Ihre Privatküche, falls Sie mit unserer Kost nicht einverstanden sind, täglich und eigens für Sie einen Lehrer; außerdem stehen wir übrigen Professoren und Direktoren für Auskünfte und Gespräche jederzeit zur Verfügung.« Eher um mir einen Gefallen zu tun als um Geld zu verdienen, fügt er hinzu, daß ich pro Monat 20 Rupien (34 Francs) zu zahlen habe, in denen Unterkunft und Verpflegung für meinen Diener bereits enthalten sind. Wenn das kein billiges Leben ist!

(...) Bis es soweit ist, fahre ich diese Woche noch nach Sikkim. Heute nachmittag habe ich an einer Versammlung in der Sanskrithochschule teilgenommen. Es bot sich mir ein aufschlußreiches Sittengemälde. Man beglückwünschte den Vizekanzler der Universität, Sir Astushoh Mukerjee, der eine Auszeichnung erhalten hatte. Die Lobredner waren äußerst eloquent, sie redeten auf Sanskrit und vor allem endlos lang. Ihre Ansprachen waren gespickt mit Wortspielen und etwas respektlosen Anspielungen auf die Götter, mit denen man den Geehrten verglich. Auf dem Sessel des Präsidenten saß ein Maharadscha, der wie ein häßlicher Schimpanse aussah; sein schwarzes Haar reichte ihm in seltsam kindlicher Tolle bis zum Hals, und er trug eine ausgefallene Goldhaube, in deren Spitze ein winziger Federbusch, nicht größer als ein Spielzeugstaubwedel, steckte. Er war mit einem zartblauen Seidenanzug bekleidet. Ein weiteres Ungetüm war in goldbestickten Brokat gehüllt und trug einen gold- und rosafarbenen Turban auf dem Kopf ... Neben diesen Karikaturen saßen einige schöne Hindus, in weißen Tüchern und mit Gesichtern wie auf alten Münzen; einen von ihnen hatte ich am Morgen predigen hören; einen anderen, der ungewöhnlich hübsch war, kannte ich nicht. Mit nacktem Oberkörper und in antiker Schlichtheit hielt ein uralter Brahmane eine lange Sanskritansprache. Diese Leute sind die geborenen Redner, und wie die Griechen, wie alle Völker der warmen Zonen, berauschen sie sich an ihren Reden. Es dauert eine Ewigkeit; wer einmal angefangen hat, findet kein Ende mehr. Und dann sind da natürlich noch die tausend kleinen Zwischenfälle jener gutmütigen orientalischen Ungezwungenheit, die mit der abendländischen Etikette und Förmlichkeit gänzlich unvereinbar sind. Es werden Lampen herbeigeschafft, die auf das Rednerpult gestellt werden sollen; man reicht die Glasglocken von Hand zu Hand und zündet genau vor der Nase des Präsidenten die Streichhölzer an. Dann schickt man nach ein paar großen Palmwedelfächern mit langem Griff, denn die Hitze ist unerträglich; die Professoren, die auf dem Podium sitzen, schwenken diese Wedel sogleich heftig über den Köpfen des Radschas und des Trägers der Auszeichnung. Ich warte die ganze Zeit schon darauf, daß sie diesem eins auf den Federwisch geben; es passiert jedoch nicht.

Alles hat glücklicherweise einmal ein Ende. Man hängt dem Vizekanzler und dem Radscha breite Blumengirlanden um den Hals. Dieser sieht jetzt noch mehr wie ein Affe aus; man ist darauf gefaßt, daß er jeden Augenblick auf den Tisch springt und dort herumturnt; der Gefeierte dagegen ist stark beleibt und ähnelt einem fetten, für den Opfergang geschmückten Ochsen. Nehmen wir an, es handele sich um den Ochsen Naudi, und das ist einer der Namen des *Mahadewa*. Ob nun Naudi oder nicht Naudi — der Ochse hält jedenfalls seinerseits eine Rede, und als er fertig ist, näselt eine von zwei Tamtams begleitete Harmonika, und die Anwesenden strömen zum Büfett. (...)

18. März 1912

Ich weiß jetzt, weshalb Sylvain Lévi[1] die »Oriental soaps« aus Kalkutta als »master pieces« (Meisterwerke) bezeichnet: Er ist mit dem

[1] Sylvain Lévi (1863–1935), französischer Indologe

Direktor der Fabrik befreundet. Er hat ihm geschrieben, er solle mich besuchen, was dieser auch getan hat. Es ist ein junger Chemiker, der in Paris sein Diplom erworben hat und mit meiner lieben Mabel Bode befreundet ist. Wir waren uns sofort sympathisch, obwohl uns die gemeinsamen Freunde eigentlich schon zur Genüge verbinden. Der arme Junge führt das traurige Leben derer, die aus ihrer religiösen Kaste ausgeschert sind. Er ist von Geburt Brahmane, hat es aber bei seiner Rückkehr aus Europa abgelehnt, die widerlichen Reinigungen über sich ergehen zu lassen, bei denen einem sogar die Zunge mit Kuhmist beschmiert wird. Er hat sich der fortschrittlichsten Kirche, den Brahmos, angeschlossen; allerdings ist diese Kirche nur in sozialer Hinsicht am fortschrittlichsten, nicht aber in ihrer religiösen Anschauung... Selbst seine Brüder können nicht mehr mit ihm essen, denn er ist ein Kastenloser und »unrein«. Er würde gern heiraten, bloß wie? Ich glaube, ich sollte einige Damen auf sein Los aufmerksam machen, damit man ein junges Brahmomädchen für ihn findet, nach Möglichkeit ein gebildetes, denn er ist Feminist und wünscht eine wirkliche Gefährtin, nicht bloß eine Gebärmaschine... Wir haben uns gemeinsam den Tempel der »Dschainas« angeschaut, der ganz aus Glas, Porzellan und weißem Marmor besteht, das lustige und glitzernde Werk eines Zuckerbäckers inmitten von Gärten in chinesischem Stil! Ich habe auch seine Fabrik besichtigt und dabei einen Vorrat an Seife geschenkt bekommen, der lange vorhalten wird. Dann wollte er mir unbedingt noch seine kleine Wohnung zeigen, seine Bücher... Das Ganze ist recht traurig, wenn man bedenkt, daß selbst hinduistisches Dienstpersonal mit diesem Einzelgänger nichts zu tun haben will, weil er seinen Lebensunterhalt damit verdient, aus Fett Seife herzustellen, und es abgelehnt hat, sich mit Kuhmist einreiben zu lassen. Zwar hat er muslimische Boys, aber ist dieses Scherbengericht nicht schrecklich? Wir sind auch zusammen am »burning ghat«, dem Verbrennungsplatz am Ganges, gewesen. Ein Hindu wird unrein, wenn er dort hingeht, er jedoch hat nichts mehr zu verlieren und seine heilige Brahmanenschnur weggeworfen. Drei Scheiterhaufen flackerten vor dem grauen Abendhimmel; zusammengekauert warteten Leute, die Angehörigen, in einiger Entfernung darauf, die verkohlten Gebeine aufsuchen und zusammen mit der Asche in den Fluß werfen zu können. Zwei Männer hatten auf einem Stein eine Art Damebrett eingeritzt und spielten, um die Zeit herumzubringen. Ein Mann mit einer langen Stange schürte das Feuer der fast erloschenen Scheiterhaufen. Die Asiaten legen dem Tod nicht soviel Bedeutung bei wie wir. Ich mußte daran denken, daß ich, falls ich hier stürbe, auf dieses wenig feierliche Gelände geschafft würde, daß mein junger Freund Punnananda Sami den »Sallasutta« rezitieren und, da ich keine Verwandten in der Stadt habe, als Glaubensgenosse den Holzstoß anzünden würde; dann würde er sich in eine Ecke setzen, über seine Geschäfte nachdenken und nicht wissen, was er mit meiner Asche anfangen soll; denn wahrscheinlich würde er nicht das Beispiel der Hindus nachahmen wollen, die an die Heiligkeit des Ganges glauben, andererseits könnte er sie aber auch nicht in die Tasche stecken. (...)

Mehr unter die Haut ging es mir zu sehen, wie Leute, die in der Nähe des bewußten Platzes auf der Straße im Sterben lagen, auf den Augenblick warteten, an dem man sie dort hintrüge. So etwas kann man sich bei uns gar nicht vorstellen ... einen Sterbenden ans Friedhofstor zu schaffen! Allerdings nimmt in bestimmten Gegenden der Schreiner beim Kranken für den Sarg Maß, wenn er noch am Leben und sogar bei vollem Bewußtsein ist. Meine Mutter und meine Tante Justine haben ihre Trauerkleider sowie die für mich und meine Kusinen noch vor dem Tode meiner Großmutter anfertigen lassen. In diesem Fall wußte die Betroffene nichts davon; trotzdem ist man über solch ein Vorgehen schockiert. Hier, in der Nähe des Ganges zu sterben, garantiert die Wiedergeburt in einem Paradies voller Freuden, und manchmal bitten Kranke von selbst darum, hierher geschafft zu werden ... Es gibt allerdings auch welche, die man schreiend und gegen ihren Willen herbeibefördert. Aber warum nur muß man sie ausgerechnet im Vorhof der Verbrennungsstätte unterbringen, von wo aus sie das Holz knistern hören und das verbrannte Fleisch riechen können? ... Die Kranken, die wir neulich sahen, schienen sehr ruhig. Die Vorstellung einer Reinkarnation macht es möglich, sich ans Sterben zu »gewöhnen«. Man redet sich ein, man sei schon so oft gestorben, daß diese »Formsache«, die man halt hinter sich bringen muß, viel von ihrer Schrecklichkeit verliert. (...)

Lopchoo, 11. April 1912

(...) Ja, mein Lieber, ich bin heute morgen mit meinen Leuten aufgebrochen. »Hoch zu Roß«, im rosa Morgenlicht, drängte sich mir der Gedanke an Don Quijote auf, wie er auszieht, Abenteuer zu bestehen. Ich halte freilich keine Lanze in der Hand; ein einfacher Stock, den mein Boy aus einem Busch geschnitten hat, ersetzt sie mir. Hoffen wir, daß auch die »Windmühlen« verhältnismäßig bescheiden ausfallen.

(...) Es herrscht dichter Nebel ... dicke Schwaden ziehen durch die Wälder und verwandeln die Bäume in phantastische Riesen. Hier ist nichts mehr indisch, weder die Vegetation noch der Geschmack der Luft noch die Farbe, die auf den Dingen liegt. Hier beginnt das mongolische Asien, das gelbe Asien. Das gleiche oder doch fast das gleiche Bild böte sich in Transbaikalien oder in der Mandschurei. Eine Natur, die ihre Geheimnisse nicht preisgibt, ein ewiger Schleier, hinter dem sich etwas ganz anderes ahnen läßt als das, was man tatsächlich sieht . . . ein Land, dessen bizarrer Reiz mit dem Zauber Indiens nichts gemein hat. Man fühlt sich weit weg, wenn man diese Himalayawälder durchquert; die riesigen Bäume sind oft altersschwach, morsch, hohl und bis zum Wipfel mit lang herabhängendem Moos überzogen. Auf manchen wächst einfach alles: Lianen, andere Bäume, die einem Samenkorn entsprossen sind, das sich in der rissigen Rinde festgesetzt hatte; auf ihnen wächst alles, nur keine eigenen Blätter. Der eigentliche Baum nämlich ist — geplagt von so vielen Parasiten — längst abgestorben. Wir sind im Dschungel; er ist nicht so dicht und flößt nicht solchen Schrecken ein wie in Ceylon; er ist rätselhaft, jedoch auf sanftere Art, ohne Grauen. Einmal drang aus der Tiefe des Dickichts ein so befremdliches Geheul, daß ich mich fragte, von welchem Tier — Vogel oder Vierfüßler — es wohl stammen könnte. Man begegnet von Zeit zu Zeit Reitern in tibetischer Kleidung und mit mongolischer Peitsche; die zu Fuß Gehenden tragen ein riesiges Krummesser im Gürtel, das zu unhandlich ist, als daß man es zum Töten gebrauchen könnte. (. . .)

Kalimpong, 14. April 1912

Ich habe Lopchoo (oder Lapchao?) am Morgen des 12. verlassen, um hierher zu gelangen; die Reise war schön, aber sehr anstrengend. Man nähert sich zunächst einer Hügelgruppe, die mit eibenähnlichen spitzen Bäumen bewachsen ist wie auf Schweizer Almen oder den Darstellungen mittelalterlicher Mystiker. Plötzlich muß ich an eine »Reise hin zum Stern«, wie auf dem Bild über meinem Schreibtisch, denken. Aber ich fühle mich überhaupt nicht wie einer der Heiligen Drei Könige, die nach Bethlehem ziehen. Ich besuche einen siebenunddreißigjährigen Papst, einen Herrscher im Exil, und nicht Christus in seiner Krippe, und so ergreift denn, als ich mein Reittier besteige, keinerlei Rührung das, was die gewöhnlichen Sterblichen ihre »Seele« nennen. Es geht fort . . . wegen der wunden Stellen an meinem natürlichen Sitzkissen erscheint mir der Sattel immer etwas härter als am Vortage. Das Land ist schön, liegt offen da; wir durchqueren große Teepflanzungen. Es geht bergab, immer nur bergab: vom 2400 m hoch gelegenen Dardschiling zu einem Fluß in 241 m Höhe, den wir durchqueren müssen. Ich habe den Weg über die Bergkämme gewählt, obwohl er etwas länger ist; so kann ich einen beträchtlichen Teil der Strecke in großer Höhe zurücklegen und brauche nicht, am Fluß entlang, den Dschungel von Terai zu durchqueren. Je weiter man hinabsteigt, desto näher glaubt man sich einem offenen Backofen; überall ist Wasser und üppige Vegetation. Die Gegend ist ihrer Fieberkrankheiten wegen berüchtigt. Gegen Mittag gelangen wir an den Fluß »Tista«. Die Schlucht ist sehr schön. Aber man sieht anderswo ähnliche. Ich habe zuvor an einer Stelle Rast gemacht, wo man einen einfachen Unterstand errichtet hat, von dem aus man den Zusammenfluß von Tista und Randschit überblicken kann. In die Dachbalken haben fromme Christen Bibelverse eingeritzt. Wir kommen durch den Ort Tista und über eine zweite Hängebrücke. Früher gab es hier chinesische Bambusbrücken. Dann beginnt der Aufstieg. Kalimpong liegt 1360 m hoch. Der Aufstieg durch diese eintönigen Wälder kommt mir sehr lang vor. Die Gedanken versacken allmählich in jener langsam aufsteigenden Übelkeit, jenem Druck auf den Schläfen, wie ungeübte Seefahrer ihn kennen. In meinem Bewußtsein bleibt nur der lebhaft empfundene Eindruck zurück, den ich am Morgen, kurz vor der Abreise, an einem kleinen, neben einer Wegkreuzung gelegenen Friedhof hatte, der nur aus vier oder fünf unter Laub versteckten Gräbern bestand. Auf dem ersten las ich »Padaram Sadhu«; es folgten Sanskritinschriften. Ich habe nicht angehalten, mein Pony war schneller als mein Gedanke, und ich war bereits weit weg, als ich den Wunsch verspürte, die Inschriften abzuschreiben. Der dort ruht, ist ein Sannjasin, inmitten anderer Leute, wahrscheinlich seiner Schüler. Einer jener Hindus, die der uralten Tradition gemäß in der Einsamkeit des Himalaya »Brahma suchen« wollten, die Befreiung, das erlösende *Mokscha*. Ich versuche, mir diesen Sadhu vorzustellen: in seinem Gewand, das nach Gerua-Art mit etwas Alaun getönt ist, damit der Farbton kräftiger wird, wie es mich ein ehrwürdiger Sannjasin gelehrt hat, ein guter Alter, der mir große Zuneigung entgegenbringt. Durch den Wald hindurch richte ich meine Gedanken auf ihn; vielleicht antwortet er mir, wer weiß. Nur Kinder und Menschen roher Denkart glauben, daß man Visionen und geistige Begegnungen mit dem Auge wahrnehmen kann, daß sie körperliche Gestalt haben. Dieses im Gebirge verlorene Grab hat in mir all die Gedanken geweckt, die die Sadhus in den Himalaya begleiten, und das bereits ist die Vision, die Begegnung. Aber lassen wir dieses für Dich uninteressante Thema.

Der Bungalow in Kalimpong kam mir wie ein Paradies vor. Man hatte mir ein Zimmer reserviert, das etwas abgelegen ist, weil es im rückwärtigen Teil des Gebäudes liegt; aber diese »Rückseite«, dem Wald gegenüber, ziehe ich der Fassade vor, von wo aus man die Küche, den Stall und andere Gebäudeteile sieht. Laden La ließ es mir freihalten. Das Zimmer ist sehr groß, sehr hoch, sehr sauber; nebenan habe ich ein großes Badezimmer, das ich zweigeteilt habe. Ich habe einfach die wasserdichte Hülle meines Feldbettes aufgespannt und konnte so in einer Ecke eine Art Küche einrichten. Mein neuer Boy kann trotz guter Zeugnisse nichts kochen. Ich schicke ihn zum Wasserabkochen in die Küche und bereite mir meine Mahlzeiten auf einem Kocher selber zu. Ich werde jedenfalls den Boy wechseln – der jetzige ist unfähig – und mir einen nehmen, der weniger bäuerlich ist als der Tölpel, der die Kulis unterwegs beaufsichtigt. Dieser dicke Schwachkopf ist ansonsten guten Willens, aber so abscheulich dreckig, daß ich ihn nicht bei mir behalten kann; er verpestet die Luft im Zimmer. Der »Sais«, der das Pferd begleitet, also gar nicht in meinen Diensten steht, sondern nur das Tier zu versorgen hat, macht sich nützlich, wo er nur kann; desgleichen der »sweeper« mit seinem dunkelhäutigen Gesicht. Welch sonderbares Land, wo man so viele Diener braucht, um dann doch schlecht bedient zu sein!

Der Maharadscha war gerade vor mir im Bungalow eingetroffen; er hat mir gleich seine Karte geschickt, und ich habe ihn besucht. Man hat einen ganzen Gebäudetrakt für ihn reserviert. Dieser Maharadscha Kumar ist der Sohn des wirklichen Maharadschas. Es ist ein liebenswürdiger junger Mann, der einen sehr intelligenten Eindruck macht. Er war in herrlichen alten Goldbrokat gekleidet. In sehr freundlicher Art bestellte er den Direktor der Lehranstalt in Gangtok zu mir, einen gebildeten Mann, der mir hochinteressante Dinge erzählt und einige seiner Arbeiten zugänglich gemacht hat. Er hat eine Biographie über den ganz vorzüglichen tibetischen Dichter Milarepa verfaßt. Ich will versuchen, sie irgendwo zu veröffentlichen, und zwar Milarepa zuliebe, von dem ich einige entzückende Gedichte kenne. Ich war begeistert über all das, was er mir vom tibetischen Buddhismus berichten konnte. Ich hatte tatsächlich auch früher schon ein gutes Gespür für diese Dinge, und als ich darüber schrieb und sagte, man müsse sie »wahrscheinlich« so oder so interpretieren, war ich auf dem richtigen Wege.

Morgen werde ich dem Dalai Lama[1] vorgestellt; das ist natürlich ein Ereignis für mich, denn vom »Papst« Asiens empfangen zu werden, ist für eine Europäerin noch viel weniger alltäglich, als im Vatikan empfangen zu werden. Auch für ihn ist es ein Ereignis, denn ich bin die erste Frau aus dem Abendland, die zu empfangen er eingewilligt hat. Wie bei den Römern wurde deshalb auch ein besonderer Tag und ein günstiges Datum ausgewählt. Ich habe eine Reihe von Fragen vorbereitet, die ich an ihn richten will. Was für einen Menschen werde ich vorfinden? Man hat bei mir vorfühlen lassen, ob ich als Europäerin Wert darauf lege, auf einem Stuhl zu sitzen, oder ob ich mich als Buddhistin, wie in Asien üblich, auf einem Kissen auf dem Teppich niederlassen will. Ich sagte, solche Einzelheiten kümmerten mich nicht, ich sei vielmehr gekommen, um soviel wie möglich über den Lamaismus zu erfahren, und da der Premierminister sich auf den Teppich setze, fühlte ich mich überhaupt nicht gedemütigt, mich ebenfalls nach Landessitte dort niederzusetzen. Ich glaube, er legt Wert darauf, mich zu segnen, denn gleich zu Anfang hatte Laden La zu mir gesagt: »Die Gläubigen knien vor ihm nieder,

---

[1] Der Dalai Lama befand sich damals als Flüchtling in Indien. (Anm. d. Übers.)

damit er sie segnet«, und wir waren übereingekommen, daß ich nur einen Hofknicks machen würde, denn ich wollte mich nicht hinknien, und . . . daß ich auf den Segen verzichten würde. Gestern jedoch sagte Laden La zu mir, nachdem er noch einmal mit dem Dalai Lama und seiner Umgebung gesprochen hatte: »Wenn Sie Seine Heiligkeit begrüßt haben, gehen Sie zu ihm hin; er wird seine Hand auf Ihren Kopf legen, um Sie zu segnen«; und rasch fügte er hinzu: »Sie brauchen sich zum Zeichen des Dankes nur zu verbeugen.« Natürlich haben ihn der Papst bzw. seine Leute veranlaßt, das zu sagen. Doch ob mit oder ohne Segen: Ich bin entzückt, soviel Glück zu haben. Mit einer beim Dalai Lama selbst angefertigten Studie über den Lamaismus zurückzukehren — das wäre doch wirklich eine tolle orientalistische Arbeit! Leider ist jedoch Seine gelbe Heiligkeit von politischen Sorgen sehr in Anspruch genommen und hat wahrscheinlich für philosophische Diskussionen wenig Zeit übrig. Wir werden ja sehen.

15. April 1912

Das wär's also gewesen, mein Lieber: Heute morgen habe ich den gelben Papst gesehen. Ein herzlicher Empfang, soweit es so etwas wie Herzlichkeit zwischen Leuten so unterschiedlicher Kultur und Mentalität geben kann.

Bei Nebel, der sich in Regen auflöst, mache ich mich in einer leichten Sänfte auf den Weg; meinen Regenmantel habe ich sorgfältig zugeknöpft, die Kapuze hochgeschlagen. Ohne Handschuhe und ohne Hut, aber mit Schleier, als ob es zum römischen Papst ginge; allerdings ist der Schleier nicht schwarz, sondern blaß lachsfarben. Am Hofe des Lamas hat man es vorgezogen, mich statt in europäischer Kleidung in meinem morgenrotfarbenen Gewand zu empfangen, um jenen *Ladies* von vornherein keine Hoffnungen zu machen, die sich auf diesen Empfang berufen könnten, um sich selbst zum Großen Lama Zugang zu verschaffen, und wohl auch, um zu zeigen, daß ich nur als außergewöhnliche Europäerin vorgelassen werde. Meine vier Träger befördern mich über schlammige Wege. In der vergangenen Nacht hat es in Strömen geregnet. Wir kommen an den »Basar«; die Leute treten auf die Schwelle ihrer Haustür, um mir nachzusehen. An einer Biegung hat man einen kleinen Unterstand errichtet; er ist blau, gelb und hellrot angepinselt, ganz in mongolischem Stil, und beherbergt eine kleine, melancholische Büste der verstorbenen Königin Victoria. Die Inschrift auf dem Sockel lautet, sie sei »a true woman« (eine wirkliche Frau) gewesen. Auf denn, um so besser! Dann sind wir wieder im aufgeweichten Gelände. (. . .)

Man nähert sich der Wohnstätte des Pontifex nicht im Tragstuhl; meine Träger setzen mich daher am Anfang einer Art Allee ab, die mit hohen, Darani-Spruchbänder tragenden Stangen abgesteckt ist. Es hat aufgehört zu regnen. Zwei städtische Polizeibeamte stehen vor dem Haus Wache. Ärmliche Ehrenwache! Das Haus? ... Es ist ein einstöckiges Gemäuer, nicht sehr groß, in verschiedenen Farben gestrichen; es wirkt reinlich ... wie ein Landhaus. Ich werde mit viel Neugier empfangen und aus einer Anzahl schwarzer Schlitzaugen angestarrt. Auf der Schwelle wartet ein Kammerherr auf mich: Begrüßung. Er ist ein wenig schmutzig, der gute Kammerherr.

Das Wohnungsinnere indes sieht sauber aus, es kommt mir freilich ärmlich und kahl vor. Ich gelange ins Wartezimmer, das wohl manchmal auch für Audienzen benutzt wird, denn dort steht eine Art angepinselter Thron, der einem Jahrmarktspodium ähnelt; dahinter ist an der Wand eine Leinwand mit unbeschreiblicher Farbzeichnung aufgespannt. ... Zwei Japaner gehen zur Audienz, und da sie selbstverständlich nicht lange bleiben, kommen sie vor mir dran. Sie werden tatsächlich schnell abgefertigt. Wir gehen hinauf. Laden La öffnet eine Tür, und plötzlich stehe ich vor dem Großen Manitu. Das ging so rasch (ich hatte mit einem Vorzimmer gerechnet), daß ich einen Augenblick lang zögere, der auf einem einfachen Stuhl neben dem Fenster sitzenden Person meinen Gruß zu entbieten. Aber da ich sein Porträt bereits gesehen habe, erkenne und grüße ich ihn. Man legt mir übrigens die berühmte protokollarische Schleife in die Hände, und ich gehe auf den Dalai Lama zu, um sie ihm zu überreichen. Ein wie ein großer Teufel aussehender Minister oder Kammerherr nimmt sie mir hastig ab. Ich habe den Segen vergessen! ... Aber Laden La flüstert mir bereits ängstlich zu: »Wollen Sie sich nicht segnen lassen?« Ich spüre, daß ich die Leute kränken würde, falls ich sagte, mir läge nichts daran. Ich neigte also meinen Kopf, denn der Dalai Lama sitzt und ist nicht groß. Ziemlich kräftig – wirklich! – legt er mir die Hand auf die Haare. Doch nun bin ich gesegnet, und seine Eigenliebe ist zufriedengestellt.

Unterdessen beginnen wir, oder beginnt er, zu reden. Er stellt mir natürlich die unvermeidliche Frage, seit wann ich Buddhistin bin, und wie ich es geworden sei. Aber sein tibetisches Gehirn dürfte schwerlich verstehen, daß man auf europäischen Universitätsbänken, als Studentin orientalischer Philosophie, Buddhistin werden kann. Daß ich keinen Guru, keinen Lehrer, gehabt habe, übersteigt seine Begriffe. Seinen Äußerungen entnehme ich auch, daß er den Buddhismus der südlichen Schule kaum kennt. Er ist ganz durcheinander, als ich ihm sage, daß ich bereits den Grundsätzen des Buddhismus folgte, als ich noch gar keinen Buddhisten kannte und vielleicht sogar die einzige Buddhistin in Paris war. Immerhin lacht er und meint, dies sei in der Tat ein ausgezeichneter Grund, auf einen Lehrmeister zu verzichten.

Wir plaudern über dieses und jenes. Er scheint recht fröhlich veranlagt zu sein. Natürlich ist er kein Trottel, aber nach unseren Maßstäben eben doch kein Intellektueller; der lange Lulatsch von Kammerherr oder Minister, der ununterbrochen schwatzt, wirkt geistig viel aufgeweckter. Er bildet sich natürlich auf seine »Größe« etwas ein, um so mehr, als die Chinesen diese »Größe« stark beschnitten haben. Einmal habe ich gesagt, der nördliche Buddhismus und besonders der Buddhismus Tibets würden im Abendland wahrscheinlich nur deshalb geringgeschätzt, weil man sie kaum verstünde, und ich hätte mir deshalb vorgenommen, mich an das Oberhaupt des nördlichen Buddhismus zu wenden, um Auskünfte über die Theorien der tibetischen Schule zu erhalten, die dann als maßgebend auf diesem Gebiet zu gelten hätten. Ich habe aus Höflichkeit Oberhaupt des »Nördlichen Buddhismus« gesagt, in Wirklichkeit ist er natürlich nur das Oberhaupt der lamaistischen Kirche. Er aber erwidert rasch: »Da Sie nun einmal zu mir als dem Oberhaupt der Buddhisten gekommen sind, ...« Als wir schließlich eine Dreiviertelstunde geplaudert haben, gelangen wir zu folgender Lösung, die mir sehr zupaß kommt: Ich bereite Fragen vor, leite sie ihm in tibetischer Übersetzung zu, und er beantwortet sie mir. Ich werde damit Dokumente besitzen, die in orientalistischer Hinsicht von größtem Wert sind. Soviel hatte ich gar nicht erwartet.[1]

Ich verabschiede mich, mache meinen Knicks. Es ist wie bei Hof, man darf sich nicht umdrehen und seinen Rücken zeigen. Man hat uns das im Schülerinnenheim beigebracht, und ich habe es bei der verstorbenen belgischen Königin praktiziert. Man braucht dabei übrigens nicht zu befürchten, irgendwo anzustoßen, denn es sind keine Möbel da. Lediglich zwei hölzerne Pendeluhren thronen auf dem Kamin. Ich beginne mit dem Rückwärtsgehen, vollführe es als Geübte ohne Unterbrechung und verneige mich an der Tür noch einmal, wie es das Protokoll an den Höfen des Abendlandes vorschreibt; dann gehen wir wieder hinunter. Die Mannschaft des Pontifex schaut mich respektvoll und verdutzt an, weil ich so lange mit der Inkarnation des »Tschenresi« geplaudert habe. Ich denke ... daß das einen hübschen Artikel für den *Mercure* geben wird.

Bei der Rückkehr in meinen Bungalow treffe ich den netten kleinen Maharadscha Kumar. Er ist auf ganz andere Art intelligent und versessen darauf, in seinem Zwergstaat nützliche Arbeit zu leisten. Armer kleiner Kronprinz mit gestutzten Flügeln ... Er ist in Paris und Peking gewesen, hat alle Länder Europas besucht. Er hat eine englische Universität absolviert und trägt ganz vergebens einen Anzug im selben Schnitt und der gleichen Farbe wie der Papst aus Lhasa; seine Mentalität ist grundverschieden. Wir können uns fast wie Freunde unterhalten. Oh, wenn ich Dalai Lama wäre, sagt er zu mir, wenn ich mächtig genug

---

[1] Diese Unterlagen werden im Archiv der Stadt Digne aufbewahrt.

wäre, den Buddhismus zu reformieren! Und ich entgegne ihm lachend: »Wenn Sie Dalai Lama wären, dächten Sie nicht so, wie Sie denken, wären nicht gereist, hätten nichts gesehen, nicht studiert, wie Sie es getan haben; und Sie wären genauso, wie er ist.« (...)

Pedong, 20. April 1912

Ich habe im Augenblick mein Quartier im Bungalow für Öffentliche Arbeit, auf einem kleinen, von hohen Bergen umgebenen Hügel. Ich habe Kalimpong heute morgen verlassen und bin kurz vor drei Uhr nachmittags hier angekommen, nach einem Marsch — oder genaugenommen: Ritt — von etwa fünfeinhalb Stunden; aber es ging schnell, und ich fühle mich überhaupt nicht zerschlagen. (...)

Ich habe auf dieser dreitägigen Reise von Kalimpong nach Gangtok einen Begleiter. Der Maharadscha hat den Direktor der Schule in Gangtok mit mir ziehen lassen, und wir sind gemeinsam aufgebrochen. Er ist recht beschlagen in tibetischen Dingen, hat mehrere Werke übersetzt, und seine Begleitung ist sehr lehrreich für mich. Vielleicht kann ich in Gangtok mit ihm zusammen für das Jahrbuch des Museums Guimet einen Artikel über *Padmasambhawa* verfassen. Es war schon immer mein Wunsch, über diese sonderbare Persönlichkeit etwas zu schreiben.

Ich überschreite nicht die Linie, die die Grenze des britischen Herrschaftsbereiches bezeichnet; der politische Beamte hat mir die Genehmigung zwar noch nicht endgültig verweigert, mir jedoch zu verstehen gegeben, daß er keinen Wert darauf legt, sie mir zu erteilen, und daß er, selbst wenn er noch weiter darüber nachdenkt, kaum eine positive Entscheidung treffen wird. Es hat in den letzten Tagen nach Gjangtse zu heftige Gefechte gegeben. Kalimpong ist voll von chinesischen Soldaten, die von den Tibetern besiegt und auf englisches Gebiet getrieben worden sind. Viele andere scheinen unterwegs zu sein. Ich habe schon Verständnis dafür, daß der offizielle Vertreter Englands nicht gern die Verantwortung dafür übernehmen will, daß sich eine Europäerin ins Kampfgebiet vorwagt. Ohne Genehmigung aufzubrechen ist ausgeschlossen. Noch bevor ich zwei Meilen zurückgelegt hätte, hätten ein paar Reiter mich und meine vielen Bündel eingeholt und würden mich — höflich aber bestimmt — zurückgeleiten. Heute morgen bin ich an der Gabelung vorbeigekommen, wo die Straße nach Sikkim von der nach Tibet abzweigt. Straße bedeutet hier soviel wie unbefahrbarer Weg ... Dies war eine der Hauptverkehrsverbindungen von Lhasa nach Indien; ein Wegweiser nannte auf dem einen Arm Jalapuri, die erste Etappe nach Tibet, und auf dem anderen Pedong, die erste Station auf dem Wege nach Gangtok, der Hauptstadt, und danach noch zu anderen Dörfern, bis hinauf zu den Schneemassen in 8000 m Höhe. Ich bin der zweiten Strecke gefolgt. Von Gangtok allerdings führt ein anderer Weg nach Gjangtse, der bei einem etwas höher als der Mont Blanc gelegenen Paß auf die Straße, an der ich vorbeigekommen bin, einmündet. Ich rechne damit, daß ich bei günstiger Witterung in drei Tagen oben angelangt bin und mir einige Dörfer auf der anderen Seite der Grenze ansehen kann, was man mir erlauben wird, falls ich verspreche, mich nicht weiter als ein oder zwei Tagesmärsche zu entfernen. (...)

Pakyong, 21. April 1912

Welch ein Tag, mein Lieber! Heute morgen um acht Uhr habe ich Pedong verlassen und bin nach vier Uhr hier angekommen; von einer Rast, bei der meine Leute Tee getrunken haben, abgesehen, sind wir die ganze Zeit marschiert. Jawohl, zu Fuß gegangen, denn wir mußten des öfteren vom Pferd absteigen, weil das Gefälle wirklich gefährlich wurde. Das Tal des zweiten Flusses, der Rischikola, ist sehr schön, ich möchte fast sagen: heiter, doch im Himalaya ist die Natur immer ernst. Nachdem mein armes Reittier unzählige Male abgerutscht war, empfand ich es geradezu als Vergnügen, eine Zeitlang im Tal einem ebenen, mit Gras bewachsenen Weg zu folgen. Wir kamen etwas schneller voran, und das war entzückend ... aber von kurzer Dauer, denn der Aufstieg über Geröll und unsicheres Gestein begann bald von neuem. Hinauf geht es jedoch leichter als hinunter, und mein wackeres Tier hat mich die sechs Meilen der letzten Kletterpartie mit wirklich erstaunlicher Ausdauer getragen. Nie habe ich es so mutig gesehen. Das letzte Stück des Aufstiegs ist sehr malerisch, man kommt ganz nahe an Wasserfällen vorbei, die unter erheblichem Getöse neben dem engen Pfad aufprallen. Mein »Schullehrer« erzählt mir von der Kindheit seines Lieblingsdichters Milarepa, danach einiges aus seinem Leben. Alles ist reich an wunderbaren, übernatürlichen, geheimnisumwobenen Dingen. Daneben werden auch viele andere Geschichten heruntererzählt, etwa die von einem leichtgläubigen Menschen, dem ein Zauberer in böswilliger Absicht versprochen hatte, er könne das Heil in einem einzigen Leben erlangen, falls er einen Rosenkranz aus 1000 Mittelfingern der rechten Hand zusammenbrächte. Das schwachsinnige Ungeheuer setzt natürlich alles daran, 1000 Menschen zu überfallen, um ihnen einen Finger abzuschneiden; um leichter zu Werke gehen zu können, tötet er sie in der Regel. Und als bereits 999 Finger beisammen sind, als nur noch ein einziger fehlt, da ist der letzte Reisende, der ihm begegnet, Buddha. Wie es weitergeht, ahnt man schon: Er wird überzeugt, bekehrt, aufgeklärt, beklagt seinen Wahn und wird ein Heiliger! ... Dann der Schlächter, der die Schafe im Schlachthof haufenweise getötet hat, und der, als er gerade sein Tagespensum vollmachen will, sieht, wie das letzte Tier mit seinen kleinen gefesselten Füßen versucht, das am Boden liegende Messer beiseite zu schieben und in einem kleinen Sandhaufen zu verbergen, wobei ihm Tränen aus den Augen fließen. Der berufsmäßige Schlächter ist bestürzt, begreift, daß das Tier ein fühlendes und denkendes Wesen ist. Selbstverständlich wird das Schaf verschont, und der Mann, der jetzt Abscheu vor seinem Beruf empfindet, ohne doch von ihm loszukommen, will sich lieber umbringen und stürzt sich von einem Fels in die Tiefe; aber anstatt ins Bodenlose zu fallen, wird ihm ein *Siddhi* (eine wunderbare Kraft) zuteil, und er fliegt durch die Lüfte. Ein Einsiedler, der sich jahrelang darum bemüht hat, diese Zauberkraft zu erlangen, zeigt sich von der Ungerechtigkeit des Schicksals befremdet, das ein solches *Siddhi* einem Schlächter zukommen läßt. Und die Moral: Ihm wird gesagt, daß ein einziger Gedanke der Barmherzigkeit für die übrigen Lebewesen mehr wiege als alles Wissen. Dies ist eine für den »Buddhismus der nördlichen Schule« typische Lehre. Der Süden legt größeren Wert auf den Verstand und hat für rührselige Geschichten wenig übrig. Interessanterweise ist jedoch festzustellen, daß der nüchtern denkende Süden sich im allgemeinen tierischer Nahrung enthält, um kein Leid zu verursachen, und sogar fordert, im Umgang mit Pflanzen umsichtig zu sein und sie nur dann zu zerstören, wenn es unbedingt notwendig ist; der rührselige Norden dagegen verzehrt trotz seiner zu Herzen gehenden Geschichten von weinenden Schafen kräftig Fleisch und Fisch.

Gangtok, 22. April 1912

Eine unvergeßliche Ankunft in der Hauptstadt Sikkims, mein Lieber! Nachdem ich einen Brief an Dich zur Post gebracht hatte, habe ich Pakyong heute morgen verlassen. Der Himmel war bedeckt, aber wir hatten bald schönes Wetter, und der Vormittag war herrlich, die Strecke ebenfalls. Sie führt fast die ganze Zeit durch Wälder, und man muß durch vier schöne Gebirgsbäche hindurch, von denen einer einen malerischen Wasserfall bildet. In diesen Wäldern wimmelt es von Blutegeln; die Füße meines Pferdes sind ganz blutig, obwohl der Sais aufpaßt und von Zeit zu Zeit nachschaut. Besagter Sais hat auch mir eines dieser kleinen Tiere vom Hals gerissen, als es sich dort gerade festsaugen wollte. Die Steine sind naß, und ich glaube, an den Hufen meines Pferdes ist etwas nicht in Ordnung, denn es rutscht dauernd aus. Ich bin auf irgendein Unglück gefaßt. Und pardauz, da strauchelt es auch schon so heftig, daß ich beinahe mit der Nase seinen Hals berühre; es richtet sich jedoch rasch wieder auf, und ich finde mein Gleichgewicht wieder. Ich begreife, weshalb alle Frauen hier rittlings zu Pferde sitzen und weshalb mir in Dardschiling jeder dazu riet, einen Herrensattel zu benutzen. Man findet sehr viel mehr Halt darin. (. . .)

23. April 1912
Ich sagte bereits, daß die Strecke zu drei Vierteln sehr angenehm war. Besonders erwähnenswert ist noch die Begegnung mit einem herrlichen Jak, der, von zwei halbnackten Männern an der Leine geführt, in der feurigen Gangart vorzeitlicher Tiere den steilen Abhang herunter uns entgegenkommt. Wir rufen den Männern zu, mit ihrem Jak auszuweichen, denn auf dem schmalen Pfade sei für uns und das temperamentvolle Tier nicht genügend Platz, und der Jak wird tatsächlich beiseite gezerrt. Mein Schulleiter erklärt mir, daß der arme Jak seine letzte Reise mache und irgendeiner Familien- oder Ortsgottheit geopfert werde. Manche dieser Götter fordern jährlich ein oder zwei Jaks, und so ziehen die armen Tröpfe in den Norden des Landes, wo es große Jakherden gibt, kaufen einen und schlachten ihn vor ihrem Götterbild. Übrigens ist er nicht völlig für sie verloren, denn sie essen ihn anschließend auf. Diese Begegnung mitten im Walde, dieses schöne Tier mit dichtem Pelz und langen spitzen Hörnern, die beiden Männer mit bräunlicher Haut ... all das erinnert an längst vergangene Zeiten: an Gallien zur Zeit der Druiden oder Germanien unter den Hunnen.

Und nun zum Drama ... gemeint ist ein furchtbares Gewitter, das rings um uns her zur gleichen Zeit losbricht, über uns und unter uns; es blitzt unter unseren Füßen und über unseren Köpfen – und der Regen – welch ein Regenguß! Doch was tut's; ich habe einen guten Regenmantel an, und mein Tropenhelm ist groß genug, um als Regenschirm dienen zu können. Wir ziehen also weiter, ohne uns vom Unwetter allzusehr beeindrucken zu lassen, und erreichen Gangtok; als wir jedoch unterhalb des Hügels, auf dem Sikkims Hauptstadt liegt, angekommen sind, fällt nicht mehr Regen, sondern ich weiß nicht was vom Himmel. Wir erreichen das Plateau und geraten in eine Bö, die uns nicht nur den niederprasselnden Regen, sondern Äste und andere losgerissene Gegenstände ins Gesicht schleudert. Einen Augenblick lang glaube ich, mein armes Pony würde mit mir und dem gesamten Gepäck ins Tal gefegt. Man kann weder sehen noch atmen, und plötzlich geht, wohl um uns den Rest zu geben, in haselnußgroßen Körnern Hagelschlag auf uns nieder. Mein Helm, den ich mit einer Hand festhalte, schützt mir das Gesicht, die arme Hand aber – zum Glück habe ich Handschuhe an – wird arg zerschunden. Das Pferd, das keinen Helm trägt, wird unruhig und scheut; ich halte es, so gut ich kann, im Zaum. In dieser schwierigen Lage – ein mindestens dreihundert Meter tiefer Abgrund klafft zu meiner Rechten – bin ich wirklich irgendwie mutig. Ich überlege mir, wo bloß meine frühere Nervosität geblieben ist. Macht vielleicht Kräfteverschleiß oder Umsicht meine Nerven so ruhig? ... Ich stelle mir diese Frage inmitten des Unwetters, finde jedoch keine Antwort. Nur mit Mühe kann ich verstehen, daß mir mein Begleiter zuruft: »Wir sind am

Bungalow«, solch einen Heidenlärm macht das Gewitter. Ich treibe mein Pferd in Richtung auf ein Wohnhaus an, das ich undeutlich erkenne; aber wir müssen das Gesicht dem Hagel zuwenden, um dorthin zu gelangen, und das arme Tier knurrt und wiehert vor Schmerz und Angst. Mein Sais, der sich selbst kaum auf den Beinen halten kann, stürzt herbei, um den Zügel zu fassen. Da packt uns der Sturm und wirft uns alle drei gegen einen Schuppen. Ich bleibe im Sattel und kann auch danach nicht absteigen, weil sich das Pferd wie wild gebärdet. Schließlich taucht der Schulleiter mit einem Regenschirm auf, den er wie durch ein Wunder hat aufspannen können; er kommt zu mir und hebt mich, wobei er mir die Stangen besagten Regenschirmes ins Haar drückt, vom Reittier, das der Sais am Kopf festhält. Durch die Hagelkörner hindurch sehe ich ganz verschwommen eine Frau unter einer Veranda stehen, die mir zuruft: »Come in, come in«. Vornübergebeugt und aneinandergeklammert gelingt es dem Schulmeister und mir, die kurze Strecke, die uns noch von unserer Zufluchtsstätte trennt, zurückzulegen; einen Augenblick später sitze ich schon, vom triefenden Regenmantel befreit, vor einem wärmenden Feuer, und die liebenswürdige Frau sagt zu mir: »Sie sind die französische Dame, die hier erwartet wird, nicht wahr?« Ich bin in der Tat die erwartete Person; meine Gastgeberin ist die Frau eines englischen Hauptmanns ... Man kocht Tee für mich und lädt mich zum Abendessen ein, damit ich mich nach den Aufregungen dieser bühnenreifen Ankunft nicht auch noch um Küchendinge kümmern muß. Einmal mehr erlebe ich hier englische Liebenswürdigkeit.

Einen Augenblick lang befürchtete ich, mich bei dem Abenteuer erkältet zu haben, denn ich fühlte mich fiebrig und wie gerädert. Ich ließ in meinem Zimmer Feuer machen und nahm am Abend eine heiße Wärmflasche mit ins Bett. Mir träumte, der Dalai Lama wäre — nach europäischer Art — schwarz gekleidet und gäbe mir seinen Segen. Vielleicht wirkte sich das positiv für mich aus; ich kam jedenfalls ohne Erkältung davon, und das Abenteuer hatte keinerlei böse Folgen. — Der Bungalow in Gangtok ist häßlich und sehr unbequem. (...)

26. April 1912

Gestern habe ich bei dem kleinen Maharadscha den Tee genommen; er hat eigens für mich ein Mitglied des Staatsrats seines Vaters kommen lassen, einen — zumindest dem Rufe nach — sehr gebildeten Lama. Der junge Thronfolger, der noch knabenhafter wirkt als der tunesische, hat ein Haus für sich, das Stilelemente des englischen Cottage mit denen des chinesischen Wohnhauses vereinigt. So etwas hätte durchaus abscheulich wirken können, aber ein gewisses Etwas nahm dieser unpassenden Mischung alles Häßliche oder Groteske. Der Gesamteindruck war interessant und ansprechend. Rundherum war ein herrlich gepflegter Garten, reich an Rosenbüschen, von denen jeder eine kleine Matte als Dach hatte, zum Schutz gegen den in dieser Jahreszeit häufigen Hagelschlag ... Das gibt dem Rosengarten etwas Melancholisches, und die chinesischen Ungeheuer auf Türschwelle und -pfosten zeigen krampfhaft ihre Fratzen.

Ich schaue mir das alles an und übersehe meinen Gastgeber, der mir unter der Veranda entgegengekommen ist. Ich drehe mich erst um, als ich seine Stimme höre. Hier herrscht keine Etikette wie am Hofe des Dalai Lama; der junge Prinz ist in Europa erzogen worden. Ich rede ihn in meinen Briefen mit »Hoheit« an, weil er Anspruch auf diesen Titel hat; aber wir setzen uns auf dasselbe Sofa, und er läßt mir immer den Vortritt.

Die Wohnung ist geschmackvoll in unauffälliger Eleganz eingerichtet. Er hat europäische Möbel aufgestellt; angesichts der vielen Kunstgegenstände und asiatischen Nippsachen merkt man jedoch, wie sehr er von der Kultur seiner Vorfahren durchdrungen ist. Von seinen Reisen nach Japan und China hat der Maharadscha herrliche Sachen mitgebracht...

Obwohl der Lama dem Staatsrat angehört, darf er sich in Anwesenheit seines Prinzen nicht setzen. Er bleibt also hinter einem Sessel stehen – groß und in seinem dunkelgranatfarbenen tibetischen Gewand wie jene erhabenen Geister dreinblickend, deren Bilder man auf den Wänden der Pagoden sehen kann. Der kleine Maharadscha ist seiner Aufgabe als Dolmetscher nicht so recht gewachsen, denn meine Fragen sind einigermaßen knifflig und vertrackt. In seinen Erläuterungen bringt er die englischen Ausdrücke durcheinander und gebraucht sie in ganz anderer Bedeutung als der, die sie wirklich haben. Ich glaube, ein frisch in Asien eingetroffener christlicher Missionar könnte sich freuen, wenn er sähe, wie sehr die mir hier vorgestellte Religion dem Christentum ähnelt. Aber ich bin auf der Hut: »Was meinen Sie damit, wenn Sie »Gott« sagen?« Die Antwort lautet ohne Zögern: »Einen *Bodhisattwa*.« »Was bezeichnen Sie als Seele?« »Die innere Kraft, die weder Geist noch Verstand ist.«

Ich bin sehr froh darüber, daß diese beiden Anhänger der »Roten Sekte« ihrerseits bestätigen, was ich in meinem Buch vorweggenommen habe: »*Nirwana* bedeutet, daß die Vorstellung von einer gesonderten, eigenständigen und dauerhaften Persönlichkeit aufgehoben ist.« Ich habe das, glaube ich, als erste in Europa so niedergeschrieben; niemand hatte diese Lehre entdeckt, die doch so offensichtlich im Buddhismus enthalten ist. Oldenberg hat mich dafür gelobt, daß ich in diesem Punkte so klar gesehen habe. Mein letztes Buch hat in der Presse großen Widerhall gefunden, und die Wut, die die Kleriker an den Tag gelegt haben, beweist mir, daß sie das Werk nicht für einen belanglosen

Schmöker halten, den man rasch vergessen kann. Du nimmst im Augenblick ein wirkliches Opfer auf Dich, mein treuer Freund. Es wird nicht umsonst sein, glaub mir. Natürlich hättest du eine andere Art von Partnerin vorgezogen, aber wenn man sich die Koketten, Dümmlichen und ... die vielen Hausmütterchen anschaut, die den größten Teil der Ehefrauen ausmachen, dann hast Du's gar nicht so schlecht getroffen. Und dann weißt Du ja auch, Mouchy, daß ich Dich gern habe um all dessentwillen, was Du für mich tust. (...)

Gangtok, 1. Mai 1912

Ich bin in Hochstimmung, denn als ich heute morgen beim jungen Maharadscha war, sagte er zu mir: »Heute ist Vollmond und der Jahrestag, an dem Buddha für die Erlangung von »Bodhi« und *Parinirwana* gefeiert wird; ich möchte Ihnen deshalb ein sehr altes Kakemono aus Tibet schenken; ich selbst besitze keins, das ebenso alt wäre.« Und er überreichte mir ein sehr altes Tempelbanner, ein wirkliches Museumsstück, das Buddha auf seinem Thron darstellt, wie es tibetischer Vorstellung entspricht. Für Liebhaber dieser besonderen Art fernöstlicher Kunst ist es ein äußerst wertvolles Stück. Wir haben uns lange in seiner Betstube aufgehalten, aus der er, wie er mir versprochen hat, die symbolischen Gottheiten mit vielfarbig bemalten Gesichtern entfernen will. Diese kleine »Inkarnation« wäre ein gelehriger Schüler, und wir sind enge Freunde. Bei ihm daheim ist es ebenso sauber und reinlich wie in einem japanischen Haus. Sowohl in der Vorhalle als auch am Altar in seinem Betzimmer hat er die berühmten Ungeheuer selbst gezeichnet. Alles ist nach chinesischem Muster gestaltet. (...)

Ich breche übermorgen in Richtung Tibet auf und werde am ersten Tag in mehr als dreitausend Metern, am zweiten in viertausendfünfhundert und am dritten in noch größerer Höhe kampieren. Ich nehme nur ein paar Träger und sehr wenig Gepäck mit, da die Strecke stellenweise schwierig sein soll. Was werde ich dort oben wohl vorfinden? Schnee, Unwetter, Hagel? ... Spätestens wenn wir dort sind, werden wir's sehen. Es ist geplant, daß der Ausflug acht Tage dauert. (...)

Karponang, 4. Mai 1912

Meine Reise beginnt mit einer Panne. Nach einem fünfstündigen Marsch durchs Gebirge auf einem entzückenden Pfad, der allerdings schmal und »precipitous« ist, wie die Engländer sagen, gelange ich gestern zum Bungalow. Ich treffe früher als meine Träger dort ein, weil ich eines drohenden Regenschauers wegen mein Pferd zu einer schnelleren Gangart angetrieben habe. Kaum bin ich in der Zufluchtstätte, da setzt auch schon ein heftiger, mit Hagel vermischter Regenguß ein. Ungefähr anderthalb Stunden später kommen meine Leute an; sie sind ebenso durchnäßt wie ein paar andere Eingeborene in ihrer Begleitung. Mein Boy bringt mir einen Brief vom »Ingenieur«. Von welchem Ingenieur? So etwas wächst doch nicht etwa in diesem abgeschiedenen Gebirgswinkel? Und wenn einer gerade auf einer Spazierfahrt unterwegs wäre, dann müßte er hier bei uns im Bungalow sein, dem einzigen Unterstand weit und breit. Ich nehme den Brief und stelle fest, daß er mich schon in Gangtok hätte erreichen sollen und mir nachgeschickt wurde. Man teilte mir mit, daß der Verkehrsweg mehrfach unterbrochen sei und eine Instandsetzungskolonne sich gerade auf den Weg mache. Man wolle mich aber auf jeden Fall informieren, damit ich eventuell mein Programm umstellen und die Reihenfolge meiner Ausflüge ändern könne. Natürlich hätte ich nach Lachen gehen können, aber die Nachricht erreichte mich ja erst unterwegs ... Ich spürte nicht die geringste Lust umzukehren, denn das hätte bedeutet, daß ich entweder den bisherigen Weg noch einmal zurücklegen oder aber darauf verzichten müßte, zu den Nathu-La-Pässen hinaufzusteigen, was überhaupt nicht in Frage kam. Mir blieb also nichts weiter übrig, als hier zu warten – was ich gerade tue. Ich befinde mich auf einem wichtigen Verkehrsweg, einer der Hauptverbindungsstraßen zwischen Indien und Tibet; nur ist diese Verkehrsader nichts weiter als ein einfacher Gebirgspfad, der auf chinesische Art instand gehalten wird, und das heißt, man schlägt aus der Felswand ein paar Gesteinssplitter heraus und bepflastert damit die Stellen, die am ehesten ausgewaschen zu werden drohen. Sie sind kleiner oder größer, rund oder spitz ... aber die spitzen überwiegen. Einige Abschnitte des Weges könnten durchaus von irgendwelchen Barbaren als Folter erdacht worden sein. Man macht sich gar keine Vorstellung davon, wie schwierig es ist, auf diesen scharfkantigen, spitzen Steinen zu gehen und dabei das Gleichgewicht zu halten. Wie die Pferde das schaffen, wird mir wohl immer ein Rätsel bleiben ...

Ich kann also nicht weiter. Der Bungalow ist eine Bretterbaracke. In meinem »Schlafzimmer« kann man die Finger zwischen die Ritzen dieser Bretter stecken. Ich verstehe einfach nicht, weshalb man in einem Land, wo man die Steine nur vom Boden aufzuheben braucht, nicht ein stabileres Haus gebaut hat. Zugegeben, die jährliche Besucherzahl ist niedrig, und es ist bereits ein Vorteil, daß man kein Zelt mitzuschleppen braucht. Mein kleiner Boy hatte mir nicht zu folgen vermocht, und ich war völlig durchgefroren, als ich hier ankam. Wir haben dann ordentlich Feuer gemacht, aber ich habe trotzdem vor Kälte kaum schlafen können. Auch der Regen, der schrecklich viel Lärm machte, hielt mich wach ... woran übrigens auch die Höhe (ungefähr 3200 Meter) schuld gewesen sein dürfte. Nachts hat ein Tier an meiner Tür geschnuppert und ist heulend um die Baracke gelaufen; nach dem Geräusch zu urteilen, war es ein Schakal. (...) Sicher ist dies ein erbärmlicher und ordinärer Verschlag, der den Arbeiterhütten auf Baustellen ähnelt; aber auf dem rauchgeschwärzten Brett, das als Kaminsims dient, steht eine winzige Altarlampe, wie sie vor den *Bodhisattwas* brennen; ich benutze sie als Nachtlampe, und sie verbreitet den eigentümlichen Duft der violetten Duftstäbe, die in Gjangtse hergestellt werden und ein völlig anderes Aroma haben als etwa die indischen oder japanischen. Und schon kann von Baustellen oder Arbeitertrupps keine Rede mehr sein! Flüsternde Geister huschen herein, reiten auf einer Wolke, die durchs Fensterkreuz schwebt; die ganze fremdartige Welt der Himalayalegenden hüllt einen hier ein; das Gebirge bietet ganz eigentümliche Farben; die in Moosgewänder gehüllten Bäume winken einem zu; man fühlt sich an der Schwelle von etwas »Unsagbarem«, und das ist genauso schwindelerregend und anziehend wie der Abgrund neben dem Pfad, den man entlangzieht. (...)

9. Mai 1912

Ach, was sind schon Pläne! ... Changu und sein See Nathu-La! Sie thronen in einsamer Höhe und spotten meiner. Am 6. bin ich von Karponang nach Changu aufgebrochen; man hatte mir versichert, die Strecke sei frei, und zwei Meilen vor Changu stehen wir vor einer mannshohen Schneedecke, die den Weg unter sich begraben hat. Wir mußten wieder hinab nach Karponang. Natürlich bedauere ich, daß die Strecke blockiert war, aber es reut mich nicht, trotz des Mißerfolges, diesen Pfad hinaufgeklettert zu sein. Ich wäre nicht imstande, den Eindruck zu schildern, den diese unberührte Natur auf mich gemacht hat. Ich bin ja auf meinen Reisen recht weit herumgekommen, aber ich habe nichts gesehen, was sich mit diesen Hochgebirgslandschaften vergleichen ließe. Da gibt es etwa einen Paß, auf den ein breiter Gebirgsbach herabstürzt; er ist dicht bewaldet, doch die Bäume sind abgestorben, geborsten und zersplittert; Äste sind herabgestürzt, morsche Kronen abgeknickt, und alles bleibt an Ort und Stelle liegen. Das Ganze wirkt wie der Schauplatz eines stummen Gemetzels, wie das Schlachtfeld unbekannter Wesen; die Wirkung ist außerordentlich. Und über allem liegt dieses eigentümliche, einzigartige Himalayalicht, das bei Sonnenschein am beeindruckendsten ist. Alles wirkt dunkel, wie unter einem Nebelschleier, und doch hüllt — es mag unwahrscheinlich klingen — ein weißer Lichtschein die Dinge ein; die Schatten erstrahlen geheimnisvoll in einer Helligkeit, die weder von Sonne oder Mond noch überhaupt vom Himmel zu stammen scheint, sondern gleichsam aus den Gegenständen selbst hervortritt oder, genauer, aus etwas, das hinter ihrer

körperlichen Gestalt in ihrem Innersten verborgen ist. Welch ein Land!
...

(...) Ich werde versuchen, auf einem anderen Weg hinaufzugelangen; er ist zwar länger, aber dafür bestimmt frei von Hindernissen. Zuvor jedoch will ich nach Lachung. (...)

Ja, es stimmt, die Reise zieht sich in die Länge. Und glaube nicht, bester Freund, dies sei ein Zeichen von Gleichgültigkeit Dir gegenüber oder dafür, daß es mir in unserem Zuhause nicht gefällt. Nein ... aber irgend etwas hat mich in seinen Bann gezogen, und dieses Etwas ist deshalb so stark, weil sich darin die Wünsche so vieler Jahre zusammengeballt haben. Ich erlebe Stunden, von denen ich weiß, daß ich sie nie wieder erleben werde, Stunden der Arbeit, wo das Studium etwas ganz anderes ist als die Lektüre toter Texte: etwas Lebendiges, Ergreifendes, unendlich Berauschendes. (...)

Toang, 18. Mai 1912

(...) Ich bin wieder unterwegs — wenn schon nicht auf normalen Straßen, so doch auf Pfaden. Ich habe Gangtok vor drei Tagen in Richtung Nordsikkim verlassen. Das erste Stück war ein einziger Abstieg, wir haben in 600 m Höhe übernachtet. Das kommt mir jetzt wie im Keller vor. Wir sind ungefähr 1100 m talwärts gestiegen, und zwar auf sehr abschüssigen Wegen voller Steine! Ich habe von den dreizehn Kilometern der Etappe acht zu Fuß zurückgelegt; je tiefer wir kamen, desto stärker wurde die Hitze, und ich war ziemlich erschöpft, als wir unser Tagesziel erreichten. Die Landschaft ist herrlich und unterscheidet sich sehr von allem, was ich bisher gesehen habe. Man folgt Tälern, die von riesigen Bergen eingeschlossen sind; der Dschungel ist wie in den Tropen, es hängen Orchideen von den Bäumen herab, alle möglichen Begonienarten und riesige Lianen lassen vermuten, man befände sich in dem weitläufigen Gewächshaus einer Gartenbauausstellung. Doch welche Ausmaße hat diese Ausstellung! Als ich einen Gebirgsbach durchquere, bemerke ich einen riesigen Berg, der mindestens doppelt so hoch ist wie unser Bu Kurmin und dessen Steilhang bis zum Gipfel mit wilden Bananenstauden bedeckt ist. Unser Rastplatz heißt Dikchu: ein Bungalow am Rande eines Flusses, der rauschend durch die Felsen strömt. In dieser engen Schlucht zwischen senkrechten Bergwänden fühlt man sich wie auf dem Grunde eines tiefen Schlundes. Kurz nach unserer Ankunft bricht heiß und schwül die Nacht herein, eine richtige Tropennacht, die mich an Ceylon erinnert: 28 Grad in meinem Schlafzimmer. Draußen spielt sich in tiefschwarzer Nacht das lustige Feuerwerk der Leuchtfliegen ab, die zu Tausenden durch das dichte Blattwerk des uns umgebenden Dschungels schwirren. Der Wärter (in der

Landessprache: Chowdikar) bringt mir zwei prächtige blaue Hortensien und schmückt den Tisch damit; man trägt für mich auf, und ich esse irgendeinen Brei, den Sophie bestimmt zum Heulen fände. Anschließend spaziere ich ein wenig umher, kehre auf dem Pfad zurück und gehe rasch zu Bett. Meine Leute schlafen unter der Veranda, vor meiner Tür. Ich bitte um Ruhe, denn diese Naturburschen sind sehr geschwätzig ... schließlich will ich schlafen. Sie sind folgsam ... und vor allem, wie ich glaube, ebenfalls müde. Die Maultiere jedoch, die noch ihre Schellen umhaben, sind unruhig und bimmeln ohne Unterlaß; ich kann nicht einschlafen; im Wachtraum spüre ich, daß ich etwas Fieber habe, sicher eine Folge der Strapazen des Tages, der ganz unerwartet vorgefundenen schwülen Hitze und auch wohl des Leichtsinns. Am Nachmittag nämlich, als mir vom Wandern auf den Steinen bereits die Füße weh taten und ich außerdem schon einen leichten Sonnenbrand hatte, kam ich an einen Sturzbach. Der Boy, der Sais, das Pony – alles stürzte heran, trank, wusch sich ... welch eine Wohltat! Und auch ich erfrische mich und trinke. Oh, nur ganz wenig. Eigentlich pflege ich unterwegs weder etwas zu essen noch zu trinken. Diese alte und sehr bewährte Angewohnheit verdanke ich meinem Vater. – Rings um uns her wächst soviel leckeres Grünzeug ... Der Sais, der sehr an seinem Tier hängt, schlägt mit seinem Säbelmesser etwas ab, und mein Pony verschlingt es mit dem größten Vergnügen. Es ist angenehm kühl, das Plätzchen ist reizend, alle sind erschöpft ... Also setze ich mich, mitten im Wasser, auf einen breiten Felsen. Man möchte nur zu gerne hier einnicken; doch auch ohne zu dösen beginnt man zu träumen ... Geflügelte Träume, wie es bei den Griechen heißt – und aus der Tiefe des Dschungels stammende Geister nähern sich, schauen durch Zweige und beobachten einen aus dem Bambusdickicht ... die Gottheiten dieses Ortes ... Ich schüttele mich, denn ich kenne diese Geister; sie heißen Fieber. Ein Kenner heißer Länder wie ich sollte sich nicht in einer waldigen Schlucht mitten in einen Gebirgsbach setzen. Das ist verrückt! Aber wie köstlich ist es doch, wenn einen die Mattigkeit langsam mit ihren phantastischen Traumbildern übermannt! Ich sage mir: Heute abend wirst du einen hübschen Fieberanfall bekommen, aber du steigst ja bald wieder in die Berge hinauf, und in der Höhenluft gehen die Mikroben schon zugrunde ... und so nehme ich denn den Fieberanfall in Kauf und koste diesen einzigartigen Augenblick voll aus. Plötzlich fällt mir jedoch der junge Boy ein, den mir der Maharadscha Kumar überlassen hat. Ihn, der bestimmt die Najaden und Dryaden des Ortes gar nicht wahrnimmt, darf ich nicht ebenfalls der Gefahr des Fiebers aussetzen. Ich rufe also: »Let us go.« Trotzdem muß ich am Abend dafür büßen. Am nächsten Tag nehme ich gleich nach dem Aufstehen eine Chinintablette, und als wir gegen Mittag ein paar hundert Meter hinaufgeklettert sind, ist alles vergessen. Wieder ist alles ganz herrlich, und dieser zweite Teil des Weges ist sogar noch herrlicher. Die Strecke ist viel besser. Unterwegs begegnet uns ein kleiner Junge mit buschigem Haar, der mit zwei Stoffetzen bekleidet ist und so drollig dreinschaut, daß ich ihn photographiere. Ich schenke ihm zwei Rupien (ungefähr fünf Centimes) und lasse ihn fragen, was er damit anfangen will. Er denkt nach und antwortet: »Ich werde mir Kleider dafür kaufen.« Der Sais und der Boy bringen ihn zum Reden; er ist vielleicht sechs oder sieben Jahre alt und wirkt sehr intelligent. Wir folgen in großer Höhe einem Flußlauf. Nur einmal wechseln wir den Fluß, ansonsten geht es bis Lachung so weiter. Die Landschaften hier sind unbeschreiblich. Während dieser beiden Tage war das Land von völlig anderer Beschaffenheit als etwa bei Karponang oder Changu. Die Lokalgottheiten meinten es gut mit mir und paßten das Wetter der Landschaft an. Hatte ich in der Gegend der moosbewachsenen Tannen und Birken geheimnisvollen Nebel, so liegen hier die aufgeblühten Begonien in strahlendem Sonnenschein. In diesem Licht flattern rote und blaue Vögel sowie andere mit sonderbaren Schwänzen und herrliche Schmetterlinge, von denen einige ihrerseits so groß wie Vögel sind. Am Abend machen wir in Singhikh Station. Der Bungalow steht frei an einer erhöhten Stelle, und es bietet sich ein großartiger Blick auf die Berge, die sich im bläulichen Abendlicht langsam hinter einer Wolkenschicht schlafen legen. Alles ist so maßlos groß! ... Oh, man versteht schon, warum so viele Weise aus Indien oder Tibet sich hierher zurückgezogen haben, um zu meditieren und bei jener Weisheit und Gelassenheit in die Lehre zu gehen, die hier spürbar in der Luft liegt und die sich die ernsten Berggipfel im blauen Abendlicht und in der rötlichen Morgendämmerung gegenseitig ins Ohr raunen. Wie soll man in die Städte zurückkehren, sich wieder mit geschäftigen, rastlosen Sterblichen zusammensetzen können, wenn man hier ein paar Stunden dieses beredte Schweigen erlebt hat... (...)

Lachung/Sikkim, 23. Mai 1912

Mein Aufenthalt in Sikkim geht langsam zu Ende. Ich will noch, wie ich Dir bereits gesagt habe, nach Lachen. (...) Danach will ich nach Thangu hinauf und von dort aus einen Abstecher in den Schnee machen. Das wird bestimmt nett, wenn das Wetter es zuläßt. Der Schnee bleibt dieses Jahr ziemlich lange liegen. In der Umgebung von Lachung, in weniger als 3000 m Höhe, ist alles weiß. Lachung-Stadt liegt etwas über 2600 m hoch, Thangu über 3700 m. Auf dieser Straße sind Leute aus Tibet gekommen und sagen, sie sei frei. Ich will bis in 5000 m Höhe hinauf eine Klettertour unternehmen. Man hat mir versichert, dort oben gebe es eine Stelle mit sehr schöner Aussicht. Ich habe kein Zelt, und das ist höchst ärgerlich. Wenn es nicht regnet oder schneit, kann man dort oben nämlich eine oder zwei Nächte im Zelt verbringen, wie es die Einheimischen machen; sie bringen Decken mit und zünden im Schutze eines Felsens ein mächtiges Feuer an. (. . .)

In Gangtok habe ich nette Leute getroffen und bin in dieser winzigen Gemeinschaft von Europäern Mitglied geworden. Es sind der Regierungsvertreter mit Frau, sein Stellvertreter mit Frau, der Hauptmann der Sepoy mit Frau, der Arzt und ein Leutnant, beide ebenfalls mit Frau. Dies ist bereits die ganze weiße Sippschaft, denn der Ingenieur ist gerade nach England gereist. Ich verdanke dem herzlichen Entgegenkommen dieser »Officials« eine Menge kleiner Vorteile und Erleichterungen, und ich erwähne besonders eine Portion köstlichen, ganz frischen Teekuchens, den man mir am Abend vor meiner Abreise mit den besten Wünschen für mein Unternehmen gebracht hat. Ich war natürlich schon bei allen zum Tee, beim Regierungsvertreter habe ich bereits geluncht und auch des öfteren den Tee genommen. Ich bin der festen Überzeugung, daß die Engländer, die Du immer so schlechtmachst, viel freundlicher sind, als man es bei uns ist. (. . .)

Heute morgen habe ich das Kloster (auf tibetisch *Gömpa*) besucht. Der oberste, zweit- und dritthöchste Lama sowie alle übrigen empfingen mich freundlich. Man begann sogleich, die große, in chinesischem Stil bemalte Trommel zu drehen, auf der »Om mani padme hum« geschrieben steht, und man öffnete den Altarraum. Er ist erst kürzlich erbaut worden und nicht weiter interessant. Mitten auf dem Altar steht eine schauderhafte Statue des *Padmasambhawa*, rechts daneben eine grüne Person mit riesigen Augen. Ich erkundige mich mit Hilfe meines neuen Boys und erfahre, daß es sich um den Dichter-Asketen Milarepa handelt. »Er hat so lange von wilden Kräutern gelebt, daß er ihre Farbe angenommen hat«, erklärt der Abt. Oh je, das ist ja nun wirklich beunruhigend! Werde also auch ich, wenn mein Gemüsevorrat aufgebraucht ist und ich Brennesseln essen muß, grün nach Gangtok zurückkehren? ... Die Legende, die mir übrigens bekannt war, lautet nun einmal so; die Lamas indessen lächeln, sie glauben davon nicht mehr als unbedingt nötig . (. . .)

Chunthang, 24. Mai 1912

Ich bin bei schönem Wetter wieder hierher herabgestiegen. Unterwegs habe ich sehr viele schöne Vögel gesehen, es gibt sie in diesem Land in allen möglichen Farben. Heute morgen habe ich sogar einen gesehen, der mikroskopisch klein war, eine gelbe Brust und einen roten Rücken hatte; ein Vogel aus dem Land der Zauberfeen. Auch die Schmetterlinge sind entzückend; von ihnen gibt es ebenfalls viele Arten.

Einige sind ganz klein und blau und ähneln Blumen; andere sind schwarz und haben breite, blau geränderte Flügel; einer hat fast die Größe eines Vogels, sein langer spindelförmiger Körper ähnelt einem tiefrot-weiß gerippelten Zeppelin mit durchsichtigen schwarzen Gazeflügeln. Ja, all dies ist sehr schön, aber eines Abends, als ich bereits in Chunthang war, habe ich am Flußufer nach nichts anderem ausgespäht als dem Postbeamten; ich sah ihn voller Hoffnung vorbeikommen ... Und dann teilt mir der »post master« mit, daß er nichts für mich habe. Wieder nichts! ...

Lachen, 28. Mai 1912

Lieber Freund, »realize« (wie die Engländer sagen) folgende höchst sonderbare Szene — falls es Dir gelingt. Sie spielt in einer lamaistischen Betstube; auf dem Altar stehen *Tschenresi*, *Buddha* und *Padmasambhawa*, der große Apostel Tibets. An den Wänden hängen Darstellungen, auf denen die symbolischen Gottheiten, in furchteinflößender Gestalt, den Eingeweihten an drei Dinge gemahnen: Das Leben ist rastlos; Zerstörung erzeugt wieder Leben; Leben entsteht nur, um dem Tode anheimzufallen. Paare in schauderhafter Gestalt vereinigen sich, tragen dabei Girlanden aus Totenköpfen um den Hals und stehen mit ihren Füßen auf Leichen; dies sind ... nun ja, es ist die bestürzende Symbolik des *Tantrismus*, der so total von Mr. Woodroffe Besitz ergriffen hat. Alte Kirchenfahnen hängen von der niederen Decke herab, zwei Dämonenmasken schmücken die gedrungenen Pfeiler, die in grellem Rot angemalt sind und deren blau-grüne Kapitelle Zeichnungen in chinesischem Stil aufweisen. Ein eigentümliches Licht tritt durch das enge Fenster mit bunten Scheiben. In dieser Umgebung sitzt eine seltsame, zugleich faszinierende Person in »Lotosposition« auf mehreren Teppichen: der Abt des Klosters *(Gömpa)* in Lachen, ein außerordentlich berühmter Mann. Er erinnert an »Siddhi Puruscha«, jenen Zauberer und Heiligen, der eine Hälfte des Jahres außerhalb seines Klosters lebte, ganz allein in einer Grotte oder im Schutze irgendeines abgelegenen Felsens meditierte, genau wie die großen Jogis, von denen die Geschichte und vor allem Legenden berichten. Die Leute aus der Gegend schreiben ihm Zauberkräfte zu, vor allem das klassische Vermögen, durch die Luft zu fliegen. Er hat mit dem Menschenschlag dieser Gegend nichts gemein, ist ein Hüne von Gestalt, schlank, aber kein Knochengestell; sein Haar ist zu einem langen Zopf geflochten, der ihm bis auf die Fersen reicht. Er trägt ein rot-gelbes tibetisches Gewand, das sich von dem der sikkimesischen Lamas deutlich unterscheidet. Seine Gesichtszüge wirken äußerst intelligent, kühn, entschlossen und hell, denn sie werden von jenen besonderen Augen überstrahlt — Augen, aus denen ein Licht, eine Art Funke hervorsprüht –, die ein Ergebnis langjähriger Jogaübung sind. Vor ihm sitzt auf einem Stuhl Reverend Owen. Ich selbst habe neben dem Reverend auf einem längs der Wand aufgestellten Holzbänkchen Platz genommen und auf den mit einem Teppich belegten Stuhl, den man eigens für mich vorbereitet hatte, verzichtet. Auf dieser niederen Sitzgelegenheit fühle ich mich wohler und, meinem Gastgeber gegenüber, der auf dem Fußboden sitzt, weniger als Fremde. Wir plaudern. (...) Der Lama stellt mir seinerseits ein paar Fragen und sagt schließlich zu mir: »Sie haben das letzte und höchste Licht erblickt; zu den Anschauungen, die Sie äußern, gelangt man nicht nach ein oder zwei Jahren Meditation. Jenseits davon gibt es nichts weiter.« (...) Der arme Herr Owen hat sich bestimmt nicht wohlgefühlt zwischen zwei Wesen, die so weit von ihm entfernt waren, die plötzlich verstummten und sich in eine Welt begaben, zu der er keinen Zutritt hatte. Nach unserem Besuch eilte der treffliche Mann nach Hause, wo er eine Versammlung oder Bibelstunde für die Damen der Mission und zwei oder drei Einheimische, wohl Prediger, abhielt. Wie klein und kindisch war doch, was er dort vorbrachte, nachdem wir gestreift hatten, was im *Mahajana* »Schunjata«, die große Leere, heißt: leer und somit ohne das Trugbild des vielfach unterteilten Lebens, des unendlichen, ewigen Daseins.

29. Mai 1912

Heute morgen ist der junge Thronfolger des Maharadschas hier eingetroffen. Eine malerische Abordnung von Lamas, die ihrer roten Spitzhauben wegen wie Inquisitoren aussahen, ging ihm bis zum Ortseingang entgegen. Mit großer Mühe hatte ich zuvor im Bungalow ein wenig saubergemacht; wir teilen ihn uns, und jeder bewohnt einen Flügel des Hauses. Wir verfügen beide über eine einzige Lampe – man kann es fast nicht so nennen, es ist eher eine Laterne – sowie meine Reiseleuchte. Ich hatte zwar eine richtige Lampe, der Koch hat mir jedoch das Glas zerbrochen. So haben wir also nur Kerzen und müssen im übrigen mit dem Licht unseres Verstandes vorliebnehmen, das zum Glück recht hell leuchtet – so glauben wir zumindest... Die Ankunft des kleinen Prinzen hat mich erneut in Versuchung geführt. Er wird nämlich übermorgen über Thangu zu den hohen Pässen der Straße nach Tibet hinaufziehen und sich über Phari Dsong nach Gjangtse begeben, um einen seiner Brüder zu besuchen. Ich träume davon, ja fiebere geradezu danach, ihn über die Grenze zu begleiten. Wir sind gute Freunde, interessieren uns für die gleichen Werke, und ich glaube, ich könnte ihn dazu überreden, mich mitzunehmen. Aber der arme, von England gegängelte Zwergstaatenfürst müßte für diese Torheit vielleicht teuer bezahlen, denn ich habe keine offizielle Erlaubnis, die Grenze zu überschreiten. Über ein paar kleinere Streifzüge wird man hinwegsehen, aber Gjangtse ist einfach zu weit entfernt und eine zu bedeutende Stadt. Wenn ich die Entwicklung hätte vorhersehen können, hätte ich mich um eine Regelung bemüht; es kam jedoch alles ganz unerwartet. (...)

Am nächsten Tag hatte ich die gesamte Mission zum Tee in meinem Bungalow. (...) Man bat mich, von der Sahara und den Oasen zu erzählen, und meine Worte ließen wieder unser — trotz allem unvergessenes — Afrika vor mir erstehen: die großen, je nach Tageszeit rosa oder malvenfarbenen Sandflächen, über denen — wie in der Genesis — »der Geist Allahs schwebt«. Niemand vermag meinen Traum zu teilen, denn nur ich weiß, wie berauschend die Wüste sein kann; allerdings erkundigt sich der Reverend, wie es um die Möglichkeiten einer Reise dorthin steht. Trotzdem — diese Blinden halten einen solchen Gegenstand für profan; sie glauben, das Sein zwischen den Blättern eines Buches zu finden und haben keine Ahnung von dem Großen Leben, das hinter den Dingen verborgen liegt. Auf dem Kamin steht das Photo unseres großen Buddhas, das in unserem Innenhof aufgenommen ist. Die Finnin will es unbedingt aus der Nähe betrachten und versucht es mit einer hinterhältigen Frage. Da es sich um keinen Fetisch handelt, der tabu wäre, nehme ich es und gebe es ihr. Bei dieser Gelegenheit muß ich ihnen natürlich mein maurisches Haus schildern. Die blau-goldenen Gitter der Innenfenster, die Türen mit Beschlägen in arabischem Stil ... Und schon bin ich wieder dort, in dem großen, fernen und geliebten Haus, dem Haus meiner Wünsche, und ein schwer beschreibbares Gefühl überkommt mich ... Heimweh nach der geliebten Wohnstätte? ... Heimweh nach dem großen schlanken Herrn, der nach Hause kommt, wenn die Ecklampen dem »Home« den Anstrich einer Kapelle geben ... Guten Abend, Mouchy! ... Ja, es ist ohne Zweifel Heimweh, und das Gefühl einer Umarmung, eines liebevollen Kusses und die Erinnerung an altvertraute Dinge durchziehen die karge Einsamkeit im Lande des Jogis ... Oh, ich träume mit offenen Augen, während die Missionarin spricht ... (...)

30. Mai 1912

Es ist wie im Märchen, mein Lieber. Die »Dewas« lächeln schalkhaft über mein fröhliches Erstaunen. Ich werde bis zum Paß hinaufsteigen, die 5000-Meter-Linie überschreiten und richtig zelten. Der junge Prinz sagte heute morgen zu mir: »Sie brauchen sich um nichts zu kümmern, ich habe alles vorbereitet: die Zelte für Sie und ihre Leute, die Träger und die Jaks.« Und es handelt sich nicht um ein oder zwei Tage, wie ich geglaubt hatte, sondern sicher um eine ganze Woche zwischen Schneemassen und trostlosen Hochebenen, über die nur der rauhe Wind der Himalayahochlagen hinwegfegt. Keine Touristenroute, sondern ein Fleckchen, wo nur wenige Europäer hingekommen sind. Glaub mir, es ist wie im Märchen. Ich fürchte allerdings, daß es grimmig kalt sein wird. Ich verfüge nicht über die für solche Höhen nötige Ausrüstung, doch einerlei, ich bin guten Muts und habe eine gesunde Lunge. Seit Wochen bin ich abrupten Witterungs- und Höhenunterschieden ausgesetzt, und es macht mir nicht zu schaffen. In meinem Zimmer sinkt die Temperatur von 28 Grad am Abend auf 9 Grad am kommenden Morgen, und das trotz eines prasselnden Feuers im Kamin. Dennoch geht alles glatt. (...)

Da Vollmond und somit der große monatliche Sonntag der Buddhisten war, hielten wir am Abend zusammen Andacht, das heißt, wir lasen im »*Dhammapada*« und unterhielten uns über philosophische Fragen. Wir erörterten verschiedene nützliche Reformen bezüglich der Lamas, des Religionsunterrichtes etc. Ich glaube, mein Aufenthalt in diesem Land war im Hinblick auf Fortschritt und Ausbildung der Bevölkerung nicht ohne jeden Nutzen. (...) Die ganze Nacht hindurch spielten die Lamas auf melancholischen, lärmenden Musikinstrumenten unterschiedlichster Art, so daß ich kaum schlafen konnte. Um drei Uhr morgens hebe ich den Vorhang etwas hoch; es fällt dichter Regen, dicke Wolken ziehen vor dem leuchtenden Mond vorüber, und droben auf dem Hügel erfüllen die Musikanten die beeindruckende Nebellandschaft mit ihren klagenden Melodien und singen — ja was eigentlich? ... Dinge vom Jenseits und vom Innersten des Menschen — wenn man den Eingeweihten glauben darf. Man hatte mir anvertraut, diese Musik gebe die Klänge wieder, die von unserem eigenen Organismus ausgehen; in völliger Stille oder wenn wir uns die Ohren zustopfen, könnten wir das Betriebsgeräusch unserer inneren Maschinerie hören. All dies ist recht befremdlich! Der große Lama mit den langen Haaren war heute morgen in seinem Prunkgewand im Bungalow; ich sah ihn kurz, und er hat mir freundlich zugelächelt. Gleich werde ich mit dem Maharadscha zusammen zum Kloster hinaufgehen; die Lamas mit ihren Spitzhauben werden in voller Montur sein. Wir werden wohl mehrere Stunden dort verbringen. Ich werde den Lama-Asketen bestimmt in ein Gespräch ziehen können, und wir werden tibetischen Tee trinken ... Nicht wahr, mein Lieber, dies ist keine Cook-Touristenreise? Ist da nicht ein wenig Schwärmerei angebracht? ...

Aber noch immer keine Nachricht von Dir; auch von sonst niemandem eine Zeile. Kein Brief! Ich bin total isoliert. (...)

Mein Lieber, ich hatte den Brief bereits beendet, doch jetzt will ich ihn fortführen, um Dir meine noch ganz frischen Eindrücke vom Besuch im Kloster zu schildern. Mein junger Freund (beinahe Jünger) und ich machen uns auf den Weg, um den steilen Hang zur *Gömpa* hinaufzuklettern. Kaum haben wir den Bungalow verlassen, beginnen die Lamamusikanten, die auf dem Vorsprung der Klostermauer Position bezogen haben, zu spielen. Die unterschiedlichsten Trabanten folgen uns in großer Zahl und respektvollem Abstand; an der Spitze des Zuges geht, in sehenswerter Aufmachung, eine Art Leibwache. Auf der gesamten Wegstrecke tauchen immer wieder Leute auf, die sich nach chinesischer Art flach auf den Boden legen. Diese Kniefälle gelten auch mir, denn ich gehe vor dem Prinzen. Am Eingang des Klosters empfangen uns die roten Lamas, an ihrer Spitze der Abt. Musikanten, Schirm- und Kirchenfahnenträger usw. haben sich in einer Reihe aufgestellt. Einige blasen tibetische Trompeten, die so lang sind, daß das Ende auf dem Erdboden aufliegt. Das Ganze ist außerordentlich malerisch. Wir befinden uns auf einer Art Terrasse, von der aus man das Tal überblicken kann; ich komme mir vor wie auf einer Theaterbühne. Leider nieselt es, ich möchte jedoch unbedingt ein Photo knipsen; selbst wenn es flau ausfällt, hat es doch einen Erinnerungswert. Angesichts der schlechten Lichtverhältnisse rät mir der Maharadscha, eine sehr lange Belichtungszeit zu wählen; ob sich sein Rat wohl als gut erweisen wird? ... Auch er photographiert. In unseren beigen Regenmänteln sehen wir in dieser bunten Menge wie zwei Reporter aus. Als die Aufnahmen gemacht sind, gehen wir zum Kloster. Wir ziehen die Mäntel aus und treten in den Altarraum. Der Prinz wirft sich dreimal zu Boden. Meine Anwesenheit ist ihm unangenehm, denn er weiß, was ich von solchen Zeremonien halte. Ich begnüge mich damit, *Tschenresi-Awalokiteschwara*, der übrigens den schönsten östlichen Gedanken versinnbildlicht, mit dem üblichen Hindugruß zu ehren. Die Lamas singen unterdessen die Formel der »dreifachen Zuflucht«, die sich in tibetischer Sprache und in dieser besonderen Chorform von der Textrezitation auf Ceylon stark unterscheidet. Man bringt dem Maharadscha die Reisschale, die er anschließend an mich weiterreichen läßt. (...) Der Maharadscha nimmt auf einer Art kleinem Pontifikalsessel zur Linken des Altars Platz. Für mich hat man, ihm gegenüber und rechts neben dem Altar, einen mit einem Teppich belegten Stuhl vorbereitet. Wenn Du mich nur sehen könntest! ... Die Lamas bleiben an der Wand stehen, sie dürfen sich in Anwesenheit des Pontifex-Fürsten nicht setzen. Kaum haben wir Platz genommen, strecken sie sich wieder und wieder vor uns auf den Boden hin. Der Maharadscha hält jetzt eine Ansprache, die er mir kurz zusammengefaßt übersetzt, und auch ich sage ein paar Worte, die er ebenfalls übersetzt. (...) ... Der Abt stellt sich schließlich ins Mittelschiff, setzt die Mitra ab und kniet vor dem Prinzen nieder. In den gefalteten Händen hält er eine Schleife, und wenn er auch vor seinem Oberhaupt ein wenig zittert, so redet er doch sehr, sehr lange und andächtig. (...)

Schließlich ist es vorbei, und ich kann meinen Bischofsstuhl verlassen. Der Abt bittet uns, mit in sein Betzimmer zum Tee hinaufzukommen. So bin ich denn erneut in der Betstube, in der ich jenes Gespräch führte, von dem ich Dir berichtet habe. Diesmal sitzt der Lama allerdings nicht auf seinem alten Platz, denn dort steht heute ein kleiner Thronsessel für den Maharadscha. Auch ich muß, der Etikette wegen, auf einem Prunkstuhl sitzen, wo ich mich sehr unwohl fühle. Der Lama bleibt zunächst stehen, aber der Prinz ordnet an, man solle ihm einen Teppich bringen; in »Lotosposition« kauert er sich sogleich in respektvoller Entfernung vor dem kleinen Thron nieder. Doch zum Tee: Es ist Tee mit Butter, Salz und einer Spitze Gerstenmehl. Ich bin ganz verrückt nach diesem Gebräu und trinke drei Tassen davon... Womit ich denn feierlich das tibetische Bürgerrecht erworben hätte! Und so plaudern wir also — der Lama und ich — wieder über die Lehren jener Schule, der er angehört. (...)

Draußen wartet das Orchester auf uns, die Musikanten steigen wieder auf die Mauer und blasen in ihre Instrumente. Als wir den Weg hinabgehen, werfen sich die Leute noch immer vor uns auf den Boden; einige brennen am Wegrand Weihrauch ab. Der Tulku Sidkeong läßt alles mit der Gelassenheit des Asiaten über sich ergehen, sagt aber gleichwohl zu mir: »Man beweihräuchert uns wie Götter!« Das Ganze macht uns Spaß. Die Zeit, die er an der Universität Oxford zugebracht hat, hat ihn doch etwas europäisiert... allerdings nur wenig, denn wenn er auf dem Thron des obersten Lamas sitzt und Trommel, Glöckchen und Dordsche[1] vor sich stehen hat... dann ist Oxford doch sehr weit! Im »Gefolge« bemerke ich den Chinesischlehrer des Prinzen: Groß, schlank, gepflegt, zurückhaltend, schweigsam und mit überlegen aristokratischer Miene wirkt er wie ein Himmlischer unter den Tibetern, jenem Gemisch aus Sikkimesen, Leptscha und Bhutanern. China!... die ganz große Nation der Zukunft! (...)

Thangu/Sikkim, 9. Juni 1912

(...) Ich steige jetzt wieder aus den Wolken hernieder, mein Lieber. Ich habe den Himalaya von Süden nach Norden ganz durchquert, fast in gerader Linie von Indien nach Tibet. Ich bin in mehr als 5000 m Höhe hinaufgeklettert, und dennoch wäre es übertrieben, ein solches Unternehmen als schwierig zu bezeichnen. Man muß lediglich kerngesund sein und über genügend Geld verfügen, um die — übrigens bescheidenen — Reisekosten zu bestreiten. Andererseits würde ich die Unwahrheit sa-

---

[1] Das Glöckchen (ghanta) wird immer zusammen mit dem Donnerkeil-Diamantzepter (vajra) benutzt.

gen, wenn ich behauptete, daß es sich dabei um einen einfachen Spaziergang, wie ihn jedermann unternehmen könnte, handelt. Nein, es ist gewiß kein Kinderspiel, auf Wegen ganz besonderer Art nach Hochsikkim zu reiten, anschließend in den Tälern an der Grenze zu zelten und in dieser beträchtlichen Höhe dem Wind der tibetischen Hochebenen zu trotzen. Ich bin zwar abgehärtet, neulich aber glaubte ich, sterben zu müssen. Es war an dem Tage, als ich den nach Gjangtse weiterziehenden Maharadscha verlassen hatte; bereits lange vor meinen Trägern und Zelten war ich am Etappenziel angekommen und mußte drei Stunden ungeschützt in eisigen Windböen und pausenlosem Schneetreiben warten. Mein Koch meldete sich krank, als er eintraf; erst viel später bekam ich etwas heißen Tee. Die Nacht verbrachte ich selbstverständlich ohne Feuer; zu allem Übel war mein Zelt nicht recht dicht. Am Morgen lag ein dicker Schneeteppich über dem Tal und bedeckte auch das Zelt. Ich konnte mich nicht rühren, atmete schwer und hörte ein leises Pfeifen in der Brust, was mir kein gutes Zeichen zu sein schien. Ich sagte mir: »Da hast du nun eine Lungenentzündung oder eine Angina. Bei dieser Kälte und ohne Pflege wirst du nicht lange durchhalten.« Ich überlegte einen Augenblick und fand dann, daß es — inmitten der majestätischen Einsamkeit und auf einer Reise wie der meinen — letztlich ein schöner Tod wäre und ich der Sache nur die beste Seite abgewinnen müßte. Dies gelang mir denn auch relativ leicht. Ich erhob mich mit großer Mühe und dachte an den Brief, den ich Dir schreiben wollte. Du wirst lachen, aber ich glaubte, Du würdest vielleicht gerne den Ort kennenlernen, wo Du eine Frau meines Schlages verloren hättest — oder sollte ich lieber sagen: losgeworden wärest? Ich nahm also meinen Photoapparat und kroch auf dem Bauch unter der Plane durch, da ich zum Öffnen des Zeltes zu schwach war. Ich glaubte, ich könnte mich niemals wieder auf den Beinen halten. Es war kalt. Alles war verschneit, und es wehte ein scharfer Wind. Ich machte ein paar Aufnahmen und ließ mich anschließend im Zelt wieder auf eine meiner Kisten fallen. Ich nahm ein heißes Getränk zu mir und verlangte nach heißem Wasser für ein Fußbad ... Gegen Mittag fühlte ich mich etwas besser, jedoch immer noch sehr beklommen. Ich ließ das Pony satteln und brach auf. An diesem Nachmittag sah ich eine Traumlandschaft ... ein Land, das unserer Sahara ähnelt. Orangefarbene Berge hoben sich scharf gegen einen tiefblauen Himmel ab und trugen eine Schneehaube auf ihrem Gipfel; in engen Tälern schlummerten kleine Seen mit Eiswasser. Von Zeit zu Zeit fiel halb gefrorener Schnee, eine Art von italienischem »gelato«, und machte uns schrecklich zu schaffen. Die Leute, die ich bei mir hatte und die kein Organ für die Landschaft besaßen, stöhnten, als litten sie Höllenqualen. Daß ich deshalb meine Rückkehr beschleunigt habe, bedaure ich jetzt sehr.

Ja, alle diese Tage, die ich bei schrecklichem Wind und einer Mittagstemperatur von drei bis vier Grad im Zelt verbrachte, waren gewiß hart. Doch dafür kenne ich jetzt die Wonnen, die das Kochen über einem Feuer aus Jakmist bereitet. Es gibt in Tibet keinen anderen Brennstoff. Ich weiß jetzt auch, wie verdrußreich Expeditionen dieser Art ohne passende Ausrüstung und geeignete Leute sein können. Einige Männer schlugen sich um einen Platz am Feuer, das im Zelt der Träger brannte, und die ganze Zeit über mußte ich gegen die Verdrossenheit leistungsunwilliger Leute ankämpfen, die um jeden Preis in weniger rauhe Zonen hinabsteigen wollten. Mein Sais verließ mich genau an dem Tage, als ich nach Koru La und Sepo La (der berühmten 5000 m-Grenze) aufbrach, und ich mußte ohne ihn mit meinem Pferd zurechtkommen, das übrigens seinerseits keine rechte Lust hatte. Das Wetter war nicht günstig, und die Rückkehr ins Tal war bei Gegenwind außerordentlich mühsam. In meinem Kopf drehte sich alles im Kreise, und ich hatte das Gefühl, meine Knochen würden festfrieren. Von Zeit zu Zeit gab ich das Pferd meinem jungen Boy und ging zu Fuß, um mein erstarrtes Blut wieder zum Zirkulieren zu bringen; dies freilich war eine arge Belastung für meine arme Brust. Die Nacht brach herein, und ich dachte bei mir: Du mußt diesen Jungen (er ist 16 Jahre alt) unbedingt ins Lager zurückbringen. Wäre ich allein gewesen, so hätte ich mich wahrscheinlich hinter irgendeinen Felsen sinken lassen und wäre nicht wieder aufgestanden. Vor uns lag ein unerbittliches Schneegebirge, der 7000 Meter hohe Chumiumo, der uns auf den Kopf zu fallen drohte. Ich hätte einen dicken Pelzmantel gebrauchen können, um diesen Winterstürmen zu trotzen. Doch nun bin ich auch ohne Pelz zurückgekommen, meines Erachtens sogar zu früh, denn mit anderen Dienern hätte ich noch weitere Ausflüge in dieses Land unternommen, in das ich bestimmt nie zurückkehren werde. Nur habe ich leider keine Haut mehr im Gesicht; meine Augen sind völlig verbrannt, auf den Lidern habe ich dicke rote Polster; meine aufgeschwollene Nase bedeckt mir das ganze Gesicht, von dem sich überall die Haut ablöst; meine Lippen sind von einem Ende zum anderen eine riesige Blase, ähnlich einer Fiebergeschwulst. Das Ganze ist trotz einiger Schichten Glyzerin und Stärkemehl äußerst schmerzhaft. Es macht außerdem sehr häßlich; ich sehe aus, als wäre ich gerade einer Feuersbrunst entronnen. Es ist mir nur recht, daß Du mich in diesem Zustand nicht sehen kannst.

Wenn auch Mitte und Ende meines Hochgebirgsausfluges qualvoll gewesen sind (in körperlicher Hinsicht, versteht sich), so war doch der Anfang um so köstlicher. Der Maharadscha und ich verließen Lachen in einer bunten Prozession, die uns eine Weile das Geleit gab: Rote Lamas, Frauen, die Gebetsmühlen drehten, Fahnen, Sonnenschirme zu unseren Ehren und auf der Klostermauer die Musikanten, die so lange spielten, bis wir außer Sicht waren. Der Abt begleitete uns bis zur ersten Rast, und zwar auf Anordnung seines Prinzen, der mich mit etwas landesüblicher Pracht erfreuen wollte. Und wirklich, mein Lieber, ich wollte, Du sähest uns vorüberziehen: den Maharadscha in goldenem Satin, mich abendländischen Kauz in einem dunklen Mantel über der Hose und vornweg diesen Lama mit rot-gelber Mitra und schimmerndem Gewand, der ein Pferd mit roter Decke reitet und unermüdlich seine Gebetsmühle dreht. Wo wir vorbeikommen, werfen sich die Leute auf den Boden und brennen Weihrauch ab. Reinstes Asien! Und das Netteste an allem ist die Herzlichkeit des jungen Prinzen; welch liebenswürdiger Reisegefährte! Dank ihm kam auch ich in den Genuß jener Einrichtungen, die man für ihn vorbereitet hatte. »Sie sind bei mir zu Besuch und werden selbstverständlich bestens versorgt und untergebracht«, sagte er zu mir. Im Laufe unserer Reise hat er mich photographiert, wie ich nach tibetischer Art auf einem Jak reite; hoffentlich ist die Aufnahme trotz des ungünstigen Lichts etwas geworden. Die Tunesier würden gewiß staunen, wenn sie mich auf diesem einzigartigen Tier sähen. (...)

(...) Am Morgen unserer Abreise aus Thangu kehrte der Lama um und schenkte dem Prinzen, der zugleich sein kirchliches Oberhaupt und eine »Inkarnation«, ein *Tulku*, ist, dem Ritus entsprechend ein Stück Musselin. Dann streckte er sich am Straßenrand dreimal vor dem Maharadscha auf den Boden nieder, und dieser legte ihm die Schleife um den Hals. Danach sagte der Lama zu ihm, daß er mich zu sprechen wünsche. Ich trat zu ihm, und er sprach lange, schien dabei äußerst bewegt und legte mir, als er fertig war, die Schleife auf die Schulter, die er selbst gerade erst erhalten hatte. Dies ist so etwas wie Segnung und Ehrung zugleich. Aus der Übersetzung ging hervor, daß er mir recht gibt, daß die Lehre Buddhas tatsächlich ziemlich heruntergekommen ist, daß man die verschiedenen Formen von Aberglauben, die sich aus ihr entwickelt haben, beseitigen muß usw. Ist es nicht wirklich ein schöner Erfolg, wenn man in der blühenden Umgebung eines Himalayapfades feststellen kann, daß sich eine hochangesehene Persönlichkeit aus der Sekte der Roten Lamas den Argumenten einer Anhängerin des ursprünglichen Buddhismus beugt! Der Maharadscha sagte zu mir: »Behalten Sie die Schleife als Andenken...« Der Lama hatte unter anderem gesagt: »Als eine Folge unseres guten Karmas (glücklicher Umstände, eines Ergebnisses ferner und sogar vor unserem jetzigen Dasein liegender Ursachen) sind wir drei uns begegnet und haben uns zusammengesetzt, um gemeinsam über die Reform und weitere Ausdehnung des Buddhismus nachzudenken und uns dafür einzusetzen.« Daran, so wünscht mein junger Freund, soll ich mich erinnern. Ich habe in der Tat versprochen, mit ihm zusammenzuarbeiten und verschiedene Sachen zu schreiben, die ins

Tibetische übersetzt und im Lande — sehr wahrscheinlich auch in Tibet — verbreitet werden sollen.

11. Juni 1912

Ich habe damit begonnen, mit einer Schere die Haut von meinen Lippen und meiner Nase abzuschneiden. Es heilt langsam schon wieder. Auf meinem Rückweg war ich jedoch in einem solchen Zustand, daß ich bei den Tibetern, die mir begegneten, Mitleid erweckte. Oh, und Mouchy liebt hübsche Frauen! Die seine ist es im Augenblick mitnichten. (...)

(...) Du weißt gar nicht, wie mir vor der Rückkehr graut. Ich wäre gerne weiter ins Innere Tibets vorgedrungen, aber da das nun einmal nicht möglich war, kommt mir jetzt auch alles andere uninteressant vor. Dies ist bestimmt ein vorübergehender Eindruck, und wenn ich erst wieder in Indien bin, werde ich mich schon wieder fangen. Im Augenblick jedoch bin ich verzaubert; ich stand am Rande eines Geheimnisses ... Oh, jene letzte Himalayakette, der letzte, sehr breite Paß, der über einen Abhang zur unendlich weiten, wüsten Steppe hinabführt, wo sich als kindischer, aber ergreifender Wachtposten das Befestigungswerk der ersten tibetischen Stadt erhebt ... und manchmal spüre ich das schier unwiderstehliche Verlangen, ein paar Jaks zu mieten, zwei oder drei tibetische Diener mitzunehmen, die kräftiger sind als meine, und erneut hinaufzusteigen, um mir noch einmal — und besser, länger — anzuschauen, was ich nie wiedersehen werde ... Ich bin nicht die einzige, alle Europäer hier erliegen der eigentümlichen Faszination. Man spricht das Wort »Tibet« beinahe leise und, wie einen religiösen Namen, mit etwas Furcht aus. (...) Ja, ich werde lange, mein ganzes Leben davon träumen, und es wird mich etwas mit dieser Region der Wolken und des Schnees verbinden, denn meine ins Tibetische übersetzten und gedruckten Gedanken werden irgendwo in diesem Lande lebendig sein.

Weshalb nur, mein Lieber, beunruhigt Dich allem Anschein nach, was Du als »meine wachsende Mystik« bezeichnest? Bestehen die große Freude, das große Licht, die unserem Leben etwas Glanz verleihen, nicht gerade darin, daß wir über unsere enge und kümmerliche Persönlichkeit hinauszublicken vermögen? Oh ja, Gedankenspiele und Geistesakrobatik eines Verstandes, der analysiert, seziert und forscht — dies ist das größte Vergnügen für die »Nur-Gehirn-Menschen«; glaub mir, ich habe es nicht verlernt, und es reizt mich noch immer. Es kommt jedoch der Augenblick, wo Spielen nicht mehr so wichtig erscheint. Man hat von etwas anderem gekostet, die Tür zu etwas anderem halb aufgestoßen ... Gewiß, dies ist wieder nur ein Kindergarten voller Märchen und kindlicher Bilder für die »ganz Kleinen«, die wir noch immer sind;

aber wir nähern uns doch schon der Schwelle, jenseits von der sich Glaube, Hoffnung, Ängste und Wünsche in nichts auflösen ... und dies ist fast schon alle Weisheit. Aber weißt Du, es ist jedenfalls besser als die seelische Grausamkeit der meisten Christen. Meine lieben Nachbarinnen, die mich wirklich verwöhnen und mir eine Unmenge von Gerichten aus ihrer Küche anbieten — sie ist nur leider widerlich und ein ärgerliches Gemisch aus Englischem und Finnischem —, ermüden mich etwas mit ihrer Bekehrungswut. Ich spreche ihnen gegenüber nur dann vom Buddhismus, wenn ich auf ihre Fragen antworte. Als sie es jedoch neulich mit ihrem »Loving God« (dem Gott der Liebe und der Güte) allzu weit getrieben haben, konnte ich einfach nicht umhin, ihnen zu sagen: »Ich habe in Edinburgh bei großer Kälte eine Unzahl von Kindern, ja Babies, ohne Kleider oder Schuhe gesehen, und ihre vom Frost rissigen Füße hinterließen Blutspuren auf dem steinernen Bürgersteig. Und denke ich an die Katastrophen von Messina, dem Mont Pelé oder, erst neulich, der Titanic, so sehe ich ebenfalls nicht viel von Ihrem ›Loving God‹. Da schrie eine von ihnen: »Die Kinder in Edinburgh litten der Sünden wegen.« »Aber einige waren erst zwei oder fünf Jahre alt!« »Sie büßten für die Sünden ihrer Eltern, und die Leute auf der Titanic waren gottvergessen; sie tanzten im Augenblick des Unglücks!« Das ist es ja gerade! Wie verdorben ist doch eine Phantasie, die sich einen »Himmlischen Vater« ausdenkt, der sich an Unschuldigen rächt und 1500 Menschen ertrinken läßt, nur weil sie sich zur Musik im Kreise drehen. (...)

Pakyong, 23. Juni 1912

(...) Du, mein Lieber, scheinst ebenfalls das »Trugbild« der Gläubigen, wie Du Dich ausdrückst, zu bedauern; und das Ende erscheint Dir eine schmerzliche Aussicht. Was ist das Ende, Mouchy? Gibt es ein Ende, einen Anfang? Das Ende wovon? — Glaub mir, man kann über diese enge Anschauung hinausgelangen, indem man die »weitsichtige Analyse« seines »Ich« betreibt. Man befürchtet doch vor allem, daß dieses »Ich« verschwindet, vernichtet wird; aber was ist denn das »Ich«? — Eine Luftspiegelung, ein unsteter Strom, der aus Millionen verschiedener Teilchen besteht, die von mannigfachen Orten und mannigfachen Organismen stammen. Unsterblichkeit, Ewigkeit gibt es im universalen, unendlichen Dasein. — »Redensarten«, wirst du sagen, »nicht diese Art von Dauer, sondern die des Herrn Néel suche ich.« Doch, mein Lieber, glaubst Du denn, daß so etwas wie Herr Néel existiert? In welchem Alter, in welcher geistigen Verfassung möchtest Du ihm denn Dauer verleihen? Herr Néel war auch einmal ein Neugeborener, weißt Du das noch? — Nein. Und seither war dieses Etwas eine Unzahl von Lebenslagen, Gedanken, Handlungen. Herr Néel — das ist gleichbedeutend mit Ausdruck und Ergebnis vielfältiger Ursachen, mit Wiederverkörperung von Leben und Substanzen in unzählbarer Menge. Du bist aus dem Denken eines anderen hervorgegangen, bist ein Ergebnis des Lebens der Nahrungsstoffe, die Du zu Dir genommen hast und die in Deinem Körper bestimmte Antriebe bewirkt haben. Welch eine Torheit ist es, wenn wir, die es zuhauf gibt, »ich« sagen oder von Anfang und Ende sprechen. Redensarten! ... Es sind nicht bloße Redensarten; für die, die nachdenken, die meditieren, ist es die lebendige Verwirklichung dieser Wahrheit. Dies ist nicht das durch die Gnade eines Gottes gestiftete Paradies; es ist das selbsttätig erworbene Wissen vom ewigen Leben, und das heißt, wie Buddha es seinen Jüngern versprochen hat, daß man in eben diesem Leben in die Ewigkeit eintritt und den Tod nicht kennt.

Eine Predigt? — Einmal nur, weil es sich so ergeben hat; Du wirst mir verzeihen. (. . .)

(. . .) Während ich dir schreibe, haben die Hindus im kleinen Tempel von Pakyong den Abendgottesdienst gefeiert. In diesem Ort ist das Orchester dürftig; Becken und Glocken machen mehr Lärm als Musik. Es regnet; bei schönem Wetter hätte ich mir angeschaut, wie die vielen kleinen Lichter vor den Götterbildern flackern. Man hat mich dort vor kurzem herzlich empfangen, oder besser: Man hat mein Gewand geehrt und sich höflich angehört, was ich an der schockierenden Zusammenstellung von Götterbildern und Damen im Mehrfarbendruck, die von Rosinenschachteln oder der Verpackung anderer Nahrungsmittel stammen, auszusetzen habe. Das heißt natürlich nicht, daß man sich daraus etwas gemacht hätte. (. . .)

Rhenok, 24. Juni 1912

Es ist wie in »Tausendundeiner Nacht«, mein guter Mouchy ... Nein, kein Glanz; alles schlicht, eher ärmlicher Trödelkram. Du kennst ja das Leben im Orient gut genug, um Dir so etwas wie den Bei auf Reisen vorzustellen — nur noch etwas archaischer und malerischer.

Zunächst einmal habe ich in der Nacht wenig Ruhe gefunden. Ich hatte Fieber und wurde plötzlich aus dem Schlaf gerissen. Man hatte wahrscheinlich den jungen Bären im Nachbarzimmer schlafen gelegt, und mitten in der Nacht paßte ihm irgend etwas nicht. Er gab jedenfalls seltsame Laute von sich und kratzte an der Tür zu meinem Zimmer. Einen Augenblick später hörte ich Stimmen. Wahrscheinlich hat man das Bärenbaby beruhigt oder fortgeschafft, denn danach war nichts mehr zu hören. Das Tier sieht wirklich wie ein Spielzeugbär aus, weißt Du? Wenn es an der Leine etwas schneller laufen soll, fällt es hin, und wenn es auf dem Rücken liegt, kommt es nicht mehr von allein hoch. Es ist noch ganz, ganz klein. (. . .)

Ich schlafe wieder ein, doch zwischen zwei und drei Uhr morgens beginnt ein Orchester zu spielen. Welch eine Überraschung! Dieses nächtliche Konzert ist sehr schön ... aber ich bin müde. Nach einer halben oder dreiviertel Stunde hört die Musik auf. Ich döse etwas ein, doch noch vor vier Uhr beginnen die aufgeregten Vorbereitungen für den Aufbruch. Ich stehe auf; es regnet in Strömen. Ich schaue zum Fenster hinaus, habe aber keine Lust, mich so früh bei diesem Wolkenbruch auf den Weg zu machen. Um Viertel vor fünf ist die Leibwache mit ihren kleinen Karabinern angetreten; die Männer tragen kurze rote Jacken sowie Tirolerhüte aus Bambus mit einem hohen Pfauenfederbusch. Die ganz in Blau gekleideten Träger der Sänfte stellen sich um ihr Gerät herum auf, und der Maharadscha steigt ein. Sein Umhang ist mit gelbem Brokat besetzt, er hat die Kapuze hochgeschlagen, und ich kann ihn nicht erkennen. Dann setzt sich der Zug in Bewegung. Die Musiker gehen voran und spielen, dann kommt die Leibwache und schließlich, zu Pferde, folgen die Hofleute. Zum Klang dieser eigentümlichen Musik ziehen sie alle im Regen und grauen Morgennebel den Pfad entlang. Es ist ein Schauspiel aus einer anderen Zeit und, vor allem, einer anderen Kultur.

Ich selbst mache mich um sieben Uhr auf den Weg. Es regnet nicht mehr, aber die Straßen sind glitschig und voller Schlamm — Du erinnerst Dich doch, daß es sich bei diesen Straßen um Gebirgspfade handelt! Zuerst kommt eine steile, ununterbrochene Gefällstrecke von mehr als zehn Kilometern. Mir tut schon bald der Arm davon weh, mein Pferd, das dauernd wegrutscht, im Zaum zu halten. Wenn Du mich auf diesen steilen, steinigen und von Sturzbächen durchzogenen Abhängen sehen könntest, würdest Du mir ein gewisses Maß an Wagemut bestimmt nicht absprechen. Und dies, mein Freund, ist ein »Sieg des Geistes über die Materie, des Willens über das Fleisch«, wie man früher sagte. Von Geburt an bin ich, was das Denken und den Willen angeht, mutig, aber schrecklich feige, was den Körper betrifft. Diese Feigheit besteht nicht darin, daß ich mich im Dunkeln fürchte, denn das wäre Feigheit des Geistes. Ich befürchte ganz einfach, »mir weh zu tun«; diese instinktive Ängstlichkeit, die schneller ist als alle Überlegung, ließ mich beispielsweise vor Turnübungen zurückschrecken, denn ich befürchtete, meine Zellen könnten gequetscht werden oder sonstwie Schaden nehmen.

(...) Doch zurück zur Reise. Auf der Strecke hat man Triumphbögen aus Grünzeug mit rot-weißen Bändern (den Farben Sikkims) errichtet. Alles in ganz kleinem Maßstab. Ich treffe auf Leute unterschiedlicher Rasse: Leptschas, Tibeter, Bhutijas und Inder. In den kleinen Ortschaften ziehe ich an geneigten Häuptern vorüber und fühle mich beinahe wie Fallières.[1] Vollends wie unseren Herrn Fallières behandelt

---

[1] Clément Armand Fallières, 1906—13 Präsident der französischen Republik.

man mich, als ich am Ufer eines Flusses angelangt bin, wo man mit Baumwolle geschmückte Bambushütten und eine Art Allee mit Bögen aus Laubwerk errichtet hat. Der Grundbesitzer, ein hohes Tier in der Gegend, bittet mich, abzusteigen und mich auszuruhen. Natürlich hat ihm der Maharadscha mitgeteilt, daß ich komme, und ihm aufgetragen, mir diese Ehrung zuteil werden zu lassen. Neben der Hütte für Seine Hoheit ist auch für mich eine vorbereitet. Ein mit gelbem, rosenübersätem Kattun bezogener Sessel steht vor einem Tisch, der mit allen möglichen, nach Hindu-Art in Stücke geschnittenen Früchten sowie Kuchen und Milch gedeckt ist. Der Teufel mag es fertigbringen, all die geschälten und aufgeschnittenen Früchte auseinanderzuhalten. Ich esse etwas Banane, Papaya, Zuckerrohr und Kuchen. So weit, so gut. Doch welcher boshafte Schalk brachte mich nur auf die Idee, auch von einer köstlichen Wassermelone (dafür hielt ich es zumindest) eine Scheibe zu versuchen! In Wirklichkeit war es nämlich ein Stück Gurke. Dieser Irrtum scheint nicht gerade tragisch gewesen zu sein, aber iß Du einmal ein kürbisgroßes Stück Gurke! Oder sollte ich es vielleicht wieder hinlegen oder gar wegwerfen? ... Bedenke folgendes: Vor mir befanden sich der Besitzer und sein Gehilfe, beide mit gefalteten Händen und in der Haltung, in der Ardschuna vor *Krischna*, dem Herrn, auf jenem klassischen Bilde dargestellt ist, das die erste Seite der *Bhagawadgita* ziert. Auf meinem Ehrenplatz war ich nicht mehr nur ein Präsident der Republik, sondern gleichsam eine Gottheit, die von diesen beiden braven Männern in ihrer Nische angebetet wurde ... und so habe ich denn die Gurke restlos aufgegessen. So weit dieses Kapitel aus den »Mißlichkeiten der Größe«! ...

Der große Lama kommt wahrscheinlich morgen früh um sechs Uhr hier vorbei. Vielleicht regnet es, und man wird, wenn er in seiner Sänfte sitzt, nicht einmal seine Nasenspitze sehen können. Der Maharadscha wird ihn bis Ari geleiten, wo er einen Tag und eine Nacht verbringen wird. Sein Sohn, glaube ich, wird sich dem Zug anschließen, denn er legt Wert darauf, ihm bestimmte Dinge mitzuteilen, und möchte ihn deshalb in Ari sprechen. Die Mühe, die sich mein junger Freund gibt, ist wahrscheinlich vergebens. Immerhin wird er später ein ruhiges Gewissen haben, wenn er jetzt zu der Überzeugung gelangt, daß man auf das asiatische Papsttum genausowenig Hoffnung setzen kann wie auf das römische. (...)

25. Juni 1912

Ich wache auf ... Doch immer der Reihe nach! Gestern abend kommen zwei Männer, die Seiner Hoheit sehr ergeben sind, und überbringen mir ein Geschenk ihres Herrn. Errätst Du, was? ... Es ist eine junge

Eule in einem Korb. Solche Geschichten kommen eigentlich nur im Traum vor! Aber ich träume nicht und bin um eine junge Eule reicher, die mich übrigens dauert und deshalb bei der erstbesten Gelegenheit ihre Freiheit erhalten wird.

Ich wache um fünf Uhr auf, es gießt in Strömen. Gestern abend hat der junge Prinz seinen Vater besucht und sich anschließend mit mir unterhalten. Es wird vereinbart, daß auch ich mich nach Ari begeben soll, denn der Dalai Lama wird später als ursprünglich angenommen eintreffen. Ich lasse den Maharadscha um Viertel vor sechs ziehen und reite selbst um halb acht los. Es hat aufgehört zu regnen, aber ich muß mich beeilen und lege die fünf Kilometer auf stark ansteigender, unvorstellbar schlechter Wegstrecke in rascher Gangart zurück. Mein Pony ist ein ausgezeichneter Kletterer. Am Wegrand stehen hier und da Leute; sie haben Kupfervasen mit Blumensträußen aufgestellt und brennen auf kleinen Holzhaufen statt Weihrauch eine im Lande sehr verbreitete grüne Pflanze ab, die ein wenig wie Pyrethrum riecht. Das ist nicht teuer und erzeugt viel Rauch. Ich reite mit etwas Geringschätzung durch die Rauchschwaden hindurch, schließlich duftete es in Lachen auf meinem Wege nach Weihrauch und Sandelholz. Und dann bin ich an jenem Bungalow, der des Pontifex harrt. Man lädt mich ein hereinzukommen, und ich schaue zu, wie man sein Schlafzimmer zurechtmacht. Viele Reporter wären sicher gern an meiner Stelle gewesen, aber sie hätten nicht hereingedurft. Anschließend gehe ich ein wenig umher und betrachte mir den orientalischen Krimskrams und die vielen Leute, die aus der Umgebung gekommen sind – unter ihnen sehr hübsche Tibeterinnen. Nach einer Stunde wird der Zug angekündigt. Ich glaubte, der Dalai Lama reise in der Sänfte, doch heute morgen ist er zu Pferde, und ich erkenne ihn erst, als er ganz nahe ist. Er sieht eher wie d'Artagnan als wie ein Papst aus. Seine Porträts vermitteln einen völlig unzutreffenden Eindruck von seinen harten, unnachgiebigen, autoritären Gesichtszügen. Man bezeichnet ihn als grausam, und er sieht wirklich danach aus. Der Maharadscha überreicht ihm die traditionelle Schleife, und er segnet ihn. Dann reitet er zum Bungalow und steigt vom Pferde. Man sagt, er sei ein guter Reiter, und er erweckt durchaus den Eindruck. Nach der Art zu urteilen, wie er in diesem Gebirgsland mit seinem Reittier umgeht, scheint er oft Pferde zuschanden zu reiten; seine Leute können ihm jedenfalls nur mit Mühe folgen. Hinter dieser Hast scheint allerdings sehr viel Nervosität zu stecken; die Nachrichten, die ihn aus Lhasa erreichen, sind wieder einmal schlecht. Die Chinesen haben neue Truppen geschickt, die Stadt steht in Flammen, und die Straßen sind von Leichen verstopft.

Ich irre erneut durch die Menschenschar. (...)

Allmählich formiert sich die Reihe derer, die gesegnet werden wollen. Männer mit langer Tataren- oder Mongolenpeitsche bringen sie in Reih und Glied und erheben ihr Arbeitsgerät gegen diejenigen, die widerspenstig sind oder sich zu langsam an ihren Platz begeben. Man begnügt sich hier mit der bloßen Drohung; in Lhasa jedoch bekommen die Gläubigen manch hübschen Peitschenhieb zu spüren. Laden La, der es miterlebt hat, hat mir bedauernswerte Szenen geschildert.

Jedem einzelnen fährt der Dalai Lama mit einer Art Staubwedel aus Stoffstreifen über den Kopf. Dies ist der Segen fürs gemeine Volk. Wichtigen Leuten, zu denen ich gehöre, legt er die Hand auf den Kopf.

Ich spaziere noch immer ziellos durch die Menge. Ein solches Schauspiel bekommt man nicht jeden Tag geboten. Schließlich holt mich ein Lama ein. Was sagt er? Mein Boy stammelt etwas. Was? Ach so! Der Dalai Lama will mich in Privataudienz empfangen. Eine ganz besondere Ehre! Er empfängt ansonsten nur die beiden Maharadschas, Vater und Sohn. Doch nicht sofort, Asiaten haben es nie eilig. Die Maharadschas, die ihrerseits der Ansicht sind, ich sei jetzt genug umherspaziert und wolle mich sicher etwas ausruhen, schicken nach mir. Im Nu bin ich in ihrem Zelt, entbiete Hoheit in aller Form meinen Gruß, wofür mir der Sohn, wie ich seinem Blick entnehmen kann, sehr dankbar ist. Diese Leute sind in so aufrichtiger Weise gütig und herzlich, und die Europäer bemühen sich so oft in schäbigster Weise, sie spüren zu lassen, sie seien nichts, daß ich mich genötigt fühle, diesen alten gelben Fürsten besonders zuvorkommend zu behandeln; schließlich hat er mich in einer so treuherzigen Art mit einer Eule beehrt und nimmt erhebliche Unbequemlichkeiten in Kauf, um mir einen der beiden Räume des Bungalows in Rhenok zu überlassen, weshalb er selbst in einem einzigen kleinen Zimmer essen, schlafen und Audienz halten muß. Ich finde das sehr nett und sehe darin ein Zeichen seiner Gutherzigkeit. (...)

Schließlich ist es Zeit, daß ich mich zum Dalai Lama begebe. Der Prinz begleitet mich als Dolmetscher. Ich spreche mit dem Dalai Lama über das Manuskript, das er mir geschickt hat, über ein paar Unklarheiten, die es enthält. Er macht mir ein Angebot, mit dem ich nicht gerechnet habe: »Verlangen Sie ruhig alle Erläuterungen, die Sie wünschen; Mr. Bell (das ist der englische politische Kommissar) wird es übernehmen, mir Ihre Anfragen nach Tibet weiterzuleiten, und ich werde Ihnen auf alles eine Antwort geben.« Das ist nett von ihm, und um das Glück, mit einem Dalai Lama in ständiger Verbindung zu sein, wird mich mancher Orientalist beneiden. Trotzdem ist mir dieser Mann nicht sympathisch, ist mir höchstens in allgemeinsten Sinne von Menschlichkeit ein Bruder. Ich schätze die Päpste nicht, und mir mißfällt die Art von buddhistischem Katholizismus, dessen Oberhaupt dieser hier ist. Alles ist gekünstelt an ihm, er kennt weder Herzlichkeit noch Freundlichkeit. Die Heiligen Schriften berichten uns, daß die Leute, die Buddha besuchten, ihn grüßten und sich dann einfach zu ihm setzten. Einer alten Überlieferung zufolge kam, als Buddha bereits in den letzten Zügen lag, ein Mann des Weges, hörte, Er sei da, und wollte ihn sprechen. Doch die Jünger sahen, daß ihr Meister im Sterben lag, wollten ihm jede Anstrengung ersparen und schickten den Fremden fort. Buddha jedoch hatte die Stimmen gehört und auch die Worte, die gewechselt worden waren, verstanden. Er rief seinen Vetter Ananda zu sich und trug ihm auf, er solle den unbekannten Reisenden vorlassen. »Er ist mit dem Wunsche zu lernen hergekommen, ich muß also auf seine Fragen antworten, Ananda.« Dieser Mann wurde sein letzter Jünger, denn wenige Stunden später war Buddha tot! ... Glaubst Du nun, ich sei völlig in meiner Mystik verloren, mein Freund, wenn ich hinzufüge, daß er für uns, die wir tatsächlich seine Schüler sind, noch immer lebendig und gegenwärtig ist? Einen Buddha macht nämlich nicht der Körper, sondern das Dharma (die Lehre) aus.

Nun ja, der Dalai Lama scheint nicht so veranlagt zu sein wie der, den er seinen Lehrer nennt. Er ist allerdings viel gebildeter und in philosophischen Dingen beschlagener, als man im Abendlande annimmt; in dieser Hinsicht ist man ihm bisher noch nicht gerecht geworden. (...)

Als die Begegnung beendet war, kehrte ich zum Maharadscha zurück. Ich mußte erneut durch die Menge der Einheimischen hindurch, die verwundert die »Mem sahib« anstarrten (dieser Titel, den in Indien die Damen führen, heißt soviel wie »weiblicher Herr« oder, wenn Dir das lieber ist, »Frau aus der Herrenkaste«), die der Dalai Lama gesondert empfangen hatte. (...)

Ja, und weißt Du, der kleine Bär ... das war ein Geschenk für den Dalai Lama; ich sah, wie er inmitten eines ganzen Haufens von Kisten, Körben und Geschenkpaketen fortgeschafft wurde. Wenn er dem Dalai Lama einen jungen Bären schenkt, kann er ja auch wirklich mir eine junge Eule schenken! Ich habe in diesem Zusammenhang übrigens etwas Schreckliches erfahren: Meine Eule kann noch nicht fliegen. Ich muß sie also aufziehen, bis sie groß genug ist. Die Eule stellt mich vor ein noch viel größeres Problem, wenn man bedenkt, daß diese Tiere ausschließlich Fleisch fressen; da ich streng vegetarisch lebe und folglich nie welches habe, kann es ja heiter werden. Doch was soll's? Die Götter haben mir dieses Lebewesen geschickt; ich weiß zwar nicht, zu welchem Zweck, doch die Götter sind groß! Und die Eule ist im übrigen eine reizende kleine Eule, ein allerliebstes Tierchen. (...)

Gangtok, 30. Juni 1912

Ich hatte mich in Rhenok, inmitten meiner Maharadschaexotik, von

Dir verabschiedet. Am folgenden Tag kehrte ich nach Pakyong zurück, wo der Thronfolger des Maharadschas kurz nach mir, von einer nepalesischen Musikkapelle begrüßt, eintraf. (...)

In Pakyong stellen sich alsbald Hindus, die Grundeigentümer der Ortschaft, ein; sie machen ihre Aufwartung und bringen Geschenke wie im Altertum mit: Reis, Gemüse, Früchte, Gurken. Auch ich, obwohl ich keine Hoheit bin, bekomme etwas überreicht: herrliche Mangos. Es macht mir Spaß, einen der Hindus ins Gespräch zu ziehen; der Prinz ist mein Dolmetscher. Der Ausgangspunkt der Unterhaltung ist, daß mein Besuch im Hindutempel, zwei Tage zuvor, im Dorf Aufsehen erregt und der Hindu Kumar davon berichtet hat. Es zeigt sich, daß dieser hinduistische Grundbesitzer ziemlich gebildet ist und Sanskrit kann. Das ist wirklich erstaunlich.

(...) Heute morgen habe ich im Kloster gepredigt, wie ich es Dir bereits angekündigt hatte. Oh, es gibt gewiß viele Leute, die über die asiatischen Religionen mehr wissen als ich; aber nur wenige dürften mit ihnen so innig vertraut sein. Der Prinz nimmt auf seinem – ihm als Oberhaupt der Landeskirche gebührenden – kleinen Thron Platz, ich selbst setze mich ihm gegenüber auf einen anderen, etwas niedrigeren kleinen Thron. Anschließend setzen sich auch alle anderen entsprechend der Rangfolge hin, was hier nicht weniger kompliziert ist als in China. Vorher jedoch legen sie sich noch unzählige Male vor dem Prinzen auf den Boden, denn er ist für diese Leute nicht bloß Thronfolger, sondern ein Halbgott, eine »Inkarnation« wie der Dalai Lama, wenn auch keine ganz so bedeutende. Es befremdet mich immer aufs neue zu sehen, wie bisweilen hochbetagte Männer vor meinem jungen Freund so eingeschüchtert und fassungslos sind, daß sie kein Wort mehr herausbringen. Übrigens, habe ich Dir jemals gesagt, wie alt er ist? Du glaubst vielleicht, er könnte so sechzehn Jahre alt sein; doch nein, er ist dreiunddreißig. Aber er ist so jungenhaft, außerdem klein und ohne Bartwuchs, er hat ein so absolut jugendliches Wesen, daß man gar nicht umhinkommt, ihn als einen ganz jungen Menschen zu behandeln. (...)

Ich beginne mit meinem Vortrag. (...)

Ich habe einen kurzen historischen Überblick über die europäische Orientalistik gegeben, wie der Buddhismus dort bekannt wurde, welche Bücher übersetzt wurden usw. Ich sprach über die Datierung der Bücher des *Mahajana*, über die Zeit, in der die großen, in der lamaistischen Sekte verehrten Doktoren lebten, und über die Zeit, in der die Vorstellung aufkam, die Wiederverkörperung des *Tschenresi* vollziehe sich im Dalai Lama. Alles Dinge, die den Glauben meiner Zuhörer unmittelbar betreffen. Danach habe ich über die Darstellung des Buddhismus in europäischen Büchern, Zeitschriften, Gesellschaften usw. gesprochen.

Anschließend habe ich dargelegt, daß es gerade jetzt notwendig sei, sich über die Unterschiede von Schule und Sekte zu erheben und sich wieder der ursprünglichen philosophischen Lehre anzuschließen. Dann habe ich kurz an die grundlegende Rede Buddhas in Isapatana erinnert, habe Textabschnitte zitiert, erläutert und an die Missionstätigkeit der ersten Jüngergenerationen erinnert usw. (...)

Der satzweisen Übersetzung wegen hat das Ganze sehr lange gedauert. Es ist kaum zu glauben, daß der Dolmetscher zehn Minuten spricht, wenn ich ganze drei Worte gesagt habe. Das war übrigens nicht nur heute morgen so, mit meinem Personal ist es ganz das gleiche. Wenn ich Kartoffeln oder Sellerie für die Suppe verlange, so gehört das immerhin nicht der philosophischen Sprache an; trotzdem dauert auch hier die Übersetzung übertrieben lange.

Inzwischen hat man dem Prinzen und mir Tassen gebracht und serviert uns tibetischen Tee. Dabei wird folgendermaßen verfahren: Alle fünf Minuten stellt sich der Diener mit seiner riesigen Teekanne, die er sehr hoch, fast in Schulterhöhe, hält, vor einen hin; man trinkt die Tasse halb leer, er schenkt nach; man trinkt wieder, er kommt erneut und schenkt wieder nach ... und das geht ohne Unterbrechung stundenlang so weiter; man trinkt auf diese Art mehrere Liter und würde immer weitertrinken ... Unterdessen habe ich meinen Vortrag fortgesetzt. In Tibet, wo Gottesdienste und Schriftlesungen lange dauern, ist es üblich, den Lamas im Tempel Tee zu servieren. Viele Autoren haben dieses endlose Teegetrinke in den tibetischen Tempeln beschrieben, folgten dabei jedoch bloßen »Gerüchten« oder hatten es allenfalls vom Portal aus gesehen. Wieviele Europäer wohl unter Lamas gesessen und mit ihnen Tee getrunken haben? – Falls überhaupt welche, so gewiß wenige und bestimmt keine Europäerin. Und gewiß – absolut gewiß – kein einziger Abendländer hat am Altar einem großen Kirchenfürsten, einer »Inkarnation«, gegenübergesessen und von diesem Platz aus, eine schöne Tasse aus Silber und Porzellan vor sich, eine Ansprache gehalten. (...)

Gangtok, 7. Juli 1912

(...) Zunächst folgendes, mein Mouchy: Dein letzter Brief, der von einem schwermütigen Sonntagsspaziergang am Meer berichtet, hat mich zutiefst betroffen. Siehst Du, mein Lieber, wenn Dir meine Abwesenheit wirklich so zu schaffen macht, werde ich zurückkehren. Es kommt nicht in Frage, daß Du Dich in Tunis elend fühlst, und was ich in meinem letzten Brief gesagt habe, galt natürlich nur für den Fall, daß Du mit der augenblicklichen Lage einverstanden bist.

Ich bin ja schließlich nicht dumm und merke sehr wohl, daß Deine Beschäftigung, so sehr sie Dich in Anspruch nehmen mag, nicht so packend ist wie meine und kaum geeignet ist, ein Dasein ganz auszufüllen. Und dann leben ja auch — zumindest für denjenigen, der daran glaubt, daß in unserem Leben sehr weit zurückliegende Ursachen ihre Folgen haben — in unserer Existenz zahlreiche andere Leben; sie wirken in dem jeweiligen Menschen, geben Impulse, Befehle oder gewinnen gar die Oberhand. Der »Lalitawistara«, dieses Werk eines genialen Dichters, umgibt Buddha mit unsichtbaren Gottheiten, die ihm ins Ohr flüstern: Erinnere dich an deine Wünsche, deine Sehnsüchte, deine Gebete und Gelübde in Aberjahrhunderten von Existenzen; erinnere dich, wie oft du brennend gewünscht hast, derjenige zu sein, der das erleuchtende Licht entdeckt und es in die Finsternis bringt, wo die Lebewesen sind; wie oft du dich darum bemüht hast, die Lebewesen ans andere Ufer zu führen, wo es kein Fieber, keine Unrast, keinen Tod gibt . . .

Der Dichter sagt damit eine tiefe Wahrheit. Wievielen Gedanken, Wünschen, Bestrebungen sind wir im Augenblick gerade eine Wohnstätte! Wieviele sind mit den unaufhörlich wechselnden Zellen unseres Organismus durch uns hindurchgegangen! Und was soll ich tun, wenn dieser maßlose Traum, der die Buddhas und so viele andere in seinen Bann geschlagen hat, auch an mir in seiner gebieterischen, unwiderstehlichen Herrlichkeit vorübergezogen ist? Es gibt Formen des Denkens, die alles andere beiseite wischen, die sich sogar über das Selbst, das man im Innersten hat, hinwegsetzen. Das indische Denken, sei es in den Upanischaden oder im Buddhismus, ist ein solches Denken . . .

Glaub nun aber trotzdem nicht, bester Freund, ich säße — unbeweglich wie eine Mumie — als ekstatischer Jogi an den Ufern des Ganges. Buddha war ein energischer Charakter, ein Mann der Tat, in der umfassendsten Bedeutung dieses Wortes, und er predigte seinen Jüngern nicht die Erstarrung.

Ich denke schon an die Bücher, die ich nach meiner Rückkehr schreiben werde. Ich mache mir gerade Aufzeichnungen für eins mit dem Titel »Im Lande der Lamas«, das mit Illustrationen herauskommen soll. Ich sammele Photographien und Unterlagen. Ich habe bereits die neuen Fragen, die ich dem Dalai Lama schicken will, aufgesetzt und auch jene anderen, die ich an den Taschi Lama in Schigatse richten will, über den Du in dem interessanten Buch Sven Hedins gelesen hast.

(. . .) Jetzt komme ich auf das zurück, was ich gesagt habe, mein lieber Alusch: Wenn es Dir allzu schwerfällt, mich weiterhin diese abenteuerreichen Studien betreiben zu lassen, komme ich zurück.

Gangtok, 21. Juli 1912

(. . .) Ich sitze lange mit dem Schuldirektor zusammen, der mir aus tibetischen Büchern vorliest und übersetzt, während ich notiere, was mir nützlich sein könnte. Dann trage ich das Ganze in meine Unterlagen ein, um es auch wiederzufinden, wenn ich es einmal brauche. Mein Kopf ist etwas matt. Ich habe für einige gebildete Sikkimesen recht umfangreiche Abschnitte aus den Schriften der Schule des Südens übersetzt. Ich hätte große Lust, mich für eine Weile in eine Höhle zurückzuziehen und nichts zu tun, so wie mein Freund, der »große Jogi«, an der tibetischen Grenze ... Aber der »heilige Mann« lebt von Gerstenmehlbrei, den er sich selbst kocht und auch gleich aus dem Napf ißt, in dem er ihn zubereitet. Bei ihm geht es recht einfach zu, er braucht kein Hauspersonal. Er fürchtet weder Stechfliegen noch Blutegel und kommt, als wackerer Tibeter, ohne Badewanne aus. Diesen Punkt habe ich noch nicht erreicht – oder bin schon darüber hinaus. Was soll man von Entwicklung und Fortschritt halten? Jener Weise aus den Höhlen des Himalayas hat tiefsinnige philosophische Gedanken geäußert und sich anschließend höchst einfältig gefreut, als er durch den Sucher meines Photoapparates schaute ... Wir stammen aus verschiedenen Welten, das ist sicher, außer wenn wir philosophieren, denn mit unterschiedlichen – gar nicht einmal sehr unterschiedlichen – Begriffen haben wir die gleichen Gedanken und die gleichen Träume. Trotzdem sind wir, wenn wir wieder zum körperlichen Leben hinabgestiegen sind, sehr weit voneinander entfernt, und seine Einsiedelei wäre für einen zivilisierten Jogi, wie ich es bin, zu kümmerlich und beschwerlich. (...)

Das wichtigste Gesprächsthema sind hier immer noch die Ereignisse in Tibet. Es hat den Anschein, als hätte die Lamaregierung allen Frauen die Nase abschneiden lassen, die in den letzten beiden Jahren Chinesen geheiratet haben. Diese nun hat die Maßnahme natürlich ihrerseits in Wut versetzt. Ein Befehl lautet, jedem, der über die Vorgänge im Lande berichtet, solle die Zunge herausgeschnitten werden. Reizend, nicht wahr? (...)

Gangtok, 27. Juli 1912

(...) Ich habe ein schönes Zimmer, das auf ein hübsches Gärtchen geht, und bin im großen und ganzen für die kurze Zeit, die ich hierbleiben will, optimal untergebracht. Es hat auch nicht an Angeboten gefehlt. Der Maharadscha und sein Sohn haben mir alle beide ihre Gastfreundschaft angeboten. Hätte ich mich frei entscheiden können, so hätte ich lieber die Einladung eines dieser beiden angenommen. Es wäre mir dann sogar möglich gewesen, die Gebräuche, Zeremonien und mancherlei interessante Dinge zu beobachten, und ich hätte mich mit den Leuten bei Hof unterhalten können; auf diese Art kann man viel über das Leben und die Sitten in einem Land erfahren. Aber ach, ein Europäer und mehr noch eine Europäerin gehören in Indien den »Weißen«.

Sie sind sehr freundlich zu einem, aber nur unter der Bedingung, daß man im Rahmen der Verhaltensvorschriften für Angehörige der »höheren Rasse« bleibt. Ich verstoße bereits allzuoft dagegen. Meine Beziehungen zu den »natives« scheinen, obwohl es sich um Personen aus fürstlichem Hause handelt, zu sehr von der Idee der Gleichheit geprägt zu sein. Ich sollte den guten alten Maharadscha deutlicher spüren lassen, daß er nur ein Gelber, ein Tibeter ist und das »blaue Blut« in Wirklichkeit in meinen Adern fließt. Aber dieser gute, einfache, etwas naive Mann, der mir wie in uralten Zeiten Gemüse und Früchte aus seinem Garten schenkt, ist mir nun einmal sympathisch, und ich hielte es für ebenso töricht wie boshaft, ihm nicht die Freude zu gönnen, als Fürst behandelt zu werden. Der junge Maharadscha ist für mich ein ausgezeichneter Begleiter und Glaubensgefährte; keiner der hiesigen Weißen ist auch nur annähernd so intelligent wie dieser Junge. Ich nehme hierbei lediglich den Regierungsvertreter aus, der ein gebildeter Mensch ist.

(...) Je mehr man mit den Lebensverhältnissen in Asien vertraut wird, desto mehr packt einen die Tragik, die davon ausgeht. Indien ist in grauenvoller Weise tragisch. So etwas läßt sich nicht beschreiben, man findet keine Worte dafür; doch auf den Straßen der Eingeborenenviertel Kalkuttas oder in den Dörfern auf dem flachen Land – da spürt man, wie etwas das Schweigen brechen will, einem etwas zu sagen hat, wie jedes Haus, jeder Blick eines Vorübergehenden beredt wird, wie er von der leidvollen Geschichte dieses Landes erzählt und Zeugnis ablegt von dem Verhängnis, das auf seinen Bewohnern lastet. Und plötzlich wirkt diese Atmosphäre bedrückend, erstickend... Was wissen schon die Touristen davon! Eines Tages, das ist gewiß, wird sich das Blatt wenden, und das Christentum wird viel dazu beigetragen haben. So wie es die Kirchen verstehen – abweichend vom Evangelium, denn das Evangelium ist selbst ein Traum des Orients –, ist das Christentum eine Religion, die materialistisch und in ihrem Positivismus äußerst kurzsichtig ist. Es bläst wie ein Windstoß über die Ekstasen der Hindus und treibt den Wolkenschleier ihrer Träumereien, die der Duft der Unendlichkeit durchzieht, hinweg, und es redet ihnen ein, die Zeit dränge, man müsse sich regen, handeln... was in der Sprache des Abendlandes »kämpfen« bedeutet. Und all diese Gelben, all diese Arier, deren Haut nicht richtig weiß ist, alle Drawiden mit dunkler Gesichtsfarbe, sie alle werden eines Tages kämpfen, und an diesem Tage werden die Weißen bezahlen... Das wird dann endlich die Streitereien unter den »Mächten« beenden.

Einstweilen jedoch fressen sich die Chinesen noch gegenseitig auf, und man darf sicher sein, daß die sogenannten »Mächte« bei all diesen Zwistigkeiten die Hand im Spiel haben. England ist gerade dabei, ganz Tibet heimlich, still und leise zu kassieren. Es hat eine telegraphische

Verbindung nach Gjangtse eingerichtet und hält in der ganzen Gegend Soldaten, militärische Telegraphenbeamte und sogenannte Handelsvertreter, die in Wirklichkeit politische Bevollmächtigte sind. Die Niederlage der Chinesen in Tibet dient den englischen Plänen. (...) Die Dummheit ist die große Gottheit auf dieser Welt. Buddha und andere haben das schon vor Jahrhunderten gesagt. Man kann diesem Menschheitsschauspiel nicht zuschauen, ohne — je nach Temperament — von Zorn, Verachtung, Überdruß oder grenzenlosem Mitleid gepackt zu werden. All diesen Zorn, diese Verachtung, diesen Überdruß begraben die *Sannjasins* unter ihrem morgenrotfarbenen Gewand; gemäß der Sanskritwurzel ihres Namens haben sie alles, was das menschliche Leben ausmacht, von sich abgeworfen: Brauchtum, Vorurteile, Gesetze, Religionen. Oh, in dem heiligen Gewand stecken durchaus auch überzeugte Anarchisten — *echte* Anarchisten, also solche, die zu denken verstehen und nicht bloß in ihrer Einfalt glauben, eine Bombe oder ein Dolchstoß könnte in den langsamen Gang der Dinge eingreifen. Ich denke hierbei an Bhartrihari, den geistigen Bruder des Yang Tschu, und an die Rischis, die Verfasser der *Upanischaden*. Welch herrlich zerstörerische Naturen! Sie machten nicht so viele Worte wie Nietzsche oder Schopenhauer, hatten aber auf ihre Art gedankliche Tiefe. Wieviele Modephilosophen — etwa Bergson und seinesgleichen — nehmen sich neben ihnen wie unscheinbare Marionetten aus! Sie hatten *Schiwa* tatsächlich von Angesicht zu Angesicht gesehen, und ich glaube durchaus, daß *Mahadewa*, der große Gott, wie ihn die Gläubigen nennen, mir günstig gestimmt war während meines Aufenthaltes in dieser Gegend, die ihm heilig ist. Alle Menschen, alle Dinge — ob Sonnensysteme, Gedanken oder Gefühle — sind nichts weiter als Pilze, die in einer feucht-heißen Nacht während der Regenzeit emporgeschossen sind ... Ganz einfach Pilze ... ein klein wenig Staub mit organischer Struktur, der in wenigen Stunden wieder zerfällt, um in anderen Pilzen erneut Gestalt anzunehmen.

Doch genug mit dem Philosophieren über eine Beinahe-Politik; es erinnert mich an Kalkutta und den Ganges, zu denen ich bald wieder hinabsteigen werde. Allerdings wird es mir etwas weh ums Herz, wenn ich an den allzu kurzen Ausflug in die Steppen von Khampa-Dsong zurückdenke ... Irgend etwas Unbekanntes in der Ferne, das man noch erkunden möchte, bleibt immer übrig ... Die Erde ist rund — und nach diesem »Unbekannten in der Ferne« sehnt man sich eben. Gibt es etwas Faszinierenderes als zwei Eisenbahnschienen, die sich am Horizont verlieren, eine Straße, die weiter und weiter führt ... Oh, ich bin ein unsteter Wanderer! Und ich bin sicher, daß mir die guten Geister, die an meiner Wiege standen, jenes schicksalhafte Wort ins Ohr flüsterten, das Richepin so schön ausgedrückt hat: »Auf denn, Wanderer, geh deinen Weg!« (...)

Gangtok, 5. August 1912

(...) Es ist klug von Dir, Mouchy, daß Du einsiehst, daß jedes Lebewesen sich in bestimmten Bahnen bewegt und man nur Leid ernten würde, wollte man von ihm etwas verlangen, wofür es nicht geschaffen ist. Im Abendland will man das nicht so recht begreifen. Wir sind Menschen, die der Moral und einer für alle geltenden Pflicht gehorchen. Indien glaubt an die Moral der Kirche oder Gesellschaft, desgleichen an religiöse Reformen und Praktiken nur dann, wenn es um die Masse geht. Man glaubt hier nämlich, bestimmte Einzelne ständen über oder doch außerhalb von Moral, Pflicht, Vorschriften der Kirche oder Gesetzen der Gesellschaft. Man verlangt freilich ungeheuer viel von solchen Entpflichteten, und sie müssen den Vorzug, außerhalb von allem oder über den Dingen zu stehen, mit großen Opfern bezahlen.

(...) Haben wir denn jemals eigene Ideen, die nicht von irgendwoher übernommen wären? Wie unser Fleisch und Blut sowohl von unseren Eltern stammt, die unsere Erzeuger sind, als auch von der Nahrung, die wir zu uns genommen haben, so ist auch unser Denken etwas, was wir übernehmen. Bestimmte Gedanken entsprechen einigen Fasern unseres Seins, versetzen sie in Schwingung; diese Gedanken, die wir mit vielen anderen gemeinsam haben, sind *unsere* Gedanken; andere wieder sagen und bedeuten uns überhaupt nichts. Trommele vor einem Tauben, es wird nichts dabei herauskommen. Sag bestimmten Leuten bestimmte Worte, und sie werden sie verstehen und sich dafür umbringen lassen. Dieser Mechanismus ist jedoch ein klein wenig komplizierter, als es sich ein einfacher Leichensezierer vorzustellen vermag. Es gibt da noch etwas, was er in der sich zersetzenden Materie nicht entdecken kann: das Leben, den Geist, um einen alten Begriff zu gebrauchen... und mit dem Geist ist es wie mit dem Wind, »man weiß weder, woher er kommt, noch, wohin er geht«. (...)

Gangtok, 11. August 1912

(...) Teile mir bitte alle Einzelheiten Deines Frankreichaufenthaltes mit, Du weißt, wie sehr ich mich dafür interessiere. Glaub bitte nicht, mein Lieber, daß ich, obwohl ich fern von Dir bin und, ich verhehle es nicht, sehr viel Freude an meinem Studienaufenthalt in Asien habe — glaub bitte nicht, daß Du mir gleichgültig bist oder ich Dich nicht gern habe. Dies mag oberflächlichen Geistern paradox erscheinen, aber wirklich nur denen.

Wir haben alle beide, und ich wahrscheinlich noch mehr als Du, eine starke Neigung zum Junggesellenleben. Mit mir fühlst Du Dich wahrscheinlich *nicht genug* verheiratet, mit einer anderen hättest Du Dich vielleicht *zu sehr* verheiratet gefühlt. Das zweite wäre, so wie Du beschaffen bist, mein Lieber, noch hundertmal schlimmer gewesen; dann wärest bestimmt Du »von zu Hause ausgerückt«! (...)

Gangtok, 19. August 1912

(...) Neulich habe ich beim Prinzen ein sehr angeregtes Gespräch mit seinem Chinesischlehrer geführt. Wenn ich bei ihm den Tee nehme, lädt er fast immer interessante Leute ein, und es werden recht angenehme Stunden für mich.

Der Chinese ist ein Tao-tse, das heißt, er hängt einer der beiden Lehren des Lao-tse an. Er ist keineswegs ein großer Gelehrter und gehört der am weitesten heruntergekommenen der beiden Sekten an; er ist jedoch klug, geistig beweglich und ein aufschlußreiches Beispiel für einen gelben Materialisten.

Ich frage ihn nach den wichtigsten religiösen Vorschriften ... Er antwortet mir mit einigen Betrachtungen über Moral und Gesellschaft, denen ich unter anderem entnehmen kann, daß Minister unbescholten und ohne Furcht zu sein haben, daß sie den Herrscher ohne Scheu darauf hinweisen sollen, wenn er einen Fehler macht oder mutwillig das Wohl des Volkes vernachlässigt, und daß sie schließlich vor den Augen des Monarchen Selbstmord zu begehen haben, falls er sie nicht anhört. Er spricht voller Respekt und ohne Prahlerei darüber, als handelte es sich um ein unumstößliches Naturgesetz, dessen Berechtigung nicht in Frage gestellt zu werden braucht, und ich zweifle nicht daran, daß sich das Ganze auch wirklich Hunderte von Malen in seinem Lande so abgespielt hat.

Der Chinese ist in dunkelblaue Seide gekleidet, er hat schöne Augen — Augen, auf deren Grund eine kleine Flamme züngelt und aus deren Mitte heraus jemand einen zu betrachten scheint. Über diesen geheimnisvollen Bewohner des Augapfels ist in Indien viel geschrieben worden. Der Prinz sitzt neben mir in einem granatfarbenen Brokatgewand, an der Brust und den Enden der langen Ärmel guckt ein Unterkleid aus resedagelber Seide hervor. Ein blauer Farbton im Saum des granatfarbenen Kleidungsstückes vervollständigt die eigentümliche, aber harmonische Farbzusammenstellung. Wir trinken unzählbar viele Tassen tibetischen Tees, und der Chinese erzählt uns vom »Ursprung der Welt«.

»Man darf nicht etwa glauben, ein Gott habe die Welt geschaffen, wie es die Europäer behaupten.« Wieviel Verachtung er in das Wort »die Europäer« hineinlegt! Jene Europäer haben zwar Kanonen, »denken jedoch wie Wilde«, so meint wenigstens Frau Wang-Ki-Tseng von der chinesischen Botschaft in Paris.

»Die Welt ist von selbst entstanden, und sie vergeht und entsteht wieder von selbst. Eine Drehbewegung in der flüssigen Materie hat dazu geführt, daß sich diese verfestigt hat.« Ich muß an eine riesige Menge Mayonnaise denken! »Dann kam es im Inneren des zusammengepreßten Materieballes zu einem Knall, und die auseinanderfliegenden Teile bildeten die verschiedenen Himmelskörper.«

Der Prinz, dessen Wissen nicht übermäßig umfangreich ist – oder genauer: der von allzu vielen Wissenschaften etwas mitbekommen hat (von denen in Oxford ebenso wie von denen der Zauberlamas), blickt mich fragend an und möchte wissen, was ich von der Mayonnaisetheorie der Sonnensysteme halte. (...)

Mein lieber Alusch, Du scheinst dringend meine Rückkehr zu wünschen. (...)

Es kann natürlich keine Rede davon sein, daß ich, wie es mit einigen Europäern geschehen ist, im treibsandartigen religiösen Leben des Orients versinke. Ich kenne diesen Untergrund seit langem und habe gelernt, auf ihm zu gehen, ohne aus dem Gleichgewicht zu geraten. Es kann auch nicht von »rauschhafter Begeisterung«, wie Du schreibst, die Rede sein, und das orangefarbene Gewand ist ganz einfach ein Schleier, den man – bei sehr klarem Verstande übrigens – zwischen sich selbst und den Abscheulichkeiten des Daseins aufspannt ... Abscheulichkeiten, die in einem selber stecken. In Indien kennt man nicht unsere Form des Klosters, in das man sich einmauert und wo man vom Leben der übrigen Menschen völlig isoliert ist. Hier haben die Heiligen, die Denker, lediglich den – moralischen – Schutzwall aus einem Stoff mit besonderer Farbe erfunden; diese Farbe ist lebhaft und strahlt wie das Licht des Himmels, sie erinnert an Sonnenaufgang und blühende Gärten. Und das genügt. Es mag banal klingen, aber sind wir denn mehr als ewige Kinder? ... Meine Pläne kennst Du: Ich möchte die Orientalistik auf eine gelehrtere Art betreiben als in der Vergangenheit. Ich möchte schreiben, an der Sorbonne eine Vorlesung halten. Die Vorbereitungen dazu lassen sich hier, wo ich mich mitten unter den Vorkämpfern für eine Kirchenreform in Asien befinde, sehr gut treffen.

Ich bin nie auf den Gedanken gekommen, daß meine Pläne mich davon abhalten könnten, nach Hause zurückzukehren – falls auch Du kein Hindernis siehst. Was jedoch eine sofortige Rückkehr betrifft, so will ich Dir nicht verhehlen, daß ich das für wenig wünschenswert hielte. Ach, weißt Du, auch ich gerate manchmal ins Schwanken. Besonders wenn ich sehr erschöpft bin, kommt es mir vor, daß ich davon träume, wie wir beide auf dem Diwan im Wohnzimmer unseren Kaffee schlürfen. Ich führe ein Leben mit wenig Annehmlichkeiten, vor dem viele Leute zurückschrecken würden. Es gibt in Gangtok kein Gemüse mehr. Ich habe nur noch Kartoffeln und Reis ... Sophies Küche ist weit! Und fast schon wie den Einsiedlern in der Wüste passiert es mir manchmal, daß ich mir einbilde, ein schmackhaftes Mahl vor mir zu sehen. Ich kann Dir versichern, daß es ein hartes, arbeitsreiches Leben ist... Diese Reise ist vielleicht meine letzte. Soll ich sie unterbrechen... obwohl ich sie wahrscheinlich nie fortsetzen könnte? ... Wenn ich weitermache, so bedeutet das ohne Zweifel erhebliche moralische wie materielle Opfer für Dich.

Willst Du sie bringen, kannst Du das für die kleine, gelehrte Alte mit Brille, die Du einmal in einem prophetischen Traum bereits vor Dir gesehen hast, tun? Die Antwort darauf mußt Du finden. (...)

Gangtok, 1. September 1912

Ich will Dir von meinem Ausflug berichten, den ich in meinem letzten Brief angekündigt habe: Er ist in diesem Asien, das ich kenne und das mich kennt, wieder wie ein Traum. An einem sonnigen Morgen sind wir losgezogen: der Prinz, der Schuldirektor, ich, eine Art Kammerherr und ein Troß von etwa zwölf Leuten. Die Träger der zahlreichen Gepäckstücke und die Diener gehen vornweg. (...)

Wir (das sind wir drei Hauptpersonen!) unterhalten uns unterwegs über Fragen der Religion, Philosophie, Soziologie, wirtschaftliche Probleme und über die Wissenschaften. Ihrem Denken nach sind meine beiden Begleiter zwar von unserer Kultur weit entfernt, sie stehen jedoch in ihrer Mentalität hoch über den Engländern, die sich in diesem Lande aufhalten. (...) Beide sind weder Gentlemen noch »Leute von Welt«, auch der kleine Prinz nicht. Es sind Tibeter, und die Lackschicht abendländischen Bildungsgutes ist bei ihnen so dünn, daß sie im Dschungel schnell wieder abblättert. Sie sind auch nicht genial veranlagt, aber doch imstande, in natürlicher Art und Weise über natürliche Dinge nachzudenken, und sie sind moralisch völlig unverdorben. (...)

Der Weg ist lang, wir sind sechs Stunden ohne Rast unterwegs. Die Ankunft im Kloster ist köstlich. Noch eine halbe Meile von ihrer Wohnstätte entfernt, treffen wir bereits auf die Lamas, die uns entgegengekommen sind. Sie bilden eine lange Reihe granat- bis purpurfarbener Gewänder, die sich über einen Bergrücken schlängelt. Den höchst majestätischen Hintergrund bildet eine unvergleichliche Gebirgslandschaft. Zur Begrüßung Prostration und Weihrauch; anschließend setzen wir unseren Weg fort, angeführt von der Prozession aus roten Farbnuancen. Und da liegt auch schon, auf einem Gebirgskamm mit senkrechtem Einschnitt, das Kloster. Das weitläufige, elegante Gebäude wirkt in dem herrlichen Rahmen, der es umgibt, sehr beeindruckend. Der Prinz steigt von seinem Pferd auf einen viereckigen, teppichbedeckten Sockel; man wirft sich erneut vor ihm auf den Boden. Da ich nicht glaube, den Sockel gleichfalls in Anspruch nehmen zu dürfen, springe ich vom Pferd und betrachte hingerissen diese im Abendland unvorstellbare Szenerie.

Ich halte mich so lange mit Staunen und Schauen auf, daß mir der Prinz schließlich lachend von der Türschwelle aus zuruft: »Was ist? Wollen Sie nicht kommen?« Ich eile ihm nach, und wir steigen eine breite, aber so steile Treppe hinauf, daß man sie nur mit einer Leiter vergleichen kann. Als wir oben angekommen sind, führt man uns zunächst in den oberen Tempel. Alle Klöster in Sikkim haben zwei übereinanderliegende Altarräume. Ich schaue mir alles an, dann gehen wir wieder hinaus; der Prinz zeigt mir ein sehr großes Zimmer gegenüber der Tür zum Tempel und fragt mich, ob es mir zusage. Es gefällt mir ausgezeichnet, denn die Aussicht vom breiten Balkon ist herrlich. Nur ist in den Fenstern, die so groß wie vier normale Fenster sind, das an Stelle von Scheiben eingespannte Papier zerrissen, und das hübsche Zimmer, das an einer Ecke des Gebäudes liegt, hat deshalb eine stärkere Frischluftzufuhr, als mir lieb sein kann. Es werden Tücher vorgehängt. Man sollte schon eine gesunde Lunge haben, wenn man den Himalaya bereist. Dann zeigt mir der Prinz sein Zimmer. Ich habe Dir, glaube ich, schon gesagt, daß er Abt dieses Klosters ist. Er hat somit ein ständiges Gemach. Oh, es ist recht bescheiden. Auf einem Altar thront *Padmasambhawa* neben *Amitabha*; vor beiden Götterbildern brennt eine große silberne Lampe. Seitlich vom Altar stehen eine Art Sofa und ein Tisch, der den Lamas zum Abstellen der Kultgeräte dient. Mein allzu moderner Freund, der *Tulku*, hat ohne jede Ehrfurcht eine Klingel hinzugefügt, mit der er seine Diener ruft. Außerdem ist da noch ein Diwan, der als Bett dient, ein Tisch, zwei einigermaßen ramponierte Sessel und an der Wand sargförmige Truhen, in denen Geschirr, Wäsche und ein paar andere Sachen, die der Maharadscha-Abt stets hier im Kloster läßt, verstaut sind. Das Badezimmer ... ist der Balkon; vor neugierigen Blicken, nicht aber vor Wind und Kälte, schützt es ein Tuch, und ich denke mit leichtem Schaudern daran, daß mich in meinem Zimmer, das auf der anderen Seite des Gebäudes liegt, aber ansonsten genau wie dieses ist, das gleiche Badezimmer erwartet.

Die Reise hat uns hungrig gemacht, und der tibetische Tee sowie Speisen sind uns willkommen.

Anschließend besichtige ich den Tempel, und man gewährt mir Zutritt zu einem dunklen Winkel, wo die Lamas ihre Zauberriten praktizieren. Dort finde ich auch die *Kali* der Hindus ... Die Gute findet wirklich überall offene Türen! (...)

Nach der langen Bergtour läßt die Müdigkeit nicht lange auf sich warten. An den vielen Dienern vorbei, die sich in den weiten Gängen zum Schlafen niedergelegt haben, kehre ich in mein Zimmer zurück. Ich lehne mich auf den Balkon. Der Mond erleuchtet eine ergreifende Landschaft aus Wolken und Bergen. Ich bin die erste Frau, die in diesem Kloster nächtigt. Mein Zimmer mit seinen Fenstern aus Holzlatten und zerfetztem Papier könnte Teil einer Theaterkulisse sein. Man hat zwar hier und da ein paar Vorhänge aufgehängt, doch die feuchtkühle Nachtluft dringt trotzdem durch die vielen Öffnungen herein. Mein kleines Feldbett mit seinem niedrigen Moskitonetz fängt — so kommt es mir vor — in dem weiten Raum zu kreisen an. Auf dem Fußboden liegt ein großer blauer Teppich, den Tisch bedeckt ein herrliches Stück vollständig bestickter purpurner Seide. Der Mond dringt durch die klaffenden Spalten und hüllt die Dinge in ein blasses bläuliches Licht. Man muß sich zwicken, um ganz sicher zu sein, daß alles kein Traum ist.

Am nächsten Morgen predige ich im großen Tempel. Ich sitze auf einem Leopardenfell; vom Altar zum Portal hocken die roten Mönche in zwei langen Reihen, auf Teppiche gekauert; der Prinz-Abt sitzt mir auf seinem kirchenfürstlichen Thron gegenüber, und der Schuldirektor steht als Dolmetscher neben mir.

Am Nachmittag steigen wir wieder auf die Pferde, um uns zu einem anderen, noch höher im Gebirge gelegenen Kloster zu begeben. Es handelt sich um das alte Königskloster aus der Zeit, als Tumlong noch die Hauptstadt Sikkims war. Der Prinz zeigt mir, was einst die Stadt seiner Vorfahren war ... Es ist nur noch ein grünes Häufchen auf einer Bergkuppe ... Flüchtigkeit alles Irdischen! Eine Veranschaulichung der Lehre, die Derjenige verkündet hat, dessen Bildwerk hinter uns auf dem Altar steht.

Wir gehen auf dem Rückweg zu Fuß, da das Gelände zum Reiten zu abschüssig ist. Wie eine Schar Enten watet unsere Karawane durch die vielen Bäche, die unseren Weg kreuzen. Das ganze Gebiet ist dichter Dschungel, ein passender Aufenthaltsort für Einsiedler und Geister, die des eitlen Treibens in der Welt überdrüssig sind. Ich glaube kaum, daß meine tibetischen Begleiter den tiefen Eindruck, den Ort und Stunde auf meine überzivilisierte, verfeinerte Seele machen, nachempfinden könnten; allerdings ist der Prinz sehr ernst. Er hat hier acht Jahre seiner unglücklichen Kindheit mit einem Lama, seinem Erzieher, verbracht. Es ist dies die wenig romantische, eher alltägliche Geschichte eines Kindes, dessen Mutter gestorben ist und dessen Vater, der alsbald wieder geheiratet hat, seine ganze Fürsorge dem Sohn aus zweiter Ehe schenkt. Alles in meiner Umgebung wirkt »mittelalterlich«: der Prinz-Abt, die ländlich-prunkvolle Etikette dieses Kleinsthofstaates, diese Vermischung von Königlichem und Klösterlichem, das Gewimmel barfüßiger Diener mit wappenverzierter Haube ... Es ist wie in einem Traum von einer sehr alten, sehr fernen Welt.

Kumar hat beschlossen, am folgenden Tage nach Fensang weiterzuziehen und von dort aus nach Gangtok zurückzukehren. Der Weg ist weit und beschwerlich. Die Pferde können nicht mitgenommen werden, weil drei Flüsse auf Bambusbrücken überquert werden müssen, und das brächten wohl nur Zirkuspferde fertig. (...) Und so ziehen wir denn über manchen schroffen Abhang. Wir befinden uns im unwegsamen Dschungel. Manchmal haben die Bauern Äste abgeschlagen und das Gras gemäht, um sich einen Weg zu bahnen; doch selbst dann müssen wir immerhin noch über Steine und Kräuter hinweg. Schließlich gelangen wir an den Fluß. Als der Schuldirektor die Mitte der Bambusstäbe erreicht hat, die die Brücke bilden, ruft der Prinz ihm noch zu, sie werde durchbrechen, doch da hat es den Unglücksraben − zur hellen Freude aller übrigen − bereits erwischt. Obwohl ich beileibe keine Akrobatin bin, sind solche Brücken überhaupt kein Problem für mich. Ich gebe sogar dem Prinzen meinen Apparat, damit er mich knipsen kann, und verweile eine geraume Weile auf der Brücke. Ich hoffe, daß die Negative gut sind, und werde Dir, sobald ich die Abzüge habe, ein paar von den Aufnahmen schicken.

Wenig später haben wir nichts mehr zu lachen. Wir müssen einen fast senkrechten Hang hinauf, und das ist enorm anstrengend. Als ich in Gangtok aufbrach, war ich schon ziemlich erschöpft. Jetzt aber pocht mein Herz, und ich fühle mich trotz meines Tropenhelms einem Sonnenstich nahe. Der junge Maharadscha scheint kein Herz und keine Lunge zu haben, so unglaublich ausdauernd ist er. Der kleine Bursche klettert wie ein richtiger Bergsteiger − was er im übrigen auch ist. Es stört mich ein wenig, daß ich so weit zurückbleibe, aber bei dieser Sonne und solcher Steigung bin ich seinem Tempo einfach nicht gewachsen. Mehrmals befeuchte ich mein Taschentuch und lege es zwischen Kopf und Helm. Nach etwa der Hälfte des Anstieges erreichen wir eine Hütte aus Zweigen. Bauern, die sich zur Begrüßung auf den Boden werfen, bieten uns das landesübliche Bier an. Diese Gabe bringt man uns noch öfters dar. Von Zeit zu Zeit tritt uns aus dem Dickicht irgendein Mann mit seinem Bierbehälter aus Bambus entgegen und streckt sich dreimal auf den Boden hin. Der Kammerherr reicht den Topf dem Prinzen, der ihn nicht anrührt, woraufhin der Mann mit seinem Behältnis wieder verschwindet. In diesem Fall handelt es sich um einen Empfang, den ein ganzes Dorf für uns vorbereitet hat − daher auch die Hütte aus Zweigen und Blattwerk. Wir lassen uns erfreut nieder und bitten um Wasser. Der Maharadscha streut eine Prise eines sehr bekannten englischen Produktes (»Enos' fruit salt«) hinein und bietet mir davon zu trinken an. Das Wasser beginnt zu sprudeln und schmeckt wie Mineralwasser aus Saint-Galmier ... und da dieses Getränk angeblich wie ein Abführmittel wirkt, befürchte ich, daß mein Wasserkonsum nicht ohne Folgen bleiben wird.

Wir klettern kräftig weiter. Es ist elf Uhr morgens, und die Sonne brennt gnadenlos auf uns hernieder. Während wir so marschieren, erklärt man mir, welche Essenzen sich aus den verschiedenen Baumsorten

gewinnen lassen. Der kleine Maharadscha, der die Forstverwaltung leitet, kennt sich in Botanik und Landwirtschaft sehr gut aus. Ich meine hiermit keine Buchgelehrsamkeit, sondern die Vertrautheit des Landbewohners mit jenen Pflanzen, mit denen er tagtäglich zu tun hat. (...)
Die Mönche erwarten mich in einiger Entfernung von ihrem Kloster. Nach der Begrüßung geleiten sie mich zum Gebäude. Im ersten Stock, im oberen Tempel, finde ich den Prinzen, der sich, wie alle Asiaten barfüßig, auf dem Diwan niedergelassen hat. (...)
Ich nehme auf einem anderen Diwan Platz. Während wir beide je einen winzigen Tisch vor uns stehen haben, sitzt der Direktor — ohne Tisch — nur auf einem Teppich. Man bringt uns einen Imbiß. Als Tischdecke dienen Bananenblätter, auch die Teller sind mit ähnlichen Blättern bedeckt. Wir essen Eier, gerösteten sowie frischen, getrockneten Mais, Feigen ... Ich weiß, daß der Prinz herrliches Silberzeug und schönes Geschirr besitzt, doch vor diesen Bananenblättern scheint er sich ausgesprochen wohl zu fühlen. Er verschlingt den Mais und die Früchte wie ein einfacher Bauer. Ich muß daran denken, wie sehr sich doch die Völker Asiens von uns unterscheiden, und zwar trotz der äußeren Erscheinung derer, die eine abendländische Erziehung erhalten haben. Offen gesagt, ich hatte schon während meines gesamten bisherigen Aufenthaltes hier großes Interesse daran, diesen kleinen gelben Hof eingehender kennenzulernen. Doch zurück zum Kloster. Die Lamas sind geschlossen angetreten, um ihre Huldigung sowie ... eine Schale mit mehreren Dutzend frischen Eiern, einer Flasche Milch und Butter darzubringen. Der Kammerherr hält während seiner Ansprache eine weiße Schleife in der Hand. Die ländlichen Gaben liegen auf dem Fußboden, die roten Lamas werfen sich dreimal mit dem Gesicht nach unten zur Erde. Die Stimme des Kammerherrn zittert vor Erregung, seine außergewöhnliche Ehrfurcht lähmt ihn geradezu. Auch die roten Mönche scheinen vor Sidkeong, dem *Tulku*, der im vollen Bewußtsein seiner Überlegenheit auf dem Diwan thront, zu erbeben. Ich zweifle nicht im geringsten daran, daß sich alle ihrer Rolle bewußt sind und ihren Part ohne jede Verstellung spielen. Und doch werden schon einen Augenblick später, wenn die Zeremonie vorbei ist, Prinz, Kammerherr, Lamas, alle, wie sie hier beisammen sind, plaudern, lachen und, höchst ungezwungen, einander derbe tibetische Possen erzählen. Sie sind dann nur mehr eine Schar ausgelassener Barbaren. Ich selbst komme mir dann wie ein langbeiniger rosa Ibis vom Nil inmitten einer Schar junger Bären vor.
Das Kloster ist nicht groß, besitzt aber wahre Schätze in Form von alten Kirchenfahnen, Büchern und Gerätschaften unterschiedlichster Art. Nach der Mahlzeit gehe ich hinunter und schaue mir den Tempel im Erdgeschoß an. Die Standbilder, die ich dort vorfinde, sind sehr kunstvoll und so schön, daß man dem Götzendienst unversehens etwas

weniger ablehnend gegenübersteht. Die anderen kommen wenig später nach, an ihrer Spitze der Prinz, der sich dreimal inbrünstig zu Boden wirft. Sein Glaube ist übrigens durchaus echt.

(...) Ich besuche die Häuser einiger Lamas; als der Abend hereinbricht, nehmen wir auf dem Balkon des Klosters Platz, und der Prinz läßt von Knaben den Tanz der Skelette aufführen. Jama, der Totengott, schickt zum Jahresende seine Sendboten auf die Erde. Du wirst bestimmt glauben, dieses freudlose Thema sei ein wenig unpassend. Der Lamaismus ist nun aber einmal eine Religion voll Schrecken und Grauen. Man jongliert mit Totenköpfen, und es ist schlechthin nur von schauerlichen Dingen die Rede. Ganz im Gegensatz zu diesem Kennzeichen ihrer Religion sind die Tibeter selbst durchaus fröhlich. Während die Gerippe vor uns ihren Tanz vollführen, erzählen der Prinz und der Schuldirektor einander derbe Scherze à la Rabelais, ganz nach dem Geschmack unserer Urgroßväter: grobe Possen, die weder schlüpfrig noch sonstwie unanständig sind, mit denen man aber heutzutage bei uns allenfalls einen Bauern zum Lachen bringen könnte. (...)

Als die Tänze beendet sind, blicke ich zu den Wolken auf, zu der herrlichen Natur, die uns hier umgibt. Die Berggipfel sind noch von Licht umsäumt, die Täler ruhen jedoch bereits im Dunkel der Nacht. Durch das Holzgitter hindurch, das uns vom Tempel trennt, kann ich die züngelnde Flamme der Lampe sehen, deren mystischer Lichtschein auf die große Buddhastatue fällt. Während die anderen mittlerweile auf tibetisch plaudern, erlebe ich eine jener Stunden, die für den, der für so etwas empfänglich ist, von allerhöchstem Wert sind; eine Stunde, die man im Schrein seiner Erinnerungen an das Schönste aus Kunst oder Dichtung aufbewahrt, und ich fühle erneut, wie maßlos ich mich für so etwas begeistern kann.

Die Abendmahlzeit beschert uns wieder Bananenblätter und kleine Schalen voll verschiedener Gemüsesorten: geröstete junge Bambusspitzen, grüne Bohnen, Rührei usw., dazu eine große Schüssel voll Reis...

Als wir fertig sind, richtet der Maharadscha Kumar jene formelhafte Aufforderung an uns, die den Asiaten so vertraut ist und in Europa lediglich Befremden hervorrufen würde: »Unterhalten wir uns über Fragen der Religion!« Das uralte Denken Indiens, das in so vielen Seelen Vorstellungen von Unendlichkeit und Ewigkeit hat entstehen lassen, Träume von göttlicher Weisheit, von gelassenem, leicht verächtlichem Verzicht und ruhigem, skeptischem Lächeln – das uralte Denken der Buddhas ist jetzt spürbar gegenwärtig und nimmt uns in seinen Netzen friedlichen Behagens gefangen. Mystische Unvernunft, wirst Du denken ... ich nenne es Weisheit, doch was macht das schon. Es sind auf jeden Fall Augenblicke des Glücks, des Aufatmens inmitten der Sorgen und

Kämpfe des täglichen Lebens ... Die Schwelle zu etwas, das von unserem häßlichen Verständnis des Daseins gänzlich verschieden ist.

Die Lamas haben mir die herrlichen, vollständig bestickten Kleider aus Chinaseide, die bei den Tänzen getragen werden, als Kopfkissen gegeben, und die Diener rücken mein Sofa neben den Altar, so daß es schließlich dem Diwan des Prinzen gegenübersteht. Der Schullehrer darf als Laie nicht im Heiligtum schlafen; da er weder ein Diener des Maharadschas noch seinesgleichen ist, darf er sich in seiner Gegenwart auch sonst nur zur Prostration niederlegen. Er entfernt sich deshalb. Mein junger Boy lagert sich vor die Türöffnung — eine Tür selbst ist nicht vorhanden —, und der Diener des Prinzen legt sich etwas weiter entfernt außerhalb des Raumes schlafen. Ehrlich gesagt, ich liege nicht sehr bequem: Meine Haarkämme drücken, und auf meinen Beinen spüre ich Flöhe. Ich habe mir ein Taschentuch auf den Kopf gelegt, um mich vor Insektenstichen zu schützen. Meine Strümpfe sind von dem Schlamm, in dem ich gewatet bin, ganz steif geworden. Der Prinz und die Boys schlafen wahrscheinlich schon tief. Ich kann sie nicht sehen, denn neben dem Diwan steht das Tischchen, das als Wandschirm dient. Doch ich sehe den Mond, der zum Balkon hereintritt und die gedrungenen Pfeiler erleuchtet, auf deren abgewandte Seite die Altarlampe tanzende Schatten wirft. Vor der großen Statue mit jenem unendlich ruhigen, ein wenig matten Lächeln, mit dem man die Buddhas darstellt, stehen Vasen mit gelben Zinnien und großen Lilien, deren Duft den Tempel erfüllt. So legte sich einst im alten Griechenland im Allerheiligsten zu den Füßen der Götterbilder nieder, wer in den Kreis der Eingeweihten aufgenommen werden wollte ... Welche Einweihung mir diese vor einem lamaistischen Altar verbrachte Himalayanacht wohl einbringen wird? (...)

Gegen Morgen regnet es in Strömen. Um fünf Uhr reckt man sich und steht auf; die Glocken läuten. In Podang begann zu dieser morgendlichen Stunde immer die Musik des Götterkultes. Ich ziehe meine Kapuze über den Kopf und gehe hinaus: Es gibt hier keine hygienische Einrichtung, und ich muß mir einen Busch suchen. Nachdem ich auf rutschigen und abschüssigen Wegen ein gutes Stück gegangen bin, kehre ich zurück und begebe mich vor dem Frühstück in ein kleines Zimmer, wo man ein wenig Wasser bereitgestellt hat. Ich reinige mich oberflächlich, an ein Bad ist nicht zu denken, denn niemals würde ich barfuß auf den mit Rattenkot übersäten Fußboden treten. Wir frühstücken. Der Regen läßt bald etwas nach, und wir brechen auf. Als wir das Haus verlassen, bemerkt jemand, daß der Ärmel meiner Bluse voller Blut ist. Die Blutegel waren wieder einmal nicht untätig; im Augenblick bin ich sie zwar los, doch rinnt aus einem kleinen Loch am Ellbogen noch immer etwas Blut. Ich sehe aus, als käme ich aus einer Schlacht, und dieser Gedanke bringt uns alle zum Lachen. Der Regen hat die Sturzbäche anschwellen lassen, und wir müssen sogar mehrmals ihr Bett zum Weg nehmen. Den Fluß überqueren wir auf einer Bambusbrücke, dann folgt eine grauenhafte Kletterpartie durch Steine und Wasser, das auf uns herabrieselt. Pausenlos reißt man sich die Blutegel vom Leibe; einige ganz winzige jedoch haften an meinen Armen, ich kann sie nicht entfernen. Zum Glück wartet wiederholt ein Empfang auf uns: Stühle, die auf einem kleinen Podium stehen, Blätterdach, Tee, Obst, Mais, Bier, Eier. Das »Gefolge« Seiner Hoheit und mein Boy verschlingen so viel, daß es für eine ganze Woche reichen müßte.

Dorfbewohner tauchen auf, bringen Eier und Butter, werfen sich zu Boden. Der Kammerherr meldet sie dem Prinzen, der jedoch kein Wort zu ihnen sagt. Daraufhin nimmt ein Träger mit einem Tragkorb auf dem Rücken die Gaben, die nach Gangtok mitgenommen werden, in Empfang. (...)

Zu guter Letzt stoßen wir gegen ein Uhr nachmittags wieder auf unsere Pferde, die man uns entgegengeführt hat. – Wir sind seit halb acht zu Fuß unterwegs gewesen. – Man muß sich einfach wundern, wie behend diese Tiere klettern können. Manchmal stehen sie aufrecht wie im Zirkus. Nicht weniger erstaunlich ist, daß ich mich während dieser Übungen in Hoher Schule so gut im Sattel halte und meinen Bukephalos in solchem Gelände zügeln kann! ... Ist das nicht wirklich erstaunlich? Wo Du mich doch eher als klägliche Amazone kennengelernt hast! (...)

Wir machen noch mehrmals Rast; einmal hat man für uns so etwas wie ein Nest vorbereitet, zu dem man über eine winzige Leiter hinaufgelangt, die eher für Hühner geeignet erscheint. Als ich dort eintreffe, sitzt der Prinz bereits auf einem kleinen, mit einem Leopardenfell ausgelegten Thron. Er ist sehr, sehr klein; in seiner kupferkesselbraunen und goldgelben Kleidung, mit seinen Schlitzaugen und der dunklen Haut sieht er in diesem Nest auf seinem kleinen Thron wie eine Märchenfigur aus. Das Ganze ist absurd, lächerlich – witzig, nett – oder was auch immer ... ein solches Bild findet man jedenfalls nur unter den Illustrationen zu Tausendundeiner Nacht oder anderen phantastischen Geschichten. Ich stelle mir vor, es käme eine Fee oder ein Zauberer, die die ganze Szene verschwinden ließen, den Prinzen in einen Pilz und das Gefolge in Grashalme verwandelten oder aber, ich würde ganz einfach in Tunis in meinem rosa Bett aus einem Traum erwachen. Es kann einfach nicht sein, daß das, was ich hier sehe, wirklich ist. Doch während ich noch darüber nachdenke, bin ich bereits das Leiterchen hinaufgestiegen, lasse mich auf einem zweiten kleinen Thron nieder und esse, trinke und rede, als wäre ich ebenfalls ein Himalayaprinz mit dunkler Haut und prunkvollem Gewand. Aber ich bin in diesem Nest nur ein europäischer

Kuckuck, der in marineblauem Kittel und mit Tropenhelm neben diesem Kolibri von Maharadscha sitzt. (...)

Wir befinden uns bald wieder auf der Hauptverkehrsader, die man sich aber nicht als befahrbare Straße vorstellen darf, sondern schlicht als Weg, auf dem zwei Pferde aneinander vorbeikommen. Kurz nach dem Paß erreichen wir erneut eine Kapelle aus Laubwerk, diesmal freilich hat der Prinz selbst sie errichten lassen. Von einem Thron keine Spur; wir setzen uns auf eine Bank aus Kissen, über die Teppiche gelegt sind. Das Geschirr ist aus Prozellan, und man reicht uns nach englischem Vorbild zubereiteten Tee, Brot und Konfitüre. (...)

Du glaubst wahrscheinlich, das wäre jetzt alles. Du wirst Dich jedoch noch ein paar Zeilen gedulden müssen.

Der berühmte Lama, auf den man so lange gewartet hatte, ist eingetroffen. Wir haben uns gestern ausführlich unterhalten. Er verfügt über viel Buchgelehrsamkeit und wenig logisches Denkvermögen, dies zumindest ist mein erster Eindruck. Im Hinblick auf Fakten und Unterlagen kann ich natürlich viel von ihm lernen, werde allerdings auch länger als ursprünglich geplant hier bleiben müssen.

Hättest Du je geglaubt, mein guter Alusch, daß meine Berühmtheit bis nach Tibet reicht? Ich habe es mit nicht geringem Erstaunen zur Kenntnis nehmen dürfen. Der Lama sagte zu mir: »In Tibet hörte ich davon, daß sich eine europäische Dame, eine sehr gelehrte Buddhistin, in Sikkim aufhält, und ich hatte gleich den Wunsch, mit Ihnen zusammenzutreffen.« (...)

(...) Ein Traum läßt mich nicht mehr los, etwas Unbekanntes zieht mich an, oder richtiger — denn ich weiß wohl, worum es sich handelt: das Ziel meines ganzen Lebens und vielleicht vieler anderer Leben. Alles, was ich sagen kann, ist folgendes: Ich möchte meine Reise beenden und die Bücher schreiben, die mir vorschweben. Während ich dies niederschreibe, geht es etwas wirr in meinem Kopfe zu, in dem so viele Gedanken chaotisch aufeinanderstoßen. Ich hätte Dich gerne hier, um Dich umarmen zu können, mein großer Mouchy. Neulich sagtest Du zu mir: »Ist der vierte August[1] ein glückliches oder ein verhängnisvolles Datum? ...« Diese Frage muß an Dich gerichtet werden, denn ich kann mich heute nur beglückwünschen, daß wir uns begegnet sind. Eine sonderbare Begegnung, die noch viel sonderbarere Ergebnisse zeitigen sollte...

Soll ich meine Reise fortsetzen? Ich schätze, daß ich dazu etwa 5000 Francs benötige. Willst Du sie mir geben? Es ist eine beträchtliche Summe. (...) Du kennst meinen Wunsch, und ich frage Dich einfach: Kannst Du, willst Du ihn mir erfüllen? (...)

---

[1] Der vierte August ist ihr Hochzeitstag.

Gangtok, 9. September 1912

In dieser Woche kann von Ausflügen oder Spritztouren durch Täler und auf Berge hinauf keine Rede mehr sein. Ich will eine Woche lang zu Hause Schreibarbeiten erledigen und Aufzeichnungen auswerten, die ich mir bei den Lamas gemacht habe ... Das Ganze ist ein recht graues Alltagsgeschäft, von dessen Eintönigkeit nur jener Abend absticht, an dem die Hindus das Fest des Schri *Krischna* gefeiert haben, des großen Nationalhelden, der Inkarnation des *Wischnu*. (...)

Es handelte sich um das Fest von Bal Gopal (*Krischna* als Kind), und Kindheit und Jugend dieses göttlichen Helden, der dann später so tiefe philosophische Reden halten sollte, waren wirklich ungewöhnlich bewegt. In Gangtok liegt ein Regiment der Marathen-Sepoy. Zu dem Fest, das sie anläßlich der religiösen Feierlichkeiten gaben, hatten sie einige Europäer eingeladen, und so kam es denn, daß ich die Geburt des Schri *Krischna* in einem Kasernenraum gefeiert habe.

Der Saal war übrigens dem Anlaß entsprechend hergerichtet; Wände und Decken waren mit Stoffen, Seidentüchern, Glaskugeln und was weiß ich noch behängt! Es war sehr nett gemacht. Im Hintergrund war, hinduistischem Brauch entsprechend, der Altar für eine besondere Art von Pudscha errichtet (Pudscha bedeutet im Sanskrit Anbetung). (...) Stell dir eine Louis-quinze-Sänfte vor, aber mit Fenstern an allen vier Seitenflächen und ohne Tragstangen. Dieses Gebilde ist aus Karton und mit vielen Darstellungen aus dem Leben des Schri *Krischna* sowie mit Blumen und Goldverzierungen geschmückt. Das kuppelförmige Dach ist ebenfalls mit Blumen und Goldschmuck versehen. Im Innern ist ein kleiner Pudscha-Korb, eins von jenen Stücken aus vergoldetem Kupfer, wie man sie auch in die Tempel schafft. (In Kalkutta haben mir Freunde einen geschenkt.) Im Korb liegt, unter Blumen verborgen, eine winzige Schri *Krischna*-Statuette; vor dem Korb steht eine Lampe, die mit geschmolzener Butter gespeist wird. Korb und Götterbild werde ich allerdings erst später zu sehen bekommen.

Rings um den Altar stehen viele Lampen, Blumen usw. Die Soldaten haben sich so um diesen Schrein aufgestellt, daß ihre europäischen Gäste ihm nicht zu nahe kommen können.

Das eigentliche Fest besteht aus Tänzen. Um einen Kahn scharen sich der Besitzer, seine Frau, Fischer und ein Soldat in Frauenkleidern. Alles singt und tanzt, die Matrosen rudern, das Weibsstück vollführt gravitätische Bewegungen, und der Kahn — er wird von einem Mann dargestellt, der in den Aufbauten eines Schiffes steckt und damit umherläuft (so wie man sich bei bestimmten Spielen ein Pferd aus Pappkarton um die Hüften bindet) — der Kahn stampft und schlingert, wie man es sich nicht besser wünschen könnte.

Daran schließen sich andere Tänze an, die Begebenheiten aus der Jugend des Schri *Krischna* darstellen: *Krischna* in Brindaban, von schönen *Gopis* umgeben. Es sind dies recht unterhaltsame Geschichten, die ich jedoch der Engländerin, die neben mit sitzt und mich bittet, ihr das Ganze zu erklären, nicht erzählen kann. Ich muß deshalb dem Abenteuer einen etwas keuscheren Inhalt verleihen. Unsere Soldaten beschränken sich darauf, den ruhmreichen Helden inmitten von Schäfern und Schäferinnen (genaugenommen sind es Kuhhirten beiderlei Geschlechts) zu zeigen, die um ihn herumtanzen. Selbstverständlich gehören auch die Schäferinnen dem starken Geschlecht an, aber einige tanzen so geschmeidig und anmutig, daß sie, ihren Gesichtszügen zum Trotz, wie richtige Frauen wirken.

Der ganze Abend wird damit verbracht, bei den verschiedenen Tänzen die farbigen Bänder, die von der Decke herabhängen, zu verknoten und wieder zu lösen. Als Begleitung Musik und Gesang.

Das Regiment, das sich (in Lotosposition) auf den Boden niedergekauert hat, freut sich unglaublich über dieses kindische Vergnügen. Welch gänzlich andere Mentalität herrscht da doch bei unseren Soldaten! Diese Marathen sind prächtige, hochgewachsene Burschen mit Gazellenaugen. Während der verschiedenen Vergnügungen fallen mir unter denen, die am Altar stehen, einige auf, die ganz verzückt das kleine Götterbild anstarren ... Wovon träumen sie wohl? Und ihr Priester versorgt unablässig die kleine Butterlampe. (...)

Als die Darbietung beendet ist und die Gäste aufbrechen, bitte ich einen Eingeborenenoffizier um die Erlaubnis, an den Altar herantreten zu dürfen. Ich bin sicher, nicht aufdringlich zu wirken, denn ich bin in diesem Lande bereits ziemlich bekannt. Der Offizier zögert keinen Augenblick und führt mich in die Ecke des Raumes, wo der Altar im Lichte zahlreicher Lampen erstrahlt. Mit einer in hinduistischer Geschmeidigkeit ausgeführten Drehbewegung versperrt er jedoch dem Pseudodoktor, der Anstalten macht, mir zu folgen, den Weg. Seine Leute, die aufgestanden sind, haben im Nu einen Kreis gebildet, der diejenigen unter den unreinen Europäern, die etwa Neugierde anlocken könnte, zurückhalten würde. Ich betrachte die Bilder und nenne dem Offizier die Szenen, auf die sie sich beziehen. Und dann hebt er ganz vorsichtig die Blumen und eine Art Schleier hoch, der das kleine Götterbild, das ich vorher noch gar nicht gesehen hatte, verhüllt, und zeigt es mir. Das Ganze — der Sänftenaltar, der kleine Thron und das winzige Götterbild — sieht wie ein Spielzeug aus. Ja, es hat wirklich den Anschein, als hätten Kinder Spaß daran gefunden, eine Puppenkapelle aufzubauen. Doch statt von Kindern bin ich von Männern umgeben, die fast alle einen Kopf größer sind als Du ... und es berührt einen ganz eigentümlich, diesen statuenhaften Riesen dabei zuzuschauen, wie sie ihren kleinen *Krischna* anbeten. Nicht einer rührt sich, alle haben die Augen starr auf den Schrein und auf mich gerichtet. Nun ja, sie haben vor dem Altar getanzt, doch *Krischna* war ja in seiner Jugend ein toller Hecht, und eben seine großtuerischen Neckereien und seine galanten Heldentaten haben sie ja mimisch dargestellt. Auch dies gehört aus ihrer Sicht zur »Religion«. Ich bin der Ansicht, daß ich dem winzigen Schri *Krischna* einen Knicks schuldig bin, um für die Höflichkeit meiner Gastgeber und die besondere Gunst, die mir zuteil geworden ist, zu danken. Mir ist bewußt, daß die weißen Christen, die mir zusehen und auf mich warten, darüber empört sein werden. Doch sei's drum: Der kleine *Krischna* war ein betörendes Kind, dem niemand – so heißt es – widerstehen konnte, und er lächelt mich im Hochglanz des sorgfältig polierten Kupfers, aus dem sein kleines Bildwerk besteht, auch geradeso an. Und der große, ganz in Weiß gekleidete Priester schaut mich mit seinen Samtaugen an, und der große Offizier betrachtet mich mit aufmerksamer Miene, und alle den Altar umstehenden Soldaten scheinen zu warten ... Ich bin in diesem wunderbaren Lande Indien ein *Sadhu*, ein *Sannjasin*, und die *Sadhus*, die *Sannjasins* erheben ihre gefalteten Hände und verneigen sich vor allen Göttern, weil sie an keinen glauben und weil ihre transzendente Nachsicht für alle Versuche der Menschen, in irgendwelche Himmel zu gelangen, nur ein Lächeln übrig hat.

Ja, dem kleinen *Krischna* soll endgültig ein Hofknicks zuteil werden. Ein Ausdruck des Glücks, des Stolzes, der Dankbarkeit ist sofort über all die braunen Gesichter gehuscht, die mich umgeben. Ich glaube durchaus, einem ganzen Sepoyregiment eine kleine Freude bereitet zu haben. Und es kostete mich kaum etwas. Aber als ich mich umdrehe, sehe ich, daß meine Gastgeberin entsetzt ist und ihr Gatte recht zerknirscht dreinschaut. Was den Doktor angeht, so hat er zuviel Whisky getrunken, um noch eine Meinung zu haben.

(...) Mein lieber Mouchy, es ist mir eine große Freude, mit Dir zu plaudern, ich habe es Dir schon so oft gesagt; es ist mir eine große Freude, Deine Briefe zu lesen, aber Du plauderst leider wenig ausführlich! (...) Sehr groß und sehr stark ist, wer die völlige Einsamkeit, die totale Isolierung des Geistes und des Herzens hinnimmt und sich dabei wohlfühlt. Er ist, so sagt man hier, wo die Abwehr jeglicher Schwäche als ideale Geisteshaltung gilt, sogar mehr als die Götter. Ich selbst gebe zu, daß ich mir noch zwischen Blumen die Zeit vertreibe ... Und erlaube mir, sehr werter Freund, Dir zu sagen, daß Du jene größte bist, deren Stiel genau im Mittelpunkt des Blumengartens steht. Wer hat Dir wohl jemals ein so orientalisch anmutendes Kompliment gemacht? (...)

Gangtok, 16. September 1912

(...) Am Abend: Ich komme gerade vom Doktor. Ich schuldete seiner Frau noch einen Besuch, und da alle beide in Kürze einen Monat in Dardschiling verbringen, ließ sich dieser Abschiedsbesuch schwerlich umgehen. Ich kenne nichts Niederschmetternderes als eine solche Pflichtübung. Das Ganze ist höchst unangenehm. Zwischen diesen Leuten und einem selbst schwebt so etwas wie eine Wolke, ein fast schon sichtbarer Nebelschleier. Sie wirken ebenso unwirklich und ohne tatsächlichen Bezug zu einem selbst wie die Personen in einem Film. Und anschließend macht man sich dann auf den Heimweg, wie ich es heute abend getan habe, läßt sein Pferd Pfade entlangtrotten, auf die sich langsam der Abendnebel herabsenkt, und betrachtet die karge Kulisse bläulicher Berge, über die gemächlich die Wolkenbänke hinwegziehen. Man denkt über etwas so Befremdliches wie das Dasein der Lebewesen nach, über den Stumpfsinn all jener Marionettengehirne, über ihre unverbesserliche schwachsinnige Boshaftigkeit. In einer Stunde wie dieser suchen die Gläubigen an den Altären ihrer Götter eine Antwort und neuen Mut: die Kraft, die sie wieder aufrichtet, oder den Trank, der ihnen den Schlaf bringt ... Ich bewundere diese *Sannjasins*, diese *Jogis* ohne Einschränkung; sie haben mit den Kindergartenspielen gebrochen und sind mit ihrem verwegenen – Du würdest sagen: stolzen – Denken allein.

Einer von ihnen hat – ich wage nicht zu sagen ›Zuneigung‹ zu mir gefaßt, denn das Wort ist im Hinblick auf diese Wesen ohne Sinn – mich freundlich aufgenommen, so möchte ich es nennen, und mir sein Vertrauen geschenkt. Er hat sich zum Meditieren in eine Höhle zurückgezogen, die in dem dürren Gebirge an der tibetischen Grenze liegt; von dort, wo er, allein und durch die Schneemassen vom Rest der Welt abgeschnitten, den Winter verbringen wird, hat er mir gerade einen langen Brief geschrieben. Es ist dies eine seltene Gunstbezeigung, und ich hoffe, mit seiner Hilfe weiter in die Lehren der mystischen tantrischen Sekten einzudringen, die Fremden so schwer zugänglich sind. In diesem Brief werden Streiflichter auf ungemein hohe Theorien geworfen, und die Ratschläge, die er mir gibt, sind in einigermaßen herablassendem Ton gehalten. (...)

Gangtok, 22. September 1912

(...) Du sagst, alles erscheine Dir kalt und traurig. Oh, mein armer, großer, lieber Freund, ich war ganz bewegt, Dich das so traurig sagen zu hören ... Weise sind diejenigen, die begriffen haben, daß sich aus dem, was gemeinhin Leben genannt wird, nur Kälte und Traurigkeit gewinnen läßt, und die sich in ihrem Denken auf die Suche nach etwas anderem begeben haben ... nach etwas anderem jenseits von Kälte und Wärme, Lachen und Weinen. Sie haben es gefunden. Warum sollten andere, warum sollten wir es nicht finden? (...)

Wirkliche Gefährten sind die Bäume, die Grashalme, die Sonnenstrahlen, die Wolken, die in der Abend- oder Morgendämmerung am Himmel ziehen, das Meer, die Gebirge. In diesen Dingen strömt das Leben, das wirkliche Leben, und man ist nie allein, wenn man es zu sehen und zu fühlen versteht. Mein sehr lieber Kleiner, ich bin als eine Wilde, als eine Einsiedlerin geboren, und diese Veranlagung ist in all den Jahren, die ich gelebt habe, immer stärker geworden. Ich verdanke ihr Freuden, die ich ohne sie niemals kennengelernt hätte.

Alles kommt einem kalt und traurig vor, wenn man von den Menschen erwartet, daß sie einen wärmen, stützen und die Last des Elends, das jeder Existenz innewohnt, mit tragen helfen. Nicht einer unter ihnen kümmert sich darum, nicht einer wäre dazu tatsächlich imstande. In sich selbst muß man die Flamme nähren, die einen wärmt, auf sich selbst muß man sich stützen können.

(...) Ich fürchte, am nächsten Posttag befinde ich mich auf den hohen Gipfeln, die dem Gaurisankar gegenüberliegen, falls sich der Koloß nicht gerade in Wolken hüllt. Ich werde also erneut klettern; da ich jedoch diesmal nicht ganz 4000 m Höhe erreichen werde, fehlt mir ein wenig die Begeisterung. Ich gebe zu, es ist mir etwas weh ums Herz bei dem Gedanken, diese Schwelle Tibets zu verlassen ... Dieses eigentümliche, öde Land übte eine starke Anziehung auf mich aus. Ich habe dort droben, auf der Straße nach Khampa Dsong, ein Stück meiner selbst zurückgelassen. Jetzt werde ich wieder in die indische Ebene hinabsteigen und dann bald durch die ganze Breite des Himalayas von jenem Land getrennt sein, das ich nur zu gerne durchstreift hätte. So aber bleibt mir nur das Bedauern darüber, daß ich die bloße Möglichkeit einer solchen Reise mir vorzustellen nicht gewagt habe, daß ich sie nicht vorbereitet habe. Nur wenig wäre dazu nötig gewesen; von der persönlichen Befriedigung ganz abgesehen wäre es eine nicht alltägliche Glanzleistung gewesen, denn nur wenige haben sich im »Lande des Schnees« bisher umgetan. Hier ist Gelassenheit wirklich vonnöten! ... Wenn ich in Kalkutta ankomme, werde ich wissen, ob ich in Sachen Weisheit Fortschritte gemacht habe und ob diese Monate der Meditation im Lande der »Dewas« und der Weisen etwas genützt haben.

Pemionchi, 5. Oktober 1912

Ich bin soeben in Pemionchi eingetroffen. Gangtok habe ich vor drei Tagen verlassen. Mein malerischer Aufenthalt in Sikkim ist damit beendet; in wenigen Tagen werde ich wieder den Spielzeugzug besteigen,

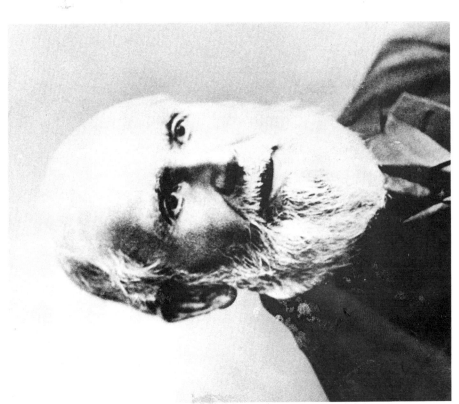

Louis und Alexandra David, Alexandra David-Néels Eltern.

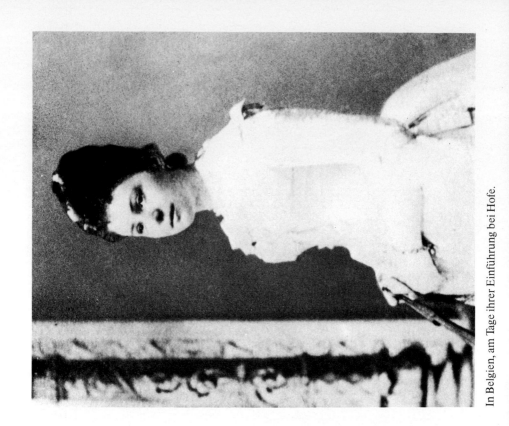

In Belgien, am Tage ihrer Einführung bei Hofe.

Alexandra David-Néel als kleines Mädchen.

Alexandra, um 1910.

Philippe Néel, Alexandra David-Néels Ehemann.

Sidkeong, Maharadscha und Oberpriester (»Tulku«) von Sikkim

Alexandra David-Néel in einer Rikscha, bei ihrem zweiten Ceylonaufenthalt (1911).

In Sikkim, unterwegs von Podang nach Fensang (1912).

Alexandras Einsiedelei »De-Tschen Aschram«.
(Unten) Alexandras Zeltlager im Himalaya.

In Sikkim, oberhalb von Thangu, auf einem Jak. (Die Aufnahme wurde im Jahre 1912 vom Tulku Sidkeong gemacht).

In tibetischer Tracht (1913).

1913, zwischen Silakara und dem Klostervorsteher (»Gömptschen«) im Kloster (»Gömpa«) von Podang.

(Oben) In Taschiding (1914). (Unten) Vor dem winzigen »Kult-Schrein (Tschörten)«, oberhalb des »Nyima-Tschörtens« in Tibet.

Im Kloster Taschi-Lumpo in Schigatse (Tibet).

In Japan, zwischen Aphur Yongden, zu ihrer Linken, und dem japanischen Mönch Ekai Kawaguchi, dem es – als chinesischer Buddhist verkleidet – ebenfalls gelang, bis nach Lhasa vorzudringen.

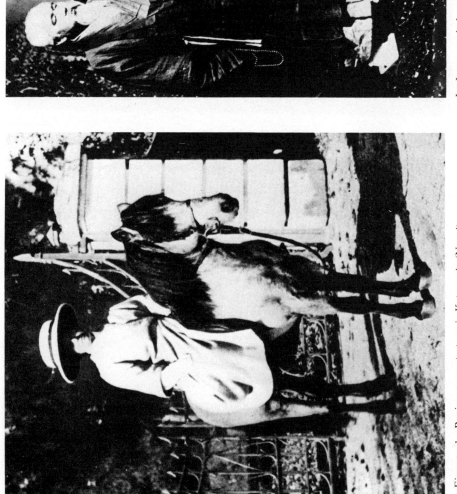

Am Eingang der Regierungsvertretung in Katmandu (Nepal).
(Unten) Chinesischer Plan von Lhasa, der Hauptstadt Tibets, den sich Alexandra David-Néel in Peking beschafft hat.

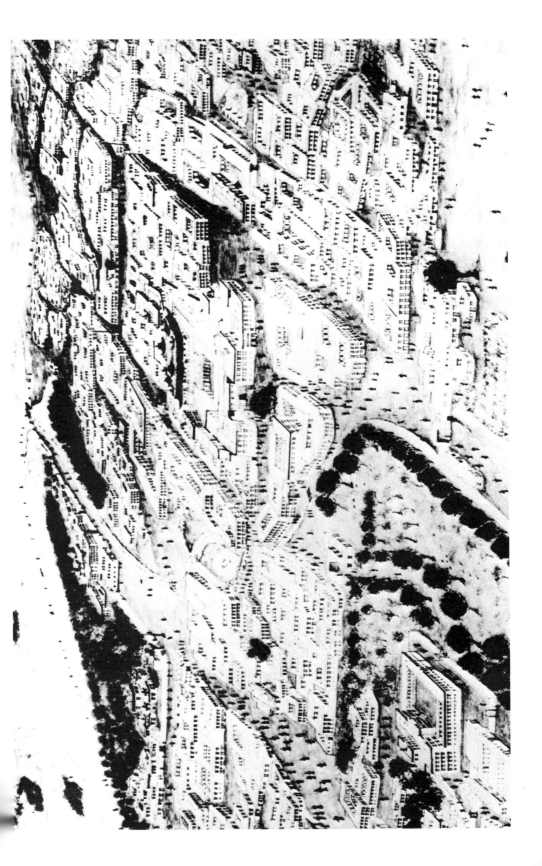

Der Lama Yongden, Alexandra David-Néels Adoptivsohn.

Kurz vor dem Aufbruch ihrer Karawane.

Unterwegs mit ihren Dienern.

Alexandra David-Néel, 86 Jahre alt, in ihrem Hause Samten Dsong, in Digne. Dieser tibetisch eingerichtete Raum wurde zusammen mit ihrem Wohn- und Arbeitszimmer in ein öffentliches Museum umgewandelt.

der mich aus der indischen Ebene bis zu den ersten Himalayagipfeln hinaufbefördert hat. Diesmal wird es bergab gehen ... Das Land, das ich jetzt verlasse, hat mich in jeder Hinsicht in seinen Bann gezogen sowohl der großartigen Landschaft als auch der orientalistischen Studien wegen, die ich hier betrieben habe und jahrelang hätte fortsetzen können. Ich muß hinzufügen, daß ich nicht als Tourist hier geweilt habe und daß meine freundschaftlichen Beziehungen zum örtlichen »Hofe« diesem Aufenthalt einen malerischen Charakter verliehen haben, den er sonst nicht gehabt hätte.

(...) Das Wetter war leider sehr ungünstig. Wir haben Gangtok in einem Wolkenbruch zurückgelassen. (...) An jenem Abend haben wir in Kweuzin übernachtet. (...)

Als wir Gangtok verließen, sagte der Prinz zu mir: »Ich habe aus dem Norden Tibets einen *Jogi* mitgebracht, der sich nach Pemionchi begibt.« Es ist dies ein Lama so recht in der Art der Zauberer-Hexer-Totenbeschwörer, deren Geschichten in ganz Tibet bekannt sind. Er reist mit seinen Zaubergeräten, einer kleinen Trommel, einer Glocke, einem *Dordsche* und einem menschlichen Schienbein, das als Trompete dient ... Fast hätte ich eine Schachtel mit Bildern des *Padmasambhawa* sowie anderer Gottheiten unerwähnt gelassen. Der Mann ist meistens sehr lustig, seine Vergnügtheit nimmt allerdings bisweilen den Ausdruck eines beunruhigenden Wahnsinns an, was wiederum in Anbetracht seiner besonderen Form der Meditation nicht überraschen kann, die ich Dir jedoch nicht beschreiben will, weil es Dich kaum interessieren würde. Du kannst mir glauben, daß es gewiß nichts Alltägliches ist, hinter dieser wundersamen Person einherzuziehen, die ihre Trommel und ihren Altarkasten auf dem Rücken trägt — ich sollte sogar, zu meiner großen Bestürzung, sagen, daß der Altarkasten, der große *Padmasambhawa* und die übrigen Gottheiten ganz unten auf dem Rücken ruhen ... auf einem Körperteil, den wir für nicht sehr ehrenvoll halten. Wenn wir abends den Bungalow erreicht und gegessen haben, plaudern wir über Philosophie. Dieser urtümliche Einsiedler mit seinem Hexerkram und seinem am Gürtel getragenen Schienbein hat geistreiche Bemerkungen parat, die die unserer öffentlichen Einrichtung Bergson bei weitem übertreffen. Wie Du Dir denken kannst, mache ich mir Notizen davon.

In Kweuzin läßt Hoheit einen weiteren *Jogi* zu sich kommen, der diesmal aus Osttibet stammt. Dank dieser Verstärkung werden die Diskussionen länger und zahlreicher. Dabei bietet sich folgendes Bild: Seine Hoheit sitzt in Lotosposition auf das Bett gekauert. Ich bemerkte, daß er unter dem langen, blaugefütterten tibetischen Überrock aus Resedaseide eine grell rosa Flanellhose trägt. Ich selbst sitze auf einem Faltstuhl aus Stoff, wie man sie auf Schiffen benutzt, und trage wie immer mein gelbes Gewand. In Lotosposition sitzen auf dem Boden einer der *Jogis*, dunkelgranatfarben gekleidet, mit einem Stück Teppich unter dem Hinterteil, sowie der andere *Jogi*, in langem gelbem Gewand mit Ärmeln und einem granatfarbenen Band; er hat nur eine Matte. Der Schullehrer schließlich, in ebenfalls granatfarbenem tibetischem Laiengewand ... verfügt über gar nichts und sitzt unmittelbar auf dem Teppich des Zimmers. Auf dem Tisch stehen zwei Kerzen, eine in einem Windlicht, die andere in einem Leuchter ... Dort liegt auch eine Zitrone, in die man Weihrauchstangen gesteckt hat, die mit ihrem Duft einen Hauch von Mystik verbreiten.

Das Gespräch ist angeregt, und die *Jogis* werden lebhafter. Im Feuer des Redegefechtes und wohl auch, um sich besser zu verständigen, neigen sie sich einander entgegen, bis sie flach auf dem Teppich liegen. Ich fühle mich irgendwie an die auf den Wegen kriechenden Blutegel erinnert. (...)

Auf dem Wege nach Pemionchi hat der Maharadscha Kumar dann auch den zweiten *Jogi* in sein Gefolge eingereiht. Als es im Schlamm bergab ging — nur ich war zu Pferde —, rafften die beiden Anachoreten ihre Gewänder so hoch, daß ich jeden Augenblick darauf gefaßt war, zu sehen ... worauf der große *Padmasambhawa* ruhte. Es kam jedoch nicht dazu.

In Pemionchi ertönten zu unserer Ankunft Glöckchen und Becken, deren Klang bereits vier Kilometer vor der Ortschaft an unser Ohr drang. (...)

Rinchingpon, 10. Oktober 1912

Von Pemionchi ging es nach Dentam; unterwegs hielten wir am Kloster von Sangachelli an, wohin Kumar vier Einsiedler beordert hatte, die dort in den Wäldern leben. Also, malerisch anzuschauen waren sie mit ihren unwahrscheinlichen Mähnen gewiß! Der obere Tempel, wo wir plaudern und uns ausruhen und wo der Prinz für den Augenblick seinen »Hof« eingerichtet hat, wäre für eine Engländerin und sogar für andere entsetzlich »shocking«. Man sieht dort, auf dem Altar, einen blauen Herrn mit einer weißen Dame und einen anderen, roten Herrn mit einer anderen, fleischfarbenen Dame, die eindeutige Dinge treiben. Das alles ist hier ein Symbol. Als ich mir die Fresken im unteren Tempel anschaute, sah ich darauf Leute, die sich so vergnügten wie auf den Fresken des der Venus geweihten Hauses in Pompeji. Ich kann Dir jedoch versichern, daß so etwas hier überhaupt keine ausschweifende Fröhlichkeit bewirkt. Wenn das Bild auch in eher naiver Art gemalt ist, so überkommt einen doch ein Schauder beim Anblick dieser Wesen, die sich, von der Natur zur Fortpflanzung getrieben, redlich abmühen, während eine schreckliche Gottheit, die eine Halskette aus Totenköpfen trägt, bereits einen Fuß auf ihre Leiber gesetzt hat.

Diese auf Leben zielende Anstrengung, die der Tod verspottet; diese Wollust winziger Lebewesen, über die riesige Götter der Vernichtung herrschen ... Man verharrt vor der Wand, ganz ergriffen von den Gedanken und Betrachtungen, die sie heraufbeschwört. Man muß schon ein schwachköpfiger Tourist sein, um darauf zu verfallen, hier von Anstößigkeit zu sprechen. (...)

(...) Droben stoßen wir auf Nebel und einen Bungalow, der gerade instand gesetzt wird; wir warten fast fünf Stunden auf unser Gepäck und wärmen uns am Kamin die Füße. Die Nacht ist feucht und eiskalt, in meinen Fenstern sind keine Scheiben, ich kauere mich unter meinen Decken zusammen und schlafe nur wenig. Der Morgen ist verheerend! Es regnet ... ein paarmal klärt es sich etwas auf, und wir genießen die außergewöhnlichste Wolkenlandschaft — wir sehen sie von oben! —, die man sich nur vorstellen kann ... Aber die verschneiten Gipfel bleiben unsichtbar. Auf Felsen sitzend halten der Prinz und ich eine Morgenmeditation. Wir sind sehr weit, vielleicht hundert Meter, voneinander entfernt und ähneln bestimmt zwei melancholischen Vögeln auf ihrem Horst. Diese Melancholie ist übrigens nur Schein. Über diesen Gipfeln herrscht eine so grenzenlose Gelassenheit, ein so erhabener Friede und in meinen Gedanken so viel — ebenfalls friedliche — Philosophie, daß die Enttäuschung über die Wolken, die mir den heiligen Meru, den Sitz der Götter, verbergen, verfliegt, sich in der Glückseligkeit dieser Stunden verflüchtigt ...

Wir brechen auf; während des Abstiegs gehen zahlreiche Regengüsse auf uns hernieder. Die Leute im Gefolge haben sich dürre Stiele einer Art Riesenlilie abgeschnitten und blasen hinein. Es klingt ähnlich wie die von Lakaien auf den Vierspännern, bei der Rückkehr vom Rennen, geblasenen Trompeten. Und plötzlich muß ich an die Allee im Bois denken, an die Champs-Elysées am Abend des Großen Preises von Longchamp. (...)

Schließlich der letzte Tag, an dem wir noch einmal inmitten von Musik und — ebenfalls zum letztenmal — Weihrauch über einen Berghang zum Kloster hinaufklettern. Leicht bewegt sage ich all den lamaistischen Utensilien, die mir so vertraut geworden sind, Lebewohl. Da wir spät aufgebrochen sind und von den 34 km Wegstrecke zwanzig steil bergauf führen, überrascht uns die Nacht kurz nachdem wir auf einem Teefeld gevespert haben. Wir sind in einem Wald, doch wohin wir gehen, weiß ich nicht. Ich kann nichts sehen, nicht einmal Kumars Schimmel, der indes so dicht vor meinem Pferd geht, daß die beiden Tiere sich berühren. Der Prinz singt einen Hymnus, den *Milarepa* zu Ehren seines *Gurus* oder geistigen Lehrers verfaßt hat. Es ist ein gleichförmiger, etwas dumpfer rezitativartiger Gesang, dessen einzelne Abschnitte in einem Gemurmel von Silben enden, die scheinbar ihrer Belanglosigkeit entsprechend artikuliert werden. Ich weiß jedoch, was diese Worte bedeuten: »Oh, mein trefflicher Guru, ich sehe Dich auf dem Lotos sitzen, der mitten in meinem Herzen ist.«

Der Schullehrer stimmt in den Gesang mit ein und denkt dabei vielleicht an seinen alten Lehrmeister, der ihn an der Grenze zu Bhutan in den *Tantrismus* eingeweiht hat. In wohlige Sorglosigkeit nicht weniger als in die Dunkelheit eingehüllt, ziehen wir dahin ... Schließlich erreichen wir zwei Hütten. Diener wickeln Bananenblätter um das Ende eines Bambusstockes und tränken sie mit Petroleum. Jetzt haben wir Fackeln, die man nacheinander anzünden kann.

Wir sind oben angelangt. Die erste elektrische Lampe taucht auf ... Jetzt ist es also vorbei! Wir folgen einer breiten Straße, die ins Zentrum von Dardschiling führt. Nach einer weiteren Meile stoßen wir auf Hotels, sehen Villen, deren Fenster in der Dunkelheit leuchten. Unsere ganze Prozession, der Kolibriprinz und seine Tibeter, alle sind plötzlich verändert; die malerische Fröhlichkeit, die diese Leute im Dschungel umgibt, ist schlagartig verschwunden. Auf der breiten Ausfallstraße mit ihren elektrischen Lampen sehen sie etwas erbärmlich aus, wie armselige Karnevalsmasken. Keiner singt mehr die Psalmen des Dichter-Asketen *Milarepa*, die Flöten beschwören uns nicht mehr das heidnische Griechenland herauf ... Mit einem Schlag sind Götter, Geister und Seelen des Schneelandes aufgeschreckt davongeflogen, haben kehrtgemacht in Richtung Sikkim ... Ich fühle mich gar nicht mehr so wohl inmitten dieser Reisegefährten, die einer anderen Rasse angehören ... Die Zivilisation erinnert mich daran, daß ich einer »anderen Art«, wie die Engländer vermeinen, zugehöre ... einer »höheren Art« ...

Es kommt mir vor, als beträte ich eine mir unbekannte Welt, als hätte ich in dem halben Jahr der Zurückgezogenheit das Leben vergessen. Es ist ein unangenehmer, abrupter Wechsel; eher noch schmerzhaft als unangenehm, als ob ich aus einem Paradies in eine niedrigere Weltenstufe gestürzt wäre. Im Hotel hat man mir ein Zimmer reserviert, das mir sehr zusagt und das ich mit den Augen eines Bauern, der zum erstenmal sein Dorf verlassen hat, betrachte. Ich hatte mich an die kahlen Bungalowräume gewöhnt, an einen Zustand des Mangels und der Kargheit ... Weißt Du, am liebsten würde ich einfach drauflosweinen ... Zwar weine ich dann doch nicht, nur: Wie häßlich kommt mir alles vor, nachdem ich den Dschungel erlebt habe, wo farbenprächtige Schmetterlinge flattern und wie elektrische Lampen, die in der Dunkelheit tanzen, lebendig sind!

Mein armer Freund, diese Monate zurückgezogenen Meditierens haben — soll ich leider oder um so besser sagen? — meine angeborene Wildheit, meine Abneigung gegen die Welt erheblich verstärkt. (...)

Katmandu/Nepal, 23. November 1912

Bei Mondschein hielt ich vorgestern in einem Wagen des Hofes Einzug in Katmandu; da mein Gepäck noch längst nicht eingetroffen war, schlief ich in einem Nachthemd der Frau des Regierungsvertreters.

Ich verließ Gaja und übernachtete in Bankipur. Der »commissioner«, eine Art Präfekt, hatte mir einen Raum im Bungalow zurechtmachen lassen und bedauerte es sehr, daß er mich der Schicklichkeit wegen (er ist Junggeselle) nicht bei sich zu Hause unterbringen konnte. (...)

24. November 1912

(...) In Raxaul, der Eisenbahnstation, traf ich das Personal des Bungalows der Regierungsvertretung. Mir blieb nichts weiter übrig, als mich in alles Folgende »dreinzuschicken«: Erfahrene Männer geben den Kulis Anweisungen, meine fünfzehn Kulis werden weggeschickt, und ich selbst werde von vier Trägern auf einem Bettgestell, das mit einem Dach und dicken roten Vorhängen versehen ist, fortgeschafft.

Im Bungalow ist bereits der Tee serviert, ein Bad erwartet mich, und das Abendessen kocht ... Am nächsten Morgen ist vor Tagesanbruch Wecken, die Träger werden unter den wachsamen Augen des Soldaten-Polizisten, der mich eskortieren wird, beladen. Im rötlichen Morgenlicht brechen wir in Richtung auf die fern im Norden gelegenen Gipfel auf. Die erste Etappe ist recht lang, etwa 60 km ohne Zwischenstationen, und dieselben Kulis legen die gesamte Strecke zurück, fast ständig in leichtem Trab. Wir kommen zunächst über eine lange, abscheulich staubige Straße. Mein »Bett« hat kaum 40 cm Bodenfreiheit, und ich muß die Staubwolken einatmen, die die Füße der Träger aufwirbeln.

Die eintönige indische Ebene findet hier ihre Fortsetzung. Ich liege auf meinem Bett, denn das viel zu niedrige Dach hindert mich daran, mich aufrecht hinzusetzen. Wir nehmen an, daß wir gegen zehn oder elf Uhr abends den Bungalow erreichen, in dem ich schlafen werde. Bis dahin werden noch einige friedliche und etwas einschläfernde Stunden vergehen. Die Träger singen leise vor sich hin: »He, He! – oh, oh! – ei, ei! – hum, hum! ghoo go! hum, hum! – haifa – hum hum!« (Für die Richtigkeit der Schreibung möchte ich nicht unbedingt garantieren!) ... Es hat den Anschein, als bedeute es etwa: »Vorwärts, gehn wir ...« Doch Rhythmus und Melodie ähneln in ganz eigentümlicher Weise der Litanei unserer Araber, wenn sie einen Toten wegtragen. So komme ich mir denn, von Kopf bis Fuß in ein langes Tuch aus gewöhnlichem orange-safrangelbem Musselin eingewickelt, das mir als Staubschutz dient, wie ein tunesischer Leichnam vor, der gerade zum Friedhof unterwegs ist. Der Gedanke erheitert mich, und ich muß lachen, als ich bemerke, daß ein Blumenstrauß, den mir der Gärtner der Regierungsvertretung bei der Abreise geschenkt hat und der jetzt auf meinem Staubschutz-Leichentuch liegt, das Bild noch vervollständigt. (...)

Am Nachmittag erreichen wir das berüchtigte »Terai«, das Land des Fiebers und der Tiger. Ich schlucke vorbeugend etwas Chinin und gebe auch meinem Boy ein wenig. Was die Tiger angeht, so sei erwähnt, daß unsere Karawane aus zwanzig Leuten besteht, beinahe Vollmond herrscht und ich deshalb stark daran zweifle, daß wir in dieser Nacht auch nur den Schatten des Schwanzes einer Raubkatze zu sehen bekommen. Außerdem verschonen die wilden Tiere dem Hinduglauben zufolge die *Sadhus*. Meine Träger, die fest in diesem Aberglauben verwurzelt sind, wären wahrscheinlich angesichts meines Gewandes in der Farbe der Morgenröte sehr tapfer, und ich selbst sähe mich traditionsgemäß genötigt, ihnen voranzugehen, um mit dem nächtlichen Beutegänger zu »sprechen« ... Ich würde es zweifellos auch tun ... denn der nutzlose und gefährliche Versuch zu fliehen wäre in diesem Dschungel, der einen überall an uralte Epen erinnert, feige und unästhetisch ... außerdem wäre es in diesem Land, das die Heimat des Buddha ist, egoistisch ... und dann — wer weiß? — glaube ich vielleicht selbst ein wenig an die Überlieferung und hätte kaum Angst ... oder wäre sogar völlig furchtlos, denn dieses Land wirkt so stark auf einen, daß die Mentalität unbekümmerter Kühnheit langsam auf einen abfärbt. Ich döse ein wenig vor mich hin, eingeschläfert durch mein schaukelndes Gefährt und den Singsang der Träger. Die Nacht bricht herein. Kilometerweit führt der Weg durch ein Flußbett. Es ist dies eine recht wirtschaftliche Methode, die man der tunesischen Straßenbaubehörde nur empfehlen könnte. Wir winden uns mühsam zwischen riesigen Gesteinsblöcken hindurch, die die seltenen, aber reißenden Wassermassen dorthin gerollt haben. Da sich der Weg in einem solchen Fall vollständig verflüssigt, muß der Reisende natürlich eine Zeitlang warten. In eine dicke Decke gehüllt schlafe ich ein, die Vorhänge meines Palankin-Bettes sind fast ganz heruntergelassen. Die Nacht ist sehr kalt. Ein im Chor wiederholter Schrei weckt mich auf. Wir befinden uns vor einer Art Klippe, die ganz von Pflanzen überwuchert ist und mir wie die Ruine eines Palastes mit Torbögen und leeren Fenstern vorkommt ... gleichsam eine Vision, die in einem kurzen Augenblick des Wachseins an mir vorüberzieht. Und dann kommen wir erneut an eine gestrüppreiche Schlucht, an ein anderes Flußbett und sind noch immer nicht am Ziel. Doch nun geht es einen steilen Abhang hinauf. Mit den Beinen nach oben und dem Kopf zuunterst werde ich eine Weile kräftig geschaukelt, danach setzt man mich wieder ab. Der Mond ist fast schon untergegangen, doch der Bungalow ist erreicht; an der Seite einer engen Schlucht gelegen, bietet er einen wenig verlockenden Anblick. Ein passender Ort für Räubergeschichten. Man wird heute »im Geiste« zu Nacht essen; Du kannst Dir vorstellen, daß man zu dieser Stunde nur ans Schlafen denkt. (...)

Katmandu/Nepal, 1. Dezember 1912

Seit einigen Tagen habe ich nun mein Quartier in dem kleinen Bungalow, der in der äußersten Ecke des Gartens der Regierungsvertretung steht. Der Resident ist mit seinen Leuten in den Dschungel gezogen; dort haben sie damit begonnen, die Tiere abzuschlachten. Meine Wohnstätte wäre recht bequem, wäre da nicht der einzige, eigens meinetwegen gebaute Kamin, der schrecklich qualmt. So habe ich nur die Wahl, zu ersticken oder zu erfrieren. Tagsüber scheint die Sonne so warm, daß man, dick angezogen, auf das Feuer verzichten kann; abends und am frühen Morgen jedoch ist es schlecht, und ich bin bereits wieder stark erkältet. Der Maharadscha hat mir einen Offizier und einen Schullehrer zur Verfügung gestellt, die zwar die Augen weit aufreißen, wenn die Pandite reden, aber der Diskussion selbstverständlich nicht zu folgen vermögen. Der Führer, den man mir ebenfalls zur Verfügung gestellt und als intelligenten Jungen präsentiert hat und von dem ich mir auch wirklich Hilfe versprach, da er der Sohn eines Lamas ist, hat sich als kleiner Dummkopf erwiesen, der mir nicht die geringste Auskunft über Sehenswürdigkeiten oder was auch sonst immer geben kann. Der Maharadscha selbst schließlich ist sehr liebenswürdig, sehr zuvorkommend; er versteht jedoch nichts von meinen Forschungen, ja er kennt nicht einmal die Namen der heiligen Bücher seiner Religion. Er ist... koste das Exotische und Paradoxe daran nur richtig aus — er ist Spiritist! Die letzten, post mortem erfolgten Botschaften des Mr. Stead interessieren ihn unendlich viel mehr als das Wissen um das allerhöchste »Brahman«. Außerdem wird in diesem Fall — aller Höflichkeit, die man dem Ausländer erweist, zum Trotz — ein doppeltes, d.h. patriotisch und religiös motiviertes, Mißtrauen spürbar. Dieses kleine Land, das sich einen Anschein von Unabhängigkeit bewahren konnte und 40 000 Mann in Kriegsbereitschaft hält — dazu noch etwa 50 000 Reservisten —, ist überängstlich angesichts eines Indiens, das erobert ist, und eines Tibets, in dem der britische Einfluß rasch zunimmt. Ein Europäer — jeder Europäer — ist verdächtig, und die Leibwächter, die man ihm gibt, sind zugleich Spione, die ihn überwachen. Die Leute der britischen Regierungsvertretung tun sogar innerhalb der Stadt nicht einen Schritt, ohne daß ihnen ein »Mukhia«, so etwas wie ein nepalesischer »special agent«, das Geleit gibt, der sich nützlich macht, indem er einem Respekt verschafft und den Pöbel vom Leibe hält, einen aber zur gleichen Zeit eben auch überwacht. Ich habe selbstverständlich ebenfalls einen Mukhia, der bei jedem Ausflug vor meinem Pferde hergeht oder neben dem Kutscher reitet. Die Regierungsvertretung hat mich, da das Mißtrauen natürlich auf Gegenseitigkeit beruht, mit zwei Sepoys, also britischen Soldaten, ausgestattet, von denen einer als Ordonnanz ständig bei mir weilt, während der andere, wenn ich ausreite, mir zu Pferde folgt. Mit dieser Anwort gibt der Europäer dem Einheimischen zugleich zu verstehen, daß über dem Schutz der Lokalregierung noch der des »Großen Albion« steht, das über der Dame, die von seinen Soldaten begleitet wird, seine Fittiche ausbreitet. Die Engländer nehmen so etwas sehr ernst. Stieße mir etwas Widriges zu, so zweifle ich nicht daran, daß sie der Angelegenheit genausoviel Bedeutung beimessen würden, wie wenn es sich um einen ihrer Staatsbürger handelte. (...)

In Sikkim lagen die Dinge anders. Zunächst untersteht das Land ganz offiziell englischer Kontrolle; außerdem gehörte ich — trotz der Unterschiede zwischen meinem Buddhismus und dem der Lamas — »zur Familie«, und da der Resident dies wußte, konnte er sicher sein, daß mir keine Gefahr drohte, war also meinetwegen ohne Sorge. Vor allem aber hat der Buddhismus, so entartet er bei den Tibetern auch sein mag, ihnen eine gastfreundliche, frohe Gemütsart verliehen, während man hier auf finstere, verschlossene, bösartig-stumpfsinnige Gesichter trifft. Paulus hätte gesagt, das Land sei voll von bösen Geistern, und die Atmosphäre wird »tatsächlich« verdorben durch diese unreinen Altäre, denen man auf Schritt und Tritt begegnet, und die abscheulichen, blutigen Opferhandlungen, die mit unerhörter Grausamkeit vollzogen werden. Du mußt wissen, man schneidet dem Tier eine Halsschlagader durch und läßt es dann noch bis zum Altar laufen; dort steckt ihm jemand die Finger in die Wunde und zerrt so lange an der Arterie, bis er sie herausbekommt; anschließend macht man mit ihr, was wir mit einem Gummischlauch tun: Man drückt sie mehr oder weniger zusammen und läßt das Blut auf die Götterstatue spritzen. Manchmal schneidet man auch beide Schlagadern durch. Ich habe gehört, daß mancher geschickte »Praktiker« den Todeskampf eines Büffels auf zwei Stunden auszudehnen vermochte. Man braucht nichts weiter zu wissen, um sich ein Bild von der Mentalität der Einwohner und jener psychischen Malaria machen zu können, die aus den Tempeln jeder Größenordnung dringt, mit denen diese Gegend gespickt ist. (...)

Katmandu, 12. Dezember 1912

(...) Übermorgen besuche ich den Ort, wo sich Buddha — so ist es in Legenden überliefert — in einem früheren Dasein einer Tigerin zur Nahrung darbot. Diese Geschichte gehört zu den fünfhundert Erzählungen des gleichen Typs, die »Dschataka« genannt werden. Die Legende ist übrigens eine der ersten, die ich kennengelernt habe, lange bevor ich mein Buddhismusstudium aufgenommen hatte und Buddhistin geworden war. Ich habe sie immer sehr geschätzt, des öfteren zitiert und kommentiert; jetzt, da ich in der Nähe bin, habe ich natürlich Lust bekommen, einen Abstecher zu diesem Ort zu machen, an den die Gläubigen aus schwer erfindlichen Gründen ein Ereignis verlegt haben, das wahrscheinlich nie stattgefunden hat — obwohl eigentlich in diesen Ländern fast alles möglich ist! Es handelt sich sozusagen um die Wallfahrt einer Ungläubigen. Doch das Wetter ist herrlich — nur die Nächte sind etwas rauh —, das Land ist schön, und der Weg wird bestimmt recht malerisch sein. (...)

Der Maharadscha schickt mir Leute, Zelte, einen Palankin, und ich werde mich gewiß wie die Königin von Kapilawastu fühlen. Ich werde erneut im Dschungel kampieren, nachts werden große Lagerfeuer brennen, und wir werden im Freien kochen. Alles wird genauso sein wie auf den Abbildungen zu Jules Verne, für die ich mich als Siebenjährige so sehr begeisterte. (...)

13. Dezember 1912

(...) Den Brief, auf den Du Dich beziehst und in dem Du vom Fortgang meiner Reise sprachst, habe ich nie erhalten. Ganz gewiß, mein sehr lieber Freund, entgeht mir nicht, wie rasch die Zeit vergeht und daß es schon so manchen Monat her ist, seitdem ich aus Tunis fort bin. Was ich hier auf meine alten Tage erlebe, ist so überraschend, diese Reise unterscheidet sich so sehr von allem anderen, daß ich — ich gebe es offen zu — nicht den Mut habe, mit all dem Zauber um mich her einfach zu brechen und zurückzukehren. Es gibt Dinge, die man nicht noch einmal beginnen kann! (...) ... Ja, ich weiß schon, wenn man ein Haus und einen Ehemann hat, ist man nicht völlig frei. Ich kann mir auch vorstellen, daß Du, für den der zweifache Grund, der mich hier festhält, nicht zählt — meine Leidenschaft für die Orientalistik nämlich sowie das Projekt einer Kirchenreform, zu deren Vorkämpfern ich zähle —, wenig Gefallen an meiner langen Abwesenheit findest. Das ist verständlich. Das große Haus ist leer, Du hast nur Fremde um Dich herum ... Ich dagegen bin für ein Leben in der Abgeschiedenheit geschaffen. Ich komme mit vielen Leuten zusammen, wirst Du sagen, doch das gilt ja auch für Dich, und die, denen ich begegne, wechseln so rasch, daß sie mir noch fremder bleiben als die, mit denen Du in Berührung kommst. Ich ziehe ganz allein, inmitten einer Schar gedungener Leute, durch den Dschungel. Wenn ich erschöpft oder krank bin, wenn mich Kummer und Sorgen bedrücken — immer bin ich mit mir allein. Aber ich sage es noch einmal: Genau das hatte ich vor Augen, als ich aufbrach. In Tibet, in jenem steinigen Tal, von dem Du ein Foto hast, glaubte ich, in meinem Zelt sterben zu müssen, und ich verspürte weder Schwäche noch Selbstmitleid oder gar Reue. Ich fand den Tod auf diesen Gipfeln, inmitten von Stille und großartiger Einsamkeit, schön. Dadurch, daß ich seit meinem dreizehnten Lebensjahr ans Philosophieren gewöhnt bin, liegt meine Denkungsart etwas außerhalb des Üblichen. Das weißt Du. Aber Du, mein großer Alusch, hast für Alleinsein und Abgeschiedenheit wenig übrig. Du erträgst dergleichen, wenn es sein muß, aber Du schätzt so etwas auch nicht gerade. Wenn Du zu mir sagst: Komm zurück, dann komme ich. Ich werde dann den Faden, der mich leitet, zerreißen und unvollendet zurücklassen, was so gut begonnen hat ... Ja, was Du als Überhandnehmen des Mystizismus bezeichnest, ist wohl tatsächlich der Fall. Du hast ganz recht. Die Woge, die mich bereits in meiner Kindheit erfaßt hatte, ist höher und mächtiger zurückgekehrt. Aber das ist nicht erst im Laufe dieser Reise geschehen, denn schon vorher, mein Freund, hat sie alle Spuren der jammervollen Krise, die mich so lange gefangen hielt, hinweggeschwemmt. Es stimmt, ich betrachte die Welt mit kühlem Blick, mit den Augen derer, die sie genauestens erforscht, gewogen und ein Urteil über sie gefällt haben. Ich bin fast so weit, daß ich allen persönlichen Ehrgeiz aufgeben und leichten Herzens darauf verzichten würde, meinen Namen unter das zu setzen, was ich schreibe. Ja, ich kann so etwas wirklich mit Fug und Recht behaupten. Ich freue mich nämlich sehr auf die Reise nach Lumbini und Kapilawastu, auf die Besichtigung dieser historischen Orte und den köstlichen Abstecher in den Dschungel. Die Unterstützung des Maharadschas macht aus dieser Reise einen Traum. Und weißt Du: Während des Besuches, in dessen Verlauf er mir eben diese Unterstützung angeboten hatte, sprach der Maharadscha zu mir über sehr persönliche Dinge – aus dem Bereich des Mystischen, wie Du sagen würdest. Als ich wieder zu Hause war, fiel mir die Antwort ein, die ich ihm zu geben hatte; sie war kategorisch, recht schroff, kaum geeignet, jemanden geneigt zu machen, und ich glaubte, sie würde die Freundlichkeit des Fürsten und die Reise nach Lumbini wie ein Kartenhaus zusammenstürzen lassen ... Ich schickte sie gleichwohl so ab und war von vornherein darauf gefaßt, die Stadt, in der Buddha gelebt hat, den Boden, wo er geboren ist, niemals zu Gesicht zu bekommen. Die Wirkung war allerdings gänzlich anders. Man ist in Indien an Schroffheit von seiten derer, die das orangefarbene Gewand tragen, gewöhnt ... Die Entscheidung indessen, ein solches Opfer zu bringen, hatte ich in großer Gelassenheit getroffen. Dir, der Du meine Reiseleidenschaft kennst, wird das etwas sagen ... Ich wiederhole es, mein lieber Mouchy: Alles liegt ganz bei Dir. (...)

Katmandu, 21. Dezember 1912

(...) Ich war in »Mam Buddha« (Legende von der Tigerin!), wie ich es Dir bereits neulich angekündigt hatte. Die Reise war gut vorbereitet;

es ging im Wagen nach Bhatgaon, wo bereits Pferde für uns bereit standen. Es weht dort ein schneidender Wind, der jedoch mit den heftigen Stürmen in Tibet nicht zu vergleichen ist. Man wird nicht steif vor Kälte, erschaudert aber trotz dicker Kleidung bei diesem Wetter, das so überhaupt nicht »nirwanisch« ist, sondern eher zum Kämpfen anspornt. Die orientalischen Philosophien brauchen die milde Luft tropischer Nächte, Orchideendüfte und Leuchtfliegen, die in einer Finsternis tanzen, die ganz von Insektengesumme erfüllt ist, wie in Dikschu, in der Umgebung des Bungalows mit den blauen Hortensien, wo ich angehalten hatte und die Zeit verstreichen ließ, indem ich von meiner Rückkehr nach Tibet träumte. In solcher Atmosphäre stellen sich Gelassenheit, ruhige Gleichgültigkeit ganz von selbst ein, und man ginge ohne große Überwindung der sterbenden Tigerin entgegen. Gleichgültigkeit und Lebensverachtung entstehen freilich nur, wenn zuvor körperliche und geistige Bedürfnisse befriedigt sind. Die Buddhas und ihresgleichen waren immer reiche, glückliche Menschen. Derjenige jedoch, dem persönliche oder klimatische Umstände ein beschwerliches Dasein beschert haben, ist ganz versessen auf dieses Leben und klammert sich verzweifelt daran fest. Wie auch immer es um diese so paradox anmutende und doch richtige Philosophie bestellt sein mag, weder die nichtssagende Landschaft noch die Temperatur bringen jemanden auf den Gedanken, sich irgendeiner Tigerin zur Nahrung darzubieten. – Wir befinden uns im Gebirge, müssen unwahrscheinlich klettern und landen schließlich wieder auf Feldern, die von Aufschüttungen durchzogen sind, die das Wasser der Bewässerungskanäle zurückhalten. Der Führer, der vorangeht, verläßt den Hauptweg und folgt einem Pfad, der eine Abkürzung darstellt. Einen Augenblick später gelangen wir an einen schmalen Damm, auf dem für die Pferde nicht genügend Platz ist. Wir müssen deshalb über die Felder reiten und erwecken den Anschein, ein Hindernisrennen zu veranstalten. Die Ponys haben anscheinend große Freude daran und springen nach Herzenslust. Danach geht es wieder steil bergauf. Gegen vier Uhr erreiche ich das Lager: Man hat ein weites Stück Land eingeebnet, das Buschwerk rings umher niedergebrannt oder abgeschnitten und Zweige in den Boden gesteckt, um so von der Straße zu meinem Zelt eine Allee zu errichten. Es sieht wirklich nett aus. Auch mein Zelt ist durchaus bequem und hat ein zweites Dach, das als Windschutz rundherum reicht. Das Zelt ist unterteilt in ein Zimmer von etwa 2,75 Quadratmetern und einen daran anstoßenden kleinen Waschraum. Es ist überall dicht. Oh, wenn ich diese Einrichtung gehabt hätte, als ich in 5000 m Höhe war ... Man hat eine dicke Schicht trockenen Grases unter die Teppiche gelegt, so daß es wirklich sehr warm ist. (...)

(...) Ich esse zu Abend und lege mich sofort schlafen. Mir gefallen diese einsamen Dschungelnächte im Zelt. Man fühlt sich, mehr als in der

einfachsten Hütte, mitten in der Natur, ist eins mit den Dingen. Ein Zelt
— dieser winzige Verschlag, dessen Zwischenwände im Winde flattern,
klatschen und lebendig werden — ist wie ein unsteter Vogel, der heute
hier, morgen dort ist ... ein Schiff auf dem Festland. Oh, ich fände
beispielsweise gar keinen Gefallen an den prunkvollen Campingaus-
flügen des Regierungsvertreters, bei denen aus einem Zelt fast schon
wieder ein Haus wird, in dem man mit einer zahlreichen Begleitung
gesellig beisammen ist. Man muß allein sein — auf die schmale Pritsche
gekauert —, wenn man die Schreie der Nachtvögel oder das Rascheln
unsichtbarer Wesen auf der anderen Seite der Zeltplane hören will. In
einer der letzten Nächte glaubte ich, ich hätte eine Schlange zu Besuch.
Jene Träume, die ich als menschenscheues kleines Mädchen einmal geträumt habe, erlebe ich hier als Wirklichkeit. (. . .) Wären die Götter gut
zu mir, so ließen sie mich in einer dieser Dschungelnächte, »in der es so
viele Planeten gibt«, wie der Hirte Balthasar bei Daudet sagt, in den
langen Schlaf sinken ... und unversehens steigt die heimtückische Versuchung in einem auf, sie darum zu bitten ... Ich muß lächeln, denn
Mara fällt mir ein, der Teufel der buddhistischen Legenden, der sogar
Buddha selbst in Versuchung führte: »Du hast den Frieden, die Ruhe
erreicht, Glückseliger; erlösche jetzt, tritt ein in die ewige Ruhe, ins
Nirwana.« Buddha fährt ihm ins Wort: »Genug, Mara; solange nicht
diese Lehre und dieser Weg, den ich entdeckt habe, verkündet sind und
solange nicht Männer und Frauen, Priester und Laien sie verstanden
haben und anderen weiterverkünden, werde ich nicht in die ewige Ruhe
eintreten.« Die Worte der wieder und wieder gelesenen, seit langem
schon auswendig gewußten Texte erklingen in der Stille, die das kleine
Einsiedlerbett einhüllt. (. . .)

Rumindei, 8. Januar 1913

(. . .) Ich habe Katmandu am 31. Dezember verlassen und bin bis
gestern ständig unterwegs gewesen; ich bleibe zwei Tage hier und ruhe
mich an diesem Ort, in dem Buddha geboren ist, ein wenig aus. Übermorgen werde ich in Kapilawastu mein Zelt aufschlagen, der Stadt, in
der er seine Jugend verbrachte. Es sieht dort aus wie in Karthago: Nur
ein paar Steine sind noch zu sehen. Man will mir in dieser Provinz, die
für Ausländer noch weniger zugänglich ist als die Gegend von Katmandu, auch noch eine Stadt zeigen. (. . .)

Nepal, Sinamena, 19. Januar 1913

Sobald ich wieder in Indien bin, schicke ich den Brief ab, in dem ich
Dir berichte, was sich auf dieser neuerlichen Expedition alles ereignet

hat. (...) Man fühlt sich im höchsten Grade an Jules Verne erinnert. Wir haben drei Zelte: je eins für mich und meine Leute, ein drittes für die nepalesische Begleitmannschaft. Mir stehen vier Elefanten und etwa zehn Kulis als Träger zur Verfügung, die ihr Lager in einiger Entfernung von uns aufgeschlagen haben. Du kannst Dir vorstellen, daß es nicht ganz einfach ist, derartige Reisen selbst zu organisieren, und ich habe es nur meinem guten Stern zu verdanken, daß mir alle diese Dinge dank einem Maharadscha, der eine gewisse Achtung vor meinen bescheidenen Kenntnissen hat, zuteil geworden sind. (...)

Ich hatte darum gebeten, mein Lager bei Tilora — an einem Teich, in einem Stück Dschungel mit herrlichen Lichtungen — aufschlagen zu dürfen, man wollte jedoch davon nichts wissen, bezeichnete die Stelle als unsicher; es gebe da »Menschenfresser«, und des Nachts traue sich niemand dorthin. Eines Nachmittags kam ich dann doch an den bewußten Ort, schickte meine Leute fort und bat lediglich darum, mir einen Elefanten für die Rückkehr herbeizuschaffen. Während mein Boy und ich ein schattiges Plätzchen suchen, wo ich ein paar ruhige Stunden verbringen kann, machen wir eine betrübliche Entdeckung. Unter den Bäumen liegen schöne blaue Federn auf dem Boden verstreut, ein untrüglicher Hinweis darauf, daß die Raubvögel unter den so hübschen blauen Vögeln, die jetzt nur noch selten in Indien zu sehen sind, ein arges Gemetzel anrichten. Etwas weiter weg, hinter einem Busch, entdecken wir einen regelrechten Knochenhaufen... *Schiwa, Schiwa!* Dieser Dschungel ist ein Schlachtfeld! Nun gut, ich finde jedenfalls einen Platz, setze mich nieder und sehe, wie sich der Junge allmählich entfernt und das Unterholz durchstreift. Ich sitze da wie die klassischen *Jogis* dieses Landes, denke über jenes Wort nach, das in den Texten so oft auftaucht: »Der Dschungel ist ein vortrefflicher Aufenthaltsort für den Weisen...« Ich bin zwar kein Weiser, finde den Dschungel aber dennoch köstlich. Bei geschlossenen Augen beginne ich alsbald über einen in diesem Zusammenhang unwichtigen Gegenstand zu meditieren und höre plötzlich, wie sich zu meiner Linken auf dürrem Laub etwas anschleicht. Es sind die vorsichtigen Schritte einer Katze, einer schweren Katze. Ich rede mir ein, daß Ablenkungen schlecht sind, und richte angestrengt meine Gedanken wieder auf mein Thema. Eine Weile später jedoch öffne ich die Augen und schaue hin. Links von mir, etwa zwanzig Meter entfernt und zur Hälfte hinter Blättern verborgen, entdecke ich einen langen schwarzgestreiften Körper, von dessen Kopf nur die spitzen Ohren zu sehen sind. Mein erster Gedanke ist völlig abwegig; ich sage mir: ein Zebra! Dann aber fällt mir ein, daß es in diesem Lande keine Zebras gibt und außerdem das Fell für ein Zebra zu rötlich ist; also komme ich zu dem Schluß: ein Tiger. Die Dämmerung ist nahegerückt, doch ist es noch recht hell, und ich kann den langen Körper und die aufgerichteten Ohren deutlich erkennen. Ich stelle also endgültig fest: ein Tiger; mein Herz, ich gebe es zu, fängt heftig zu pochen an, wofür ich mich lächelnd selbst verspotte. Nun ja, ein Tiger, der mich wahrscheinlich genauso anstarrt wie ich ihn und, ohne sich zu rühren, nachdenkt, ebenfalls wie ich. Was ist zu tun? Soll ich aufspringen und fortlaufen? Falls er es will, hat er mich in drei Sätzen eingeholt ... Außerdem gibt es ja auch in Indien die Tradition, daß ein *Sannjasin* vor keiner Gefahr flieht. Es reizt mich, den kleinen Rest nervlicher Erregung in mir zu spüren, und ich frage mich: Was wirst du tun, wenn er aus dem Dickicht hervorspringt und auf dich zukommt? Doch ich weiß bereits, daß das lange praktizierte Training, eine Art Autosuggestion, wenn Du so willst, die Oberhand behalten wird, daß ich mich nicht rühren werde, daß ich das Gewand in der Farbe der Morgenröte, in das ich gehüllt bin, nicht entehren werde. Und da ich dies alles nun einmal weiß, halte ich es für angebracht, auch diesen nachdenklichen Tiger seinen Meditationen zu überlassen und die meinen wiederaufzunehmen. Es kostet mich kaum eine Anstrengung, ich schließe erneut die Augen ... letztlich ist alles nur ein Traum ... Ich vergesse den Tiger, den Dschungel, mich selbst. Als ich dann aus meinen Gedanken zurückkehre, fällt mir der Tiger wieder ein, doch ich sage zu mir selbst: Ach was, du hast einen Haufen rotbrauner Blätter gesehen, die sich vom dunkleren Laub abgehoben haben. Bestimmt ist mein aus dürren Blättern bestehender Tiger noch immer an der alten Stelle. Ich schaue hin: nichts. Ich versuche, mir zwischen den Blättern ein entsprechendes Bild vorzustellen, doch es gelingt mir beim besten Willen nicht. Es sind auch gar keine rotbraunen Blätter vorhanden, und dort, wo vorhin der große lange Körper meinen Blick auf sich zog, ist jetzt ein Zipfel des Himmels zu sehen.

Der Elefant ist da, ich kehre ins Lager zurück. In der Nacht bringt das Gebrüll eines Tigers, der freilich recht weit weg ist, meine Leute auf die Beine. Ist es bloßer Zufall, oder handelt es sich tatsächlich um dieselbe Raubkatze, die so nahe an mir vorbeigekommen ist? Du kannst mir glauben, wenn solche Erlebnisse erst ein paar Tage her sind, bildet man sich leicht ein, sie nur geträumt zu haben.

Wirst Du mich nun deshalb für mutig halten? Manche wären bestimmt geneigt, es zu tun. Doch nein, weißt Du, Mut oder Feigheit – das ist meistens nur eine Frage der Hypnose. Ich habe so viele hinduistische Geschichten über *Jogis* und Heilige gelesen, die den Raubkatzen ruhig ins Auge blickten, daß ich automatisch und ganz mechanisch das gleiche täte. Wirklich mutig wäre es gewesen, wenn ich nicht, wie es hinduistischer Routine entspricht, meine Meditation im Angesicht des Tigers fortgesetzt hätte, sondern etwas getan hätte, was abendländisch und in den Erzählungen nicht vorgesehen ist: meinen Photoapparat, den ich bei mir hatte, zu nehmen und eine Aufnahme von dem Tier zu machen. Wahrscheinlich wäre es weggelaufen ... oder es hätte sich auf mich gestürzt; das hübsche Wagestück hätte jedenfalls darin bestanden, es auszuprobieren ... Wenn ich genauer darüber nachdenke, kommt es mir vor, als hätte ich mich hinter der heiligen Tradition und den jahrhundertealten Gesten derer, die wie in einer Festung gewappnet sind, verschanzt, überzeugt davon, daß Fliehen unnütz ist, zu gewissenhaft, um meinen Boy zu rufen und damit ein Kind, das viel weniger als ich auf solch einen dramatischen Zwischenfall vorbereitet wäre, die Gefahr mit mir teilen zu lassen, zu stolz schließlich, um mir einen Mangel an Haltung zuschulden kommen zu lassen. (...)

Benares, 19. März 1913

(...) Als ich gestern etwas datierte, fiel mir plötzlich auf, daß es der 18. März war, der Jahrestag der »Commune«, der Tag, an dem die Föderierten losgezogen sind. Habe ich Dir eigentlich jemals erzählt, daß ich nach der Massenerschießung, als man die Leichen rasch in die dazu vorbereiteten Gräben warf, an der Mauer der Föderierten gewesen bin? Irgendwie sehe ich alles noch vage vor mir. Ich war damals zwei Jahre alt! Falls Du zum erstenmal hiervon hörst, wirst Du sicher wissen wollen, wer mich dorthin geführt hat. Es war mein Vater; er wollte, daß ich mich später an ein möglichst eindrucksvolles Beispiel menschlicher Grausamkeit erinnern könnte. Oh, ihr Götter, die menschliche Grausamkeit habe ich auch danach noch in Aktion gesehen, ohne soviel theatralische Tragik! (...)

Ich habe Halluzinationen; ich sehe den Himalaya, Seen, in denen sich schneebedeckte Gipfel spiegeln, Sturzbäche in den Wäldern. Dies ist zweifellos eine Folge der Hitze. Den Arabern vergleichbar, die als Gegensatz zu ihrer glühenden Wüste von einem Paradies voll kühler Quellen träumen, kommt es mir vor, als spürte ich die dünne Höhenluft und den scharfen Wind, der durch die Wälder weht. Tibet! Tibet! Ein Stück meiner selbst ist dort droben in den Steppen geblieben, in jener trostlosen Einsamkeit, wo ich — vielleicht unvorsichtigerweise — den »bindenden Wunsch«, wie die Tibeter glauben, ausgesprochen habe. Zehn Jahre zu spät! Ich gebe es offen zu: Der Wunsch, durch diese verschlossene, für mich jedoch offene Tür zu treten, war sehr groß; der Wunsch, die einmalige Gelegenheit zu nutzen und kennenzulernen, was keiner der wenigen Forschungsreisenden bisher aus der Nähe gesehen hat, zu tun, was noch kein Europäer getan hat. Ja, Weisheit besteht darin, sich zu bescheiden, sich mit jenem immerhin auch schon ansehnlichen Stück zufriedenzugeben, das man hat vollbringen können ... und trotzdem — der Traum wäre schön gewesen ... Welch heiteres Lebensende versprach er der »kleinen Alten mit Brille«!

Mein Lieber, nette Grüße von einer fernen, undankbaren und egoistischen Freundin ... vielleicht denkst Du das. Das dürfte die Meinung Evas[1] und vieler anderer sein! Wenn jedoch niemand auf der Welt sein Leben gelebt hätte und seinen Träumen nachgehangen wäre, wo stünden wir dann wohl jetzt? Wenn alle darauf verzichtet hätten, ihrer Berufung zu folgen, alle: ein Buddha, ein Christus, die Gesellschaftspropheten oder die Pioniere der Wissenschaft, wenn sich alle mit gestutzten Flügeln irgendeiner häuslichen Pflicht, von der selbstverständlich niemand enthoben ist, gewidmet hätten – nicht auszumalen, in welch eintönigen Lebensraum wir uns versetzt sähen! Es geht nicht um die Frage, ob sie im Recht waren. Sie waren es alle. Es muß nur geklärt werden, bis zu welchem Grade man von ihrem Schlage ist. Wir sind oft vorschnell und halten uns – klägliche Raben – für zur Familie der Adler gehörig; andererseits ist aber, wie ich erst neulich in einem Vortrag gesagt habe, auch zu erwägen, wieviele gekonnt hätten, wenn sie nur gewagt hätten, wieviele lediglich deshalb unfähig sind, weil sie sich dafür halten. Das Problem ist schwierig, eine Antwort läßt sich kaum finden. Hier ist es üblich, daß die Leute einen *Guru* haben, der alle Schwierigkeiten dieser Art dadurch behebt, daß er entscheidet, ob man auch wirklich und von Rechts wegen ermächtigt ist, sich auf die Bahn der Adler emporzuschwingen, oder ob man nicht lieber als braves Entlein auf seinem Geflügelhof häuslichere Tugenden entfalten soll. Das ist natürlich bequem. Was meinst Du, mein großer Alusch, wenn ich Dich um Rat fragen und für einen Augenblick in die Würde eines *Gurus* erheben würde. Welche Antwort würdest Du mir geben? Gehöre ich zur Kategorie der Adler oder der Entlein?

Benares, 25. März 1913

Soll ich Dir meinen Tagesablauf schildern? Wenn ich aufwache, betrachte ich mir den Sonnenaufgang – woraus Du entnehmen kannst, daß ich Frühaufsteherin bin. (...) Sodann Bad, Geplansche; Du weißt, daß ich nicht wasserscheu bin. Frühstück mit Kakao und Toastbrot. Vorbereitungen für den Schneider – es gibt hier keine Näherinnen –, der zu mir kommt, um ein paar Kleidungsstücke in Ordnung zu bringen. Schließlich kommt der Pandit. Es ist acht Uhr, und der Sanskritunterricht beginnt. Wenn er fort ist, kümmere ich mich wieder um die begonnenen Näh- und Stopfarbeiten. Heute esse ich einer Verabredung wegen früher zu Mittag. Die Mahlzeit besteht aus Spinatsuppe, Rührei mit Tomaten und gerösteten Auberginen. Mein Tibeter bringt nur Suppen zuwege; mit dem, was er sonst noch kocht, kann allenfalls ein *Sadhu* beköstigt werden, der sich – wie die *Jogis* – darin übt zu essen, ohne

---

[1] Eine Schwägerin Philippe Néels.

den Geschmack auch nur im geringsten zur Kenntnis zu nehmen. Anschließend begebe ich mich durch sengend heiße Straßen zu einem Bekannten, einem *Jogi*. Es ist ein sehr gebildeter Mann, der eine erstaunlich nihilistische Philosophie vertritt und einen recht ausgefallenen religiösen Namen trägt: Satchitananda (...), was »Dasein-Wissen-Glückseligkeit« bedeutet. (Dies sind die Eigenschaften des höchsten »*Brahma*«.) Meinst Du nicht auch, daß ein solcher Name trotz geographischer und ethischer Distanz nach Indianer klingt? Jedesmal, wenn ich den Namen dieses Herren schreibe, denke ich an Lederstrumpf... Ich bin also (bei 40 Grad im Schatten) zur Einsiedelei von Dasein-Wissen-Glückseligkeit unterwegs. Die Klause ist ein Pavillon mit zwei Räumen, einem im Erdgeschoß, der weder Fenster noch Türen hat und eher einer winzigen Eingangshalle als einem Zimmer ähnelt; von hier führt eine steile, unglaublich schmale Treppe zum einzigen Zimmer des Obergeschosses, wo der *Jogi* wohnt. Ganz im Gegensatz zu indischem Brauch ist das Zimmer gefegt und peinlichst sauber. Die Einrichtung besteht aus zwei Stühlen, einer zusammengerollten Matratze, die abends zum Schlafen auf den Boden ausgebreitet wird, sowie einer darüber gelegten Decke – sowohl Matratze als auch Decke sind tadellos weiß. So etwas ist hier ein wahres Wunder! Auf dem Boden, in einer Ecke, ein paar Bücher und Hefte, ein Tintenfaß. (Die Hindus kauern sich wie die Araber zum Schreiben nieder.) Das ist alles. In diesem asketischen Rahmen, mit Blick auf Gärten und Tempel, die durch die geöffneten Fenster zu sehen sind, plaudern wir über den *Wedanta*. Satchitananda ist ein echter Vertreter des *Wedanta*, einer der wenigen, die ich kennengelernt habe. Nur ganz wenige haben den Mut, es mit solcher Folgerichtigkeit zu sein. In seiner Lehre gibt es nicht den Funken Mitleid oder Nachsicht... Ich sage lachend zu ihm, er verkörpere den *Wedanta* in all seiner Gräßlichkeit. Was bezweckt ein solcher Mensch mit seinem Asketenleben?... Es wäre gewiß aufschlußreich, das zu erfahren, aber trotz der offensichtlichen Sympathie, die er mir entgegenbringt, hege ich einige Zweifel, daß er es mir jemals verraten würde. Wir unterhalten uns beinahe vier Stunden lang. Alles Worte, albernes Zeug! – wirst Du jetzt ausrufen... Vielleicht, aber darum geht es gar nicht. Ich bin zum Lernen hier, und solche Unterhaltungen sind ein Unterricht. Anschließend kehre ich in meine Zelle zurück, die nicht viel besser ausgestattet ist als die des *Jogis*, und dann kommen wieder der Pandit und das Sanskrit. Ich werde meine Abendmahlzeit, die aus einer Milchsuppe und Makkaroni besteht, einnehmen und zu Bett gehen.

Das große Ereignis dieser Woche war eine Mondfinsternis am letzten Samstag, dem 22. März. Im Volksglauben gilt eine Mondfinsternis als etwas Schreckliches, als ein Vorzeichen öffentlichen Unglücks. Folglich muß man die Götter beschwören und die frommen Verrichtungen verdoppeln. In anderen Gegenden Indiens muß man genau in dem Augenblick, wenn der Mond wieder sichtbar wird, in einem heiligen Fluß baden; kraft dieses Bades wäscht man sich von allen Sünden rein. Die Damen aus Frankreich[1], von denen ich Dir erzählt habe, haben ein Boot gemietet; wir haben gepicknickt und den Abend von 5 bis 8 Uhr auf dem Wasser verbracht. Auf den *Ghats* war eine riesige Menschenmenge zusammengeströmt, es waren etwa hunderttausend Leute, vielleicht sogar mehr. Ganze Ortschaften waren gekommen. Seit drei Tagen bereits hatten Sonderzüge Pilger herbeigeschafft. Das Schauspiel war sehenswert! Als die Nacht hereingebrochen war, schufen Mondschein und der rötliche Schimmer des »burning ghat« eine zauberhafte Szenerie. (...)

Während des Aufenthaltes dieser Damen Karpelès wurde ich Zeuge eines — im Grunde sehr banalen — kleinen Liebesdramas. Ich habe Dir doch einmal von einem Chemiker erzählt, der in Kalkutta eine Seifenfabrik betreibt und in Paris studiert hat. Er hatte dort die Bekanntschaft der beiden jungen Damen gemacht und sich in die ältere verliebt. In Paris kam der Hindu dem Mädchen vielleicht interessant vor. Ich weiß nicht, ob sie ihm Hoffnungen gemacht hat, auf jeden Fall wollte er sie heiraten. (...) Er kam zu mir und heulte beinahe, als er mir von seinem Kummer berichtete. Er ist immerhin kein kleiner Junge, sondern 37 Jahre alt.

Er hat Glück gehabt und ist dem traurigen Abenteuer entgangen, das diese Heirat gewesen wäre. Er und das Mädchen haben nichts miteinander gemeinsam, und Mischehen stoßen in Indien auf so viel Feindseligkeit, daß das Leben für die Eheleute unerträglich wird. Ich habe versucht, ihm das klarzumachen. Mit viel Philosophie hat er mir geantwortet, daß er natürlich darüber hinwegkommen werde, daß es aber im Augenblick ein harter Schlag sei.

Es ist doch immer die alte Geschichte. Sobald man jemanden um etwas bittet, sobald man etwas von ihm erwartet, lauert schon die Enttäuschung auf einen; jedesmal wenn man, einer unvorsichtigen Schildkröte vergleichbar, ein Glied unter seinem Panzer hervorstreckt, ist das Ergebnis schmerzlich. Wer die Freude sucht, erntet das Leid. Jene Weisen, die »Enthaltsamkeit« und Verzicht predigten, wußten schon, was sie sagen. Ihnen war klar, daß dies die einzige Taktik ist, sich Leid zu ersparen. All das gründliche geistige Training, das die philosophischen Schulen Indiens propagieren, ist durch die Tatsache gerechtfertigt, daß es für den, der es betreibt, den Schmerz in hohem Grade lindert und manchmal sogar ganz beseitigt. (...)

»Die Glückseligkeit liegt ganz nahe am Verzicht«, heißt es in der

---

[1] Es handelt sich um Mme Karpelès und ihre Töchter Andrée und Suzanne.

Bhagawadgita, und das ist nicht im christlichen Sinne des Begriffs »Verzicht« zu verstehen, sondern einfach als Zurückweisung dessen, was man selbst als belanglos oder, schlimmer noch, als zutiefst schädlich erkannt hat.

Diese philosophischen Erörterungen einer Moumi, die eine »epikureische Askese« — so möchte ich es bezeichnen — betreibt, werden Dich bestimmt langweilen, wenn nicht gar verärgern. Einmal, als ich mehr als üblich philosophiert hatte, schriebst Du mir: »Alle diese Worte klingen hohl und leer; wieviel besser wären doch zwei offene Arme oder eine Schulter, an die man seinen Kopf lehnen kann.«

Tja, lieber Freund, obwohl Du — erlaube mir dies Kompliment — große Fortschritte an Weisheit gemacht hast, gehörst Du wohl doch zu denen, die dem trügerischen Schein eines nur zeitlich begrenzt verfügbaren Ruhekissens erliegen, die glauben, eine Binde vor den Augen hindere die Außenwelt zu existieren. Dies System ist schlecht, sehr schlecht. Da ein Paar Arme ohne Dauer sind, lösen sie sich von selbst, oder aber ein Ereignis wie der Tod löst sie, und auch die Schulter aus Fleisch und Blut eines anderen Sterblichen ist eine unsichere und sehr zerbrechliche Stütze. Denn selbst wenn eine Lehne dieser Art nicht plötzlich einfach verschwindet, so finden doch vielleicht wir, in der Unbeständigkeit unseres »Ich«, sie nicht mehr bequem und unserem Bedürfnis entsprechend. Was eine Stunde lang für den Körper eine angenehme Lage war, wird in der nächsten Stunde unbequem und zur Plage. Tapferkeit ist noch immer die sicherste Einstellung. Schaut man den Dingen ins Gesicht, so verlieren sie an Schrecken; wie die Gespenster, die der Schatten der Nacht hervorbringt, sind auch sie etwas völlig anderes für den, der ihnen nicht ausweicht, sondern auf den Grund geht. Der Furchtlose flieht nicht das Gespenst des Todes, sondern geht ihm entgegen, entreißt ihm den Schleier, zieht ihm den Karnevalsplunder vom Leibe, mit dem ihn die Unwissenheit der Masse ausstaffiert hat, und er stellt schließlich fest, daß von dem Entsetzen derer, die ihn nur von ferne, mit furchterfülltem Blick und undeutlich wahrzunehmen vermögen, nichts übrigbleibt. (...)

Nach der grauenhaften moralischen Krise, in der ich vier volle Jahre gesteckt habe und von deren Umfang und quälender Intensität Du nie eine Ahnung hattest, bin ich schließlich wieder auf die »Wege außerhalb der Welt« gestoßen, die mich schon in meiner Jugend gelockt und gefesselt hatten. Ich war eigentlich überrascht, daß sie sich noch einmal auftaten, und als ich begriff, daß Friede und Gelassenheit zurückkehren würden, begann ich für diese Lehre, die sie mir in der Tat wiedergebracht hat, eine grenzenlose Dankbarkeit zu empfinden. Du hast ganz und gar mißverstanden, weshalb ich bestimmte Sachen vor meiner Abreise vernichtet habe. Es ging nicht darum, daß sie nicht im Falle meines

Todes in falsche Hände geraten sollten; vielmehr wollte ich die materiellen Spuren jeglicher Bindung vernichten und beim Aufbruch die Vergangenheit begraben haben. Es war so etwas wie das symbolische Leichentuch, das man in den katholischen Klöstern über den Novizen entfaltet, wenn sie in die Ordensgemeinschaft eintreten.

Vielleicht bin ich unvorsichtig, Dir von diesen Dingen zu erzählen, Dir zu zeigen, was alles für mich nicht mehr existiert. Wie wirst Du es aufnehmen? ... (...) Bist Du einverstanden mit der »kleinen Alten mit Brille« aus Deinem Traum, die Bücher schreibt und Vorträge hält? Sie muß ihre Studien noch fortsetzen, bevor sie ins Abendland zurückkehrt.

(...) Wäge ab, denke nach, überlege es Dir, mein Lieber, und verurteile mich vor allem nicht voreilig. Vielleicht bin ich gar nicht so treulos, wie es Dir vorkommt ... Ich bin lediglich etwas matt. Ein wenig von jener Mattigkeit, die das leicht verächtliche Lächeln der Buddhas kennzeichnet, hat sich auch auf mich gelegt. Stoße Moumi nicht endgültig von Dir, nur weil sie nach all den aufreibenden Jahren nach ein wenig Ruhe und Frieden sucht. (...)

Laß Dich von diesen Zeilen, die Dir gewiß zu mystisch erscheinen, nicht verdrießen. Ich schicke sie Dir als Ausdruck allerhöchster Zuneigung zu einem sehr lieben Freund, der meinen Gedanken und meinem Herzen trotz der Entfernung sehr nahe ist.

Theosophical Society, European Quarter
Benares, 10. Juni 1913

(...) Was soll ich Dir sagen, mein lieber großer Freund, wir sind schließlich weder Italiener noch Orientalen ... noch Marseiller, und unserer Mentalität des Nordens mißfallen Formulierungen, die hochtrabend und weitschweifig sind. Ich will mich also kurz fassen, und Du wirst zwischen den Zeilen lesen müssen, was ich unausgedrückt lasse. Ich bin von allem, was Du schreibst, zutiefst gerührt, und ich bewundere in aller Aufrichtigkeit und sogar mit leichtem Erstaunen Deine Großzügigkeit ... ich würde »Seelengröße« sagen, müßte ich nicht befürchten, daß Du den Ausdruck belächelst. Oh ja, mein großer Freund, Dein Verhalten mir gegenüber ist jenseits all der gewöhnlichen Gefühle angesiedelt, zwischen denen sich normale Sterbliche bewegen. Sich nicht zu ärgern über das, was einem mißfällt und schmerzlich ist; einzuwilligen, daß die Menschen, die einem am nächsten stehen, ihre eigenen Wege gehen, anstatt zu verlangen, daß sie einen ständig als Trabanten umkreisen, und noch weiter zu gehen und nicht nur darauf zu verzichten, ihre Bewegungsfreiheit einzuengen, sondern ihnen sogar noch Hindernisse und Schwierigkeiten aus dem Wege zu räumen — dies nenne ich bei einem normalen Gläubigen große Heiligkeit; bei einem Ungläubigen ist es höchste Weisheit und erlesenste Philosophie. Du gestehst mir einen gewissen intellektuellen Rang zu, mein Freund; wenn somit meine Wertschätzung in Deinen Augen etwas Gewicht hat, so nimm zur Kenntnis, daß ich Dich in Deinen Gefühlen und Deinem Verhalten für wirklich groß halte und aus meinem asiatischen Orient und meiner Studierklause nicht einfach nur einen simplen Gedanken der Dankbarkeit an Dich richte, den man für jede Wohltat und jeden Wohltäter übrig hat, sondern eine bewegte und respektvolle Lobeshymne, denn Du handelst im Augenblick wie ein wirklicher Weiser. Ergänze, mein lieber Mouchy, diese Zeilen noch um all die Zärtlichkeit, die man in Worten nicht ausdrücken kann, und betrachte das Ganze als Huldigung von jemandem, der weder mit Bewunderung noch schmeichlerischen Worten verschwenderisch umgeht und auf seinem Wege nicht jedem Beliebigen seine Freundschaft anträgt.

Der Gedanke daran, mein lieber Kleiner, daß Dir meine Abwesenheit so sehr zu schaffen macht, zerreißt mir das Herz ... *meine* Abwesenheit ... Verzeih, wenn ich schon wieder philosophiere, aber vielleicht ist es weniger *meine* Abwesenheit, was für Dich so schmerzlich ist, als vielmehr die Abwesenheit von Gesellschaft schlechthin, also die Einsamkeit. Ich gehöre nicht zu denen, die in ihrer Unbesonnenheit glauben, sie besäßen eine Anziehungskraft, die sie unersetzbar macht. Wenn ich auch, wie Du mir in so netter Weise schreibst, als Intellektuelle »jemand sein« kann, so zeichne ich mich doch als Gattin nicht sonderlich aus, und abgesehen davon, daß ein großer Mann seine Eitelkeit geschmeichelt sehen kann, einer einigermaßen angesehenen und bekannten Frau seinen Namen gegeben zu haben, dürfte ich einem Ehemann wohl kaum Quelle zahlreicher Freuden sein. Aber immerhin, die Gewohnheit einer recht stattlichen Anzahl gemeinsam verbrachter Jahre hatte unsere unterschiedlichen Auffassungen einander angenähert, und unser Leben – so kam es mir wenigstens vor – verlief in gefälligen Bahnen und behaglicher Ruhe. Das fehlt Dir jetzt, und ich kann es Dir gut nachfühlen. Ich hatte mich ja selbst, wie ich zugeben muß, an die heimtückische bürgerliche Gemütlichkeit der blumengeschmückten Tische gewöhnt, an die delikaten Speisen und den Hauch von Luxus, der das »schöne große Haus« umgibt. Unsichtbare Gottheiten waren in meinem Leben immer auf der Lauer, um mich zu packen, wenn ich – schlaftrunken und unaufmerksam – auf diese Bahn zu geraten drohte. (...)

Zurückzukehren ist *unbedingt* meine Absicht und steht auch auf meinem Programm; ich will zurückkehren, um schöne Bücher zu schreiben, um in gelehrten Kreisen Vorträge zu halten, und ich will zurückkehren, weil ich mir die Möglichkeit zu diesem geistig aktiven Leben offengehalten habe, das für mich unerläßlich ist ... Gerade weil ich in

Anbetracht des Gesagten heiteren Gemüts zurückkehren will, als Gefährtin, die Du unter Deinem Dach ertragen kannst und deren Gegenwart Dir sogar angenehm sein soll, halte ich mich noch ein wenig mit Arbeiten auf, die für mein Ziel sehr wichtig sind.

Du hast es begriffen, und zwar mit großer Weisheit: »Ein Vogel, den man gewaltsam in einen Käfig gesperrt hat, der den Kopf ins Gefieder steckt und sich in eine Ecke verkriecht, ein Vogel, der nicht mehr singt«, wie Du schreibst, ist etwas Trauriges und Erbärmliches, und es wäre töricht zu glauben, der Herr dieses armen Tierchens könnte viel Freude an ihm haben. (...)

Benares, 18. Juni 1913

Die Eintönigkeit der Tage, die ich in der heiligen Stadt *Schiwas* zubringe, wurde gestern von einer erfreulichen Ablenkung unterbrochen, so daß ich Dir diesmal einen etwas interessanteren Brief schreiben kann. Nun denn, Mouchy, ich habe gestern einen dritten Vortrag in Benares gehalten, was an sich nichts Besonderes ist. Schon überraschender war dagegen der Empfang, den mir zu Ehren eine literarische Gesellschaft und mehrere *Sannjasins* veranstalteten. (...)

Am Eingang des Gebäudes hatte man einen Triumphbogen aus Grünzeug und Blumen errichtet, daneben standen Kirchenfahnen u.a. Im ersten Stock haben sich die Mitglieder in einem großen Saal versammelt, der für indische Verhältnisse luxuriös ausgestattet, d.h. mit einer Unzahl von abscheulichen Glasleuchtern in verschiedenen Farben versehen ist, die kreuz und quer an der Decke hängen. Die Wände zieren bedauerliche Farbdrucke, große Spiegel mit Goldrahmen, Armleuchter und was weiß ich noch alles ... Ein greller, nicht zusammenpassender Plunder. (...)

Die meisten Mitglieder der Gesellschaft sind Brahmanen und wohlhabend, erscheinen deshalb jedoch, mit westlichen Augen betrachtet, nicht weniger komisch. Natürlich keine Stühle. Auf dem Teppich liegt ein weißes Tuch, das ihn vollständig bedeckt. Alle ziehen an der Tür die Schuhe aus und kauern sich unmittelbar auf den Teppich nieder. Der Präsident hat auf einem großen quadratischen Kissen Platz genommen, das ihn fünf Zentimeter über alle übrigen Anwesenden hinaushebt; dieses Kissen bedeckt eine abscheuliche gelb-rote Tischdecke mit Fransen, höchstwahrscheinlich deutscher Herstellung. Auf der Tischdecke hat sich ein dicker Mann ausgebreitet, der bis zur Hüfte in einen Doti gewickelt ist, der ihm die Hose ersetzt; darüber trägt er ein kurzes Jackett aus rotem Musselin. Seine runde Kopfbedeckung weist mehr Stickereien auf als die eines Generalissimus; an den dicken, behaarten braunen Händen trägt er Ringe mit schönen Steinen sowie andere Schmuckstücke; unter anderem besitzt er eine Uhrkette, wie sie bei uns vor etwa zehn Jahren die Frauen trugen. Alles an ihm ist mit Diamanten besetzt. Der dicke Mann scheint recht glücklich darüber zu sein, diese Schaufensterauslage eines Juweliers an seiner fleischigen Gestalt umherzutragen. Zu seiner Rechten sitzen, der Rangfolge nach und auf Teppichen, die *Sannjasins*. Gewöhnlich halten sie ihren Wanderstab in der Hand, diesen kindischen Hirtenstab, der ganz aus Bambus ist, am Ende so etwas wie einen orangenen Knauf hat und mir in den Händen dieser kraushaarigen alten Männer höchst drollig vorkommt. Im Augenblick freilich stehen die Hirtenstäbe in einer Ecke, und ihre ehrwürdigen Eigentümer sitzen »in Lotosposition«. Ich selbst setze mich links neben den Präsidenten, nachdem man mich beim Eintreten mit donnerndem Applaus begrüßt hat. Es sprechen zuerst der Präsident, danach andere, und schließlich halte ich meinen Vortrag, der aus dem Englischen ins Hindi übersetzt wird. Dann kommt der feierliche Augenblick, und man verleiht mir im Namen der Pandite den Ehrentitel »Darschan widuschi« (...), was auf Sanskrit »gelehrte Philosophin« bedeutet.

Anschließend verliest der *Sannjasin*, der am meisten Ehrfurcht einflößt, eine kurze Würdigung meiner Person und überreicht mir den auf marmoriertem Goldpapier kalligraphisch und im alten Stil geschriebenen Text. Das Schriftstück ist in ein einfaches Stück Baumwolle – aus einem ähnlichen Stoff ist die Kleidung der Asketen – und nicht etwa in Seide gewickelt. Das bedeutet, daß es von Leuten stammt, die dem geistlichen Stand angehören, und an jemanden gerichtet ist, den sie gleichfalls als Persönlichkeit der Kirche betrachten, was in Indien eine sehr große Ehrung ist. Ich bin grenzenlos erstaunt darüber, daß *Sannjasins* aus Benares, dem konservativsten und anmaßendsten kirchlichen Zentrum des Landes, sich dazu bereit gefunden haben, eine ausländische Frau zu ehren. (...)

Benares, 24. Juni 1913

(...) Gestern hat man bei den »Dschainas« – in kleinerem Maßstab – ebenfalls einen Empfang für mich veranstaltet. Ich weiß nicht, ob Du über die Dschainas Bescheid weißt. Laß es mich Dir in wenigen Worten erklären: Kurz vor der Zeit Buddhas predigte ein gewisser *Mahawira* eine Lehre, die sich mit der buddhistischen Ethik berührt, aber im Hinblick auf die Philosophie völlig verschieden ist. Zu Lebzeiten Buddhas und auch noch danach herrschte zwischen den beiden Sekten (Buddhismus und Dschainismus) eine erbitterte Rivalität. Die Dschainas erwiesen sich als rücksichtslose Verleumder des Buddhismus, und die Buddhisten scheinen ihrerseits nicht viel Sympathie für die Nirgranthas, die Asketen, aufgebracht zu haben, die nackt lebten und die Kasteiungen bis zur Grenze des Absurden trieben. An dieser Lage hat sich bis heute nichts geändert. Du kannst dir somit vorstellen, wie überrascht ich war, als man mir neulich gegen fünf Uhr nachmittags die Zeilen eines Dschaina-*Sannjasins* überbrachte, der mich zu sprechen wünschte. Ich empfing ihn sofort, und er erklärte mir, er sei zum Predigen nach Benares gekommen, habe im Verlaufe des Tages von mir reden hören und schließlich den Wunsch verspürt, mit mir zusammenzutreffen. Er sprach perfekt Englisch, war äußerst liebenswürdig und hat mir eine Menge interessanter Dinge über seine Religion erzählt, die ich nur oberflächlich kenne. Erst später habe ich erfahren, daß er eine wichtige Persönlichkeit unter den Seinen ist, Predigtreisen durch ganz Indien unternimmt und eine religiöse Zeitschrift leitet. Als Folge dieses Besuches wurde ich in die Dschaina-Hochschule eingeladen, die mit kleinen Fahnen in vielerlei Farben geschmückt war. Man ließ mich in einem gelb bezogenen Sessel Platz nehmen, und die jungen Leute rezitierten zu meinen Ehren und zum Ruhme Buddhas Sanskrit- und Hindiverse. Anschließend führte man mich zu den beiden Tempeln und lud mich zu meinem größten Erstaunen ein, hineinzukommen, was die Dschainas Ausländern sonst nie erlauben. Einer der Tempel steht auf einer weiten Terrasse, die hoch über dem Ganges und dem freien Feld am anderen Ufer liegt. Da der Fluß dort einen Bogen macht, sieht man von dieser Terrasse aus die unzähligen Häuser, die sich am Ufer drängen. Man hat eine herrliche Aussicht, und ich hätte dort Stunden zubringen mögen. In sehr liebenswerter Weise lud man mich ein, wann immer ich wolle, wiederzukommen und so lange auf der Terrasse zu verweilen, wie es mir beliebe.

Man hat mich auch noch in einen *Math* eingeladen (wie du weißt, sind die *Maths* so etwas wie Klöster), wo ich einige Gelehrte getroffen habe, die Absolventen der Universität von Kalkutta sind und sehr gut Englisch sprechen. Jetzt sind diese Herren, die früher einen Frack trugen und sich in westliche Wissenschaft und Kultur einführen ließen, zur alten Tradition zurückgekehrt. Ihre langen Haare tragen sie in einem hohen Knoten auf dem Kopf; sie gehen barfuß und hüllen sich in ein Stück rötliche Baumwolle. (...)

Einer der Bewohner des *Math* hat es übernommen, eine ziemlich umfangreiche Arbeit für mich auszuführen. Er ist bereit, das Buch des deutschen Professors Deussen über die *Upanischaden* (ein in Europa als Autorität anerkanntes Werk) vollständig durchzugehen und einen Abriß der Passagen zu geben, die ihm von der klassischen hinduistischen Interpretation abzuweichen scheinen. Da dieser Mann in hinduistischer Philosophie sehr beschlagen ist und die Sanskrittexte von Grund auf kennt, wird mir seine Arbeit von großem Nutzen sein. (...)

Benares, 9. Juli 1913
Wir hatten in dieser Woche einen dreitägigen Trubel in unserem normalerweise sehr ruhigen Viertel: das Fest des Gottes der Welt! . . . Der Gott der Welt ist *Wischnu* in der Gestalt des Dschagannath (d.i. die in Puri verehrte Gottheit) und . . . es ist eine recht garstige Gestalt. Stell Dir drei Puppen vor, deren Köpfe ebenso an einen Affen wie an einen Fisch denken lassen und denen der Mund bis an die Ohren reicht. Diese drei Puppen, von denen eine ein schwarzes, die andere ein rotes und die dritte ein weißes Gesicht hat, versinnbildlichen einen komplizierten Zusammenhang, von dem ich heute nicht weiter sprechen möchte. Genau wie in Puri stehen die Götterbilder auf einem Wagen, und die Masse der Gläubigen zieht an ihnen vorüber, während Priester, die im Dienste dieses Gottes stehen, die mitgebrachten Blumen auf dem Wagen aufschichten. Entlang des Weges, der zum Wagen führt, ist eine Art Jahrmarkt aufgebaut: Buden mit Jongleuren und uralten Holzpferden, Verkäufer religiöser und weltlicher Bilder, Stände, an denen man sich mit Betel eindeckt, der beim Kauen eine geronnenem Blut ähnliche Flüssigkeit absondert, wovon man einen schauderhaft roten Mund bekommt. Die Blumen- und Girlandenhändler lassen sich gar nicht zählen. Es werden Halsbänder aus Blüten in allen Farben und vor allem aus den kleinen grünen Blättern der Tulsipflanze, die *Wischnu* heilig ist, feilgeboten. Man sieht viele Fromme, die mit Blumen oder frischem Grün bekränzt sind, was ihnen einen lustigen Anflug von Griechentum gibt. Man bietet dem Publikum auch in großer Zahl Statuetten aus bemaltem Ton an, die alles mögliche darstellen: menschenfressende Tiger, Götter, Nymphen, englische Polizisten. Für jeden Geschmack ist etwas dabei. Auch Fakire sind vertreten; einer liegt auf einem Bett aus dicken Nägeln, deren Spitzen nach oben zeigen; ein anderer hat seinen Kopf in einen Erdhaufen gesteckt, und ein Ausländer würde bestimmt fragen, wie zum Teufel er atmen könne . . . doch die Geheimnisse des Joga machen so manches möglich. Ich erblicke einen Mann, einen sogenannten *Jogi*, von herrlichem Wuchs, eine richtige Statue aus Tanagra. Er ist vollkommen nackt, bis auf das winzige Stückchen Stoff, mit dem der Schamhaftigkeit der britischen Eroberer Rechnung getragen wird. Seine Haut ist sehr dunkel, er hat sich in Asche und Schlamm gewälzt, und die Schmutzschicht, die ihn bedeckt, verstärkt die Illusion noch; ja gewiß, dies ist eine Statue, die man gerade bei den Ausgrabungen in Herculaneum gefunden hat. Die Haare reichen ihm bis auf die Schultern, die eine dicke Tulsigirlande einrahmt; seine Gesichtszüge sind zart und anmutig . . . Orpheus hat sich in diese ordinäre Menge verirrt! . . . In moralischer Hinsicht ist es bestimmt ein unverschämter Strolch, wie man auf Sanskrit sagen würde; doch seine »Moral« sieht man eben nicht, und er gäbe einem Bildhauer ein vortreffliches Modell ab. Ich

schaue von einer Terrasse auf diese Person hinab und befinde mich in Begleitung zweier Engländerinnen, einer jüngeren und einer schon etwas reiferen. Ihr Interesse an der Anatomie dieses Pseudo-Orpheus scheint mir denn doch etwas übertrieben, und ich ziehe die jüngere, die verlobt ist, damit auf.

An einem Morgen des Festes trat ich ganz nahe an den Gott heran, um ihn mir anzuschauen. Der Maharadscha von Benares fuhr gerade vor; er trug einen weißen, goldgeränderten Anzug. Man spannte den gebührenden Sonnenschirm aus goldbesticktem rosa Brokat auf, und der Fürst schritt einmal um den Wagen mit dem Götterstandbild herum, woraufhin er in seinem Auto wieder davonfuhr. So grenzt das Moderne ans Archaische. – Am Wegrand stehen bettelnde Fakire, die ein Almosen von mir wollen. Ich antworte ihnen: »Wie sollte ich Ihnen etwas geben können! Sehen Sie denn nicht, daß ich selbst eine Sadhu bin und nichts besitze ...« Sie gehen fort, wahrscheinlich enttäuscht, belästigen mich aber nicht weiter. Die freiwillige Armut ist in diesem mystischen Land ein Zeichen geistigen Adels, und sogar für schamlose Strauchdiebe wie die falschen *Sadhus* ist die altüberlieferte Ehrfurcht vor dem echten *Sannjasin* eine Selbstverständlichkeit. (...)

Benares, 13. August 1913

(...) Ich befinde mich jetzt in einer Phase, wo ich im Sanskrit wirkliche Fortschritte mache. Beim Erlernen vieler Dinge kommt es einem manchmal so vor, als trete man auf der Stelle und verstehe überhaupt nichts, bis dann auf einmal alles klar wird und sich herausstellt, daß man selbst in der Zeit, die man schon für verloren hielt, viel gelernt hat. In einigen Tagen beginne ich mit dem zweiten Teil der Grammatik. Ich habe nicht die Absicht, hier in Benares eine Sanskritgelehrte zu werden, und ich habe – unter uns gesagt – auch nicht den Ehrgeiz, es sonst irgendwo zu werden; aber ich werde recht ordentliche Lesekenntnisse besitzen und imstande sein, mein Wissen ohne fremde Hilfe oder doch nur mit der fernen Hilfe befreundeter Orientalisten zu erweitern. Wenn mein »Wedanta« erscheint, wird man mir jedenfalls nicht vorwerfen können, ich verstünde nichts von der Sprache der *Weden* oder der *Upanischaden*; denn dieser Vorwurf wäre natürlich vernichtend für mein Buch. (...)

Benares, 2. September 1913

(...) Mein Aufenthalt im Himalaya hat eine kirchliche Reformbewegung in Gang gebracht, die ein Ausmaß erreicht hat, wie ich es nicht für möglich gehalten hätte. Die Gebildeten beginnen mit kritischen Untersuchungen zur Exegese. Man ist bereit, einen beträchtlichen Teil jenes Aberglaubens, der sich allmählich mit der ursprünglichen Philosophie innig vermischt hat, auszumerzen. Für die Bevölkerung werden Meetings organisiert; den grobschlächtigen religiösen Verrichtungen hat man den Kampf angesagt, und man hat die einheimischen Leptscha in ihren Dörfern besucht. Vorher hätte sich niemand dieser fast schon ausgestorbenen Rasse angenommen, man verachtete sie vielmehr zutiefst. Jetzt will man versuchen, sie vom Fetischismus und den Zauberern, die sie ausbeuten, zu befreien und ihren Kindern Zugang zu den Schulen zu verschaffen. Junge Leute haben sich auch schon bereit erklärt, zu studieren und sich zu Lehrer-Missionaren ausbilden zu lassen. In feierlicher Zeremonie wird man demnächst zweien von ihnen die Ordenstracht anlegen. (Der Mensch ist nun einmal so geschaffen, daß er auf Theaterpomp und äußere Zeichen seiner Wichtigkeit nicht verzichten kann. (...)

Benares, 17. September 1913

(...) Gestern erhielt ich aus Tibet eine Talisman-Schachtel mit vielerlei Zeug, vor allem Stoffetzen aus Seide, die nach bestimmten Zauberriten geweiht sind, als Glücksbringer gelten und auch noch eine andere, höhere Bedeutung haben, die zu erklären jetzt zu weit führen würde. Die Schachtel ist alt; auf dem Rücken eines alten Lama-Pilgers ist sie über manchen Berg und durch manches Tal getragen worden. Es ist ein von weither kommendes Andenken, ein naives Zeichen der Wertschätzung ... Ich habe diesen etwas kindischen Schrein auf meinen Arbeitstisch gestellt ... er ist alles andere als schön, doch er erzählt vom Lande des Schnees und der Stürme. Im anderen Teil des Zimmers befindet sich das Porträt eines Herrn Ingenieurs, vor dem ein Strauß bengalischer Rosen prangt ... Zwei verschiedene Welten, nicht wahr, mein Lieber?

Benares, 30. September 1913

Ich werde heute abend nach Ramnagar zurückkehren, um zu sehen, wie weit *Rama*, der Herr, mit seinen Heldentaten ist. Es sind bereits zehn Tage vergangen, seit ich ihn nach seiner Hochzeitsnacht verlassen habe. Inzwischen ist er viel unterwegs gewesen, und ich werde ihn wohl im Walde antreffen, was bedeutet, daß ich auf dem Rücken eines Elefanten durch die abendliche Landschaft reiten und anschließend, vor dem Hintergrund der Hymnen auf »Hari-Wischnu« und der »Hoch Rama Tschandra! «-Rufe, eine zauberhafte Rückkehr unter Sternen erleben werde.

(...) Heute morgen habe ich eines jener verblüffenden Abenteuer erlebt, die in Indien an der Tagesordnung sind. Der Pandit, mein Lehrer, sagte gegen Ende der Sanskritstunde plötzlich zu mir: »Ich habe einen Freund, einen siebzig Jahre alten Pandit, der sehr unglücklich ist. Er war der geistliche Lehrer *(Guru)* vieler Bengalen, doch seine Schüler verlassen ihn jetzt und gehen nach England; sie halten sich für weiser als er, beachten die Kastenvorschriften nicht mehr, glauben auch nicht mehr an die Götter und ... bringen ihrem *Guru* keine Geschenke mehr. Der arme Pandit ist ganz verzweifelt und weiß nicht mehr weiter ...« Nach einer kurzen Pause schaut mich mein Lehrer etwas verlegen an — wie Juno, »die listersinnende« — und fährt fort: »Er möchte gern ein wenig *Tantra* erlernen ... dürfte ich ihn einmal mitbringen?« »Wozu? Damit ich ihn den *Tantrismus* lehre? Das ist ja eine tolle Idee! Es fehlt doch in Indien wirklich nicht an »Tantrikas«; mag er sich doch an sie wenden! Warum will er eigentlich auf seine alten Tage noch ein derartiges Studium aufnehmen?« »Er will nicht studieren, er will nur lernen, ein paar Wunder zu vollbringen.« Ich lache laut los: »Glauben Sie denn, ich könnte ihm welche beibringen? Wollen Sie ihn deshalb mitbringen?« »Das wäre sehr gütig von Ihnen, wir haben alle Mitleid mit ihm. Er sagt immer: ›Ich will gerne auf alles verzichten, sogar auf mein Seelenheil *(mokscha)*, wenn ich meinen Jüngern, die mich verlassen, meine Macht zeigen kann.‹« »Aber Ihr Freund, der Pandit, ist besessen; ein Christ würde sagen: ›Er ist bereit, dem Teufel seine Seele zu verkaufen‹, genau das ist sein Geisteszustand. Ich bin aber nicht der Teufel.« Mein Lehrer seufzt: »Nein, Sie sind nicht der Teufel, aber Sie kennen die *Tantras*.« Aha, jetzt weiß ich also, welcher Ruf mir in Benares vorausgeht. Der Grund hierfür ist sicher ganz einfach die Tatsache, daß ich in Tibet und im Himalaya, der Gegend des Wunderbaren, gewesen bin. »Welche Art von Wunder will Ihr Freund denn vollbringen?« »Er möchte Briefe in die Briefkästen seiner Jünger befördern.« Ich bin völlig perplex: »Aber das macht doch der Briefträger tagtäglich; um Wunder dieser Art zu vollbringen, braucht man doch nicht in den *Tantrismus* eingeweiht zu sein.« »Aber nein, nicht so; er möchte, daß die Briefe durch irgendeine unsichtbare Kraft dorthin gelangen ... und dann möchte er noch einen Geist (eine Art übernatürliches Wesen) sehen.« »Ihr Freund ist also, mit einem Wort, verrückt; das ist ganz offensichtlich.« Ich habe großes Interesse daran, mich mit dieser typisch hinduistischen Denkweise zu befassen, die sonst immer sorgfältig vor Ausländern verborgen wird. Wie weit werden diese beiden Irren wohl zu gehen bereit sein? Ich denke eine Weile nach und sage dann: »Er muß einem *Wetala* ein Sühneopfer darbringen.« Ich bin mir nicht sicher, ob mir mein Lehrer nicht an den Hals springt, denn ich habe das schauderhafteste Wort ausgesprochen, das für ihn überhaupt vorstellbar ist. Die Beschwörung eines *Wetala* ist ein abscheulicher Vorgang, mit Riten, die einen zu Tode erschrecken können. Das Ganze ist eigentlich symbolisch zu verstehen, aber es finden sich natürlich immer wieder Leute, die unvernünftig genug sind, in ihrer stumpfsinnigen Art etwas Wort für Wort in die Tat umzusetzen, was lediglich im übertragenen Sinne gemeint war. Doch der Pandit springt mir nicht an den Hals, er ist sehr ernst: »Tragen Sie es ihm auf, und er wird es tun. Er wird zum Krematorium gehen und das Gehirn eines Leichnams aufessen, wenn Sie es von ihm verlangen.« Dies ist jener Abgrund von Wahnsinn, der im Herzen fast aller Hindus verborgen ist. Manche, sogar viele, würden davor zurückschrecken, solche Praktiken zu vollziehen, aber alle glauben an ihren Sinn.

Diese unglückliche Mentalität hat eine verheerende Auswirkung auf die gesellschaftliche Lage in Indien; viele, die nützliche Arbeit leisten könnten, lassen alles im Stich und widmen sich ausschließlich ihren Bemühungen, sogenannte »Kräfte« zu erlangen. Am schlimmsten ist, daß diese Geistesverfassung ansteckend ist. Es gibt englische Beamte, die heimlich zu Schülern alter hinduistischer Zauberer geworden sind. (...)

Gangtok, 7. Dezember 1913

(...) Meine Reise in den Himalaya war von unangenehmen Zwischenfällen überschattet. Du weißt ja bereits, daß ich in Radschagriha den Zug — und mit ihm alle Anschlußzüge — verpaßt hatte, daß mir die Bahnreise schließlich schrecklich lang wurde und mein Gepäck, das ich aufgegeben hatte, unterwegs hängenblieb. Der Aufstieg durch den Dschungel und herrliche Täler, wie man sie nur im Himalaya zu sehen bekommt, war im Anschluß an diese Widrigkeiten natürlich besonders reizend. (...) Trotzdem gelangte ich ohne weitere Schwierigkeiten nach Gangtok. Einige Kilometer vor dieser winzigen Hauptstadt traf ich auf die in Reih und Glied angetretenen Schuljungen, an ihrer Spitze die Lehrer. Der Schulleiter überreichte mir die traditionelle tibetische Schärpe, die klassische Ehrengabe des Landes. Dies war der erste Willkommensgruß. Nach einem weiteren Stück Weges tauchte eine Lama-Abordnung auf, dann die Honoratioren und Grundbesitzer, danach ein hoher Lama und schließlich der Thronfolger persönlich. Er hielt, wie die übrigen, eine Schärpe in der Hand, was eine große Ehre für mich ist, denn angesichts seines Ranges wird nur wenigen diese Reverenz zuteil. Kurz vor dem Ort traf ich noch die Schulmädchen mit der Lehrerin. Du siehst: Alles genau wie bei Herrn Poincaré! Da sich mir die verschiedenen Abordnungen nacheinander anschlossen, zog ich inmitten des malerischsten Geleitzuges, den Du Dir vorstellen kannst, in Gangtok ein. (...)

Nach den Einheimischen kamen dann die Engländer. Zuerst der Sekretär der Regierungsvertretung, bei dem ich dereinst mein Quartier hatte. (...)

So weit, so gut. Weniger erfreulich ist, daß Herr Bell, der Regierungsvertreter (im Augenblick wird er von jemandem vertreten), von der Konferenz zwischen China, Tibet und England so sehr in Anspruch genommen wird, daß er es versäumt hat, dem Maharadscha von Bhutan meinen für demnächst vorgesehenen Besuch anzukündigen. (...)

Die Folge ist, daß ich hier festsitze. Das heißt natürlich nicht, daß ich untätig bin, denn ich habe heute damit begonnen, mit Hilfe eines der Volksschullehrer Tibetisch lesen zu lernen. Ich sehe schon, wie Du den Kopf schüttelst und denkst, daß sich die kleine Moumi da doch etwas zuviel aufgebürdet hat. Zugegeben, mein Ehrgeiz bezüglich des Tibetischen und des Sanskrits mag in meinem Alter übertrieben erscheinen; doch weißt Du, mein Kleiner, das Rheuma und die heimtückische Gelenksteife schreiten ständig fort und gemahnen bereits an lange Tage im Lehnstuhl. Und da man auch im Alter nicht wie eine Pflanze dahinvegetieren möchte, hat es schon sein Gutes, Sanskrit und Tibetisch zu pauken. Ich werde niemals eine erstklassige Gelehrte, aber ich werde in beiden Sprachen über ausreichende Lesekenntnisse verfügen. Ich bin jetzt durchaus in der Lage, meine Sanskritstudien allein weiterzuführen; mit ein wenig Arbeitsaufwand werde ich es im Tibetischen ebensoweit bringen. (...)

Du schreibst in Deinem letzten Brief: »Nenne mir eine konkrete Summe.« Mein Lieber, diese Geldangelegenheiten sind mir sehr peinlich. Ich weiß, daß Du Opfer bringst, um es mir zu ermöglichen, einen Weg zu beschreiten, den Du mißbilligst. Ich weiß nicht, was ich Dir erwidern soll, und wenn es Dir eines Tages angebracht erscheint, »Jetzt reicht's« zu sagen, kann ich ebenfalls nichts dazu sagen. ... Meine Pläne kennst Du: Ich möchte, falls man mich läßt, eine Weile in Tibet bleiben. Dort will ich meine tantrischen Forschungen vervollständigen und anschließend nach Japan weiterreisen, um dort meine vergleichenden Untersuchungen über den nördlichen Buddhismus und den *Wedanta* abzuschließen. Das heißt: noch ein Jahr oder achtzehn Monate! ... Aber wenn Du das nicht willst – Dein Wille geschehe! Ich bin erschöpft und fühle mich alt; die Menschen kommen mir albern und unsinnig vor. Ob echt oder unecht – ich habe mein »Haus der Ruhe«, den Thabor, gefunden, wo es gut ist, »sein Zelt aufzuschlagen«. (...)

The Residency, Gangtok, 13. Dezember 1913

(...) Es ist sehr nett in der Regierungsvertretung. Ich habe ein schönes Zimmer mit dicken Teppichen und herrlichem Blick auf die Gärten, aber ich muß auch einen Preis dafür bezahlen: Abendkleider tragen, mit den Leuten plaudern, die zum Tee kommen, und natürlich den Regierungsvertreter begleiten, wenn er seinerseits Besuche abstattet. Es wäre sehr unhöflich, nicht liebenswürdig zu sein zu Leuten, die so nett wie nur irgend möglich sind. (...) Ich bin schon dauernd am Überlegen, wie ich dem Weihnachtstag mit seinem Liebhaberkonzert, seinem Tee, seinem Abendessen und der Fröhlichkeit dieser braven, gar zu leicht zum Lachen zu bewegenden Leute entrinnen kann. Ich komme mir vor wie eine Hundertjährige, die in einen Kindergarten voll ausgelassener Knirpse gerät. (...)

4. Januar 1914

(...) Was Geschenke anbetrifft, so ist zu sagen, daß mir das Neue Jahr das herrliche Gewand einer Lamina (d.i. ein weiblicher Lama) von hohem Rang beschert hat. Das Gewand wurde − den lamaistischen Riten entsprechend − vorschriftsmäßig geweiht, worin sein besonderer Wert besteht. Ein gekauftes Gewand zu tragen wäre nämlich lediglich eine Maskerade, wohingegen ich das meine völlig zu Recht trage. Ist es nicht ein köstliches Reise-Andenken, unter die tibetischen Lamas aufgenommen worden zu sein! Ich erkenne darin sogar noch mehr: ein Zeichen der Sympathie und der Achtung von seiten der Himalayalamas, und Gunstbeweise dieser Art sind natürlich immer willkommen.

Hinsichtlich des Materials konnte ich feststellen, daß das Gewand sehr warm hält. Während ich diese Zeilen schreibe, habe ich es an und fühle mich wohl darin. Demnächst werde ich mich in diesem sehr orientalischen Kleidungsstück porträtieren lassen. Das Gewand besteht aus dunkelrotem Filzstoff und ist mit einem Kimonokragen aus tiefblauer Seide, entsprechenden Umschlägen an den weiten Ärmeln und − in Höhe der Taille − mit einem gelben Seidengürtel mit Fransen versehen. Man trägt dazu hohe mehrfarbige Stoffstiefel, die grün-rot sind, mit hübschen Handstickereien im Tuch. Diese Stiefel werden unterhalb des Knies mit zum Gürtel passenden Bändern zugeschnürt. Dann ist da noch die außergewöhnliche Haube aus goldgelber Chinaseide (Brokat) mit rot eingefaßten Plüschumschlägen, die sich vorn oben befinden und gewissermaßen die Form zweier Hörner haben. Schade, daß auf dem Foto keine Farben zu sehen sind! (...)

Gangtok, 11. Januar 1914

(...) Es gibt drei Arten von Glückseligkeit, heißt es in der *Bhagawadgita*: die Glückseligkeit des Tieres, die in Stumpfsinn, Finsternis und Bewußtlosigkeit besteht, die Glückseligkeit der Tatkräftigen, die mit Leidenschaft ein Leben voller Aktivität führen und die Freude am Tätigsein auskosten, und die Glückseligkeit derer, die wissen, was eine Tat ist, wie sie entsteht und wohin sie führt, und die den leidenschaftslosen Frieden erreicht haben, die Seelenruhe, die jenseits von Freude, Schmerz oder irgendwelchen Wünschen ist.

Ich glaube, ich kränke Dich nicht, wenn ich Dich in die zweite Kategorie einordne: Du bist ein Tatmensch, gehst ganz in der Welt der Form, des Empfindens, des Stoffes auf, wie man im Abendland sagt. So gesehen ist es weise, wenn Du danach strebst, daß Dir diese Welt nicht abhold ist, daß sie Dir jene Art von Glück beschert, dessen sie fähig ist.

Ich sehe schon, wie Du ironisch lächelnd feststellst: »Du, Moumi, gehörst natürlich in die oberste Klasse ...« Wer weiß? ... Vielleicht stehe ich an der Schwelle dorthin, wenn es mir auch noch sehr an Gleichgewicht fehlt. Vielleicht handelt es sich aber auch um die Schwelle zur ersten Stufe, und die Erschöpfung, ein Übermaß geistiger Kämpfe und ein allzu mitgenommenes Hirn lassen mich dorthin zurücksinken. Schon seit langem spreche ich Dir von diesem Zweifel: *Nirwana* oder Hinfälligkeit? ...

Doch Schluß mit dem Philosophieren. — Übermorgen, so hat es sich unerwartet ergeben, breche ich zu einem abgelegenen Ort im Dschungel auf, wo der Legende zufolge der berühmte *Padmasambhawa* gelebt hat. Ich habe diese Gegend, die in einem Labyrinth waldbedeckter Berge liegt, früher schon einmal aus der Ferne gesehen, als ich in der Nähe von Pemionchi einen Berg erstiegen hatte; ich bin jedoch noch nie da gewesen. Es befinden sich dort — ganz in den Wäldern verborgen — drei Lamaklöster.

Ich hatte vorhin meinen Brief unterbrochen, um etwa fünfundzwanzig Lamas, überwiegend jungen Studenten, denen ich von Zeit zu Zeit eine kleine Vorlesung halte, ein Sutra (philosophischer Pali-Text) zu erläutern. Dabei haben wir denn diesen Ausflug vereinbart. Er wird in einem zweiwöchigen Ritt durch ein wunderbares Land bestehen. Ich werde zu den Reisekosten meinen Anteil beisteuern, indem ich einige Vorträge über Leben und Werk des *Padmasambhawa* halte, die ich der historischen Wahrheit möglichst weit annähern will, was weder schwierig noch unangenehm sein wird. (...)

Gangtok, 24. Januar 1914

(...) Meine kleine Reise war entzückend, wenn auch strapazenreich. Sie hat mir zu einem etwas »zierlicheren Aussehen« verholfen, wie Du sagen würdest. Ich bin auf ungewöhnlichen Pfaden in den Dschungel vorgedrungen und dabei fast ebensoviel zu Fuß gegangen wie geritten, denn die steilen Abhänge aus Fels und Geröll kann man nur zu Fuß hinabsteigen. Ich habe vier Klöster besucht und alte Bekannte wiedergetroffen: tibetische *Jogis* mit ganz ungewöhnlichem Verhalten, Leute aus einer anderen Welt. Bei dieser Art von Expedition schläft man nur wenig und ißt nicht gerade viel: in aller Frühe Aufstehen, Frühstück, anschließend den ganzen Tag Marschieren, Abendessen am Zielort und danach dann Unterhaltungen und philosophische Diskussionen bis gegen Mitternacht. Doch ich glaube, die Himalayaluft als solche ist nahrhaft, denn man verspürt hier kaum jemals Müdigkeit. Eine Nacht lang war ich bei einem reichen Lama zu Gast, der ein herrliches Haus besitzt (»herrlich« natürlich innerhalb der Grenzen des tibetischen Stils, das ist klar). Man teilte mir ein kleines Zimmer mit Kissen, Teppichen und Tüchern zu, in dem freilich nirgends die Spur einer Waschschüssel zu sehen war. Natürlich habe ich alles Nötige bei mir, und meine Badeutensilien haben die Hausherrin in großes Erstaunen versetzt. Mein Zimmerchen stößt an einen großen Raum, den ich als den zweiten in der Rangfolge dieses Hauses bezeichnen möchte; anders nämlich lassen sich die Räume nicht voneinander unterscheiden. Es gibt hier weder Eß- noch Wohnzimmer, sondern nur Allzweckräume, die entweder einen höheren oder einen niedrigeren Rang in der Wohnungshierarchie einnehmen. In dieser Nacht nun hat in jenem Zimmer, das das zweitvornehmste ist, ein mit mir befreundeter tibetischer *Jogi* mit einem seiner Jünger Quartier bezogen. Ich hatte darum gebeten, im Nachbarraum wohnen zu dürfen, denn ich glaubte, der Respekt vor diesem Manne hielte mir die Schar neugieriger Kinder und Diener vom Leibe, die unbedingt wissen wollten, was die europäische Dame in ihrem Zimmer alles tat, und deshalb meine Tür belagerten und aus Leibeskräften daraufloßschnatterten. Die beiden Räume mit dem höchsten Rang stehen insofern der »Öffentlichkeit« offen, als man sie, ohne vorher anzuklopfen, betritt und durchquert. Der Grund: Sie haben keine Tür, sondern lediglich Stoffportieren.

Dem Abendessen folgt eine lange Plauderei am Altar, auf dem wertvolle alte Statuetten aus Kupfer und Silber stehen; gegen Mitternacht ziehen sich alle zurück. Ich weiß, daß mein Nachbar der tantrischen Sekte angehört und nachts zu rezitieren pflegt. Erschöpft lege ich mich nieder, schlafe jedoch nicht ein, sondern horche aufmerksam... Alles bleibt ruhig... Ich werde beim Warten schläfrig. Da hustet mein Nachbar; bestimmt hat er sich geräuspert, um mit dem Psalmodieren anzufangen!... Doch nein, er hat nur gehustet, schlicht und prosaisch gehustet. Die Minuten, die Viertelstunden verstreichen... ich schlafe ein. Um halb vier Uhr morgens weckt mich ein heiserer Laut. Halleluja! Mein treuer *Jogi* enttäuscht mich nicht. Er beginnt seine frommen Verrichtungen, indem er auf einem zur Trompete umgestalteten menschlichen Schienbein bläst. Im Nu bin ich aus dem Bett, habe mein tibetisches Gewand über das Nachthemd gezogen und öffne die Tür: ein Anblick zum Malen! Das geräumige Zimmer ist dunkel, nur die kleine Altarlampe spendet etwas Licht. Der *Jogi*, ein hochgewachsener Mann, sitzt – mit gekreuzten Beinen wie die Buddhas – auf Kissen und hält in der rechten Hand den Damaru, die *Schiwa*-Handtrommel, die bei den tibetischen Tantrikas etwas größer ist als sonst; in der linken Hand hält er das rituelle Glöckchen, und vor ihm liegt seine makabre Trompete. Sein Schüler, der ihm in der gleichen Position auf dem Fußboden gegenübersitzt, scheint eingenickt. Rhythmisch dröhnt die Trommel, bimmelt das Glöckchen zum monotonen, jedoch siegesgewissen Gesang, der wie schrilles Triumphgeschrei tönt. Manchmal verstummt das Glöckchen, und der *Jogi* bläst in das Schienbein, dessen Getöse in beeindruckender Weise die nächtliche Stille zerreißt. Alles wirkt wie ein Traum auf mich, und ich selbst komme mir auf dieser Türschwelle, mit dem gleichen Gewand bekleidet wie die beiden anderen Hexer, wie eine unwirkliche Gestalt vor. Ich kenne den Gesang, der den finsteren Raum erfüllt, zum Teil auswendig. Trotz des totenbeschwörungsähnlichen Drumherums enthält er Gedanken von beträchtlicher Tiefe ... Der Lama singt: »Ich bin der furchtlose *Jogi,* der über alle Ängste hinweg ist ... Bei meinem Tanz auf dem Trugbild des Ego zertrete ich sie ...«

Gewiß ließe sich das Ganze auch ohne Trommel- und Schienbeintrompetenbegleitung machen. Ich selbst könnte ein solches Konzert allenfalls spaßeshalber vollführen; doch man darf natürlich unterschiedliche Mentalitäten nicht über einen Kamm scheren. Diese einzigartige, phantastische Gestalt, die da im Halbdunkel sitzt, dieser diabolische Musiker, der irgendeinem Hexensabbat entronnen zu sein scheint, ist selbstverständlich alles andere als ein Schwachkopf. Ich kenne ihn schon lange, wir haben ausführlich miteinander geplaudert; er ist ein scharfsinniger Philosoph. In dieser Nacht psalmodiert er wohl auch nur mir zuliebe, weil ich ihn darum gebeten habe; normalerweise werden diese Riten nämlich nicht in einem Haus wie diesem, sondern genau an der Stelle, wo man die Toten einäschert, zelebriert. Einmal sagte er zu mir: »Sie dürfen nicht etwa glauben, der aufgeklärte *Jogi* begäbe sich an jenen Ort, um − wie die Masse mutmaßt − Höllengeister und entsetzliche Gottheiten zu beschwören. Nein, er geht dorthin oder er führt seine Schüler dorthin, um seinen eigenen oder ihren Aberglauben zu überwinden, um über den atavistischen Schrecken zu triumphieren, der in unseren tiefsten Gehirnwinkeln nistet, um all die Ängste im Keim zu ersticken, die wir vor dem Unbekannten haben, vor dem Tode und den Verstorbenen, vor jenen Geistern, Dämonen und Göttern, an die unsere Vorfahren glaubten und an die auch wir − in dieser oder jener Form − so gerne glauben, um uns schließlich davon zu überzeugen, daß all das Schreckliche nichts weiter als ein Produkt unserer eigenen Phantasie ist.« (...)

Wie dem auch sei, ich habe jedenfalls dieses exotische Festmahl von Nachtkonzert, das vielleicht noch nie ein Europäer vor mir miterlebt hat, als Feinschmecker genossen. Als alles vorbei war, schloß ich leise meine Tür, legte meinen schweren Lamaüberrock ab und schlüpfte zu einem dreistündigen tiefen Schlaf zwischen meine Decken. (...)

Rangpo, 13. Februar 1914

(...) Es gibt Neues aus Sikkim: Am Abend des 10. ist der alte Maharadscha gestorben. In einem Brief, den er am Morgen des 10. geschrieben hatte, teilte mir der Prinz mit, sein Vater liege im Sterben; unterwegs erfuhren wir dann — am 11., im Laufe des Vormittages —, daß bereits alles vorbei war. Dies ist kein weltbewegendes Ereignis, aber alles ist relativ, und die Handvoll Leute, die zum Palast — wie man hier sagt — gehören, sind in großer Aufregung.

Ich weiß nicht, was sich in den letzten Augenblicken des armen Mannes abgespielt hat, aber bis zu meiner Abreise verharrte er in einer wenig wohlwollenden Haltung dem künftigen Thronfolger gegenüber. Er kam einfach nicht darüber hinweg, daß nicht der Sohn seiner zweiten Frau sein Nachfolger würde. Er versuchte, seinen ersten Sohn zu überreden, mit seiner Unterschrift darin einzuwilligen, daß das gesamte Vermögen seines Vaters auf die beiden Kinder aus zweiter Ehe übergeht. Jener weigerte sich zu unterschreiben, und ich glaube auch nicht, daß er nach meiner Abreise nachgegeben hat. Er hatte mich um Rat gefragt, und ich empfahl ihm, sich nicht enterben zu lassen. Sein Halbbruder ist ein netter, einundzwanzigjähriger Junge. Wir sind sehr gute Freunde, und ich will ihm überhaupt nicht übel; aber er sollte mit dem ihm zustehenden Anteil zufrieden sein. Übrigens glaube ich nicht, daß *er* seinen Vater gedrängt hat, den älteren Bruder zu enterben. Unter den Ratgebern des verstorbenen Radschas waren Leute, die dem vermutlichen Thronerben sehr feindlich gesinnt waren. Zwar halte ich meinen jungen Freund nicht für rachsüchtig, doch dürfte feststehen, daß sich diese Leute heute nicht recht wohl in ihrer Haut fühlen. Wenn die Trauerzeit vorüber ist, wird der neue Maharadscha die kleine birmanische Prinzessin heiraten. Diese moderne Maharani wird die Einheimischen hier ganz schön in Erstaunen versetzen, und das stille Haus des Prinzen wird wohl ein wenig kopfstehen. Das erste Ereignis wird der Kauf eines schönen Klaviers für die neue Gattin sein, die mir geschrieben hat, daß sie sehr ernsthafte musikalische Studien betreibt. Es handelt sich nicht um eine Heirat aus Neigung, und ich war ein wenig bestürzt, als ich neulich erfuhr, daß der Prinz liebend gern Junggeselle bliebe, wenn ihn die Regierung nicht zur Heirat drängte. Vor dieser ausgelassenen, eigenwilligen Birmanin, die aus einem Lande kommt, in dem die Frauen selbständiger als in Europa sind, hat er wohl etwas Angst. Die junge Ma Lat ist nicht gerade eine stille, unterwürfige Haremsdame! Wenn sie jedoch erst Kinder haben, ist er bestimmt glücklich, denn Kinder sind seine große Leidenschaft.

Wegen der beschriebenen Verzögerung bin ich in eine Lage geraten, die in einem Lande wie diesem von Zeit zu Zeit vorkommen kann: Meine Nahrungsmittel sind knapp geworden. Wenn morgen mein Gast ankommt, wird er ein recht spärliches Mahl vorfinden.

Also wirklich — ich mußte heute nachmittag erneut über den Gedanken lachen, daß es eine recht strenge Sühne wäre, falls ich hiermit die einst allzuoft begangene Sünde der Naschhaftigkeit zu büßen hätte. Wie lange habe ich eigentlich schon nichts mehr gegessen, was mir wirklich schmeckt? ... Wahrscheinlich seit ich aus Tunis fort bin. Mein Lieber, sähest Du nur die Delikatessen, die ich zu mir nehme! Ich habe so ziemlich alle Kräuter kennengelernt: Brennesseln, Farnkrautspitzen, wilde Wurzeln ... was weiß ich noch alles! Und ich bin der Ansicht, daß — obwohl dies pittoreske Gerichte sind — die jungen Erbsen aus Clamart oder der Spargel aus Argenteuil nicht Gefahr laufen, in Vergessenheit zu geraten. (...)

Diese tibetischen *Jogis* sind schon eigenartige Leute. Sie kennen auch Methoden (die in einem Land wie dem ihren übrigens sehr nützlich sind), mit denen sie ihren Körper warm halten können. Eine der Proben, die die Neophyten, die diese Art von Ertüchtigung betreiben, bestehen müssen, wird folgendermaßen durchgeführt: Der *Jogi*kandidat steht völlig nackt — im Winter! — am Rande eines Flusses. Man taucht ein Tuch in das eiskalte Wasser und wickelt es tropfnaß um seinen Körper. Der Mann muß das Tuch mit seiner Körperwärme trocknen. Wenn es trocken ist, wird es wieder naß gemacht und erneut dem *Jogi*aspiranten auf die Haut gelegt. Man zählt, wieviele Tücher er an einem Tag zu trocknen imstande ist. Manche sollen es auf 24 gebracht haben. Ich kenne auch Leute, die auf diese Weise nasse Wäsche trocknen, kann hierbei aber keine Zahlen nennen. Ich selbst habe es niemals soweit gebracht, Tücher zu trocknen, und bin lediglich in der Lage, meine Füße zu wärmen, wenn sie kalt sind, doch ich gebe offen zu, daß ich nicht genau weiß, wie das Ganze funktioniert. Es geht, das ist auch mir klar, ganz einfach darum, das Blut in dem erkalteten Körperteil wieder zum Zirkulieren zu bringen. Da ich jedoch den »Trick« allein entdeckt habe und ohne Methode vorgehe, ist die Übung so anstrengend für mich, daß ich oft lieber kalte Füße behalte. Dagegen gelingt es mir beispielsweise sehr leicht, inmitten der größten Hitze eine Empfindung von Kälte zu erlangen.

Wir sind schon eigenartige Maschinen, findest Du nicht auch, Herr Ingenieur? ... (...)

Tumlong, 12. März 1914, Kloster Podang

Ich habe gerade ein paar äußerst interessante Tage hinter mir, an denen eine ganze Reihe von Festen mit überaus malerischen Zeremonien stattfand. Die sonst so ruhige Gegend, in der die *Gömpa* aufragt, war von ungewöhnlichen Klängen erfüllt. Von halb vier Uhr morgens bis zum Einbruch der Nacht rissen Instrumentalmusik, Psalmodieren und Rezitationen nicht ab. Es fanden Prozessionen statt, wie man sie sonst allenfalls in der Oper zu sehen bekommt, und unter freiem Himmel wurden hochinteressante Riten vollzogen. Unterdessen schritten die Lamas, die sich im Tempel versammelt hatten, zu anderen Verrichtungen: Verlesung heiliger Texte und ähnliche Tätigkeiten.

Du kannst Dir vorstellen, daß ich mir alles ganz genau angeschaut und angehört habe und daß diese Orgie der Klänge und Farben, die vor knapp zwei Stunden zu Ende gegangen ist, recht anstrengend für mich war. Zu Deiner Erheiterung sei noch hinzugefügt, daß mir der Maharadscha eigens einen Dolmetscher geschickt hat und ich heute nachmittag vor einem zahlreichen Lamapublikum über einen Abschnitt aus einem tibetischen *Sutra* gepredigt habe. (...)

Podang Gömpa, (...) 18. März 1914

(...) Es gibt nichts Neues von hier zu berichten; nach dem malerischen Durcheinander der Festlichkeiten zu Beginn des tibetischen Jahres ist alles wieder still geworden. Nur am Morgen und zu jener abendlichen Stunde, wenn im Tempel die Lampen vor den Statuen der Großlamas entzündet werden, erinnert einen der Gongschlag daran, daß die Zeit verrinnt.

Inzwischen haben wir zur Abwechslung einen Orkan gehabt, der in meinem Zimmer alles durcheinandergebracht, mein luftiges Badezimmer teilweise zerstört und im Kloster so manches Fenster eingedrückt hat. Nachdem er uns genügend Aufräumungs- und Reparaturarbeiten zurückgelassen hatte, hielt der Wirbelsturm es schließlich für gut weiterzuziehen...

Gestern habe ich zusammen mit Dodschi und einem Lama eine reizende Klettertour unternommen. Anschließend sind wir wie wilde Tiere durchs Buschwerk wieder hinuntergekrabbelt. Die Lamas wollen mir auf einem der Berggipfel in der näheren Umgebung eine Hütte bauen, damit ich mich dort je nach Gutdünken aufhalten kann. Vielleicht mehr noch als in Indien ist es hier üblich, daß sich wichtige Leute aus dem Bereich der Kirche von Zeit zu Zeit auf einen schroffen Berggipfel zurückziehen. Ich habe überhaupt nichts gegen diese Sitte, doch waren meine Träume, offen gestanden, etwas bescheidener. Ich dachte lediglich an eine Laubhütte in unmittelbarer Nähe der *Gömpa*, sozusagen ein »Häuschen auf dem Lande« als Ziel meiner Spaziergänge, als Ort, wo ich nachmittags ein wenig über meinen Büchern hocken kann. Die braven Lamas haben natürlich keinen Augenblick lang etwas von meinem vergleichsweise armseligen Projekt geahnt, vielmehr haben sie mir — hoch droben in den Wolken — die Bergkämme gezeigt, die sie als meiner würdig erachten. So konnte ich denn meinen prosaischen, allzu bürgerlichen Wunsch kaum vorbringen. Als wir uns gestern in beträchtlicher Höhe niedergelassen hatten, gab mir der Lama zu verstehen, daß der Ort zwar schon recht anständig sei, daß es jedoch bessere gebe und man darauf brenne, mir eine großartigere Hütte anzubieten, und er zeigte mir am Horizont einen bewaldeten Bergkamm, wo sich allem Anschein nach berühmte *Jogis* aufgehalten haben. Ich will Dir nicht verhehlen, daß ich den Ort aus der Entfernung mit einigem Argwohn betrachtet habe. Bei klarem Wetter, wenn das unter einer Schneedecke liegende Massiv des Kangchendzönga zu sehen ist, muß es dort ganz herrlich sein. Aber bei Regen, Hagelschlag oder in der Nacht . . . brr! Ich spüre bei dem bloßen Gedanken schon den eisigen Wind, der einen erstarren läßt. Trotzdem werde ich wohl demnächst hinaufklettern, um mich dort oben einmal umzusehen . . . aber ich glaube, ich werde auf die Wonne der »Größe« verzichten und mich mit dem einsamen, in etwa 2000 m Höhe gelegenen Plätzchen, das ich gestern gesehen habe, zufrieden geben. Die andere Stelle liegt bei knapp 3000 m, wenn nicht darüber.

Es ist schon ein eigenartiges Leben, wenn man dort ganz allein, ohne eine Menschenseele zu Gesicht zu bekommen — abgesehen von dem Bauern, der einen alle drei bis vier Tage mit Wasser versorgt — Wochen, Monate oder gar, wie es manche tun, Jahre verbringt. Man stellt sich seinen Tee selbst her, mischt Gerstenmehl darunter, ißt Käse und eine Suppe aus Trockenfleisch, falls man Tibeter ist; wenn man ein Eremit aus dem Abendlande ist, bringt man Konservendosen mit. Wenn man will, kann man es als Spiel bezeichnen, ein Spiel freilich, das nicht jedermanns Sache ist. Ich kenne sehr viele, die für diese einsamen Dschungelnächte in einer winzigen Bambushütte wenig übrig haben.

Es gibt jedoch keine Tiger hier, allenfalls ein paar Leoparden und, besonders in abgelegenen Wäldern, einige Bären. Übrigens ist ein *Jogi* oder, wie er in tibetischer Sprache heißt, *Gömptschen* über jeden Verdacht der Furcht erhaben. Er beherrscht und besiegt jede Gefahr. Das ist ja sehr nett, und ich zerbreche mir auch gar nicht den Kopf über Gefahren, die dann doch nicht eintreten; ich fürchte jedoch ernstlich, kein Wasser für meinen Waschzuber zu haben oder mich beim Feuermachen ungeschickt anzustellen. Doch wie dem auch sei — es reizt mich, dieses Leben kennenzulernen, und die guten Lamas tun wirklich alles, um mir eine Erfahrung zu ermöglichen, die trotz einer ausgezeichneten Gelegenheit versäumt zu haben ich immer bereuen müßte. (. . .)

Tumlong, Podang Gömpa, 21. März 1914

Ich habe gerade Deinen Brief vom 20. Februar erhalten. Es sind Kulis aus Gangtok gekommen, die mir zehn Brote, einen Kanister Petroleum u.a. gebracht haben; ihnen hatte man meine Post mitgegeben, und wenn sie morgen wieder aufbrechen, werde auch ich ihnen meine Briefe zur Beförderung anvertrauen... Dies sind fast schon die einzigen Ereignisse in dem einfachen Leben, das ich hier führe.

Gestern bin ich zu der Hütte, die man für mich baut, hinaufgeklettert, und auch heute nachmittag wollte ich auf einem Spaziergang nach ihr sehen, mußte jedoch auf halbem Wege schleunigst umkehren, weil ein Gewitter aufzog. (...)

Kaum vorstellbar, daß man an einem Leben mit so wenig Annehmlichkeiten Gefallen finden kann!... Dein Brief, mein Lieber, hat mir das wieder bewußt gemacht. Du willst Tunis verlassen, das »schöne große Haus«, an dem ich hing, loswerden, und Du hast selbstverständlich ein Recht zu sagen: Ich verlasse mich immer weniger auf das, was Du im Leben vorhast. Ich weiß, daß ich für Dich nur mehr eine Silhouette bin, die von Tag zu Tag undeutlicher wird und vor Dir unbekannten Horizonten entschwindet. Und weil ich es weiß, bin ich von grenzenloser Dankbarkeit erfüllt für die Unterstützung, die Du mit solcher Ausdauer diesem kleinen fernen Phantom gewährst, das Du als Moumi kennengelernt hast.

Vielleicht bin ich »verzaubert«, wie die Personen in den alten Ritterromanen. Vielleicht hat mich irgendein Zauberer behext... mit jenem Zauberspruch, der die Buddhas und alle, die ihnen nachfolgen, an jenen »anderen Weg« fesselt, der nicht der normale ist. Die Hindus wissen hierüber genau Bescheid, sie sprechen von »niwritti marga« und »prawritti marga«. (...) »Prawritti marga« ist der Weg, auf dem man an die Wirklichkeit der Welt und des »Ich« glaubt, wo man diesem »Ich« alle Befriedigungen verschaffen will, die es steigern, verstärken, in Erregung versetzen. »Niwritti marga« ist der Weg, auf dem man — wie langsam auch immer — der Auflösung des »Ich« entgegengeht, dem Aufhören des Dranges, ein Individuum sein zu wollen, aus dem weitere »Ichs« entstehen. Es ist der Weg der Gelassenheit und inneren Ruhe. Selbst wenn man diesen Weg kaum erst tastend betreten hat — wie sollte man je wieder von ihm loskommen?... Man wäre mehr als ein Narr! Und wäre man denn dazu überhaupt in der Lage? Ich glaube nicht an die Willensfreiheit. Wie sollte ein Lebewesen, das das Ergebnis vorausgehender Ursachen ist, das aus ihnen entstanden ist, nicht auch in seinen Handlungen von diesen Ursachen beeinflußt sein! Ich bin meine Eltern, meine Vorfahren, meine Lehrer, die Bücher, die ich gelesen habe, die Nahrung, die ich gegessen habe, die Luft, die ich geatmet habe, die Menschen, mit denen ich verkehrt habe, das Milieu, in dem ich gelebt habe. All dies zusammen, all diese Lebenspartikel, die aus so mannigfachen und unterschiedlichen Elementen stammen, machen mein »Ich« aus ... ein anderes habe ich nicht.

Ich glaube nicht, daß man diesen Weg des »niwritti« wählen kann; er bietet sich einem ganz einfach an. Es mag durchaus zutreffen, daß die Buddhas denen, die sie nicht verstehen, wie abscheuliche Egoisten vorkommen ... Und doch ist es nur ihr Verdienst und das der Gedanken, die sie in der Welt zurückgelassen und die sich bestimmter Gehirne bemächtigt haben, daß so mancher das gefunden hat, was ihm sonst niemand hätte geben können: Ruhe und Frieden. Ich will nicht verhehlen, daß ich zu diesen Menschen gehöre und der Lehre der Buddhas etwas unendlich Kostbares verdanke, das mir sonst nichts und niemand hätte geben können.

Ich bin weder tot noch im Zustand des Verfalls begriffen; ich widme mich Sprachstudien, die gemeinhin als beschwerlich angesehen werden. Ich möchte Bücher schreiben, aber ich möchte es ohne Hast tun. Ich lege überhaupt keinen Wert auf Berühmtheit. So etwas wäre armselig.

All dies, mein großer, lieber Freund, ist weder erfreulich noch angenehm für Dich, denn Du glaubst nicht an die »niwritti marga« und legst auch gar keinen Wert darauf, an sie zu glauben. (...)

27. März 1914

(...) Selbstverständlich gibt es Menschen, die so denken wie Jesus, der Martha ihres Eifers wegen tadelt: »Martha, du sorgst dich um vieles; nur eines indessen ist wichtig.« Du gehörst nicht zu ihnen, und ich gebe offen zu, daß dies für einen Menschen, der ein Rädchen im Getriebe des westlichen Lebens ist, auch beinahe unmöglich ist.

Sich hinsetzen und stundenlang meditieren, irgendeine Wassersuppe essen und in einer Bambushütte wohnen, das ist in Indien und im Himalaya möglich, nicht aber in Chaville, Boulogne oder auch nur in Bône. Das wäre witz- und reizlos, unästhetisch, mit der unpassenden, ja feindlichen Umgebung nicht vereinbar. Wollte man es dennoch versuchen, so glaube ich, daß es eher mit Irrenanstalt als mit höchster Weisheit zu tun hätte.

Und deshalb — ich leugne es nicht — schreckt mich die Vorstellung ein wenig, ins abendländische Leben zurückzukehren. Ich würde gleichzeitig mit meinem *Jogi*gewand auch die unsichtbare Hülle des Friedens, der mich hier umgibt, ablegen; ich wäre wieder eine »Dame« — und zwar diesmal eine alte Dame —, die die Strapaze auf sich nähme, ihre Hüte so auszuwählen, daß sie die Falten ihres Gesichts verbergen und damit ein klein wenig Selbstbetrug ermöglichen; ich würde wieder Bekannte zu Tee und Abendessen zu mir bitten, würde selbst eingeladen werden und müßte das leere Gerede von Männern und Frauen ertragen, die dem Tode entgegentrotten wie eine Herde ahnungsloser Schafe dem Schlachthof, müßte ihre Grimassen, ihre unsinnige Erregung mit ansehen, wenn sie sich ereifern, und wäre gezwungen, mich wie sie zu verhalten... Welch erhebende Aussicht!

Blicke ich auf meine Jugend – einschließlich meiner Kindheit – und alle die Tage, die darauf folgten, zurück, so habe ich den Eindruck, einem Alptraum, einem glühenden Backofen entronnen zu sein... Ist es da verwunderlich, daß ich die Befreiung als eine Wohltat empfinde und den Vers des *Dhammapada* zitiere, der lautet: »Reizvoll ist die Einsamkeit des Waldes für den *Jogi*, dessen Herz frei von Wünschen ist.«

Es trifft nicht zu, mein Lieber, daß ich keine Zuneigung zu Dir habe; sie ist vielmehr inniger und tiefer als je zuvor, und zwar nicht nur aus Dankbarkeit, sondern weil ich Dich besser verstehe als früher. Auch Du, mein lieber Kleiner, bist, was ich gewesen bin und die meisten sind: ein armer Schmetterling, der um eine Lampe flattert und sich an der Flamme die Flügel verbrennt. Auch Du bist in jenem Glutofen, jener Folterkammer, die »Welt« und »Leben« heißen. Du hast Dich abgemüht, und doch ist es Dir ebensowenig wie all denen, die Deinen Irrtum teilen, gelungen, das Wasser der Luftspiegelung, das Trugbild des Glücks zu erhaschen.

Dieses Trugbild hat viele Namen und nimmt mancherlei Gestalt an: Ehrgeiz, Reichtum, Liebe, eine Frau, ein Mann... doch immer rinnt es einem durch die Finger, wird zu Asche und lockt einen doch – in veränderter Gestalt – weiter und weiter: ein trauriges Keuchen und Hasten, das im Abgrund endet. Man muß die Weisen beneiden, die sich von diesem Trugbild befreien, ihm die Stirn bieten, ihm nicht blind hinterherlaufen. (...)

Gangtok, 27. April 1914

Gestern habe ich mein Kloster verlassen und bin nach einem fünfstündigen Ritt durchs Gebirge in Gangtok eingetroffen. (...)

(...) Ich bin jetzt also darüber informiert, daß Du aus Tunis fort bist und Dich in Bône niedergelassen hast. (...)

Oh, ja – Du hast natürlich auch von dem »großen schönen Haus« Abschied genommen... an das ich ein wenig schwermütig zurückdenke ... doch Vergleichbares gilt wahrscheinlich für die meisten Dinge dieser Welt. Ich habe sehr an diesem schönen Haus gehangen... Warum? Nun, mit seinen Gittern und schweren Türen war es ein wenig Kloster und Tempel für mich, und wenn abends in den dunklen Winkeln die Lampen entzündet wurden, gewann das muslimische Hausinnere einen mystischen Zauber, der mich sehr beeindruckte.

Das schöne Haus ... es schmeichelte den Träumen, die ich philosophierende Nonne dort träumte. (...)

(...) Weißt Du, es ist alles gut, mein Kleiner. Nur im Traum sind die Lebewesen uns gewogen, nur dann ist es gut, wenn sie uns nahe sind ... im wirklichen Leben sind sie Steine mit spitzen Ecken, an denen man sich stößt und verletzt. Der Egoismus ist das Gesetz, das eherne und unverrückbare Gesetz, für alles, was an die Existenz eines »Ich« glaubt. (...)

Mein lieber Kleiner, Du wirst mit den Achseln zucken – tu es ruhig –, aber Du wirst von der fernen Reisenden, die ich bin, mehr geliebt, mehr wirklich geliebt als Deine Freunde von ihren aufopfernden Gattinnen. Das kümmert Dich nicht, oder? Was Du suchst – viele andere tun es auch, und ich tadele Dich nicht dafür –, ist der Schein, das Äußere, die Grimasse der Zuneigung, der Fürsorglichkeit, die scheinheilige Geste des Augenblicks. Es stört Dich nicht, wenn die Schauspielerin hinter Deinem Rücken »Gott sei Dank« sagt und ihre Komödie verflucht. Es ist besser, den Dingen und Gefühlen nicht auf den Grund zu gehen, nicht wahr? Solche Untersuchungen interessieren nur den Philosophen, und sie führen ihn zu extremen Positionen, die besonnene Leute verwerfen. (...)

Du urteilst streng über mich, mein Freund, wenn Du sagst: »Deine Gleichgültigkeit gegenüber dem Bedürfnis nach Zuneigung verlangt, daß Du sie ersetzt durch das Vergnügen, verehrt zu werden, Schmeicheleien zu hören, den Heiligen, den Apostel zu spielen. Wenn Du einmal auf Bewunderung und Achtung verzichten müßtest, würdest Du Dich leer fühlen.« Ich glaube, Du bist im Irrtum, Mouchy. Oh, gewiß! Ich weiß, daß ich Dir kaum Anlaß gegeben habe, mich für eine Heilige zu halten, da spottest Du zu Recht. Auch ich bezweifle sehr, daß ich zu einer Heiligen geworden bin; ich war es nie. Übrigens: »Heiligkeit« ist ein Begriff, der in der Lehre, zu der ich mich bekenne, ungebräuchlich ist. Bei den Buddhisten gibt es keine Heiligen; dort gibt es die, »die wissen«, »die erwacht sind«. Die übrigen – nun ja ...

Gangtok, 5. Mai 1914

(...) Ich habe eine ungewöhnliche Einladung bekommen. Ein berühmter tibetischer *Jogi* hat mich aufgefordert, ihn zu besuchen und einige Zeit bei ihm zu bleiben, wenn er demnächst hoch droben in den Wolken, in einer Höhle an der tibetischen Grenze sein Quartier aufgeschlagen hat. Ich kenne diesen Mann gut, habe mit ihm stundenlang über die philosophischen Probleme des *Wedanta* und des Buddhismus diskutiert. Ich schätze ihn besonders wegen seines Scharfsinns und der kühnen Theorien, die er vertritt. Ich habe natürlich voll Dankbarkeit eine Einladung angenommen, die höchstwahrscheinlich noch kein *Jogi* aus dem Schneeland an einen Europäer gerichtet hat.

Die Reise ist verlockend, die Strecke ist mir zum Teil bekannt. (...) Der Horst dieses *Jogi* befindet sich in etwa 4500 m Höhe, in der Nähe eines sehr schönen Sees, wie man mir gesagt hat. Ich kann mir vorstellen, daß es dort oben sogar im Juli nicht sehr heiß ist. Zum Glück habe ich diesmal ein gutes, vollständig dichtes Zelt, und vielleicht finde ich eine Höhle oder irgendeinen Felsvorsprung, wo ich es an windgeschützter Stelle aufschlagen kann.

Allein die Reise ist schon ein Erlebnis. Doch sie ist nicht alles. Der, der mich einlädt, ist kein Wirrkopf. Er will mir einiges beibringen, was mit den geheimnisvollen Theorien und Praktiken des tibetischen *Tantrismus* zu tun hat, in den er eingeweiht ist. Meine Neugier und — mehr noch als meine Neugier — mein Interesse als Orientalistin und Philosophin ist erwacht. Es ist mühsam, so unendlich schwierig, in Asien etwas zu lernen. Alles ist dort so verschlossen, wird so geheimgehalten. Die Leute und sogar die Dinge sind so unzugänglich und zurückhaltend. Kannst Du Dir vorstellen, daß sogar hier, wo man mich seit langem kennt, wo ich in allen Klöstern gepredigt habe, viele mich noch immer im Verdacht haben, eine christliche Missionarin zu sein, die sich als Buddhistin verkleidet hat, um die Bevölkerung zu täuschen und von ihrer Religion abzubringen! Die hohen Lamas haben es mir erzählt, denn zumindest sie haben mich nach mancherlei Prüfung und Befragung über philosophische Gegenstände angenommen.

Wie sehr wünschte ich mir, fließend Tibetisch sprechen zu können! Ich erschlösse mir damit eine faszinierende Literatur und einen ganz eigenen Menschenschlag, der die hohe Philosophie Indiens mit dem besonderen Humor der Gelben verbindet. (...)

Gangtok, Palace Guest-House, 10. Mai 1914

Ich stecke bis zum Halse in Schwierigkeiten. Wie ich Dir bereits mitgeteilt habe, hat sich mein tibetischer Boy in eine Teeverkäuferin verliebt, eine zweite Carmen, die ihn verrückt und — was schlimmer ist — zum Dieb gemacht hat. Es gab einen Skandal, weil er seine Schöne, die aus Gangtok angereist war, mit ins Kloster brachte und die beiden sogar die Kühnheit hatten, dort miteinander zu schlafen. Man beschwerte sich, und ich hätte die Lamas zutiefst beleidigt, falls ich versucht hätte, den Jungen vor der verdienten Strafe zu bewahren. Außerdem hat er sich mir gegenüber schlecht betragen und verschiedene Sachen (ohne großen Wert) gestohlen, um sie der Dame seines Herzens zu schenken. Er hatte sich zu einem richtigen Schwachkopf entwickelt; denn wenn auch die Liebe den Mädchen Geist verleiht, so macht sie doch die Jungen beschränkt. Das ist wohl überall auf der Welt so.

Schließlich kochte er mir sogar eine Süßspeise mit Pilzen statt Rührei mit Pilzen.

Kurz, ich bin ihn los! Aber das ist alles andere als lustig für mich. Mit meinen Tibetischkenntnissen ist es noch nicht allzu weit her, und der Diener, der mir geblieben ist, versteht kein Wort Englisch. Unsere Zwiegespräche sind recht unterhaltsam: eine mit vielen Gesten bereicherte Mischung aus Tibetisch und Hindi. Ich bin jedoch trotzdem noch am Leben, mein jetziger Diener kann ein wenig kochen und kommt mir besonders eifrig vor, seit der andere weg ist. Er hat mir jedoch abermals Süßspeise mit Pilzen serviert, weil er es bei dem anderen Boy so gesehen hatte und annahm, es handele sich um ein Gericht so recht nach meinem Geschmack. Ich träume davon, ihm auf tibetisch zu verstehen geben zu können, daß er mit der Zubereitung dieses kulinarischen Phänomens doch endlich Schluß machen soll. (...)

Gangtok, 1. Juni 1914

Falls Du mich mit Deinem letzten Brief tiefer in meine Betrachtungen versenken und mir das Elend aller Dinge deutlicher machen wolltest, falls Du mir das *Dhammapada*-Wort »Worüber sollte man lachen, worüber sich freuen auf dieser Welt?...« ins Gedächtnis zurückrufen wolltest, so hast Du vollen Erfolg damit gehabt. (...)

Warst Du erzürnt, als Du mir in Deinem Brief schriebst, wenn ich zurückkehren würde, so nur, um bald wieder auf die »gewohnten schmutzigen Wege« zurückzukehren? Weshalb sollte ich auf schmutzigen Wegen gehen? Weshalb sollte ich mich in den Dreck begeben? Wozu? Könntest Du mir das erklären?

Du schreibst, Du willst nach einem »mitfühlenden Herzen« Ausschau halten. (...) Und Du weichst damit nicht von der Norm ab. Schon seit langer Zeit verkünden die *Upanischaden*: Um der Liebe zum »Selbst« willen sind wir liebe Menschen, Eltern, Freunde und vieles andere. Modern ausgedrückt heißt das, daß wir nur unsere eigenen Empfindungen, die Befriedigung unserer Wünsche lieben. Das trifft sogar auf die Märtyrer zu, die den Scheiterhaufen besteigen. (...)

Deine Drohung, mein armer Freund, läßt mir ganz einfach folgende Antwort naheliegend erscheinen: Wenn Deiner Meinung nach jede Beliebige meine Rolle an Deiner Seite ausfüllen kann, weshalb sollte ich mir dann weiterhin Gedanken über eine Verantwortung und eine Pflicht machen, die — wie Du mir ja selbst zeigst — so leicht ersetzbar sind?

Ich räume ein, daß ich mich hinsichtlich der Beweggründe Deines Verhaltens seit meiner Abreise getäuscht habe. Ich glaubte, Du hättest mit der Zeit, mit dem Alter und der Gelegenheit zum Nachdenken endlich begriffen, in welchen Abgrund seelischer Qualen Du mich dereinst gestürzt hattest; ich nahm an, Du hättest über die vier Jahre in La Goulette nachgedacht, in denen sich beinahe mein Verstand verdüstert hätte. Ich glaubte, Du hättest Dich der genau berechneten Erniedrigungen erinnert, die Du mir zugefügt hast, der Art und Weise, wie Du auf meinem Feingefühl herumgetrampelt bist und die schwierige Lage, in der ich mich damals befand, ausgenutzt hast.

All das liegt weit, weit zurück; ich habe meinen Frieden gefunden und denke an diese Tage der Verwirrung mit der Gleichgültigkeit eines Außenstehenden und ohne Zorn, ohne Bedauern zurück. Sie waren mir eine furchtbare, aber heilsame Lehre.

Nun ja, ich gebe zu, ich hatte angenommen, Du hättest das alles endlich eingesehen und hättest beschlossen, mir bei meinen Vorbereitungen für einen friedlichen Lebensabend behilflich zu sein, vielleicht weil Du glaubtest, es sei ein gutes Werk.

Anscheinend habe ich mich getäuscht. Du schreibst mir, Du habest meine gelehrten Pilgerfahrten nicht mit dem Blick auf die Vergangenheit, sondern auf die Zukunft voll Interesse und Sympathie verfolgt. Ja, ich weiß: Für Dich und viele andere zählt die Vergangenheit wenig. Menschen und Dinge sind schnell über Bord geworfen. (...)

2. Juni 1914

Heute ist der Tag, an dem die Post aus Europa ankommt, aber von Mouchy war nichts dabei. Als man mir keinen Brief brachte, schickte ich einen Diener zum Maharadscha, der nachsehen sollte, ob nicht aus Versehen ein Brief dort geblieben wäre. Doch nichts ... Du hast sicher viel zu tun ... oder keine Lust zu schreiben ... (...)

Gangtok, Palace Guest-House, 9. Juni 1914

Heute ist wieder Posttag, und wieder hat mir der Briefträger nichts von Dir gebracht. Nun hast Du schon zwei Wochen lang keine Zeit gefunden oder keine Lust gehabt, mir zu schreiben ... Ich empfinde keinen Zorn darüber, bin Dir nicht böse. Ich sitze an einem kleinen Schreibtisch am offenen Fenster; vor mir liegt eine großartige Landschaft mit riesigen Bergen, deren Gipfel eine schwarze Waldkrone bedeckt. Es ist heiß – im Himalaya bedeutet das etwa 25 Grad –, ich habe meine dicke Kleidung abgelegt und trage, wie in Benares, mein orangefarbenes Musselingewand und Sandalen ... Das ist nicht elegant, soll es auch nicht sein ... Einsamkeit, Mattigkeit, Verzicht kommen darin zum Ausdruck ... heißt es doch in der *Gitagowinda*: »Ganz nahe beim Verzicht liegt die Glückseligkeit.« (...)

Das »Menschenleben«, wie Du sagst, ist Unruhe, Angst, ein ständiger

Kampf mit dem Ziel, Dinge festzuhalten, die doch so schwankend und flüchtig sind wie eine Welle. Mein armer lieber Kleiner, man muß ständig auf der Hut sein, muß darum kämpfen, wenn man sich die Zuneigung der Lebewesen erhalten will; Sympathie und Liebe muß man hegen, indem man den Gefühlen derer, die einen lieben, ständig neue Nahrung gibt. Warum sollten sie einen denn auch lieben, wenn man ihnen nicht eine Quelle der Freude ist? — Ebenso logisch wie legitim scheint es mir zu sein, daß das »Menschenleben« ein Markt ist, auf dem die Lebewesen Handel treiben. Doch welch eine Mattigkeit erzeugt diese dauernde Nervenanspannung! Eines Tages kann und will man einfach nicht mehr ... man öffnet die Hände, die das geliebte Spielzeug umklammert hielten, und sieht, wie der reißende Strom der Zeit es mit sich hinwegspült ... Man verliert es aus den Augen ... und wird nie erfahren, was aus ihm geworden ist. Und ... man bleibt allein zurück, so allein, wie man es im Grunde genommen immer war. (...)

Gangtok, 28. Juli 1914

Ich bin gestern umgezogen und schreibe Dir in ganz neuer Umgebung. Man rechnet hier damit, daß der tibetische Premierminister in wenigen Tagen von der chinesisch-tibetischen Konferenz zurückkehrt, die etwa ein Jahr gedauert hat und unter der Schirmherrschaft und Kontrolle der britischen Regierung in Delhi und Simla stattfand. Diese Konferenz hat übrigens zu keinem Ergebnis geführt. Zwischen China und Tibet wurde weder eine Vereinbarung getroffen noch ein Vertrag unterzeichnet, und einem Gerücht zufolge ist es an der chinesischen Grenze bereits wieder zu Feindseligkeiten gekommen. (...)

Was besondere Vorkommnisse anlangt, so ist zu erwähnen, daß es vergangene Woche einen heftigen Erdstoß gegeben hat. (...)

Gangtok, 10. August 1914

Die Nachricht vom Kriegsausbruch hat hier, wie wohl überall, wie ein Blitz eingeschlagen. Für die betroffenen Menschen bedeutet das Schrecken und Elend. In allen Nationen wird Zerstörung und Trauer die Folge sein. Im allgemeinen gesehen ist dieses Gewitter vielleicht besser als die Fortsetzung des »bewaffneten Friedens«, der alle Länder Europas stark in Mitleidenschaft zog. Besonders für uns, so scheint mir, ist die Lage so glücklich wie nur irgend möglich. Ein Krieg zwischen uns und Deutschland wäre früher oder später sowieso unvermeidlich gewesen. Wir hatten ihn bisher nur mit dauernden Zugeständnissen und Demütigungen vermeiden können: Algeciras, die Abtretung des Kongos und andere, weniger bedeutsame Ereignisse waren ein Zeichen unserer

Ohnmacht und Furcht, was unsere Nachbarn nur immer anmaßender werden ließ. Eines Tages wäre das Faß übergelaufen, und wir wären verzweifelt in einen ungleichen Kampf gezogen, den wir von vornherein verloren hätten. Heute jedoch sieht es anders aus. Obwohl die russische Armee der deutschen wahrscheinlich nicht gleichwertig ist, wirft sie doch mit ihrer riesigen Menschenzahl ein entscheidendes Gewicht in die Waagschale. Rußland hält lange stand; Deutschland dagegen wird vom russischen Getreide, von dem es lebt, abgeschnitten sein. Binnen weniger Monate wird das zu einer Hungersnot führen. Die Entscheidung Englands hat in Deutschland zweifelsohne Bestürzung hervorgerufen. Zu Lande können uns die Engländer zwar kaum nützlich sein, aber sie werden verhindern, daß unsere Atlantikhäfen bombardiert werden oder eine deutsche Flotte ins Mittelmeer gelangt. Vielleicht können sie uns auch zwei- oder dreihunderttausend Mann schicken. 200 000, für die Australien aufkommt und während des gesamten Krieges Ausrüstung liefern will, sind ihnen gerade erst zur Verfügung gestellt worden. Alle englischen Kolonien haben Soldaten und Geld angeboten. Sogar der Maharadscha von Nepal hat sich bereit erklärt, seine gesamte Armee in Europa kämpfen zu lassen. Die Radschas von Indien bieten Millionen an. Wahrscheinlich werden die Deutschen schlagartig ihre Handelsmarine verlieren, auf die sie so stolz waren. Sie haben sich in eine üble Lage hineinmanövriert. Jetzt haben sie alle Welt gegen sich. Ihr Angriff auf Belgien wird scharf verurteilt. Die englischen Zeitungen haben Deutschland zum Feind der Allgemeinheit erklärt, den man zum Wohle Europas vernichten müsse. (...)

Ich habe vom tragischen Ende Jaurès'[1] gehört. Das geschah wirklich unerwartet. Wie ist die Haltung der französischen Parteien dazu? Ich nehme an, daß sich alle darin einig sind, das Vaterland verteidigen zu müssen. So absurd mir patriotische Erklärungen vor einer Fahne auch vorkommen mögen, so hielte ich es doch für idiotisch, über unterschiedliche Meinungen zu streiten, wenn es darum geht, das Haus zu verteidigen, wo man sein täglich Brot bekommt — und genau das ist ja für viele, wenn nicht die meisten, ihr Land. Für den Intellektuellen mag es noch einen anderen Grund geben, Frankreich zu verteidigen: Es verkörpert die Kultur, die Ideen des Fortschritts und der Befreiung des menschlichen Geistes gegenüber der Barbarei, dem autoritären Staat und reaktionären Ideen.

Nichts ist bei uns vollkommen, und doch besteht ein gewaltiger Unterschied zwischen dem Leben in unserer Republik — so mittelmäßig sie auch sein mag — und einem Leben unter dem Stiefel der preußischen Soldateska; darüber sollten sich alle im klaren sein. Uns blieb jedenfalls keine Wahl. (...)

[1] Jean Jaurès (1859–1914), französischer Sozialist und Philosoph.

25. August 1914

Ich habe soeben die Telegramme gelesen: nichts Neues. Brüssel ist eingenommen, die belgische Armee hat sich nach Antwerpen zurückgezogen. Ein deutsches Flugzeug ist über Assche abgestürzt (dies ist der Ort, wo meine Eltern ein Landhaus hatten; dort habe ich übrigens den Plan entworfen, auf einem kleinen, bewaldeten Hügel mit Namen »La Morette« ein *Jogi*leben zu führen!). Armes Belgien und arme Belgier! Wenn wir siegen, müssen die Deutschen eine gehörige Entschädigung zahlen — doch wer wird die Toten wieder lebendig machen können! Und was wird bei all dem aus meiner Mutter? Sie wird das Ganze wohl kaum verstehen, und ich fürchte sehr, daß sie den Schrecken nicht überlebt. (. . .)

Lonak-Tal, Hochhimalaya, 28. September 1914

Gerade hat mir ein Träger Deine beiden Briefe vom 3. und 22. August gebracht. Sie befanden sich mit anderen zusammen in einem kleinen Kasten, in dem der Maharadscha mir fünf Brote geschickt hat.

Der Bote kehrt morgen in zivilisiertere Regionen zurück und nimmt dann auch meine Post mit.

Der erste Teil meiner Reise war heiter und von schönem Wetter begünstigt. Unsere Karawane ist allerdings beim Hetschung- und beim Tangtschung-Paß, von denen der eine in etwa 4700, der andere in fast 5400 m Höhe liegt, in einen heftigen Schneesturm geraten. Wir mußten in sumpfiger, nicht weiter interessanter Gegend unser Lager aufschlagen. Wie ich Dir bereits geschrieben habe, hat sich der schottische Orientalist mit seinen Leuten und seinen Jaks meiner Karawane angeschlossen, und ich bin nicht böse darüber, denn der unwahrscheinliche, aber eben doch mögliche Fall ist eingetreten: Seit drei Tagen leide ich an einer sehr schweren und heimtückischen Grippe, habe hohes Fieber und obendrein noch Ohrenschmerzen (ein Abszeß, wohl wieder einmal eine Mittelohrvereiterung). Natürlich kann ein Reisegefährte, noch dazu ein Mann, da kaum helfen; aber er kann immerhin die Diener und das Gepäck beaufsichtigen, so daß ich im Zelt bleiben kann, statt im Wind hin- und herlaufen zu müssen. (. . .) Eins meiner vorhergehenden Lager befand sich am Fuße der hohen Eisgipfel des Kangchendzönga. Ich hatte den Wunsch, mir diese Kolosse ganz aus der Nähe, ohne durch andere Bergketten von ihnen getrennt zu sein, anzuschauen. Es war ein großartiges Schauspiel; ich sah eine riesige Moräne, die sich kilometerlang am Fuße der glitzernden Schneemassen hinzog. Insgesamt betrachtet ist die Reise ganz schön beschwerlich. Die Temperatur sinkt nachts auf null Grad, und ein Zelt, so bequem es auch sein mag, ist kein Haus. Auch die Höhe macht einem zu schaffen, sie erzeugt Atembeschwerden. (. . .)

Gömpa am Tschörten Nyima La (Tibet), 6. Oktober 1914

Der schottische Orientalist kehrt morgen nach Sikkim zurück und bringt diesen Brief nach Gangtok zur Post. Ich bin noch immer sehr erkältet, aber die Ohrenschmerzen haben nachgelassen. Die Grenze überquerten wir an einem herrlichen Paß und ... fanden stellenweise eine 50 cm dicke Schneeschicht vor. Gestern abend errichteten wir im Schutze einiger Felsen unser Lager, und heute morgen bogen sich unsere Zelte unter der Last des Schnees durch, der über Nacht gefallen war. Es fror: 3 Grad unter Null in meinem Zelt, kein Feuer und dazu alle nur vorstellbaren Qualen in meinem Ohr und — nicht minder — in meinem Kopf. Weite Reisen sind schön, nicht wahr, mein lieber Alusch?

In Tibet war das Wetter trocken und kalt, und bei strahlendem Sonnenschein wehte jener schreckliche Wind, der mir bereits bestens bekannt war. Was soll man in dieser Einsamkeit beschreiben? Wir ziehen an den letzten schneebedeckten Himalayagipfeln entlang und sehen in der Ferne, jenseits der Steppenlandschaft, bereits die weißen Bergspitzen des Transhimalayas. Vier Tage lang sind wir im langsamen Trott der Jaks umhergezogen, bevor wir hier angelangt sind. Manchmal kam es mir so vor, als zögen uralte Erinnerungen — aus dem Schoße der Jahrhunderte — vor mir vorüber, und ich fühlte mich wie eine alte Nomadin, die im Rhythmus eines langsamen Reittieres durch die Wüsten Zentralasiens geschaukelt wird und — wie es heute der Fall war — dem Zug der mit Zelten und anderem Gepäck beladenen Lasttiere folgt ... Träume, die die langen, eintönigen Reisetage begleiten. Manchmal sehen wir wilde Esel und Schafe, die in sicherer Entfernung vor uns fliehen. Und schließlich geht die Sonne in denselben Farben wie bei uns in Tunesien unter.

Die Ankunft am Fuße des Sonnentschörten-Passes (Tschörten Nyima La) ist phantastisch. Von einer sandigen Steilwand blickt man auf eine andere, oben spitze Felswand hinab, an der ausgewaschene Stellen glitzern; drunten im Tal fließt ein Rinnsal und dort, wo die Schlucht etwas breiter ist, steht ein halb verfallenes Kloster. Hinter all dem, fern und unglaublich hoch, klafft zwischen den Gebirgszügen eine Lücke, in die ein riesiger Gletscher eingelagert ist. Das Ganze läßt sich nicht beschreiben, es ist eine Landschaft aus einer anderen Welt! Diesen Besuch hier werde ich bestimmt nie vergessen; der Anblick ist einer der ergreifendsten, die sich mir je geboten haben.

Im Kloster trifft man lediglich drei *anis* (Nonnen) der bescheidensten Sorte: schmutzig und in Lumpen gehüllt, aber äußerst gastfreundlich. Sie zeigen mir sogleich die besten — als Zimmer bezeichneten — Löcher ihres baufälligen Gemäuers. Ich habe mich schon beinahe für eins von beiden, das immerhin wärmer als ein Zelt wäre, entschieden, als sich herausstellt, daß meine Diener nicht in der Nähe untergebracht werden können, und es wäre sehr unbequem für mich, wenn sie nicht in Reichweite wären. So schlage ich denn draußen mein Zelt auf. Es ist eigentlich recht wohnlich, doch in dieser Nacht herrscht darin eine Temperatur von unter fünf Grad. Allerdings ist die Luft so trocken, daß ich nicht allzuviel auszustehen habe.

Thangu, 17. Oktober 1914

Seit zwei Stunden befinde ich mich an einem geschützten Ort, der zumindest ansatzweise an die Zivilisation erinnert: ein kleines, im Gebirge verlorenes Holzhäuschen. Nach einem ganzen Monat im Zelt kommt einem eine solche Berghütte wie ein kleiner Palast vor. Ich füge diesem Brief die mit Bleistift in der *Gömpa* des Nyima La-Tschörtens geschriebenen Zeilen bei. Der schottische Orientalist ist noch immer hier. Wir waren gemeinsam in der Nähe des Passes, den er überqueren wollte, und erlebten den herrlichen Anblick von Schneemassen, die sich jenseits eines kleinen, zugefrorenen Sees pyramidenförmig auftürmten. Doch der Pfad war unter einer sieben bis acht Meter hohen Schneeschicht verschwunden. Es war unmöglich durchzukommen. So blieb denn diesem Gentleman nichts weiter übrig, als mit mir durch die tibetischen Steppen zu ziehen. (...) Ein beschwerlicher, ein äußerst beschwerlicher Ausflug, Mouchy. Auf der anderen Seite des Himalayas herrscht strahlender Sonnenschein, ausgezeichnetes Wetter, aber zugleich eine hübsche Kälte: im Zelt sieben Grad unter Null, draußen zehn Grad minus. Und dies ist nicht etwa die Nachttemperatur – nachts wage ich mich nicht unter meinen Decken hervor, um aufs Thermometer zu schauen –, sondern die um acht Uhr morgens. Alles war gefroren, mein lieber Alusch. Die Dosenmilch bildete in den Büchsen einen kleinen Eiskuchen; das Félix-Potin-Gemüse war hart geworden und ähnelte mit seinem Schmuck aus kleinen Kristallen den Süßigkeiten in einer Konditoreiauslage. Und der Wind erst! Alle meine Finger weisen tiefe Risse auf, obwohl ich immer dicke Wollhandschuhe getragen habe. Mein Gesicht dagegen ist dank einer Ölschicht, die ich zwei- bis dreimal täglich auftrage, bisher gut davongekommen. Wie oft habe ich schon mein geweihtes Gewand aus dickem Tuch, das eigentlich einer hohen tibetischen Würdenträgerin zusteht, und meine Stiefel aus Lhasa gepriesen! Andere Kleidungsstücke hätten mich nie und nimmer so gut geschützt. (...) Ich habe dort droben in der Einsamkeit viel meditiert; vielleicht haben die kräftige Luft und das rauhe Klima bewirkt, daß mein Geist jetzt mehr dem Tätigsein zuneigt, denn ich spüre den lebhaften Wunsch, zurückzukehren und einen ehrenvollen Platz unter den

Orientalisten des Abendlandes einzunehmen. Vielleicht gibt es für diesen Wunsch auch noch andere Gründe als den schneidenden Wind der Steppenlandschaft; sie wären jedoch mystischer Art, und Du würdest sie kaum verstehen, mein lieber Kleiner. Ich habe in diesem Kloster des Nyima La-Tschörtens ein paar erlesene Tage verbracht. Eine derart ungewöhnliche Landschaft kann man sich einfach nicht vorstellen! Ich bringe zwei Steinskulpturen von dort mit; eine stellt den historischen Buddha dar, die andere seinen vorgeblichen Nachfolger, der eines Tages kommen soll. Es sind keine Michelangelos, aber es handelt sich doch um keineswegs üble Exemplare tibetischer Kunst. Die Nonnen wollten sie mir nicht ohne weiteres überlassen, obwohl ich ihnen Geld dafür bot.

Alles in allem war die einmonatige Reise recht kostspielig. Ich hatte neun Jaks, die Zelte und Gepäck trugen, und drei Reitjaks für mich und meine beiden Diener aus Gangtok. Aber dies sind nun einmal wenig alltägliche Dinge, die – von Forschern abgesehen – nur selten jemand tut.

(...) Der Krieg? ... Wie soll ich, während ich in Tibet herumspuke, davon etwas wissen! Ich schreibe dem Maharadscha, er möge mir Zeitungen schicken. (...)

Eine Höhle bei Thangu, 2. November 1914

Nur ein paar Zeilen. Ein Bote des Maharadschas hat mir Brot, Kerzen und Zeitungen gebracht; er kehrt gleich wieder um, und ich benutze die Gelegenheit, diese Zeilen zur Post schaffen zu lassen.

Im Augenblick bewohne ich – wie ein vorgeschichtlicher Mensch – eine Felsenhöhle, deren Eingang mit einer Mauer aus Gesteinsbrocken verschlossen ist und die nur eine kleine, primitive Tür hat. Nach der großen Kälte, die ich in Tibet ertragen mußte, kommt es mir hier beinahe warm vor. Meine Höhle liegt ungefähr 4000 m hoch an einem steilen, jedoch herrlich von der Sonne beschienenen Berghang. Seit wir, meine Diener und ich, hier sind, hat es nur zweimal geschneit; die uns gegenüber, etwas weiter nördlich gelegenen Berge sind jedoch alle weiß. Mein Gesundheitszustand ist sehr gut; ich habe erheblich abgenommen, was eine Folge der Kälte und der asketischen Ernährung ist (nur eine Mahlzeit am Tag, abgesehen von einer Tasse Kakao am Morgen und dem abendlichen Tee mit Milch). Ich freue mich hierüber, denn ich sah fast schon lächerlich aus. Zwar kann ich mich immer noch nicht als schlank bezeichnen, bis dahin dauert es noch ein wenig, aber meine Körperformen sind doch vernünftiger geworden, und ich fühle mich sehr viel flinker auf den Beinen.

Ich pauke eifrig Tibetisch und habe beschlossen, den Winter in Lachen zu verbringen, und zwar in dem Kloster, dem der *Jogi*, dessen Gast ich gerade bin, vorsteht. Dieser *Jogi* hatte eigentlich vor, sich wieder einmal für drei Jahre in seine Höhle zurückzuziehen, ich konnte ihn jedoch — welch Wunder! — dazu bewegen, seine Klausur um ein Jahr zu verschieben. Er wird mir Tibetisch beibringen und seinerseits Englisch lernen. Dies alles geschieht mit Blick auf unsere Zusammenarbeit an einem Werk, das ich gerade vorbereite. Es handelt sich um einen Vergleich zwischen *Lamaismus* und *Wedanta*. Wie ich Dir bereits gesagt habe, empfinde ich große Hochachtung für diesen Mann. Er ist ein Denker von wirklich großem Format. Er hat mit den berühmtesten Lamas Tibets Umgang, und sein kritischer Geist und seine intellektuelle Aufgeschlossenheit sind erstaunlich. Es handelt sich im übrigen einfach um einen jener freien Denker (ich wage nicht, »Freidenker« zu sagen, da das Wort so abgegriffen ist), wie sie die großen Philosophien Asiens hervorzubringen vermögen.

Ich glaube nicht, daß ich in Lachen ein Schlemmerleben führen werde. Das Kloster reicht nicht an das in Podang heran, es ist die Wohnstätte schlichter Tibeter, die keinen Komfort kennen und unter der Leitung eines Abtes leben, der die Beschwerlichkeiten eines Eremitendaseins gewohnt ist. Ich weiß, ich werde nicht auf Rosen gebettet sein; aber es ist eine unverhoffte Gelegenheit, schnell Tibetisch zu lernen und in Theorien einzudringen, die kein Orientalist so recht verstanden hat. Da Du mir, wie Du schreibst, keine Geldmittel schicken kannst, bin ich zu großer Sparsamkeit gezwungen, und mich dort einzuquartieren, scheint mir die billigste Lösung zu sein. In meinem nächsten Brief werde ich Dir ausführlicher darüber berichten. (...)

Eine Höhle bei Thangu, November 1914

(...) Vor einigen Tagen erhielt ich vom Maharadscha einen dicken Stoß Zeitungen, von denen einige bebildert waren. So sah ich Löwen in Schutt und Asche, andere Städte, die ich gut kannte, in Trümmern, die Preußen in Brüssel paradieren usw. Ich fühlte lebhaft, wie abscheulich die Lage ist. (...)

Ich befinde mich noch immer in meiner Höhle. Der Großlama, der mir angeboten hat, seinen Berg mit mir zu teilen und mich tibetische Sprache und Philosophie zu lehren, ist sehr gütig zu mir und versorgt mich mit Jakbutter, Milch und Früchten. Hinsichtlich des Studiums stellt er hohe Ansprüche, treibt mich wie ein Rennpferd an und verlangt absoluten Gehorsam. Ich war dazu übrigens spontan bereit, denn ich kenne die diesbezüglichen Sitten hier. Das Ergebnis ist ausgezeichnet. Ich habe in vierzehn Tagen mehr gelernt als in Gangtok in einem Jahr.

Dieses karge Leben gefällt mir. Oh, Du hast völlig recht, wenn Du schreibst: »Wenn man eines Tages kein Hähnchen mehr ißt, so deshalb, weil einem nicht mehr daran liegt oder weil man dem Hähnchengeschmack jene Prinzipien vorzieht, um derentwillen man darauf verzichtet.« Das trifft hundertprozentig zu. Und die ganze Lehre Buddhas steckt darin. Er hat von den Menschen niemals verlangt – wie die Christen es tun –, sie sollten sich moralisch oder physisch durch Entsagung verstümmeln. Er hat ihnen lediglich nahegelegt, sich aufmerksam umzusehen, sich über die Wichtigkeit der Dinge klar zu werden und sich anschließend zu entscheiden. (...)

Neulich kam es in der Kargheit unseres Asketenlebens zu einem recht lustigen Zwischenfall.

Es war abends, und ich war zusammen mit meinem Diener Aphur[1] in der Höhle des Lamas. Da sagt er zu mir: »Ich werde Suppe trinken, Sie werden mir dabei Gesellschaft leisten.« Ich lehne dankend ab und erkläre ihm, daß ich zu dieser Stunde (etwa 9 Uhr) keinen Appetit auf Suppe habe. Aber das entspricht nicht der Etikette und schon gar nicht den Gepflogenheiten, die die Beziehungen zwischen Lehrer und Schüler regeln. Ich merke das und gebe nach. Außerdem habe ich diese tibetische Suppe beim Maharadscha schon oft gegessen, und sie schmeckt mir. Trotz der späten Stunde wird sie mir also wahrscheinlich bekommen. Jedoch... der Maharadscha hat einen guten Koch, und der *Jogi*, Du ahnst es sicher schon, ist sein eigener Küchenmeister! Er ist hervorragend und bewundernswürdig, was die Philosophie angeht, aber höchst mittelmäßig in der Kochkunst. Die Suppe erinnerte mich sofort an die Hammelfleischsuppe, die mir einst in Löwen eine meiner deutschstämmigen Tanten angetan hatte. Ich habe Dir die Geschichte oft erzählt. Auch hier hieß es Haltung bewahren und das Brechreiz erzeugende Gemisch hinunterzuschlucken. Ich tat mein Bestes und rief dabei alle Erinnerungen an den Stoizismus zu Hilfe. Doch als ich die Tasse zur Hälfte geleert hatte, mußte ich allen Anstrengungen zum Trotz schleunigst nach draußen. Mir war speiübel, und ich kehrte in meine Höhle zurück. Ich verbrachte eine unruhige Nacht und hatte noch am Abend des folgenden Tages den Geschmack der Suppe im Munde. Ich hatte mir total den Magen verdorben. Meine Diener machten in der Einsiedelei kein Geheimnis daraus, daß ihre Herrin in ihr Gewand gehüllt auf dem Bette saß und nichts essen wollte. Daraufhin kam der *Jogi* nach mir sehen und war hocherstaunt, daß eine Suppe, die er doch täglich zu sich nahm, eine solche Wirkung bei mir tun konnte. Er setzte sich zu mir, wir unterhielten uns über ein berühmtes Sanskrit-Werk, das ins Tibetische übersetzt ist, und mein Leiden verging. Alles in allem war es gar nicht so schlimm. Eine lustige Geschichte, nicht wahr? (...)

---

[1] Aphur ist der erste tibetische Vorname Yongdens, der kurz vorher zu A. David-Néel gestoßen war.

Gömpa in Lachen, 17. November 1914

Vor mittlerweile fünf Tagen habe ich meine Höhle verlassen, und zwar nicht etwa deshalb, weil es mir dort nicht gefallen hätte. Dieses vorgeschichtliche Leben zwischen den Felsen eines schroffen Berges fesselte mich durchaus, und ich wäre gern länger dort geblieben, hätte die Zeit und alles um mich her vergessen ... aber ich war nicht allein! Über mir wachte in seinem Adlerhorst der Große Lama, und da er nun einmal – aus welchem geheimnisvollen Grund auch immer, ich bilde mir jedenfalls nicht ein, daß es nur meinetwegen geschah – das beträchtliche Opfer gebracht hatte, auf seine Einsamkeit vorerst zu verzichten, wollte er nicht, daß ich vom Schnee überrascht und in meinem Felsenversteck eingeschlossen würde. Inzwischen war auch schon auf unserer Seite des Berges ein wenig Schnee gefallen; die gegenüberliegenden Hänge lagen schon seit langem unter einer hohen Schneedecke. Meine Diener kochten im Freien und sahen, wie die weißen Flocken auf Suppe oder Omelett herabschwebten und sich auflösten. Für mich war das recht malerisch, für sie dagegen weniger schön, denn sie wohnten nicht wie ich in einer Höhle, sondern in einem einfachen, winzigen Zelt. Kurz und gut – der *Jogi* hatte beschlossen, daß wir aufbrechen. Ich mußte mich beugen. An einem wunderschönen Tag zogen wir nach Lachen hinunter. Winterlandschaft: Schnee und rostbraune Blätter, jedoch Tropensonne und azurblauer Himmel. (...)

Was ist mit dem Krieg? Die letzten Nachrichten, die ich kenne, sind einen Monat alt. Was ist seither geschehen? Wieviel weitere Massaker? Ich weiß lediglich, daß sich die Türken in einem Moment geistiger Verwirrung auf die Seite Deutschlands geschlagen und die Griechen sich daraufhin gegen sie in Marsch gesetzt haben. Die Engländer und wir haben die Dardanellen bombardiert. Das wird natürlich nicht zu einer raschen Beendigung des Konflikts beitragen. Kein europäischer Staat wird abseits stehen können. (...)

Gömpa in Lachen, 25. November 1914

Ich habe Deine Briefe und die Zeitungspäckchen erhalten. Du kannst beruhigt sein: Es dauert zwar seine Zeit, aber es trifft alles wohlbehalten hier ein. Obwohl die Zeitung aus Bône nur ein kleines Provinzblatt ist, habe ich doch meine Freude daran.

Kannst Du mir erklären, weshalb die neue Zeitung Clemenceaus[1], »L'homme enchaîné«, von der Regierung beschlagnahmt worden ist?

Etwas ist in diesem schrecklichen Krieg trotz allem sehr tröstlich:

---

[1] Georges Clemenceau (1841–1929), französischer Staatsmann und Ministerpräsident.

die Einigkeit, die dadurch bei uns entstanden ist. Unabhängig von der Parteizugehörigkeit haben alle verstanden, daß mit dem Leben der Nation das Leben aller auf dem Spiele steht. Das ist schrecklich, gewiß, aber es ist doch schön zu sehen, daß wir nicht die Feiglinge und Schlappschwänze sind, für die viele uns hielten, daß wir des gleichen Heldenmutes wie unsere Vorfahren fähig sind, obgleich mancher unter uns die hohlen Wörter »Ruhm«, »Ehre« usw. schon weniger überschwenglich äußert. Die meisten waren Fanatiker, die genauso hypnotisiert »Vaterland! Vaterland!« schrien, wie andere »Gott!«, »Jesus!«, »Mohammed!« – oder in Indien: »Schiwa!«, »Wischnu!« – schreien, selbstverständlich ohne zu wissen, was damit eigentlich gemeint ist. Dieser Patriotismus war vom Übel, wie übrigens alles, was auf Unwissenheit beruht. Wir haben den Vaterlandsbegriff wie den Gottesbegriff und viele andere Abstrakta genau analysiert, und die Vorstellung vom Vaterland, die wir heute haben, ist unendlich viel rationaler, vernünftiger. Das Vaterland ist kein Mythos mehr, es ist zu einer sehr naheliegenden Wirklichkeit geworden, die unmittelbaren Interessen entspricht. Nicht um der Liebe zu einer Gottheit willen, die Wahnvorstellungen ihre Existenz verdankt, wollen wir keine Deutschen sein, sondern weil jeder einzelne von uns sein Leben leben will, und zwar wie es den Antrieben und der Besonderheit seiner Rasse entspricht. Wir sind Franzosen; es nicht mehr zu sein bedeutet aufhören zu existieren, und wir wollen nicht sterben. Wir werden obsiegen, das steht für mich außer Frage, aber es wird lange dauern, und es wird viel Blut fließen.

Ja, Du hast ganz recht, ich denke voll tiefer Trauer an das arme kleine Belgien. Schließlich sind mir viele der unbedeutenden Ortschaften, deren Namen die Zeitungen füllen, bestens vertraut. Oft sind es winzige Marktflecken, mit denen jedoch für mich Kindheitserinnerungen verbunden sind. Vor allem: armes Löwen. Ich kannte dort jeden Pflasterstein! Und Malines, Vilvorde, Termonde und schließlich Brüssel, wo ich sechzehn Jahre meines Lebens verbracht habe, wo mein Vater gestorben ist! ... Ich kann mir nicht vorstellen, es darf einfach nicht wahr sein, daß sich die Deutschen dort breitmachen. Der junge König hat allem Anschein nach Mut bewiesen. Seine Neffen dürften sich an der Front gegenüberstehen, denn von seinen Schwestern ist die eine in Frankreich (Herzogin von Vendôme), die andere in Deutschland, als Frau eines Hohenzollern, verheiratet.

Wie weit entfernt ist man doch in diesem ländlich-schlichten Kloster von all dem Leid! Das einzige Ereignis hier am Ort besteht darin, daß die Bauern nach Sikkim herunterkommen, um sich mit Reis einzudecken, oder nach Kampa-Dsong und Schigatse hinaufziehen, um Schafe und Gerstenmehl zu kaufen. Man muß sich den gegebenen Verhältnissen wohl oder übel anpassen. Auch ich bin daran interessiert, demnächst zu den Pässen an der Grenze aufzubrechen, denn ich brauche für die Monate, in denen uns der Schnee in unser Tal einschließt, einen Vorrat an Jakbutter und Gerstenmehl. Ich habe meine Ausgaben auf ein Minimum beschränkt und begnüge mich fast ausschließlich mit der Nahrung der Einheimischen, und die ist wenig abwechslungsreich! In Lachen werden Kartoffeln, Rüben und ein paar Pferdebohnen angebaut, das ist alles! Die Damen der Missionsstation teilen die Erzeugnisse ihres Gemüsegartens mit mir, so daß ich von Zeit zu Zeit einen Kürbis und ein paar Karotten bekomme. Mein *Jogi* findet, daß ich zu luxuriös lebe, und wirft mir im stillen Sinnlichkeit und Epikureertum vor.

Ich habe herausgefunden, daß es in diesem granitenen Geist doch eine schwache Stelle gibt ... eine Katze! Ein Schoßkätzchen, das mit ihm in seiner Höhle wohnt, nur ihn kennt und von Fremden nicht einmal einen leckeren Happen annimmt. Nun hatte aber die Ankunft der Träger und Pferde die Katze erschreckt, und sie war am Tage unseres Aufbruchs fortgelaufen. Der Eremit ließ sie von zwei Männern suchen, doch das Tier war nicht zu finden. So machte sich schließlich der Asket als heldenhafter Vater heimlich selbst auf die Suche nach seinem Kind. Da er es nicht schätzt, daß man ihn begleitet, hat er niemandem etwas gesagt und weder Decken noch warme Kleidung, sondern nur etwas Gerstenmehl als Wegzehrung mitgenommen. Er war die ganze Nacht zu Fuß unterwegs und tastete sich mit einem Stock in der Dunkelheit an Wasserfällen, Gebirgsbächen und Felsen vorbei ... Irgendwo ließ er sich nieder, um auf sein Miezekätzchen zu warten, das freilich mittlerweile ganz allein nach Hause zurückgekehrt war. Ich habe sogleich jemanden mit dem Pferd des *Jogis* losgeschickt, um ihn zurückholen zu lassen, denn er hätte vielleicht wochenlang auf seine Katze gewartet, die doch längst hier war. Es gefiel ihm gar nicht, daß ich mich eingeschaltet hatte, und er beklagte sich darüber, daß die Leute und das Pferd seinetwegen bemüht worden seien. »Wozu soviel Aufhebens um eine Katze!«, meint er ... und vergißt dabei die Strapazen seines langen Nachtmarsches, die ihm eine heftige Rheumaattacke eingebracht haben, vergißt die vier Nächte, die er dünn bekleidet und ohne Decken in einer kalten Höhle zugebracht hat, vergißt auch das lange Fasten. Doch er hat seine Katze wieder, und wie freudig sie ihn bei seiner Rückkehr begrüßt hat! ... Man bedauert es ein wenig, in der Vollkommenheit dieses blank polierten ehernen Blocks einen Makel entdeckt zu haben, doch dann lächelt man gerührt und ein wenig bewegt, denn diese Sentimentalität, dieser kindische Charakterzug hat viele Entsprechungen, die im Innersten unseres eigenen Herzens schlummern, im Herzen von armen, erbärmlichen Wesen, denn das sind wir alle, selbst die Größten und Stärksten unter uns. Oh ja, die Buddhas, die Übermenschen, die alle Schwächen abgelegt haben, sind selten!

Gömpa in Lachen, 6. Dezember 1914

(...) In der vergangenen Woche habe ich die Hütte hergerichtet, die mir Schutz bieten soll, wenn ich wegen des Schnees nicht mehr in meinem Zelt wohnen kann. Oh, Du kannst dir gar nicht vorstellen, wie ländlich schlicht die Hütte eines Dorflamas ist! Die Wohnung des ärmsten unserer französischen Bauern ist im Vergleich zu meiner Unterkunft ein Palast. Aber weißt Du, in meinem Quasiforscherleben habe ich gelernt, mich mit wenigem zufriedenzugeben und mit diesem wenigen sogar so etwas wie Komfort zustande zu bringen. Meine Hütte hat ein Dach, aber keine Decke, und zwischen dem Dach und den Wänden klafft ein breiter Spalt, der eine höchst unangebrachte Belüftung ermöglicht. Aus wasserundurchlässigem Stoff, der zum Teil von meinen Zelten stammt, werde ich eine Decke einziehen, die ein Stück die Wände hinabreicht. Die Zwischenräume werde ich zustopfen, und ich bin sicher, daß ich es recht bequem haben werde, wenn alles fertig ist. Ich lasse übrigens mein größtes Zelt so lange wie nur irgend möglich offenstehen. Ich fühle mich dabei sehr wohl, und es ist warm genug darin, womit ich meine, daß es nicht friert. Die Temperatur sinkt im Innern des Zeltes auch nachts nicht unter 5 Grad. Nach der tibetischen Kälte kommt mir das geradezu mild vor.

Meine Vorräte habe ich jetzt fast vollständig beisammen: Kartoffeln, Rüben (das einzige Gemüse, das hier wächst), Pferdebohnen und Jakbutter, die man mir in Form von dicken, in Ziegen- und Schafleder eingenähten Kugeln gebracht hat. Sie sahen aus wie die — von oben gesehenen — mächtigen Köpfe enthaupteter Riesen. Diese Spukgegenstände kamen gestern abend hier an, und man legte sie in das kleine hintere Abteil meines Zeltes. Bevor ich mich schlafen legte, ging ich noch einmal hinter den Vorhang, um von dort etwas zu holen. Ich dachte schon gar nicht mehr an die Butter ... Da stoße ich plötzlich mit dem Fuß an einen runden Gegenstand und erkenne im Halbdunkel ein halbes Dutzend dunkelgrauer Haarschöpfe auf dem Boden. Nach einem Augenblick der Verblüffung breche ich in herzliches Gelächter aus. Diese Butter muß noch geschmolzen werden, ein Teil wird dann eingesalzen. Meine Leute sind so unglaublich schmutzig, daß ich sie dauernd beaufsichtigen muß. Nur Ärger habe ich mit ihnen! Wie kompliziert doch das einfachste Leben für uns Abendländer ist!

Von der Klosterterrasse aus betrachte ich mir die umliegenden Berge, die Wälder, die der Winter gelb bis rotbraun gefärbt hat, und — weiter oben — den unberührten Schnee, der in der Sonne glitzert. Es packt mich der Wunsch fortzugehen; obwohl ich so weit weg bin, fühle ich mich noch immer in das Netzwerk der Welt und der Zivilisation verstrickt, ihren Konventionen und Verhaltensweisen zu sehr verhaftet.

Noch bin ich nicht genug aus dem schlechten Traum erwacht, aus dem ermüdenden Traum des Lebens als Individuum. Sogar in meiner *Jogi*-Höhle ist mein Geist der eines Künstler-Philosophen geblieben, einer Amateurbuddhistin aus Paris. Fortgehen, sich vom Selbst befreien, von der Welt, die man in sich trägt . . . sein, was die Buddhas waren . . . Zu welchen Gedanken doch Butter Anlaß sein kann! Doch nein, nicht allein die Butter war der Anlaß, auch eine Stunde, die ich mit den Mädchen der Gewerbeschule in Lachen verbracht hatte. Dort sah ich nämlich, zu welch traurigem Ergebnis die Arbeit der Missionarinnen führt, dieser armen Seelen, die niemandem ein Leid zufügen wollen und doch gar zu kurzsichtig sind. Ich sah eine ganze Reihe junger Mädchen und Frauen, die heimtückisch geworden sind. Sie glauben nicht mehr an die Landesreligion, haben vom Christentum nichts verstanden, sondern sind lediglich dahintergekommen, daß die Damen der Mission ihren Schäfchen »geben«. Sie schenken ihnen rosa oder blaue Hemden oder gestreifte Röcke. Die Lamas geben ihnen nichts, sie beschränken sich aufs Nehmen — ich spreche vom niederen Klerus, der etwa dem Siziliens oder Spaniens entspricht. Und die Lama-Philosophen gar zeigen sich angewidert, ziehen sich in die Einsamkeit zurück. Ich glaube, die Mädchen der Schule wären durchaus zu einem Sinneswandel bereit, wenn die *Dschebtsun rimpotsche*, die edle Ehrwürdige, die ich bin, mehr gäbe als die christlichen Damen. Ich finde diese Art von Proselytenmacherei abscheulich. Da ich nicht an die ewige Verdammnis glaube, gebe ich mich wie Buddha damit zufrieden, die Ideen vorzutragen, die ich für heilsam halte. Wer nicht will, braucht sich ja nicht darum zu kümmern . . . Er wird später — vielleicht in einem Jahrhundert oder erst in einer Million Jahren — eine andere Existenz durchlaufen. Im Grunde genommen sind Religionen, Philosophien, die Welt und die Lebewesen, die sie in vielerlei Gestalt bevölkern, nur ein Traum, bewegte Bilder auf einer Kinoleinwand. Es ist die Geschichte, die der unwandelbare »Eine« sich selbst erzählt, wie die *Wedanta*-Philosophen sagen; oder eine Geschichte, die niemand niemandem erzählt . . . Deshalb lächelt derjenige, der das große Geheimnis kennt, über das Trugbild seines Lebens und des Lebens der anderen; er lächelt über das Trugbild der Welt — und der große Frieden umgibt ihn. (. . .)

Du fragst mich in Deinem Brief: »Warum gehst Du dorthin, nimmst die Kälte, die Einsamkeit in Kauf? . . .« Weshalb ich in dieses faszinierende Land gezogen bin? Nun, was weiß ich . . . einfach so . . . und doch auch aus vielerlei Gründen, etwa weil man in der unendlichen Weite des Raums — wie in unserer Sahara — andere Träume träumt als in einer Stadt, weil man dort ungewöhnliche Empfindungen hat. Meine hiesigen Freunde meinen lächelnd, ich sei in einer meiner vorherigen Existenzen eine Nomadin in Innerasien gewesen . . . und dort oben in den weiten Steppen kehrt wohl – im tiefsten Grunde meines Selbst – die Erinnerung daran zurück. (...)

Gömpa in Lachen, 14. Dezember 1914

Diese Woche wurde von einem völlig unerwarteten Ereignis überschattet, das mich vor drei Tagen wie ein Blitz aus heiterem Himmel traf: Mein junger Freund und Gefährte bei so vielen Ausflügen durch den Himalayadschungel, der Maharadscha von Sikkim, starb ganz plötzlich nach kurzer Krankheit, die den Ärzten ein Rätsel war. Als mich die Nachricht erreichte, war er bereits sechs Tage tot. Wir sind hier weit von Gangtok entfernt.

Armer Junge! Er hing so sehr am Leben, war trotz seiner 37 Jahre so knabenhaft geblieben! Vor etwa drei Monaten, an einem regnerischen Morgen hatten sich unsere Wege in einem Gebirgstal zwischen verschneiten Pässen getrennt. Während er zur *Gömpa* von Talung und von dort nach Gangtok hinabstieg, zog ich hinauf in die Schneeregion am Fuße des Kangchendzönga-Massivs, zum Zemugletscher und von dort aus weiter in Richtung Tibet. Er trug an diesem Tage europäische Kleidung: einen Bergsteigeranzug; als er sich von mir entfernte, sprang er munter von Fels zu Fels, drehte sich von Zeit zu Zeit um und rief mir laut zu, während er seinen Hut schwenkte: »Good-bye, don't stay too long!« (Auf Wiedersehen, bleiben Sie nicht zu lange weg.) Und er verschwand an einer Wegbiegung... Danach habe ich ihn nicht mehr gesehen! Ich empfand wirkliche Sympathie für diesen armen kleinen Zwergstaatenkönig, dessen mutterlose Kindheit so unglücklich gewesen war und der nur einen Feind hatte: seinen Vater. Er vertraute mir seine Sorgen an, sprach mit mir – wie Du weißt – sogar über seine Herzensangelegenheiten. Ich las die Briefe seiner Verlobten, und er erzählte mir vom Leid der anderen, seiner Geliebten, die er nicht heiraten konnte. Es fällt mir schwer, mich an den Gedanken zu gewöhnen, daß er tot ist. Ich kann mir einfach nicht vorstellen, daß ich ihn in jenem Hause, das fast schon ein wenig das meine war, nicht mehr antreffen werde, daß er nicht mehr die Betstube betritt, in der er die religiösen Ratschläge aufbewahrte, die ich für ihn niedergeschrieben hatte. Aus und vorbei, es gibt ihn nicht mehr; nur eine Handvoll Asche ist übriggeblieben von dem Lama-Prinzen, der wie sein berühmter Glaubensgenosse, der Dalai-Lama, eine »Inkarnation« war. So geht's im Leben, nicht wahr? Denn das Leben besteht aus Trennung, Zerfall und Tod. (...)

Gömpa in Lachen, 18. Dezember 1914

Diese Woche war von zwei Ereignissen geprägt, an denen Lachen nicht gerade reich ist. Gestern kamen die Bauern von ihrer letzten Winterreise nach Tibet zurück. Die Karawane war malerisch anzusehen: die Jaks, die mit Vorräten beladenen Maultiere, die Schafherden, die die Männer vor sich her trieben. (Die armen Tiere werden in ein paar Tagen zu Trockenfleisch verarbeitet, das ein oder sogar mehrere Jahre aufgehoben wird.) Dies alles kam unter lautem Schreien den Weg herunter — ein Bild aus einer anderen Zeit, als noch Nomadenherden über die Erde zogen. Vorgestern wurde wenige Schritte hinter meinem Zelt eine Frau eingeäschert, denn dort befindet sich der »Friedhof«, der eigentlich Verbrennungsstätte heißen sollte, denn die Toten werden hier nicht begraben. Ich habe mir die Prozedur, die wegen der unsachgemäßen Holzaufstapelung etwa fünf Stunden dauerte, angeschaut und habe den Beteiligten gegen Abend ein paar Ratschläge erteilt. In Indien legt man nämlich den Leichnam mitten in den Scheiterhaufen hinein, so daß er ganz von Holz umgeben ist und rasch verbrennt. Hier setzt man den Verstorbenen oben auf den Holzstoß, und ein beträchtlicher Teil des Holzes bewirkt lediglich, daß der Leichnam angeräuchert wird, sich krümmt und zusammenschrumpft. All das wäre für einen Europäer widerlich anzusehen, aber in Asien ist man nicht so empfindlich. Schließlich zog man den verkohlten Rest hervor, rollte ihn zur Seite, legte frisches Holz auf und schob ihn wieder ins Feuer. Mit Schlägen löste man Fleischstücke ab, die so besser verbrannten, und nach geraumer Zeit begann das Spiel von vorn. Als der Scheiterhaufen entzündet war, hatten sich alle Zuschauer entfernt, und nur vier waren zurückgeblieben: die beiden mit der Verbrennung beauftragten Männer, ein Neffe der Verstorbenen und ich. Die Nacht brach herein, ein kalter Wind machte sich auf, doch Feuer und Glut strahlten Wärme aus. Da ich eine Erkältung befürchtete, trat ich nahe heran und hielt meine Füße ans Feuer. Ich mußte an meinen kleinen Freund denken, der in dem seidenen Gewand eines Kolibriprinzen immer so lustig aussah. Vor nur wenigen Tagen war auch er ein solcher unförmiger schwarzer Klumpen gewesen, wie er hier vor mir in der roten Glut schmorte, und heute war er nicht einmal mehr das, er war überhaupt nichts mehr... Wäre ich in Gangtok gewesen, hätte ich — genau wie bei dieser Toten — gesehen, wie seine kleinen Hände im Feuer zuckten und sich verdrehten, wie plötzlich die Haare auflodertenund der Schädel zerbarst... Ich habe ihn nicht wirklich gesehen, aber ich habe in Indien so vielen Verbrennungen beigewohnt, daß ich alles genau vor mir sehe, als wäre ich dort gewesen.

Doch das ist vorbei... und das Leben geht weiter. Der junge Bruder und Nachfolger des Maharadschas hat mir durch Boten einen rührenden Brief übersandt, der als Geschäftsbrief endet. Trotz seiner Trauer hat er mir die Sachen besorgt, die ich benötige: eine Lampe usw. Das ist sehr liebenswürdig von ihm. Es ist ein junger Mann, einundzwanzig Jahre alt, sehr zurückhaltend und klug und hat eine gute, englische Erziehung genossen. Er stellt mir die gleiche Frage wie sein Bruder: »Wann kommen Sie nach Gangtok? « Wir sind gute Freunde. Als sein Bruder zum Maharadscha inthronisiert wurde, hatte er mir sein Zimmer und seinen kleinen Empfangsraum abgetreten, und ich benutzte in Gangtok seine Möbel und sein Geschirr mehrere Monate lang ... Das Leben geht weiter. Er wird Maharadscha, eines Tages kommt er mich besuchen, ich werde ihn besuchen, und in der gewohnten Umgebung wird lediglich ein neues Gesicht auftauchen!

Oh, wie verrückt wäre man, wollte man sich an dieses Spiel flüchtiger Schatten klammern, das man die Welt nennt! (...)

Gömpa in Lachen, 30. Dezember 1914

Während der letzten Tage habe ich sehr viel Arbeit gehabt. Du fragst Dich vielleicht, was man hier wohl zu tun haben kann. Nun, ich will es Dir sagen: Ich mußte noch letzte Vorräte beschaffen, denn es fängt bald zu schneien an. Also habe ich einen Diener nach Gangtok geschickt, der Lebensmittel, Mehl, Reis, Mais, Streichhölzer, Petroleum usw., holen soll. Dann mußte ich meine Hütte weiter herrichten und mit der Innenausstattung beginnen. Ich habe alle Löcher und Spalten, so gut es ging, mit Stroh zugestopft, Papier darüber geklebt und anschließend Stoffstücke darauf festgenagelt. Im großen und ganzen habe ich es wie bei einem Zelt gemacht, und meine Hütte ist auch so etwas wie ein Zelt geworden. Unter dem Holzdach habe ich eine Decke aus wasserdichtem Tuch eingezogen, die Wände sind mit Stoff bespannt. Mit »Wand« ist hierbei lediglich ein mit etwas Lehm beschmiertes Flechtwerk gemeint; Du kannst Dir vorstellen, daß das in einem Land, wo der Schnee manchmal zwei Meter hoch liegt, nicht gerade warm hält und man die Innenseite unbedingt verkleiden muß. Ich hätte nicht geglaubt, daß mein Blut, das an höhere Temperaturen gewöhnt ist, sich als so widerstandsfähig erweisen würde. Ich leide überhaupt nicht unter der Kälte, obwohl ich außer einem kleinen Kohlenbecken, das man mir abends ins Zelt bringt, kein Feuer habe. Doch zurück zum Thema »Arbeit«: Ich backe mir mein Brot selbst und stelle auch kleine Kuchen fürs Frühstück her. Nun, Brot und Kuchen sind nicht immer zart! Ich backe nur alle zwei bis drei Wochen einmal, aber es ist schon ein großer Luxus, Brot zu haben, selbst wenn es ein wenig hart ist.

Mein Weihnachten bestand aus einem sehr einfachen Abendessen im Missionshaus, an dem außer den Damen des Hauses noch ein junger Engländer teilnahm, der auf der Durchreise war und für ein Museum eine zoologische Sammlung zusammenstellt.

Am Abend zuvor hatten die Lamas ihre rituellen Rezitationen zum

Angedenken des Maharadschas begonnen. Sie veranstalten zu diesem Zweck eine beachtliche Schlemmerei: Die Zelebranten verschlingen Reis und Tee in kaum vorstellbaren Mengen. Letztes Jahr hielt ich mich gerade im Kloster Phodhang Tumlong auf, als die gleiche Zeremonie für den Vater meines armen Freundes stattfand. Damals wäre ich nie auf die Idee gekommen, daß ich schon bald der Zeremonie beiwohnen würde, die *ihm* gälte! Man hat seinen Leichnam zu eben jenem Kloster bei Tumlong gebracht, dessen Abt er war. Ein hoher Lama, sein künftiger Nachfolger als Abt, hat den Schädel aufgeschnitten. Man wird ihn in der *Gömpa* aufbewahren und später als Pokal aufstellen. Anschließend wurde der Leichnam auf dem Dach des Klosters verbrannt. Alles, was ich von diesem Jungen, der das Leben so sehr liebte, wiedersehen kann, ist also ein Stück Knochen, eine Schale, wie ich sie auf meinem Regal stehen habe und in die ich Nadeln hineinlege sowie verschiedene kleinere Gegenstände, die ich abends aus meinen Taschen herausnehme. Woher mag diese namenlose obere Schädelhälfte stammen, die mir als Aufbewahrschale dient? Sie hat zwei *Jogis* gehört, von denen einer tot ist und der andere sie mir geschenkt hat. Sie haben aus dieser Schädel-Schale große Mengen Gerstenmehlsuppe und getrocknetes Fleisch gegessen, denn altem Brauch folgend benutzen die Jogis der tantrischen Sekten einen Schädel als Geschirr. Um der Tradition Genüge zu tun und einem tibetischen Freund eine Freude zu machen, habe ich neulich ein wenig Hirsebier aus einem Schädel getrunken, sozusagen als tantrische Kommunion und Toast auf den großen *Padmasambhawa*. Ich will dergleichen jedoch nicht zur Gewohnheit werden lassen; das Ganze ist doch gar zu kindisch in seinem naiven Bestreben, furchterregend zu wirken!

Armer kleiner Maharadscha! Und doch: Wenn ich nach Podang zurückkehre und die aus seinem Schädel hergestellte Schale sehe, werde ich meine Bewegtheit nur schwer verbergen können. (...)

Gömpa in Lachen, 10. Januar 1915

(...) Bereits zwei Nächte lang hat es ausgiebig geschneit, und ich habe leider zuviel Vertrauen in die Stabilität meines Zeltes gesetzt. »Es wird schon bis zum Tagesanbruch halten«, sagte ich mir, »und dann werden die Diener es vom Schnee befreien.« Ich hatte das Dach bereits mehrmals geschüttelt, gegen Morgen jedoch hatte ich eine böse Vorahnung und stand rasch auf. Ich zünde eine Laterne an, ziehe meinen Überrock und die tibetischen Stiefel an und will gerade Hilfe herbeirufen. Doch als ich den Vorhang am Eingang aufmache, passiert es: Die hintere Stange bricht. Das Zelt fällt teilweise in sich zusammen, wird jedoch zum Glück noch von der vorderen Stange gehalten. Ich stürze mit meiner Laterne in die Nacht hinaus und schreie laut nach den Dienern. Darüber wachen die Lamas auf; einige eilen herbei. Man bringt Schaufeln. Es lagen sage und schreibe sechzig Zentimeter Schnee auf dem Zelt, und das dichte Schneetreiben hielt an. Wir hatten bis zum Tagesanbruch alle Hände voll zu tun; gegen acht Uhr hörte es auf zu schneien, und wir machten uns daran, meine Sachen herauszuholen. Zum Glück war nichts durch den Einsturz des Zeltes beschädigt worden. Ich muß lediglich zwei Stangen erneuern. (...)

Gömpa in Lachen, (?) 1915

Man weiß wirklich nicht recht, was man Euch, die Ihr in Europa und unseren Kolonien so tragische Stunden erlebt, schreiben soll. Was kann schon ein in irgendeinem Himalayawinkel verlorener »Beinahe-*Jogi*« denen Interessantes erzählen, die Zeugen und Betroffene eines so beklemmenden Schauspiels sind. Die Ruhe, die Gelassenheit, die Gleichgültigkeit unserer einsamen Schneeregion, der Friede, der den Geist all derer erfüllt, die sich hier aufhalten, müssen denen unangebracht, ja ärgerlich erscheinen, die in der Welt der Tatmenschen, der Lebendigen geblieben sind... wo man sich gegenseitig umbringt. (...)

Ja, mein Lieber, wir sind hier von dieser mörderischen Aufregung weit entfernt, doch die Gemüter sind die gleichen: streitsüchtig, egoistisch, brutal. In mehr als einem Bauern aus Lachen steckt der Keim zu einem teutonischen Soldaten, und es fehlt diesem Keim vielleicht nur an Möglichkeiten zur Entfaltung.

Darf ich es trotzdem wagen, ein Stück Lamalandschaft zu entwerfen, das in der vergangenen Woche etwas Abwechslung ins *Gömpa*-Leben gebracht hat? Ein Schüler des hohen Lamas ist zu Besuch gekommen. Selbst eine außergewöhnliche Erscheinung, hat mein Gastgeber auch Schüler, die sich von der Masse der Lamas unterscheiden. Der Ankömmling ist wie sein geistlicher Lehrer ein *Gömptschen*, ein Eremit. Er sitzt normalerweise vierzig bis fünfzig Kilometer südlich von Lachen auf einem bewaldeten Berggipfel. Er ist jung — ich schätze ihn auf zwanzig bis vierundzwanzig Jahre —, ärmer als Hiob, klug und ernst. Als ich ihm den Tee reiche, sagt er mir, er habe schon drei Jahre lang keinen mehr getrunken. Er trägt den weißen Asketenrock der *Nga Lu*-Sekten (tibetischer Tantrismus); das heißt, *eigentlich* ist der Rock weiß, in Wirklichkeit jedoch hat der grobe Kattun eine schmutzige, milchkaffeebraune Farbe angenommen. Seine übrige Kleidung besteht nur aus einem dunkelroten Hemd. Trommel (*damaru*) und Schienbeintrompete (*kangling*) trägt er umgehängt. Obwohl er sehr häßlich ist, strahlt seine Persönlichkeit eine gewisse Ästhetik aus. Er hatte, glaube ich, ebensosehr den Wunsch, mit mir zusammenzutreffen, wie ich mit ihm, und als ich in der Abenddämmerung von einem Spaziergang durch den Dschungel zurückkehre, bemerke ich, wie er vom Balkon der *Gömpa* zu mir herunterschaut. Am nächsten Morgen sehe ich ihn jenen eigentümlichen Tanz proben, den die *Nga Lu* auf tibetischen Friedhöfen aufführen, inmitten der zerstückelten Leichname, die man den Raubtieren zum Fraß hingeworfen hat. Sie singen dabei den von einer Philosophie des Schreckens erfüllten Gesang, den ich eines Tages übersetzen und veröffentlichen will, falls diejenigen, die so viel Vertrauen zu mir hatten, daß sie ihn mich gelehrt haben, einverstanden sind.

Wenn ich auch den Gedanken, der im Hymnus ausgedrückt ist, voller Begeisterung bewundere, so gilt das doch nicht für die Trommel, die Schienbeintrompete und den Tanz, die ihn begleiten. Weshalb nur muß man dieses philosophische Juwel mit all dem kindischen Theater umgeben? Ich würde es wirklich gerne wissen. Nun, an besagtem Morgen »probte« der junge *Jogi* vor seinem Meister und mir; er flüsterte die Worte nur, denn sie gelten als sehr geheim. Er drehte und wand sich und schlug dazu den Takt auf einem ärmlichen *damaru*, das halb zerbrochen und nur wenige Groschen wert war. Es herrschte zwar strahlender Sonnenschein, doch man denkt in solchen Augenblicken unwillkürlich an eine finstere Nacht, in der Knochen und Haarschöpfe auf dem Boden verstreut liegen, und man sieht nur den einen Menschen, wie er — im Unermeßlichen verloren — unter klarem Himmel zwischen Skelettresten tanzt und seine stolze Freude darüber in die Welt hinausschreit, daß Götter und Dämonen eitler Trug sind, daß alles nichtig und leer ist, nicht wirklicher als Luftspiegelungen, und daß er selbst, der ironische Tänzer, auch nur ein Phantom, ein flüchtiger Schatten ist. Ob er das wohl alles versteht, der arme Schüler? Ich frage seinen Lehrer, und er antwortet mir: »Er begreift es ... ein wenig.«

Als der Tanz zu Ende ist, trinken wir Tee, und ich plaudere in meinem Negertibetisch mit dem jungen Mann. Er ist alles andere als dumm und ... begreift wohl auch ... ein wenig.

Am kommenden Morgen macht er sich wieder auf den Weg. Ich bin gerade mit dem *Gömptschen* auf der Terrasse, als er sich der tibetischen Etikette gemäß mit dreifachem Kniefall von ihm verabschiedet und anschließend seinen Segen empfängt. Mit ein paar durchdachten, wohlgesetzten höflichen Worten sagt er mir Lebewohl und folgt dem schmalen Pfad, der durch den Ort hinabführt. Als er die »Hauptstraße«, einen Maultierweg, erreicht hat, dreht er sich mehrmals um, schaut zu seinem Lehrer, der auf der Terrasse steht, und hebt zum Zeichen der Verehrung die gefalteten Hände. An einer Wegbiegung bleibt er lange stehen, verneigt sich und verschwindet. (...)

Meine Fortschritte in der tibetischen Sprache überraschen mich selbst. Ich unterhalte mich bereits stundenlang mit dem *Gömptschen*;

das Ganze ist noch ein Kauderwelsch, aber ich mache mich verständlich und verstehe auch selbst sehr gut. Bei meinem Lamalehrer in Podang war das keineswegs so; es gelang mir kaum, ihm die einfachsten Dinge begreiflich zu machen, und hier erörtere ich philosophische Probleme. Dieser *Gömptschen* ist schon ein Zauberer. Alle behaupten es, und ich glaube es beinahe schon selbst. (...)

Gömpa in Lachen, 18. Januar 1915

(...) Die gesamte vergangene Woche war erfüllt von den Volksbelustigungen anläßlich des tibetischen Neujahrsfestes (*Lo-sar*). (...) Es handelt sich um recht primitive Vergnügungen, die in endlosem Essen und Trinken unter freiem Himmel bestehen. Die Bewohner von Lachen feierten drunten auf dem Markt, wo die Männer die Angelegenheiten des Gemeinwesens zu bereden pflegen. Die Lamas vergnügten sich weiter oben, am Berghang, auf der Terrasse der *Gömpa*. Überall bot sich das gleiche Schauspiel dampfender Kochtöpfe und auf dem Boden sitzender Leute, die mit den Fingern das für einen abendländischen Betrachter wenig appetitliche Mahl verteilen. Die jungen Lamanovizen vertrieben sich unterdessen mit naiver sportlicher Betätigung die Zeit, hüpften auf einem Bein um die Wette usw. Sie übten sich sogar — wie bei uns zu Hause die kleinen Mädchen — im Seilspringen, brachten dabei allerdings sehr viel weniger Anmut auf. Ich habe in unserem Kloster noch keinen betrunkenen Lama bemerkt, obwohl die mit dem Nationalbier angefüllten Bambusschalen reichlich herumgereicht wurden. Vielleicht hat meine Anwesenheit den Eifer der Zecher etwas gemäßigt, ich weiß es nicht. Jedenfalls vermute ich, daß es in so mancher *Gömpa* anders zugeht. Der Maharadscha ist tot, das hat man sofort gemerkt. Die Reformen, die er durchzuführen versuchte, sind mit ihm gestorben, vor allem das Verbot, gegorene Getränke in die *Gömpas* zu bringen. Auf alle diese bäuerlichen Lamas muß ich wie ein lebender Vorwurf wirken: Ich trinke weder Bier noch Wein und esse kein Fleisch. Sie wissen sehr wohl, daß ich die Ordensregel verkörpere, gegen die sie verstoßen. Sie haben zwar deswegen Achtung vor mir, halten diesen Weg jedoch für zu steil, als daß sie ihn ebenfalls begehen könnten. Oder aber sie denken sich überhaupt nichts. Ich bin eben ein Wesen anderer Art, und sie kommen nicht einmal auf den Gedanken, einen Vergleich zwischen meinem und ihrem Verhalten anzustellen.

Da ich das Schauspiel dieser barbarischen Fresserei und der rituellen Zeremonien, die von ohrenbetäubendem Getrommle begleitet sind, wenig schätze, habe ich mich während dieser Tage ins Gebirge geflüchtet. Auf den sonnenbeschienenen Hängen ist der Schnee schon wieder vollständig geschmolzen. So ließ ich mich denn auf einem Felsen nieder, fesselte mich mit meinem Gürtel in der Art der tibetischen *Jogis* — eine ausgeklügelte Methode, die die fehlende Rückenlehne ersetzt und einem eine höchst bequeme Körperhaltung verschafft — und verbrachte die Zeit mit tibetischer Lektüre und meinen Träumen. Gestern hat mein alter *Jogi* mit skeptischem Lächeln zu mir gesagt: »Mem Sahib empfand an allen diesen Tagen ein geistiges Unbehagen!« Ja, ein wenig schon. Mein generationenalter Hugenotteninstinkt hat sich noch nicht völlig der philosophiegeschwängerten Gleichgültigkeit gebeugt, die der Buddhismus lehrt. Ich glaube immer noch, daß es Leute gibt, die falsch handeln und die man bekehren oder bessern müßte ... Mein Freund, der Eremit, ist da anderer Meinung. Für ihn sind die Menschen, was sie sein können, oder, genauer, sie sind überhaupt nicht; die Welt ist nur ein Schattenspiel auf einer Kinoleinwand, und er selbst ist einer dieser Schatten. In meinem Verstand glaube ich das genau wie er ... aber manchmal lehnt sich etwas in mir gegen seine lächelnde Gleichgültigkeit auf, und ich halte ihm in meinem Negertibetisch eine nette Predigt. Er sagt dann immer: »Sie sollten zu den Damen in der Mission hinübergehen, die ebenfalls glauben, es sei *Kuntschos* Wille, daß alle Menschen einander ähnlich sind.« (Mit *Kuntscho* bezeichnen die christlichen Missionare Gott; in Wirklichkeit bedeutet der Ausdruck soviel wie allerhöchstes oder köstliches Ding. Man charakterisiert damit die buddhistische Trias: Buddha — Dharma — Sangha, d.h. Buddha, Lehre/Gesetz und Gemeinschaft der Jünger.)

Ich gehe übrigens oft in die Missionsstation. Die Ladies sind gastfreundliche Frauen, man bietet mir immer Tee und Kekse an, gelegentlich auch ein Abendessen. Gestern haben sie in meiner Zelle den Tee genommen. Es läßt ihnen keine Ruhe, daß der *Gömptschen* und ich so gut miteinander auskommen. Sie sehen in ihm nur einen häßlichen, dreckigen Alten. Als solcher erscheint er auch mir, doch sehe ich noch etwas, was sie nicht sehen: die Schönheit des Denkens, die hinter diesem wenig anziehenden Äußeren verborgen ist.

Auf jeden Fall besitzt der *Jogi* eine Tugend, die man bei seinen Landsleuten höchst selten antrifft: Er ist großzügig und uneigennützig. Vor wenigen Tagen hat er mir ein sehr schönes tibetisches Buch gebracht, eine wertvolle alte Ausgabe, wie man sie im Guimet-Museum sehen kann. Er bestand darauf, daß ich es annehme. Ich wußte nicht recht, was ich ihm als Gegenleistung schenken könnte. Bestimmt hat er zu Neujahr viele Leute empfangen, ihnen viel Tee und Leckereien gereicht. Also dachte ich, ein wenig Geld wäre ihm, arm wie er ist, willkommen, um seiner Schwester beim Ausgleich der Haushaltsbilanz behilflich zu sein. In Tibet ist es nicht unzulässig, Geld zu schenken, man kränkt damit niemanden; sogar dem Dalai Lama darf man es schenken, nur muß es sich um eine ansehnliche Summe handeln. Ich bin im Augenblick schlecht bei Kasse, bot ihm daher zehn Rupien an, die er natürlich zurückweisen wollte. »Das wäre ja eine üble Sache, wenn ich Ihnen Ihr Geld wegnähme«, meinte er. »Sie haben viele Ausgaben, müssen Diener bezahlen usw. Sie sind eine Lady, ich hingegen brauche nichts ...« Kurz, ich bat ihn so lange, bis er die zehn Rupien nahm. Der *Gömptschen* wußte allerdings, daß ich noch etwas Butter zum Schmelzen und als Vorrat brauchte. Und so kommt er denn bald mit einem Mann zurück, der mit Butter beladen ist. Man wiegt sechs Seers (ungefähr 12 kg) ab, ein Seer kostet eine Rupie. Als alles genau gewogen ist, sagt der *Gömptschen* zu mir: »Sie brauchen nichts zu bezahlen, es ist ein Geschenk von mir«, und eilt schleunigst fort. Auf diese Weise gab er mir zum Teil zurück, was ich ihm geschenkt hatte. (...)

Kloster in Lachen, 8. Februar 1915

(...) Wir stecken bis zum Halse im Schnee, oder doch beinahe. Die Schneedecke ist im Durchschnitt einen Meter hoch. Gestern habe ich bei herrlichem Sonnenschein einen *Tschörten* gebaut. Dieses buddhistische Bauwerk findet man unter verschiedenen Bezeichnungen in ganz Asien. Auf Ceylon heißt es *Dagoba*, in Birma *Pagode*, in Indien *Stupa*, in Tibet *Tschörten*. Es handelt sich um ein rundes Gebäude auf normalerweise viereckigem Sockel. (...)

Am Abend dann das ganz große Abenteuer! Man macht uns auf einen Hund aufmerksam, der sich in einiger Entfernung von uns vergeblich darum bemüht, sich durch den Schnee einen Weg zu bahnen. Das arme Tier scheint wirklich in höchster Not zu sein. Die Nacht rückt näher, was soll aus ihm werden? Ich sage: »Ich hole ihn.« Die Leute um mich her schreien auf, denn es ist nirgends ein Weg freigeschaufelt. Ich muß durch eine kleine Schlucht hindurch und auf der anderen Seite den Hang hinaufsteigen. Nun ja, ich werde schon sehen, wie weit ich komme. Ich habe lange Flanellhosen, hohe Filzstiefel und einen Regenmantel an. Auf denn! ... Das ist rasch hingeschrieben, aber glaub mir, ich kam in dem Schnee, der mir bis zu den Hüften reichte, nicht gerade schnell vorwärts. Mit einem Stock tastete ich den Untergrund ab, um nicht in irgendeinem Loch zu versinken. Nach einem guten Stück Wegs entdecke ich einen meiner Jungen, der gerade aus dem Ort zurückkehrt. Ich rufe ihn zu mir, und er begleitet mich. Es war eine richtige Polarexpedition, zumindest genauso kalt. Wir kommen vom Pfad ab. Mein Diener stürzt in ein Loch, ich ziehe ihn am Kopf wieder heraus; wenig später erweist er mir den gleichen Dienst. Wir klettern über Felsen, die wir nicht sehen können, und gelangen schließlich zu dem Hund. Er sitzt im Schnee fest und kann sich nicht rühren. Zu allem Überfluß zeigt uns das scheue, in Panik geratene Tier die Zähne, obgleich es noch ein ganz junges Hundchen ist. Kurz: Wir legen dem Tier einen Strick um den Bauch und befördern es im Schlepptau zum Kloster, wo sich der Hund, oder vielmehr die Hündin – es handelt sich nämlich um ein weibliches Tier – sehr grimmig zeigt. Nach einer ausgiebigen Mahlzeit macht das Tier heute bereits einen friedlicheren Eindruck, und in ein paar Tagen wird es vollends brav sein. Es ist behaart wie ein Jak und ganz schwarz: schwarze Nase, schwarze Augen; nur die Spitzen seiner Pfoten sind dunkelgelb. Hunde dieser Rasse bewachen in den Steppen Tibets die Jakherden und die Nomadenzelte. Es sind halbwilde, sehr starke Tiere, die von Fremden gefürchtet werden. Was soll nun aus der jungen Hündin werden, die ich gerettet habe? Sie hat auf jeden Fall einen großen Teller Reis leergefressen, den ich ihr mit der Hand hingehalten habe. Als ich sie jedoch anschließend streicheln wollte, schaute sie etwas grimmig drein, zeigte mir jedoch nicht ihre spitzen weißen Zähnchen, was ja schon ein Fortschritt ist.

Das wären bereits alle Ereignisse, von denen ich Dir berichten kann, mein Lieber. Doch nein, da ist noch etwas ganz anderes. Ich habe damit begonnen, zusammen mit dem *Jogi* die Vita des Dichter-Asketen *Milarepa* zu lesen. Während meines ersten Aufenthaltes in Sikkim habe ich sie bereits in englischer Übersetzung gelesen. Doch jetzt, wo das Original, ein ehrwürdiges, dickes tibetisches Buch, vor mir liegt, beginnt mein Orientalistenherz doch ein wegen zu pochen. Der *Gömptschen* hat zu mir gesagt: »Wir beginnen mit diesem Werk, denn der Gegenstand, von dem es handelt, ist Ihnen bereits vertraut. (Er weiß, daß ich auf französisch eine Lebensbeschreibung *Milarepas* angefertigt habe; das Manuskript ist druckfertig.) Auch ist die Sprache, in der das Buch geschrieben ist, sehr schön, sehr literarisch, und Sie werden darin viele nachahmenswerte Beispiele für den mündlichen und den schriftlichen Gebrauch finden.« (...)

Gömpa in Lachen, 14. Februar 1915

(...) Du schreibst: »Vielleicht bereust Du es eines Tages, so weit weg geblieben zu sein, während wir hier diese tragischen Stunden durchmachen.« Ich glaube kaum. Ich habe über diese Frage mit all dem Scharfsinn und der Gründlichkeit nachgedacht, die eine Folge ständigen Analysierens und Meditierens sind. Wäre ich ein Mann, hätte ich bestimmt wie alle anderen gehandelt und mich gemeldet. Als Frau jedoch blieb mir nur der Dienst als Krankenschwester. Wäre ich in der Nähe gewesen, hätte ich mich gleich am Tage nach der Kriegserklärung zur Verfügung gestellt. Doch da ich weit weg bin, wären wahrscheinlich bei meiner Ankunft schon alle Stellen besetzt gewesen, und man hätte mich gar nicht genommen. Vielleicht hätte ich es trotzdem versuchen sollen, aber ich hatte nicht genügend Geld für die Reise, und dann war da, offen gestanden, auch noch eine andere Sorge im Spiel: Ich befürchtete, nicht mehr hierher zurückkehren zu können, die Studien, die ich in Asien betreibe, nicht wiederaufnehmen zu können. Ja, mich fesselt das Leben eines studierenden Asketen, das ich hier führe. In Indien sagt man, den *Sannjasin* halte — unabhängig von seinen Taten oder Gedanken — auf ewig ein Zauber gefangen, von dem er nicht mehr loskomme, wenn er erst einmal so mutig und unvorsichtig gewesen sei, das uralte Gewand der hinduistischen Mystik anzulegen. Ich neige kaum zum Aberglauben, und doch sage ich mir manchmal: Wer weiß? Eine Tradition und eine jahrtausendealte Kette des Denkens sind eine wirkende Kraft, eine im Bereich des Geistigen ebenso reale Energie wie die Elektrizität im Bereich des Physischen. Aber lassen wir das.

Du wirst lachen, mein Lieber, mir ist etwas Seltsames passiert. Fast möchte ich glauben, daß es sich ebenfalls um Zauberei handelt. Vielleicht wirkt sich dabei die Tatsache aus, daß ich so nahe bei den Schrecken einflößenden Gottheiten eines Tempels der *Nga Lu*-Sekte wohne. Ich weiß es nicht. (Ich schreibe *Nga Lu*-Sekte, um mich verständlich zu machen. Da *Lu* das tibetische Wort für »Sekte« ist, stellt der Ausdruck natürlich einen schrecklichen Pleonasmus dar.) Doch hier meine Geschichte: Seit langem schon — ich wechsele meine Leute nur selten — habe ich zwei junge Strolche um mich herum, die mir bei dem einfachen Leben, das ich hier führe, gute Dienste tun. Sie haben, ohne eine Miene zu verziehen, im Freien gekocht und standen dabei bis zu den Knien im Schnee, der ihnen in großen Flocken in die Kochtöpfe fiel. Als ich keine Träger hatte, schleppten sie meine Bündel über abschüssige Berghänge, und als ich neulich in Ohnmacht gefallen war, hielt mich der Koch, der sofort herbeigeeilt war, in seinen Armen, und die treue Seele heulte wie ein Schloßhund. Trotzdem, die beiden stehlen. Es verschwinden immer nur Kleinigkeiten, aber ich finde so etwas unerträglich. Nachdem bereits Umschläge, Nägel mit Kupferköpfen usw. abhanden gekommen waren, erwische ich sie neulich dabei, wie sie sich gerade einen halben Sack Gerstenmehl aus Schigatse unter den Nagel reißen. Ich überlege einen Augenblick, was zu tun ist. Sie mit geringerer Bezahlung zu bestrafen, dürfte kaum Eindruck auf sie machen. Im übrigen entlohne ich sie im Augenblick gar nicht mit Geld, sondern nur mit Lebensmitteln und Kleidung. Also bleiben nur Stockhiebe übrig, von denen ich allerdings nicht sehr begeistert bin. Es sind schließlich keine Kinder mehr, der eine ist zwanzig und der andere zweiundzwanzig Jahre alt. Aber ich weiß, daß der Rohrstock hier üblich ist und sie seine Sprache am allerbesten verstehen. Ich bin nicht etwa erzürnt — möchte eher lachen — und habe drei oder vier Minuten darüber nachgedacht, bevor ich mich entschließe. Ich hole also meinen Stock aus der Ecke hervor und verabreiche beiden eine gehörige Tracht Prügel, gegen die sie sich nicht einmal zur Wehr setzen, da sie selbst sich für schuldig halten. Anschließend sind sie ungemein folgsam und versehen ihre Arbeit mit der größten Sorgfalt. Das ist seltsam, nicht wahr? Doch am eigenartigsten war für mich, als Philosophin, die Feststellung, daß ich mich während der Bestrafung, die ich ganz ruhig und kalt begonnen hatte, allmählich in einen beträchtlichen Zorn hineinsteigerte. Manchmal, sogar sehr oft, löst eine geistige Erregung die entsprechende körperliche Aktion aus: Man ist wütend, also schlägt man. Aber hier war es genau umgekehrt. Die körperliche Handlung erregte Nervenzentren, denen ein bestimmtes Gefühl entspricht: Ich schlug und fühlte den Zorn in mir aufsteigen. Die Feststellung ist erstaunlich und verdeutlicht einmal mehr, daß wir nur Maschinen sind.

Die offizielle Inthronisierung des neuen Maharadschas findet in der kommenden Woche statt. Er und seine Schwester haben mich herzlich eingeladen, nach Gangtok zu kommen; ich werde es jedoch nicht tun. Ich finde immer weniger Gefallen an Festessen und Empfängen. (...)

Kloster in Lachen, Poststation,
Chunthang (Sikkim) über Indien, 21. Februar 1915

(...) Da das Gehirn beim Aufnehmen und Behalten neuer Wörter manchmal müde wird, lerne ich zur Abwechslung einmal etwas ganz anderes. Schon lange wollte ich mit den Handtrommeln umgehen lernen, mit denen die Lamas zu ihren Rezitationen den Takt klopfen. Das sieht nach nichts aus, aber man muß schon ein wenig üben, bis man die Handgelenkbewegung heraushat, mit der man die beiden kleinen an der Handtrommel befestigten Kugeln in jeweils anderem Rhythmus zum Schlagen bringt. Was die kleine Trommel angeht, habe ich es fast schon geschafft; bleibt noch die größere, die die *Gömptschen* zum Friedhof mitnehmen. Man kann sich dabei eine Weile entspannen. Da ich die erste tibetische Schriftart bereits recht gut beherrsche, habe ich unter Anleitung des Dorfschullehrers damit begonnen, die zweite zu erlernen. Er kommt dreimal in der Woche, und ich zahle ihm dafür vier Rupien im Monat (etwa 6,80 Francs). Ich habe schon eine stattliche Anzahl Krähenfüße zu Papier gebracht; sie sehen wie Tierkarikaturen oder eine Mikrobenkultur aus, doch es wird langsam besser. Als ich mit der anderen Schrift anfing, war es zum Heulen, und jetzt schreibe ich fast schon eine elegante Kalligraphie. (...)

Kloster in Lachen, 27. März 1915

Was kann sich in einem Lamakloster im Himalaya schon an Wichtigem ereignen, sieht man einmal von jenen Kleinigkeiten ab, wie sie nur die Bergbewohner interessieren, die unmittelbar von ihnen betroffen sind! Die Leute im Ort haben ihre Kartoffeln gepflanzt. Eine der Missionarinnen ist zurückgekehrt und arbeitet unermüdlich im Gemüsegarten der Missionsstation. Dieser Eifer wirkt ansteckend, und ich frage mich, ob ich nicht auch ein paar Gemüsepflanzen anbauen sollte, die eine wünschenswerte Bereicherung meiner Anachoretenkost wären. Meine Absicht wurde von der braven Frau sehr begrüßt, und sie hat mir einen stattlichen Vorrat an Saatgut geschenkt, das aus Finnland stammt. Du fragst vielleicht: Warum gerade aus Finnland, das so weit weg liegt? Nun, es ist die Heimat der Missionare, und die finnischen Samenkörner gedeihen hier gut. Es versteht sich von selbst, daß die Pflanzen, die sich dem Klima der heißen indischen Ebene angepaßt haben, hier kläglich zugrunde gehen würden. Nun gut, ich werde das Saatgut teilen; die erste Hälfte werde ich in einigen Tagen hier aussäen, und zwar auf zwei kleineren Anbauflächen in günstiger Lage, die heute bereits ein erstes Mal umgegraben worden sind. Die andere Hälfte werde ich in zwei Monaten in Dewa-Thang säen, wenn ich mich dort eingerichtet habe. Der Höhenunterschied macht diese spätere Aussaat erforderlich. Wenn die Dewas meine kleinen Felder segnen, wenn sich die Insekten nicht in übermäßig großer Zahl dort tummeln, wenn die Ziegen nicht über den Zaun springen, wenn noch viele weitere *wenn* in Erfüllung gehen, werde ich junge Erbsen, grüne Bohnen, Salat, Mohrrüben, Petersilie, Kohl und sogar Schwarzwurzeln und Bitterkarotten ernten, die mich an mein armes Belgien erinnern.

Mein Diener ist vor drei Tagen nach Kalkutta aufgebrochen und wird mein Gepäck herschaffen. (...)

1. April 1915

(...) Obwohl ich von Geldüberweisungen abgeschnitten bin, werde ich während des Krieges doch nicht Hungers sterben. Der Maharadscha von Nepal hat von meiner Lage erfahren und mir auf der Stelle einen reizenden Brief und etwas Geld geschickt. Nicht etwa als Leihgabe – dafür ist er ein viel zu großer Herr –, sondern als Geschenk, wie man es in Indien jenen Personen zu überreichen pflegt, die sich für den geistlichen Stand entschieden haben. Das bedeutet, der Spender erklärt dem, der seine Gaben anzunehmen geruht, seinen untertänigsten Dank. Das ist sehr liebenswürdig von ihm. (...)

Kloster in Lachen, 10. April 1915

(...) Ein Lama von der Tschörten Nyima-*Gömpa* in Tibet, die ich letztes Jahr besucht habe, ist auf der Durchreise hier und wird demnächst den Tee bei mir nehmen. Morgen esse ich mit den Damen der Missionsstation zu Mittag. Ich mache große Fortschritte in der tibetischen Umgangssprache. Ich bereite auch schon langsam mein Lager für die Sommernächte vor. In vierzehn Tagen will ich zu der Stelle hinauf, wo es so lange aufgeschlagen bleiben soll, bis ich einen endgültigen Standort ausgewählt habe. Ich werde ungefähr eine Woche dort bleiben, die ich entweder im Zelt oder in jener Höhle verbringe, in der ich schon einmal gewohnt habe. Ja, mir ist klar, daß Dich diese Dinge wenig interessieren. Manchmal denke ich so bei mir: Wenn Mouchy hier wäre, wenn er an diesen Bergen Gefallen finden könnte, an der unberührten Landschaft, den langen Stunden stillen, einsamen Meditierens, den tibetischen Dichtern und Philosophen ... wie anders wäre unser Leben! Ja, aber der liebe Alusch hat dafür nichts übrig. Viele sehen die Dinge wie Du, das ist sicher. Ich bin ein Phänomen und falle in der zivilisierten Welt aus dem Rahmen. Ich war schon als kleines Kind so. Zweifellos regt sich in meinen Adern der atavistische Trieb asiatischer Nomaden. Hier, wo die Menschen an eine Kette von Existenzen glauben, sagt man von mir: »Mem Sahib war früher ein großer tibetischer Lama!« Ich weiß hierüber nicht so gut Bescheid wie sie. Doch im Gedächtnis meiner Körperzellen schwingt eine Vergangenheit, die Richepin in folgenden Versen sehr poetisch heraufbeschwört:

> »Fahrend Volk zieht dort vorüber.
> Müde trotten ihre Pferde
> Unbekanntem Ziel entgegen.
> Sind wie rasch entschwundne Wolken;
> Möchte ihre Träume kennen!
> Doch der Wind nur gibt mir Antwort:
> Fort, nur fort. Die Welt ist weit!«

Ich war, glaube ich, zwanzig Jahre alt, als ich das in den »Turanischen Liedern« gelesen habe. Und droben, in der herbstlichen Steppe, auf dem Rücken meines Jaks, inmitten des Gebimmels der Glocken der Lasttiere und der schrillen Pfiffe der Treiber, eingelullt vom Lied des Windes, fiel mir diese Strophe wieder ein. Tagelang zogen wir durch immer die gleiche Landschaft, die endlos wie der Ozean zu sein schien. Man glaubte, kein Ziel zu haben, man spürte auch gar kein Bedürfnis, irgendwo anzukommen. Wozu! Wir zogen weiter, immer weiter, wie die »rasch entschwundenen Wolken«. (...)

Der Lama ist gekommen und bald wieder gegangen. Wir haben uns über die in der Einsamkeit des Ödlandes gelegene *Gömpa* unterhalten. Ich habe ihm die Aufnahmen gezeigt, die ich dort gemacht habe; einige habe ich ihm geschenkt, worüber er sich sehr gefreut hat. Als ich mich in seiner *Gömpa* aufhielt, war er gerade nicht da. Er bedauert das sehr und hofft, daß ich meinen Besuch im kommenden Sommer wiederhole. Vielleicht tue ich es wirklich. Es ist nicht sehr weit, höchstens vier bis fünf Tagereisen. Ich könnte einen Monat lang dort bleiben und Tibetisch sprechen... Mein Besucher ist ein junger Mann von etwa zwanzig Jahren, Sohn eines berühmten Lamas der Rotmützen-Sekte; er wirkt aufgeweckt und ist ein sehr liebenswürdiger Junge. Einer seiner Onkel, der bereits tot ist, war allem Anschein nach nicht nur in Philosophie bewandert, sondern ein wirklicher Philosoph; der Neffe tritt vielleicht in seine Fußstapfen. Bis dahin wird er bestimmt ein angenehmer Gastgeber in seinem abgelegenen Kloster sein. Bereits jetzt hat er mir eine stattliche Menge heiliges Holz versprochen, von dem es heißt, es gehöre den lokalen Gottheiten, weshalb ich meinen Dienern untersagt hatte, es als Brennholz zu verwenden, und statt dessen nur Jakmist benutze. Schließlich will ich niemanden verletzen und die Landessitten respektieren. Der junge Zauberer jedoch steht mit den Gottheiten seines Landes auf du und du, winkt ab und meint: »Wenn ich in den Wäldern im Tal Brennholz mache, sind die Götter nicht gekränkt. Sie werden Ihren Holzvorrat bekommen!« Wie nett und köstlich ist es doch, seine Suppe auf Reisig kochen zu können, das von Göttern stammt! (...)

Kloster in Lachen, 6. Mai 1915

Nachdem ich ein paar Tage in Dewa-Thang verbracht habe, bin ich jetzt wieder in Lachen. Der Ausflug war köstlich, denn von einem kurzen Hagelsturm abgesehen war das Wetter ausgezeichnet. Überall blüht der Rhododendron, und das Gebirge ist ein richtiges Märchenparadies. Am letzten Tag meines Aufenthaltes in Dewa-Thang bin ich in das sumpfige Tal am Fuße des Berges, auf dem mein Zelt stand, hinabgestiegen. Ich gelangte bis zu den Ausläufern der gegenüberliegenden Bergkette, die nach Norden zeigt und deshalb noch tief verschneit war. Ich bin dort in ein wahres Meer von Schnee – mit fünf bis sechs Meter hohen Wellen – hineingeklettert. Die Schneeschmelze setzt in dieser Gegend frühestens in sechs Wochen ein. Ich habe auch einen kleinen schwarzen See besichtigt, von dem die Bauern in Lachen behaupten, in ihm wohne ein böser Geist, der die Gestalt eines Ochsen habe. Um dorthin zu gelangen, mußten wir durch den Fluß, und da das Wasser bereits recht tief war, nahm mich ein Lama huckepack, der bis auf weiteres meinen Diener vertritt, der nach Kalkutta unterwegs ist. Auf dem Rückweg rutschte er auf den schlüpfrigen Steinen in der Flußmitte aus, und wir hätten beinahe ein bedrohlich kaltes Bad genommen. Da ich Steine in den schwarzen See geworfen hatte, erblickten meine Leute natürlich darin die Ursache des Hagelsturms, der – kaum hatten wir unser Lager erreicht – auf uns herniederging. Ich gab ihnen zu bedenken, daß es schon vor unserer Ankunft am See ein wenig gehagelt hatte, doch schien sie das nicht recht zu überzeugen. In Dewa-Thang und auf den Steilhängen, die diese kleine Hochebene überragen, liegt nirgends mehr Schnee — von winzigen Flecken unter den Bäumen abgesehen. Es ist Frühling, und die Sonne sticht bereits. Im Gesicht ist meine Haut ganz verbrannt. Was ich dort oben getrieben habe? Oh, mein lieber großer Freund, das ist eine Sache für sich. Du hättest herzlich gelacht, wenn Du mich hättest sehen können. Ich wollte Dir ganz einfach Konkurrenz machen und den Beruf des Architekten und Ingenieurs ausüben! Auf einem Abhang, in unmittelbarer Nähe der Felswand und auf einem Untergrund, der etwa soviel Halt bietet wie eine Sanddüne, lasse ich ein paar Baracken bauen. Zunächst werden ein bis zwei kleine Terrassen angelegt, dann wird das Ganze an Bäumen befestigt, die als Stützpfeiler dienen. Das wird, so hoffe ich — ja ich bin sogar sicher —, halten. Ein Fachmann allerdings wäre bestimmt weniger zuversichtlich.

Und wozu überhaupt diese Baracken? Nun, ich kann den Sommer über nicht in meiner Zelle in Lachen bleiben. Ein Schlupfloch dieser Größenordnung ist im Winter, wenn man am Ofen kauert, gerade noch annehmbar; sobald jedoch die Sonne etwas wärmer scheint, fehlt es einem dort an Luft und auch an Licht. Außerdem brauchen die Lamas des Klosters diese Hütte, die sie mir nur vorübergehend abgetreten haben, vielleicht wieder selbst. (. . .) Während der trockenen Jahreszeit ist es in meinen Zelten reizend; wenn jedoch der Regen kommt und der Boden allmählich aufweicht, verliert das »Zelten« seine Anziehungskraft. Kurz und gut, der Maharadscha von Nepal will mir zu einem Quartier verhelfen, das meinen eigenen Vorstellungen entspricht und wo ich, im Einklang mit den in Tibet herrschenden Sitten, mein Studium des tibetischen Tantrismus fortsetzen und mein Werk über den *Wedanta* abschließen kann. Wenn ich fort bin, wird meine Hütte einem Lama, der gern viel allein ist, zur Verfügung gestellt werden. Da wir hier nicht in Nepal sind, kann der Maharadscha den Bau nicht selbst in Auftrag geben. Er hat sich darauf beschränken müssen, mir Geld zu schicken, weshalb es also meine Aufgabe ist, die Pläne auszuarbeiten. Du kannst Dir natürlich denken, daß es sich nicht um ein Haus in dem Sinne handelt, wie es sich ein Europäer vorstellt. Ich baue mir eine tibetische *Jogi*-Einsiedelei, und zwar ganz im Stile der Bauernwohnungen — von geringfügigen Verbesserungen abgesehen. Da das Gelände nicht eben ist, sind die einzelnen Zimmer stufenförmig angeordnet und bilden jeweils eine Hütte mit eigenem Dach. Die Lachener Bauern haben den Bau in Akkordarbeit übernommen. Alle gesunden Männer des Ortes, etwa siebzig, machen sich in vierzehn Tagen ans Werk; sie rechnen damit, den »Palast« innerhalb von zwei Wochen fertig zu haben. Sie werden 160 Rupien für diese Arbeit erhalten, das entspricht 275 Francs

Neben den Kosten für das Holz sind noch ein paar andere Ausgaben zu bestreiten, doch das hält sich in Grenzen. Das Holz holt man sich übrigens direkt aus dem Wald und zahlt dem Staat dafür eine unerhebliche Gebühr.

So werde ich es mir bequem machen können. Ich werde meine Bücher aus den Kisten hervorholen, Unterlagen und Karteikarten über die orientalischen Philosophien ordnen, einen gebildeten Lama bei mir wohnen haben, der mich im literarischen Tibetisch unterrichtet, usw.

Die Einsiedelei wird sich genau an der Stelle befinden, wo ich mich bereits vergangenen Herbst in einer Höhle aufgehalten habe. Ein Teil meiner Wohnung wird sogar aus dieser Höhle bestehen. Die landschaftliche Lage ist herrlich: viel Sonne! Die Höhe beträgt etwa 3 900 Meter; Bezugspunkt für diese Schätzung ist eine nahe gelegene Stelle, die offiziell vermessen worden ist. Das ist etwas niedriger als unser Montblanc, aber das Klima im Himalaya ist ganz anders als in Europa. (...)

Kloster in Lachen, 16. Mai 1915

Ich war entzückt über Deinen ausführlichen Brief vom 4. April und alles, was Du mir über Deine Tätigkeit in Bône erzählst. (...)

(...) Nächste Woche trifft der Maharadscha von Sikkim hier zu einem zweitägigen Besuch ein. Es ist ein netter, dreiundzwanzigjähriger Bursche, der die Hochschule besucht hat. Die Regierung hat ihm einen Mentor an die Seite gegeben, der ihm wie ein Schatten folgt und genau vorschreibt, was er zu tun oder zu sagen hat. Dieser Besuch stimmt mich etwas melancholisch. Ich muß an den Tag zurückdenken, als der verstorbene Bruder des jetzigen Radschas hier ankam. Ich befand mich damals in Lachen und hatte von meinen Dienern am Eingang des Bungalows einen Triumphbogen aus grünen Zweigen errichten lassen. Ich selbst stand mit meinem Photoapparat am Wege, um den malerischen Zug zu photographieren ... Ich habe noch ganz genau vor Augen, wie der kleine Prinz mich bemerkt, seinen Hut schwenkt und mir von weitem zuruft, welche Belichtungszeit und Blendenöffnung ich nehmen soll. Er wirkte so jung, so voller Lebensfreude, und zwei Tage später brachen wir dann nach Norden, ins Steppengebiet auf ... Von all dem ist nur ein Stück Schädel übriggeblieben, das im Kloster Podang in einem Kasten liegt. Es geht ein Gerücht um, mit dem ich mich besser nicht weiter befasse: Er soll vergiftet worden sein! Er hatte immer große Angst davor! ... Am besten, man vergißt alles ... (...)

Kloster in Lachen, 27. Mai 1915

(...) Ich befinde mich inmitten von Kisten und einer Schar junger Lamas, die meine Sachen einpacken und zunageln. Ich verlasse Lachen morgen mit einer Armee von siebzig Leuten, die mir in Dewa-Thang meine Unterkunft bauen werden. Das Wetter ist schlecht, es regnet in Strömen, und das ist nicht gerade angenehm, wenn man reist. Ich mußte überrascht feststellen, daß sich nachts manchmal ein Fluß durch mein Zelt ergießt und den Teppich unter Wasser setzt. Es ist meine eigene Schuld, denn ich habe nicht, wie es üblich und nötig ist, einen Entwässerungsgraben angelegt. (...)

Der Maharadscha ist gestern wieder abgereist. Solche Stippvisiten bringen immer viel Aufregung mit sich, denn ein Maharadscha kommt natürlich nicht allein. Gestern habe ich zu einem Dreiklassentee geladen: den jungen Radscha und seinen Lehrer in mein Zelt, die »Kazis« (den hiesigen Landadel) in die Hütte, in der ich den Winter verbracht habe, die Diener schließlich unter eine Veranda. Alle waren anscheinend sehr zufrieden.

Ich mache mein Handgepäck fertig, ein Haufen Leute hält mich mit Fragen auf. Zwei Fremde, die mir der Maharadscha schickt, sind gerade eingetroffen; sie sollen die Bäume aussuchen, die ich außer den Bauern zum Bau der Hütten brauche. Sie stehen mir unentgeltlich zur Verfügung (die Bäume, nicht die Fremden), ich brauche an den Staat Sikkim also keine Gebühren zu zahlen, so daß mein Haus letzten Endes nicht sehr teuer wird. (...)

Dewa-Thang, 3. Juni 1915

Ich habe das Tintenfaß vor der Reise entleert, und die Flasche mit Tinte befindet sich in irgendeiner vernagelten Kiste. Ich schreibe deshalb mit Bleistift, wie Du siehst.

Ich bin vor drei Tagen hier eingetroffen. Unterwegs habe ich mein Zelt an einer sehr schönen, aber von winzig kleinen giftigen Fliegen verseuchten Stelle aufgeschlagen. Auch in Lachen treiben diese lästigen Insekten ihr Unwesen. Um sie sich vom Leibe zu halten, zündet man mit den grünen Zweigen einer Art Duftkiefer ein Feuer an; der Qualm vertreibt die Fliegen. (...)

In Dewa-Thang herrscht zwar nicht ausgesprochen schlechtes Wetter, denn morgens oder am Nachmittag scheint manchmal die Sonne; aber es regnet doch sehr oft, vor allem abends, und ich kann Regen nicht ausstehen. Schon wenn ich in einem Haus wohne, habe ich für Regen wenig übrig; im Zelt jedoch ist Regen etwas Grauenhaftes. Mir wurde immer klarer, daß ich ein festes Dach über dem Kopf brauche, wenn ich meine Studien hier fortsetzen will. Seit September habe ich ausschließlich gezeltet und — abgesehen von der Woche, die ich in Thangu im Bungalow verbracht habe — nie in einem Haus geschlafen. Glaub mir, das ist ein rauhes Leben, dem viele nicht gewachsen wären. Während all dieser Zeit hielt ich mich meistens im Freien auf, denn meine Hütte in Lachen war so winzig, daß ich sie fast nur zum Schlafen benutzen konnte. Den ganzen Winter über, selbst wenn der Schnee zwei Meter hoch lag, habe ich in meinem kleinen Zelt regelmäßig mein Wannenbad genommen ... Im Alter von achtzehn Jahren hätte ich das nicht so ohne weiteres gemacht. Damals war ich eher zimperlich!

Ich habe mich jetzt also zu einem Baustellenleiter im Dschungel gemausert! Ich bin ständig zwischen Bäumen, Brettern und Planierarbeiten unterwegs. Das Ganze hat zwar keine riesigen Ausmaße, aber die Arbeit ist schwierig. Besonders eine Mauer, die eine Terrasse abstützt, bereitet mir Kopfzerbrechen. Glaubst Du, daß man auf eine Mauer aus trockenen, ohne Mörtel aufeinandergeschichteten Steinen eine Schicht Zement auftragen kann? Du tätest mir einen großen Gefallen, wenn Du mir hierzu einen fachmännischen Rat geben könntest. Ich kann den Ingenieur in Gangtok jederzeit noch nachträglich um ein oder zwei Sack Zement bitten und die Mauer, die ungefähr sieben Meter lang und acht Meter hoch ist, damit verputzen lassen.

Wenn alles fertig ist, sieht mein Schloß, das aus Baumstämmen, mit der Axt zugehauenen Brettern und Dächern aus Borke besteht, wie die Behausung von Pionieren in Amerikas Wildem Westen oder von Goldgräbern am Klondike aus.

Habe ich Dir schon erzählt, daß ich auf den Rat des Residenten hin — er ist im Tibetischen ein Experte — ein von der Regierung veröffentlichtes Wörterbuch erworben habe? Es ist ein gewaltiger Band, sehr schlecht zu handhaben und ungewöhnlich schwer. Auch der Preis ist ungewöhnlich und entspricht dem Gewicht des Buches: 32 Rupien, etwa 55 Francs. Sobald ich eingerichtet bin, beginne ich zusammen mit einem Brahmanen aus Gudscherat, der an der nepalesischen Schule in Gangtok lehrt, wieder mit einigen Sanskritübersetzungen. Vielleicht kommt er in diesem Sommer her und bleibt vierzehn Tage hier; aber das ist nicht unbedingt erforderlich, denn wir arbeiten auch über eine gewisse Entfernung gut zusammen. (...)

Lager in Dewa-Thang, 12. Juni 1915

Meine Hütte ist fast fertig. In zwei Tagen wäre sie sogar ganz fertig geworden, aber mir sind die Nägel ausgegangen. So haben alle meine Arbeiter die Gelegenheit benutzt, sich davonzustehlen und ihre Erzeugnisse (Färberpflanzen) in der nahe bei Kampa Dsong gelegenen tibetischen Stadt zu verkaufen. Vor Ablauf von zwei Wochen werden sie kaum zurück sein, und mir bleibt nichts weiter übrig, als hier im Zelt auf sie zu warten. Ich habe Bretter unter das wasserdichte Tuch legen lassen, das hält die Feuchtigkeit des Bodens etwas ab. Aber obwohl ich mittlerweile ans Leben im Zelt gewöhnt bin, möchte ich doch gern ein Haus haben – so primitiv es auch sein mag –, denn wir sind gerade mitten in der Regenzeit. Ich befinde mich hier in 3 900 m Höhe, und der Regen hat verständlicherweise nicht die gleiche Temperatur wie auf Ceylon. Die winzige Hochfläche, wo ich meine Zelte aufgeschlagen habe, ist von unwegsamen Bergen umgeben, die in zerklüfteten, scharfkantigen Felsspitzen enden. Etwas tiefer erstreckt sich ein schmales Tal voll jener Zwergsträucher mit aromatischen Blättern, die die Luft mit dem für den Hochhimalaya typischen Duft erfüllen. Das Tal endet in einem Halbkreis schneebedeckter Berge, von denen Sturzbäche niedergehen. Diese Landschaft ist sehr schön, erhaben und auch ein wenig schrecklich, denn sie übersteigt menschliches Fassungsvermögen. Wenn man in große Höhen kommt, bietet sich dieses Bild überall im Himalaya. Nirgends habe ich etwas gesehen, was sich mit diesem Lande vergleichen ließe. Zwischen 4 000 und 6 000 m Höhe stößt man auf außergewöhnliche, gigantische Landschaften, die einer anderen Welt zuzugehören scheinen. Ja, vielleicht läßt es sich so in Worte fassen: Man wagt sich nur schüchtern in dieser Einsamkeit voran, wie ein Eindringling, der sich in eine fremde Wohnung eingeschlichen hat. Montblanc, Jungfrau, Meije usw. sind Maulwurfshügel dagegen. Man muß gesehen haben, wie das Massiv des Kangchendzönga über unbeschreiblichen Moränen aufragt; vorher kann man sich gar nicht vorstellen, daß es so etwas geben könnte.

Hier freilich erreicht die Landschaft noch nicht solche Proportionen, und die kleine bewaldete Hochfläche von Dewa-Thang mildert mit ihrem parkähnlichen Aussehen die Formstrenge der umgebenden Natur beträchtlich. Trotzdem ist auch hier noch alles größer und majestätischer als in Europa. Oh, ich verstehe durchaus die Faszination, die der Himalaya seit Jahrhunderten auf die Hindus ausübt, und daß sie ihn zur Wohnstätte ihrer Gottheit *Schiwa* gemacht haben. (...)

Aus meinem Lager in Dewa-Thang, 20. Juni 1915

(...) Der gestrige Tag war reich an Überraschungen. Ich fand in meinem Postsack ein Geschenk der jungen Schwester des Maharadschas von Sikkim. Dieses liebe kleine Mädchen glaubte, ich müßte hier frieren, und hat mir deshalb einen weißen Wollschal mit großen Troddeln angefertigt, der wirklich überaus hübsch ist. Sie hat ihn ganz allein gestrickt und schickt ihn mir mit gänzlich unbefangenen lieben Grüßen. Die Damen der Missionsstation haben mir frisch eingemachte Erdbeerkonfitüre, Sirup und eine Schachtel mit Kuchen geschickt. Ein mit mir befreundeter Gentleman aus London schließlich, der zu seiner Bestürzung erfahren hatte, daß Du mir kein Geld schicken kannst, hat mir fünf

Pfund (125 Francs = 75 Rupien) geschickt; »probeweise«, wie er sagt, um festzustellen, ob das Geld ankommt. Wenn ja, will er eine weitere Überweisung vornehmen oder sich Dir — falls Du zu London eine bessere Verbindung hast — als Mittler zur Verfügung stellen, damit Du mir zukommen lassen kannst, was Du möchtest. Ich brauche im Augenblick nichts, und es wird am besten sein, wenn Du diesem liebenswürdigen Mann so schnell wie möglich sein Geld zurückerstattest. (...)

Der Lama-*Jogi* ist nach Tibet aufgebrochen, wo er mehrere ehemalige Mitjünger treffen will, um mit ihnen den fünfzehnten Todestag ihres *Gurus* (ihres philosophischen Lehrmeisters) zu begehen. Dieser *Guru* lebte in der Gegend von Kampa hoch droben auf einem Berg in einer großen Höhle. Der Lama kehrt erst in einigen Wochen zurück, und es ist durchaus möglich, daß ich mich dann — etwa im August — ebenfalls in Tibet aufhalte. Ein dortiger Lama hat mich eingeladen, ihn in seinem Kloster zu besuchen. Der Vater dieses Lamas genießt in der gesamten Gegend von Kampa großes Ansehen als Zauberer; ich kenne ihn nicht persönlich, aber der gute Mann scheint eine wirklich interessante Erscheinung zu sein. Seinen Sohn dagegen kenne ich gut. Es ist ein netter junger Mann, fünfundzwanzig Jahre alt und selbst schon Zauberer; es macht ihm viel Spaß, mich kreuz und quer über Berge und Steppen zu führen, mir Legenden zu erzählen und mir eine Unzahl von Plätzen zu zeigen, an denen eigentümliche Überlieferungen gepflegt werden. Diese beiden gehören zwar nicht der Gattung »Philosoph« an, sind dafür aber typische Vertreter tibetischen Brauchtums.

(...) Meine neue Adresse lautet: De-Tschen Aschram, über Lachen, Poststation Chunthang, Sikkim, über Indien.

De-Tschen bedeutet »Großer Friede«, so heißt die Hochebene, auf der ich mein Quartier habe. La-Tschen bedeutet »Großer Paß«.

Lager in Dewa-Thang, 29. Juni 1915

Ein Lama, der nach Lachen zurückkehrt, trägt diesen Brief zu den Missionaren, die ihn nach Chunthang befördern werden. (...)

Da ich ein paar Tage schönes Wetter hatte, habe ich zwei Bergbesteigungen unternommen. Eine war besonders erfolgreich und führte mich auf einen Paß, der meinen Berechnungen zufolge zwischen 4 500 und 4 700 Meter hoch sein dürfte. Ich bin ganz allein mit meinem Spazierstock losmarschiert, und da ich den Weg nicht kannte, war der Aufstieg stellenweise so steil, daß ich auf allen vieren, ja auf den Knien klettern mußte — kein sehr ästhetischer Anblick! Aber es war niemand da, der sich über mich hätte lustig machen können. Beim Abstieg fand ich dann den richtigen Weg, der sehr bequem war und über grasbewachsene Hänge führte. Der Paß wirkt — zwischen riesigen schwarzen Felsen und in einer Landschaft von überwältigender Schönheit — unnahbar, doch daran habe ich mich inzwischen gewöhnt.

Der unbeschreibliche Herr Sen hat mir geschrieben, daß alle Gepäckstücke abgeschickt sind und mein Diener unterwegs ist. Das kann nichts schaden. Der Regierungsvertreter hat liebenswürdigerweise angeordnet, daß meine Kisten rasch und sorgfältig hierher geschafft werden sollen. (...)

De-Tschen Aschram bei Lachen, 12. Juli 1915

(...) Wenn ich das Tageblatt, das Du mir schickst, lese, vergesse ich manchmal, wo ich bin, und kehre in Gedanken nach Frankreich zurück, mitten in das fieberhafte Geschehen dieser tragischen Stunden. Und dann erstaunt mich plötzlich meine Umgebung: Die hohen Berge, die Einsamkeit, die ganze Himalayalandschaft kommen mir wie ein Traum vor, und ich bin überrascht, den befremdlichen Klang tibetischer Wörter über meine Lippen gehen zu hören. Es erscheint mir unmöglich, daß ich mich hier befinde; es ist mir unfaßbar, daß ich es sein soll, die diese fremde Sprache spricht! Ein Strom der Sehnsucht und des Heimwehs steigt in mir auf. So etwas passiert mir nicht oft. Nicht nach dem Abendland sehne ich mich — ich fühle mich hier in den Bergen wohl —, sondern nach Dir, bester Freund. Ich möchte Dich wiedersehen, Dich umarmen... Und dann denke ich nach... wir sind so verschieden, trotz unserer großen Zuneigung zwei völlig verschiedene Charaktere!...

Ich habe meine Zelte abgebrochen und mich vorläufig dort eingerichtet, wo die Diener wohnen sollen. Dies ist der einzige Teil meines Bretterverschlages, der bereits fertig ist. (...) Ich habe hier drinnen mein Feldbett, einen Falttisch und einen Faltstuhl. Auf ein paar Koffer habe ich tibetische Läufer gelegt und auf diese Weise einen schmalen Diwan erhalten. Auf dem Boden liegen ein Teppich und ein Jakfell. Es sieht hier immer mehr nach Wildwest aus, und ich fühle mich auf Schritt und Tritt an James Fenimore Cooper erinnert. Im anderen Raum stehen mehrere Kisten, ein Waschtisch mit Schüssel und Wasserkanne, ein kleiner Ofen, den die Missionare in Lachen angefertigt haben, und ein Regal, auf dessen Brettern die unterschiedlichsten Dinge liegen. Auf dem einen befinden sich philosophische, tibetische und sanskritische Bücher, auf einem anderen Pfeffer, Salz, Butter, Öl, Essig, Marmeladentöpfe usw. Ich wohne hier nur vorübergehend; in drei Wochen oder einem Monat werde ich wohl in meine richtigen Räume einziehen können, die größer und bequemer, vor allem aber nicht so ausgiebig belüftet sind, denn sie stoßen an eine Felswand.

Heute habe ich mit meinen Dienern einen Pfad angelegt. Wir haben alles schön planiert, und ich verfüge jetzt über einen zweiunddreißig

Schritt langen Spazierweg, der völlig eben ist und mit dem Haus auf gleicher Höhe liegt. In diesem abschüssigen Gelände war das gar nicht so einfach. Morgen werden sich meine Jungen, die heute noch Erdarbeiter gewesen sind, in Maurer verwandeln; wir bauen nämlich den Herd für die neue Küche. Oh, das Leben hier ist recht rauh, und während ich mit meinen Wörterbüchern und Lexika fleißig weiterpauke, übe ich nebenher noch die verschiedensten Berufe aus.

Der Maharadscha hat mir gerade durch Boten aus Gangtok meine Ration tibetischen Tee geschickt. Wie Du weißt, wird dieser Tee zu ziegelsteingroßen Blöcken zusammengepreßt. Die bessere Qualität ist ziemlich teuer, etwa 8 Rupien, also fast 14 Francs, je Block. Ich habe übrigens noch nie welchen gekauft, denn der verstorbene Maharadscha hat mich immer reichlich damit eingedeckt. Sein Bruder und Nachfolger setzt diese Tradition fort. Der Träger, ein in Südsikkim geborener Nepalese, hatte noch nie eine so große Reise gemacht und war auch noch nie in solche Höhen hinaufgestiegen. Er hat sieben Tage für den Herweg gebraucht und war ganz verdutzt, sich plötzlich in einer solchen Gegend zu befinden. Zu meinen Dienern sagte er: »Dieser Ort eignet sich nicht für gewöhnliche Menschen, hier können nur *Sadhus* leben.« Mit *Sadhu* (wörtlich: der Heilige) bezeichnet man in der indischen Umgangssprache den *Sannjasin*. Die Jungen haben sehr gelacht. (...)

De-Tschen Aschram, 29. Juli 1915

(...) Mein »Haus« bzw. die Baracke, die ich mit diesem anspruchsvollen Namen beehre, macht mir viel Kummer. Es mußte fast völlig abgebrochen und wieder neu aufgebaut werden.

Ganz unerwartet ist Sikkim von einer Heuschreckenplage heimgesucht worden. In geringer Anzahl sind sie sogar bis hierher gekommen; in Lachen, das tiefer liegt, fressen sie alles kahl. Die Bauern sind verzweifelt, sie werden im kommenden Winter nichts zu essen haben. In Tibet wird wieder gekämpft, und in einem Erlaß wird die Ausfuhr von Gerstenmehl verboten oder doch erheblich eingeschränkt. Auch diese Quelle ist also für die Sikkimesen versiegt. Reis und Mais werden unerschwinglich sein, und mir ist bereits klar, daß ich für die Wintervorräte viel Geld ausgeben muß, denn auch meine Diener wollen ernährt sein.

In bestimmten Gegenden Indiens ist bereits eine Hungersnot ausgebrochen. Wir scheinen uns in einem Zeitalter der Katastrophen zu befinden. (...)

De-Tschen Aschram, 8. August 1915

(...) Mein »Privathotel«, wie Du meine huronische Hütte scherzhaft nennst, wird hoffentlich Ende des Monats fertig sein. Diese Baracke hat mir viel Kummer gemacht. Die ersten Erbauer hatten mir lediglich ein Kartenhaus hingestellt. Nichts daran war stabil, und als ich mich eines Tages an eine Wand lehnte, gab sie nach, und ich wäre beinahe rücklings in die Tiefe gestürzt. Kurz und gut, alles ist neu gebaut worden. Es sieht zwar nicht gerade hübsch aus, aber es hält jetzt. Wenn das Bauwerk fertiggestellt und getüncht ist, schicke ich Dir ein Foto davon. Zunächst ist da ein langes, an den Felsen gelehntes Zimmer, das ich mit Vorhängen unterteilt habe. Der vordere Teil ist mein Arbeitszimmer, wo ich auch esse; im hinteren Teil befindet sich mein Schlafzimmer, das durch eine dreistufige Treppe mit der Höhle verbunden ist, in der ich bei einem früheren Aufenthalt in dieser Gegend gewohnt habe. An diesem langen Zimmer läuft ein ziemlich breiter Balkon entlang, an den sich ein winziges Badezimmer anschließt. Unter dem Balkon befindet sich der Gang, der zur Küche führt und von dem aus auch die Toiletten zu erreichen sind. Oberhalb des langen Zimmers befinden sich, in stufenförmiger Anordnung, zwei kleinere Räume. Der eine dient nötigenfalls als Gästezimmer, wenn meine Freunde aus der Missionsstation hierher kommen; der andere birgt einen Teil meiner Vorräte. In einiger Entfernung davon befindet sich die Hütte, wo meine Diener Quartier genommen haben; auch dort ist eine kleine Vorratskammer untergebracht. Aufgrund dieser Beschreibung könnte man sich etwas sehr Geräumiges vorstellen; in Wirklichkeit ist jedoch alles sehr klein. Auch muß man in dieser einsamen Gegend alles mit Säcken und Kisten vollstopfen, denn an Nahrung findet man weit und breit nicht einmal ein Körnchen Salz. Man muß für mehrere Monate Lebensmittel vorrätig haben, und meine Diener haben großen Appetit.

Meine Geringschätzung für die Nichtigkeiten der Welt geht nun freilich nicht so weit, daß ich die unbearbeiteten Bretter, die die Wände bilden, einfach so nackt stehen ließe. Ich beklebe sie mit Papier; die anderen Sachen aus Holz − Türen, Fenster usw. − werde ich anstreichen. Natürlich werden meine Diener und ich alle Tapezier- und Malerarbeiten selbst ausführen. Wir sind zwar keine Fachleute, aber mit vereinten Kräften werden wir eine brauchbarere Unterkunft zustande bringen als die, die uns die Zimmerleute zurückgelassen hatten. Die Farbe ist vielleicht ein »Luxus«, das Papier jedoch hält warm und verstopft die zahlreichen Ritzen zwischen den Brettern. Ich ahne bereits, wie der Winter in Schnee und 3 900 m Höhe sein wird. (...)

De-Tschen Aschram, 20. August 1915

(...) Meine Hütte ist jetzt beinahe fertig. Die Lamas, die als Schreiner gearbeitet haben, sind nach Lachen zurückgekehrt, wo sie das alljährliche Fest zu Ehren des Gottes vom Kangchendzönga feiern werden, der kein anderer ist als der indische *Kubera,* der Plutos der hinduistischen Mythologie. Der Buddhismus dieser Bergbewohner ist ein bloßes Lippenbekenntnis. In Wirklichkeit handelt es sich um Heiden, Animisten und Fetischisten. Lediglich einige hohe Lamas verstehen etwas von Philosophie. Die Masse indessen gibt sich hinsichtlich des niederen Charakters ihrer Religion keinerlei Täuschung hin; sie weiß, daß es eine höhere, wahrere gibt, glaubt aber, daß sie von Durchschnittsmenschen nicht zu begreifen ist, und bemüht sich daher gar nicht, Klarheit über sie zu gewinnen. Die frommen Leute glauben, daß sie eines fernen Tages, wenn sie nach zahlreichen Wiedergeburten viele gute Taten vollbracht haben, über einen Verstand verfügen werden, mit dem sie sich an diese hohe Religion der Buddhas heranwagen können. Vorläufig jedoch benehmen sie sich wie Wilde, und die gelehrten Lamas unternehmen keinerlei Anstrengung, sie aufzuklären. Bei dieser Gleichgültigkeit spielt sicherlich Habgier eine Rolle, denn die Rituale, Beschwörungen usw. sind mit Geschenken verbunden; doch dies ist nicht der einzige Grund. Die Lamas glauben ganz einfach, es sei absurd, einen von Geburt an Blinden Blumen, Landschaften oder das Licht der Sonne sehen lehren zu wollen. Ihnen erscheint es viel barmherziger, ihm dabei behilflich zu sein, in seiner Blindenwelt möglichst friedlich und glücklich zu leben. (...)

Ende August oder Anfang September 1915

(...) Ich möchte Dir für die technischen Ratschläge bezüglich meiner Mauer danken. Ich habe sie drei Monate lang beobachtet, und zwar während der Regenzeit, d.h. wenn sich die Erdrutsche ereignen. Sie hat sich nicht bewegt. (...)

(...) Ich glaube, daß es diejenigen am besten getroffen haben, die abgeschieden und fern vom Trubel der Welt ihr Leben verbringen. Ich glaube dies, doch ich bin kein Buddha; meine Weisheit ist zerbrechlich und ungefestigt. Ich zweifle nicht im geringsten an der Schönheit und Größe der Entsagung eines echten *Sannjasins,* dem alle Dinge dieser Welt nicht mehr bedeuten als eine Handvoll schmutziger Lumpen und der alles als eine Wasserblase oder Luftspiegelung ansieht... aber ich fühle mich trotzdem bei weitem nicht als ein solcher *Sannjasin.* Ich habe mit ihm kaum mehr gemeinsam als die Farbe des Gewandes... und das ist wenig. Ich muß an all die vielen denken, die sich in diesem Augenblick in der Heimat abmühen und aufopfern, ich muß an Dich denken, der Du eine so wichtige Rolle – ja die wichtigste überhaupt – in meinem Leben spielst, und ich frage mich dann, ob es recht ist, daß ich hier bin. Zu guter Letzt wird vielleicht im rauhen Klima dieser Gipfel die Weisheit – die wirklich große, die der Buddhas – doch noch in meinem Geiste erblühen. Doch selbst Weisheit und Buddhas sind Teil des trügerischen

Scheins: Ideen, Bilder ohne Wirklichkeit, vom Geist des ewigen Träumers erschaffene Phantasiegebilde. (...)

Jetzt, wo fast alles fertig eingerichtet ist, habe ich unter der Leitung von zwei kompetenten Männern, die mir als Lehrer dienen, zwei sprachwissenschaftliche Arbeiten begonnen: eine über das Tibetische, die andere über das Sanskrit. Im Falle des Tibetischen handelt es sich um meinen alten Übersetzer, der nach Gangtok zurückgekehrt ist, nachdem er der britischen Regierung auf der englisch-chinesisch-tibetischen Konferenz in Indien zur Verfügung gestanden hatte; im Falle des Sanskrit um einen *Pandit* der nepalesischen Schule in Gangtok. Sprachpraxis und Lesekenntnisse erwerbe ich bei dem Lama-*Jogi;* in der Umgangssprache übe ich mich in Gesprächen mit meinen Dienern und allen anderen Personen, die mir begegnen.

Wenn es doch nur etwas wärmer wäre! Ich kann Kälte nicht ausstehen, und hier gibt es keinen Sommer! Auf tibetisch sage ich im Scherz: »Tada gunka tschung-tschung dug! Dschugla gunka tschempo jong inkiam diru gunka namgjün.« Ich gebe Dir die phonetische Umschrift, damit Du einen Eindruck vom Klang der Sprache gewinnst; die Transliteration entspricht jedoch in gar keiner Weise der tatsächlichen Orthographie. Die Übersetzung lautet: »Jetzt herrscht Winter, bald herrscht tiefer Winter, hier herrscht immer Winter!«

Da ich in der Nähe eines Lamas wohne, der sich im tibetischen Tantrismus sehr gut auskennt, hoffe ich auf eine günstige Gelegenheit, etwas über jene Dinge in Erfahrung zu bringen, von denen die europäischen Gelehrten bisher kaum etwas wissen. Es ist sehr schwierig, einen Lama zu finden, der bereit ist, einen zu unterweisen. Diese Leute halten Geheimnisse und Mysterien für unbedingt notwendig. Vielleicht haben sie damit gar nicht einmal so unrecht, denn ihre extremen und unverstandenen Lehren führen zu mancherlei Verirrung. Jedenfalls ist das Studium sehr interessant und wird von den Orientalisten kaum oder doch nur nebenher betrieben. Sir Woodroffe aus Kalkutta hat sich dem Studium des indischen Tantrismus mit Leib und Seele verschrieben, aber als unkritischer Anbeter. Er ist ganz im Aberglauben versunken und hat sich keinerlei geistige Unabhängigkeit bewahrt, um die verschiedenen Anschauungen der Sekte, die er untersucht, auch bewerten und gegeneinander abgrenzen zu können.

All dies muß jemandem, der sich im Krieg befindet, wie eitles Geschwätz vorkommen. Das ist zwangsläufig so, und doch gab es schon viele Kriege, es wird sie auch in Zukunft geben. Menschen müssen sterben, doch sie starben auch vorher und werden es weiterhin tun. Die Ideen aber, die angesichts brutaler Tatsachen so unwirklich und zerbrechlich scheinen — sie haben Dauer. Sie überleben die Menschen und die Katastrophen der Natur oder der Geschichte; eine Generation nach der anderen zehrt von ihnen, verehrt sie oder tut sie in den Bann. Bücher wie die *Bhagawadgita* oder die Bibel prägen seit Jahrhunderten Millionen von Gehirnen ... Heute, im fieberhaften, tragischen Handeln besteht man nur aus Fleisch, Nerven, rohen Gefühlen; doch das Unwetter geht vorüber, und viele Menschen werden dann ihren fragenden Blick wieder dem geheimnisvollen, von anderen Welten übersäten Himmel zuwenden, dem Geheimnis ihres Soseins und ihres Daseins. Ich weiß nicht, ich wage nicht zu entscheiden, ob ihr Meditieren zu etwas anderem taugt, als sich selbst das Gefühl der Qual oder Glückseligkeit zu verschaffen; aber ich weiß, daß die Menschheit nicht imstande ist, auf diese Träume zu verzichten. (...)

De-Tschen Aschram, 7. September 1915

(...) Ich war tief betroffen, Deinem Brief entnehmen zu müssen, mein Lieber, daß Du Dich bei seiner Abfassung in einer schmerzlichen geistigen Verfassung befandest. Wenn Dich diese Zeilen erreichen, wird diese »seelische Krise«, wie unsere romanschreibenden Psychologen zu sagen pflegen, längst vergessen sein, denn nichts ist wechselhafter als der Geist, sagt Buddha. Aber sie kann wiederkehren, und Du solltest Dich ihr nicht hingeben.

Gewiß, ich verstehe Dich. Es gibt Menschen, für die die Einsamkeit sehr schmerzlich ist. Dies, so glaube ich, trifft zwar auf jedermann zu, doch je nach geistiger Beschaffenheit ist das Erscheinungsbild der »Einsamkeit« verschieden. Es gibt Leute, die das physische Alleinsein nicht ertragen können. Meine arme Mutter mochte weder in einem Eisenbahnabteil, einem Haus noch nur einem Zimmer allein sein. Sie mußte Stimmen hören, Menschen sehen. Diese Mentalität des Schafes, das nicht fern von der Herde leben kann, war bei ihr geradezu krankhaft. Davon kann bei Dir keine Rede sein. Du bist ein intelligenter Mensch und verfällst nicht in derlei fast schon tierische Verschrobenheiten.

Andere wieder leiden unter affektiver Einsamkeit, unter einem Mangel an Freundschaft oder Zärtlichkeit. Sie wollen, daß man sich um sie kümmert, sie verhätschelt. Dies ist bei Kindern der Fall — bei kleinen und großen! Einige sind einfach dumm und nehmen alle Zeichen der Zuneigung für bare Münze; sie sind sich ganz einfach nicht klar darüber, daß in Wirklichkeit jeder nur sich selbst liebt, nur auf seine eigenen Empfindungen bedacht ist. Vor vielen Jahrhunderten legte ein unbekannter Denker in einer der *Upanischaden* einem *Rischi*, der sich mit seiner Frau unterhielt, folgende Worte in den Mund: »Aus bloßer Eigenliebe sind wir gute Gatten, Kinder, Eltern, Freunde ...« Manch einer findet Schmerzen, Entsagungen oder Opfer ergötzlich. Man sagt etwa:

»Wie lieben doch diese Frau oder dieser Mann jene andere Person! Alles opfern sie ihr!« Tatsächlich jedoch lieben sie nur die Empfindung, die dieses Opfer ihnen verschafft. (...)

Intelligente Menschen wie Du erliegen nicht einem solchen Irrtum. Sie kennen die Nichtigkeit der schönen Worte und Gunstbezeigungen, aber sie sehnen sich trotzdem danach, denn sie finden den geistigen Kitzel, der damit verbunden ist, angenehm. Wieder andere Leute sind leidenschaftliche Wahrheitssucher. Sie sind ganz versessen darauf, alles zu zerstören, um zu sehen, wie es im Innern beschaffen ist; sie müssen alles sezieren. Zu diesen Besessenen gehöre ich selbst. (...)

Doch unter eben diesen intelligenten Menschen gibt es auch Leute, denen – wie Dir – die Wahrheit völlig egal ist. Sie sagen sich: »Wenn das Brot und die Butter, die ich esse, gut schmecken und nahrhaft sind, dann zum Teufel mit der Frage, ob sie aus reinem Weizen oder reiner Sahne gemacht sind. Was die Person, die mich liebkost, im Grunde ihres Herzens denkt, ist mir gleichgültig. Ihre Hände sind sanft und verschaffen meiner Haut ein Wohlbehagen, und nur darauf kommt es an. Liebevolle Worte empfangen mich, klingen wie Musik in meinen Ohren; ob sie aufrichtig sind oder nicht, will ich gar nicht wissen.« Auch dies ist eine Form der Klugheit, und vielleicht für den, der unter seinesgleichen leben will, sogar die beste. Es ist die Deine, ich weiß.

Dann sind da noch Leute, die die geistige Einsamkeit nicht ertragen können. Zu ihnen gehöre ich, teile ihre Schwäche. Mit niemandem über meine Studien oder über Philosophie reden zu können – welch eine Strafe! Ich habe in Tunis jahrelang darunter gelitten. Eine beiläufige Bemerkung über religiöse oder philosophische Fragen kamen Dir wie das Gefasel eines Irren vor... (...)

Mein Lieber, dies ist gewiß wieder einer jener endlosen Vorträge, mit denen ich Dich schon so oft gelangweilt habe. Was soll man machen? ... Hunde bellen, Katzen miauen, das ist ihre Natur. Ich philosophiere, das ist meine Natur, und es geschieht ebenso spontan und unwillkürlich – und ist genauso unwichtig.

Ich würde Dir gern einmal ins Gewissen reden, um Deine Krankheit zu heilen, aber Du wünschst ja gar keine Heilung, ich würde Dir nur lästig sein. Du siehst in der Welt nicht »einen Haufen Unrat«, wie Buddha sagt. Ich habe sie von klein auf so gesehen, obwohl ich, wie so mancher andere, den verirrten Hund spielen wollte und in den übelriechenden Haufen hineingebissen habe – was mir heftigen Brechreiz verursacht hat.

Würde ich Dir sagen, daß an Deinen Wünschen und an dem, was Du vermißt, alles falsch und nichtig ist, so könnte ich Dich doch nicht überzeugen. Also wechsle ich lieber das Thema. Sei mir nicht böse, wenn Dir meine Worte mißfallen; ich halte sie für weise.

Mein lieber Mouchy, ich glaube kaum, daß in den schweren Stunden, die unser Land durchmacht, Zeit für unser privates Wehwehchen bleibt. Jeder von uns muß sich jetzt um anderes sorgen als sein kleines »Ich« und seine kindischen Ansprüche. Viele geben bereitwillig ihr Leben dafür, damit Frankreich nicht untergeht und die Barbarei nicht triumphiert. Wirklich: Denkt man an die vielen, die fern von den Ihren auf dem Schlachtfeld sind und ihre Familien mittellos zurückgelassen haben, dann kommt es einem schäbig vor, daran zu denken, daß das eigene Haus leer — ohne Liebkosung oder Kuß — ist. Es hat sich bei uns etwas Herrliches ereignet: Wir hielten uns für energielos und sind jetzt voller Tatkraft. »Seid frohen Mutes!« war für die meisten die Einheit stiftende Losung. Diese Entschlossenheit wird uns retten.

Ja, es ist zweifellos leichter, durch entsprechende Taten die heroische Stimmung aufrechtzuerhalten. Die Tat berauscht wie der Wein, doch in diesem schrecklichen Krieg sind ja Taten kaum möglich. Die langen Monate im Schützengraben entmutigen die Männer eher, als daß sie sie in Begeisterung versetzen könnten. (...)

Seit der Abreise des schottischen *Bikkhus* habe ich nichts mehr über den Krieg erfahren. Ich überweise heute einer Tageszeitung in Kalkutta den Betrag für ein sechsmonatiges Abonnement, denn ich kann die Ungewißheit nicht länger ertragen. In vier aufeinanderfolgenden Nächten hatte ich schreckliche Alpträume: Die Deutschen hatten Paris eingenommen. Man bereitete die Friedensverhandlungen vor; wir waren besiegt. Belgien fiel an Deutschland ... und dergleichen mehr. Ich bekam heftige Herzbeschwerden. (...)

Was mich selbst angeht, so habe ich keineswegs darauf verzichtet, nach Hause zurückzukehren. Ich befasse mich zur Zeit mit dem einzigen, was mir hier möglich ist — mit orientalistischen Studien. Ich tauge lediglich zu einer Gelehrten. Im Augenblick läßt sich damit wenig anfangen, später jedoch wird es vielleicht einmal nützlich sein. Wir haben den Deutschen im Bereich der Orientalistik die Vorherrschaft überlassen müssen. Ich würde ihr Ansehen — und wäre es auch nur ein ganz klein wenig — liebend gern ein bißchen ankratzen und den leider viel zu kleinen Kreis französischer Orientalisten um meine Person erweitern. (...)

De-Tschen Aschram, 18. September 1915

(...) Ein paar Worte zu meinem Ausflug. Der Lama war sehr beschäftigt; er hat die ganze Zeit bei den Cowboys zugebracht, die seine Jaks beaufsichtigen, hat den Rindern Salz zu fressen gegeben, die Jungtiere gezählt usw. Somit stand er mir natürlich nicht, wie vereinbart, bei meinen Kletterpartien als Begleiter zur Verfügung. Ich bedauerte das übrigens keineswegs. Dank der Hinweise, die er mir gegeben hatte, konnte ich ganz allein — was schon immer ein besonderer Genuß für mich war — zwei sehr ausgedehnte Fußmärsche unternehmen. Am ersten Tag bin ich fünf Stunden ohne Unterbrechung gewandert, habe steile Berghänge erklommen und in der Ferne, weit unter mir, die Ebene von Gjang-gan entdeckt, wo ich einst — auf meiner ersten Reise nach Tibet — ein ziemlich unzulängliches Zelt aufgeschlagen hatte. Am zweiten Tag habe ich mich zum Fuße der riesigen schneebedeckten Gipfel begeben, bin an gewaltigen Moränen vorbeigekommen und schließlich an einen Talkessel gelangt, in dem ein herrlicher kleiner See mit opalfarbenem Wasser schlummert: ein richtiger See für Nixen und Nymphen. An diesem Tage war ich sechs Stunden unterwegs. Als ich dann bei Einbruch der Dunkelheit zurückkehren wollte, hatte ich mich verlaufen. Sehr dichte, tiefhängende Wolken versperrten mir die Sicht, und obwohl ich ganz in der Nähe meines Lagers umherirrte, konnte ich es doch nicht wiederfinden. Als ich gerade die genau entgegengesetzte Richtung einschlagen wollte und mich bereits mit dem wenig verlockenden Gedanken vertraut gemacht hatte, die Nacht im Freien, nur in meinen dünnen Regenmantel gehüllt, verbringen zu müssen, wies mir ein Junge, der eine Jakherde zusammentrieb, den Weg.

Am folgenden Tag brachen wir erneut auf und wählten für den Rückweg eine andere Strecke als die, auf der wir gekommen waren. Sie war kürzer, aber auch schwieriger und führte über einen Paß, dessen Höhe ich auf über 5000 m schätze. Die herrliche Landschaft bestand vornehmlich aus grauschwarzen zerklüfteten Felsen. Kurz nachdem wir den Paß überquert haben, überrascht uns die Nacht. Wir müssen zelten. Die Männer finden kein Wasser. Ich bemühe mich, sie davon zu überzeugen, daß es ganz in der Nähe Wasser geben muß, denn zwei kreisrunde Feuerstellen aus aufeinandergeschichteten Steinen lassen darauf schließen, daß der Ort von den wenigen Reisenden, die durch diese Gegend kommen, als Rastplatz benutzt wird. Sie irren jedoch wie Schwachköpfe zwischen den Felsen umher und behaupten, es ließe sich kein Wasser finden. Wäre es nicht schon so dunkel, begäbe ich mich selbst auf die Suche. Der Lama ist übler Laune, und auch meine Diener sind von dem Gedanken, keine Abendmahlzeit zu bekommen, wenig erbaut. Sie tun trotzdem ihre Pflicht, richten das Zelt her und stellen mein Bett auf. In meiner Thermosflasche ist noch etwas Tee, ich trinke einen halben Becher, knabbere am Reiseproviant und lege mich schlafen. Am nächsten Morgen kann ich mich natürlich nicht waschen; abgesehen vom Rest Tee und einer Kleinigkeit zum Knabbern gibt es auch kein Frühstück. Als wir die Zelte abbrechen, entdeckt einer von diesen Idioten das winzige, aber kristallklare Rinnsal, das in unmittelbarer Nähe unseres Lagers fließt. Doch es ist schon alles eingepackt, und wir brechen auf.

Diesmal ziehen die Jaks auf einem anderen Weg weiter, und wir klettern zu Fuß über unvorstellbar steile Hänge einen Berg hinauf. Das Wetter ist schön, die Sonne wärmt uns, und die Landschaft ist herrlich. Ich bummele den ganzen Weg über, alle sind weit vor mir. Ich komme mir vor wie die »kleine Ziege des Herrn Seguin« in der Erzählung von Daudet. Aber es gibt hier keine Wölfe, und die einzige Gefahr besteht darin, daß man abrutscht und auf einen spitzen Felsen stürzt, der einem den Schädel zertrümmert. Doch es stößt mir nichts dergleichen zu, und ich erreiche bald meine Hütte, vor der gerade die Jaks mit meinem Gepäck eingetroffen sind. Ich muß alles auspacken und einsortieren. Ein unerfreuliches Geschäft! Einer meiner Diener hat Urlaub, so daß mir nur der zweite und ein kleiner Junge zur Verfügung stehen. Ich muß ihnen behilflich sein. (...)

Ich bekomme jetzt aus Kalkutta die Tageszeitung, die ich abonniert habe. (...)

Es ist tatsächlich so, daß die *Boches* auf der ganzen Linie gesiegt haben, und wenn die Alliierten jetzt Frieden schließen müßten, würde er von Deutschland diktiert werden. Die Zeitungen sprechen bereits nicht mehr von einer Vernichtung, sondern nur noch vom Verschleiß der Deutschen. Danach sieht es allerdings gar nicht aus. Ich bin zwar weiterhin davon überzeugt, daß wir am Ende siegen werden; es ist jedoch zu befürchten, daß wir die Deutschen nicht so schlagen können, wie sie es verdienen und wie es nötig wäre, damit Europa sich in aller Ruhe erholen kann, ohne ständig befürchten zu müssen, daß das gräßliche Ungeheuer, da es am Leben geblieben ist, eines Tages zurückkehrt. (...)

Als der Krieg nur ein Spiel gegenseitigen Überbietens war, als man der Laune von Königen oder der Schachzüge von Kapitalgebern wegen kämpfte, brauchte man sich um so etwas wie Krieg nicht weiter zu kümmern. Heute jedoch kämpfen wir gegen die Barbarei. Wir wollen unsere Zivilisation retten, die die *Kultur-Boches* bedrohen. Deshalb ist es für jemanden, der »in der Welt« lebt, der an ihre Tatsächlichkeit glaubt und nicht, wie ich, einem Jenseits anhängt, das Du gern als »Schattenreich« bezeichnest, eine heilige Pflicht, sich einsatzbereit zu halten. (...)

Ich sehe in allem, selbst den Schrecken dieses Krieges, nur mehr Träume, Alpdrücken, Schatten auf einer Kinoleinwand. Ich blicke um mich, sehe die riesigen Berge und meine Einsiedlerhütte. Ist dies alles nicht viel zu phantastisch, um wahr zu sein? Ich wende mich der Vergangenheit zu, den Ereignissen in meinem und anderer Leute Leben; ich sehe mich als Kind in Saint-Mandé, als junges Mädchen in Brüssel; ich höre meinen Vater und meine Mutter reden; ich bin auf einmal wieder in Tonking, in Indien, Tunesien, halte Vorträge an der Sorbonne, bin

Künstlerin, Journalistin, Schriftstellerin; Kulissenbilder, Redaktionsräume, Schiffe, Eisenbahnen — alles läuft wie ein Film vor mir ab. Freude, Lachen und Triumphgefühle kommen darin ebenso vor wie Schmerz, Tränen, Entsetzen und unbeschreibliche Qual. All dies ist eine Parade von Schattengestalten, ein Spiel der Phantasie. Es gibt weder ein »Selbst« noch die »Anderen«; es gibt nur den ewigen Traum, der weitergeht und kurzlebige Gestalten, unwirkliche Ereignisse hervorbringt. Ergo . . . Die Schlußfolgerung liegt auf der Hand.

Wenn wir aus diesen Höhen herniedersteigen und uns ganz alltäglich ausdrücken, kann ich noch hinzufügen: Ich hätte eine gute Krankenschwester abgegeben; als Mitglied einer wohltätigen Gesellschaft habe ich in Brüssel so manche Stunde im Krankenhaus zugebracht. Ich wäre sogar beinahe Arzt geworden, nur meine Mutter ist schuld daran, daß ich mich nicht für diesen Beruf entschieden habe. (. . .) An Verwundeten, an Sterbenden, denen ich hätte helfen können, hat es bestimmt nicht gefehlt, und ich hätte eine andere Einstellung ins Krankenhaus mitgebracht als die große Mehrheit der Krankenschwestern. Das scheint mir wahrscheinlich, doch es bleibt ein Zweifel, und dieser Zweifel wird stärker werden und eines Tages vielleicht einem Gewissensbiß ähneln: Habe ich nicht doch falsch gehandelt?

Gewiß, meine Haltung war nicht frei von egoistischer Feigheit. Ich hatte Angst, nie mehr nach Asien zurückkehren zu können, wenn ich es erst einmal verlassen hätte.

Heute ist daran nichts mehr zu ändern. Da ich, wie Du, zu denen gehöre, die nicht der Armee von heute, vielleicht aber der von morgen angehören, ist es am besten, wenn ich mir überlege, wie ich die kleine oder große Aufgabe, die mich dort erwartet, bewältigen kann.

Du schreibst: »Glücklich ist der zu nennen, dem der Glaube an irgendwelche Ideen in Stunden der Einsamkeit oder Bitternis Trost spendet.« Gewiß, damit hast Du recht. Aber noch richtiger wäre es zu sagen: »Glücklich ist, wer gelernt hat, gelassen zwischen den Erscheinungsformen des Daseins hindurchzuschreiten; wer trotz des Alleinseins keine Einsamkeit kennt und für den selbst der bitterste Kelch ohne Geschmack ist.« Vielleicht sehnt sich mancher, wenn diese erschütternden Stunden erst einmal vorbei sind, nach dieser Philosophie des Jenseits von Freude und Leid, und vielleicht tun wir, die wir ihm Zugang dazu verschaffen, ein ebenso frommes und mildtätiges Werk wie die, die den Verwundeten Arzneien reichen, um ihre Schmerzen zu lindern.

Ich zweifle nicht daran, daß ich zurückkehren werde. Eines Tages werde ich von meiner Klause, von den Bergen und dem alten *Jogi* Abschied nehmen; ich werde den Pfad nach Dewa-Thang hinabgehen und ihm nie mehr hinauf in die Berge folgen. (. . .)

Meine Freundinnen in der Missionsstation, die ein mit einsamem

Meditieren ausgefülltes Leben nicht verstehen, sagen oft zu mir: »Man muß eine Lampe sein. So steht es im Evangelium.« Man sollte hinzufügen: »Man muß eine Lampe sein, die leuchtet.« Auf dieser Welt gibt es nämlich viele »Lampen«, die finster sind und ihre eigene Überflüssigkeit in der Dunkelheit, die sie erhellen wollen, spazierenführen.

Buddha schwebte etwas Bestimmtes vor; aber die große Mehrzahl seiner Jünger hat dieses Etwas nie wahrgenommen, und deshalb lassen einen ihre Reden kalt. (...)

Nun denn, wenn ich weiterhin und mehr als je zuvor Orientalistin sein will, so gebe ich mich natürlich nicht damit zufrieden, ein Lampengehäuse ohne Licht zu sein. Meine Studien und meine Betrachtungen sollen es mir ermöglichen nachzuvollziehen, was den Buddhas vorschwebte. Wenn ich dies lebendig und überzeugend zu beschreiben vermag – wie sie selbst es getan haben –, dann lohnt es sich vielleicht, davon in Wort und Schrift zu berichten. Wenn nicht, so sehe ich keinen Sinn in einer solchen Tätigkeit; denn Schreiberlinge und Schwätzer gibt es genug auf der Welt. (...)

De-Tschen Aschram, 30. September 1915

(...) Ich leide augenblicklich unter einer doppelten Unpäßlichkeit: einem Rheumaanfall und einer Grippe, die einer meiner Diener liebenswerterweise an mich abgetreten hat.

Ich hatte sehr viele Unannehmlichkeiten mit einem Kamin, den man zunächst zweimal instand gesetzt, dann jedoch abgerissen hat, um ihn durch einen Ofen zu ersetzen. Da ich am Qualm fast erstickte, war es praktisch unmöglich, Feuer zu machen.

Mein *Jogi-Lama* hat sich in seine Höhle – wie eine Schnecke in ihr Haus – zurückgezogen. Er ist ein ungewöhnlicher Mensch, voller Gegensätze. Einmal genial, dann wieder so kindisch, daß man weinen oder – was ja zum gleichen Ergebnis führt – Tränen lachen möchte. In ihm wirkt die Mentalität der *Marpa* und anderer in der Religionsgeschichte Tibets berühmter Lamas nach: eine sehr barbarische Philosophenmentalität. Oh, für einen Orientalisten ist es fesselnd, dieses lebendige Stück tibetischer Seele zu studieren!

Noch ein Wort zu meinem Koch: Nachdem er seine Tracht Prügel bezogen hatte, kehrte er nach Lachen zurück, wo er sich seine Dulzinea, die die Missionarinnen unter ihr gottesfürchtiges Dach aufgenommen hatten, im Schutze der Nacht wiederholte. Eine von ihnen ließ, als sie am nächsten Morgen das Verschwinden des Mädchens bemerkte, ihr Pferd satteln und verfolgte die Flüchtige. Ich halte so etwas für unsinnig. Diese Dienerin ist mindestens vierundzwanzig Jahre alt; da sie sich nun einmal für meinen Koch entschieden hat, ist es am besten, man läßt sie heiraten; außerdem ist es allein ihre Sache. Man bot mir an, ein paar Männer auszuschicken, die meinen Diener aufspüren und gefesselt zurückbringen sollten. Ich habe dieses freundliche Angebot abgelehnt. Schließlich hat er kein Verbrechen begangen. Das Mädchen ist eher älter als er, und er hat ihr gewiß nicht Gewalt angetan. (...)

De-Tschen Aschram, 2. November 1915

(...) Gestern habe ich mit zweien meiner Diener einen langen Ausflug in ein Tal am Fuße des ewigen Schnees unternommen. Den Weg bildete die meiste Zeit über ein Gebirgsbach, der sich durch die riesigen Felsen ergoß. Stundenlang kletterten wir durch die labyrinthischen Gesteinsmassen hinauf und waren bemüht, ein Fußbad in dem reichlich herabplätschernden Wasser zu vermeiden. Das Ganze war eine Strapaze. Auch war das Wetter ziemlich schlecht: Auf dem Rückweg wehte uns eiskalter Schnee ins Gesicht. Trotzdem ist es immer wieder lustig, sich in frischer Luft herumzutreiben. (...)

Ich habe schon so viele Pläne gemacht, die nicht in Erfüllung gegangen sind, daß ich mittlerweile gar keine mehr mache. Trotzdem denke ich daran, daß ich in einigen Monaten — natürlich erst, wenn der Krieg vorbei ist! — von hier abreise. Vielleicht fahre ich nach Japan, das ich sehr gern kennenlernen würde. Unter den Professoren an der Universität von Tokio habe ich gute Bekannte... Anschließend würde ich dann heimkehren, falls Herr Alusch ein Plätzchen für mich übrig hätte, wo ich mich meiner orientalistischen Arbeit widmen könnte... Aber darüber können wir immer noch sprechen. (...)

De-Tschen Aschram, 2. Dezember 1915

(...) In Sikkim herrscht große Aufregung, denn man hat mit der Einberufung begonnen. Die Bauern erklären, sie wollten keine Soldaten werden, leisten dem Gestellungsbefehl nicht Folge und sprechen gar von Aufstand. Ein Sturm im Wasserglas! Doch seit dem Tode des Maharadschas herrscht wirklich ein schreckliches Durcheinander. Der britische Regierungsvertreter hat den ganzen Sommer in Tibet zugebracht, wo er sehr viel wichtigere Dinge zu erledigen hatte als im winzigen Sikkim. England verleibt sich gerade seelenruhig das Gebiet um Gjangtse ein. (...) Hier halten sich derweil nur ein paar Büroangestellte auf. Der kleine Maharadscha zählt nicht, denn er ist ein Junge ohne Autorität. Jeder macht, was er will. Die Bauern sind anmaßend geworden und versuchen jeden, der ihre Dienste in Anspruch nehmen will, auszubeuten. Die Dorfoberen terrorisieren ihre Untertanen und zanken ständig mit ihnen herum. Trotz meiner Zurückgezogenheit habe auch ich darunter zu leiden. Meine Lebensmittellieferungen treffen immer später ein. Wenn ich bei jemandem Kartoffeln kaufe, putzt ihn sein Chef, der sie mir gern selbst verkauft hätte, herunter und zwingt den armen Teufel, die Hälfte des erzielten Erlöses an ihn abzutreten. Ein schreckliches Wehklagen ist die Folge. Ich habe den solcherart Ausgeplünderten geraten, in Gangtok gerichtliche Schritte einzuleiten; sie haben jedoch nicht den Mut dazu. Zwischen den Lamas und den Leuten in Lachen wäre es beinahe zu Handgreiflichkeiten gekommen. Welch ländlicher Friede! Es gibt also doch Leute, bei denen Nachsinnen oder Versenkung im erhabenen Himalaya nicht zu Gedanken der Ruhe führt. Tatsächlich nehmen sie vom Himalaya nicht mehr wahr als von ihrem Vieh, das bei den Gipfeln weidet. Zum Glück dringt von diesem Tumult nur ein schwaches Echo an meine Ohren.

Es fängt zu schneien an. Ich mache mir um meinen Reistransport Sorgen, der in etwa zwei Wochen hier eintreffen soll. Vielleicht kommt er gar nicht mehr durch! Solche Erwägungen kommen einem Städter gewiß komisch vor, nicht wahr?

Der *Jogi* hat sich zwei Wochen lang ganz in seiner Höhle abgekapselt, weshalb unsere Tibetischlektüre bis vorgestern nicht stattgefunden hat. (...)

De-Tschen Aschram, Mitte Dezember 1915

(...) Auf meinem Himalayahang bin ich von Afrika weit entfernt, und auch das Klima ist nicht gerade ähnlich. In meinem Ankleidezimmer friert es sogar tagsüber. Das Wasser in den Kannen ist ein einziger kompakter Eisklumpen. Ansonsten ist das Wetter jedoch herrlich: strahlender Sonnenschein und praktisch keine Schneefälle. Die Einheimischen meinen, ich hätte Glück, denn der Winter sei hier keineswegs immer so. Trotzdem bin ich umgezogen, habe also das lange Kolonnadenzimmer verlassen und mich in die angrenzende Höhle begeben. Dort zieht es nicht; eine Mauer und ein riesiges Felsgewölbe schützen mich wirksam gegen den Wind. Die Höhle ihrerseits ist durch eine Wand von meinem Zimmer getrennt. Nach draußen geht nur ein kleines, winddichtes Fenster. Diese steinzeitliche Behausung ist mit einem Ofen und einem Teppich ausgestattet, die nun freilich alles andere als steinzeitlich sind. Ich habe mir aus losen Brettern ein Bett zurechtgemacht, in dem ich es schön warm habe. Die Stühle habe ich in meinem Zimmer gelassen und sitze, wie in Asien üblich, nur auf Kissen, was viel wärmer ist. Meine Höhle hat nicht gerade riesige Ausmaße, aber Du kannst Dir natürlich denken, daß ich nur selten Besuch bekomme. Die Einrichtung besteht aus meinem Bett, zwei als Sitzmöbel dienenden ausgestopften Säcken, auf denen ein gelber und ein blauer Wollteppich liegen. (Der gelbe, den die Schwester des Maharadschas angefertigt hat, ist für mich, der blaue, der aus Schigatse stammt, für den Lama, wenn er kommt, um mit mir zu lesen oder zu plaudern.) Zwischen beiden Sitzen liegt ein niedriger Koffer, der als Tisch dient. Auch ein Ofen nebst Brennholzkasten ist vorhanden. Ansonsten bleibt gerade noch genug Platz, damit ein Diener den Tee servieren oder andere Arbeiten erledigen kann. Du fändest bestimmt alles sehr erbärmlich, mein Lieber, doch in diesem Lande ist so etwas eine Luxuswohnung.

Ich nehme an, daß in etwa acht Tagen der für dieses Jahr letzte Reistransport aus dem Süden eintrifft. Die noch ausstehenden Nahrungsmittel aus dem Norden, also aus Tibet, dürften in drei bis vier Tagen hier sein. Alle Kammern werden dann gefüllt sein, und der Schnee mag ruhig kommen. Meine Vorräte lassen sich zwar nicht mit den großen Warenhäusern in Paris vergleichen, sind aber dennoch beachtlich. Es handelt sich um etwa 120 Pfund Butter, 500 Kilo Reis, die gleiche Menge Mais, 80 Kilo Weizenmehl, ebensoviel Gerstenmehl, ungefähr 1 200 Kilo Kartoffeln, Rüben, tibetische Radieschen, etwa 150 Kilo Linsen und Bohnen verschiedener Art, Gewürze, Konserven, Tee usw., außerdem 40 Kilo Hammelfett für die Diener und vierzig ganze Schafe, die in einer natürlichen Gefrierkammer hängen, wo das Fleisch so hart wie Holz ist und mit Axthieben zerlegt wird. Im Winter kann ich meine Diener nicht zu vegetarischer Kost verpflichten. Es herrscht strenge Kälte, und die Höhe tut ein übriges. Auch fühlen sich diese Jungen natürlich überhaupt nicht zum Anachoretentum berufen; sie bleiben nur unter der Bedingung in dieser Einsamkeit, daß sie viel und gut zu essen bekommen ... denn das Essen ist bei den Tibetern das Allerwichtigste. Anfangs hielt ich das hartgefrorene Fleisch, dieses vom Wind – nicht etwa von der Sonne – getrocknete Tasajo für eine recht dürftige Sache. Ich habe es dann einmal gekostet, und es erscheint mir durchaus eßbar, wenn es natürlich auch bei weitem nicht wie eine zarte Pariser Lammkeule schmeckt. Man geht dabei folgendermaßen vor: Zunächst löst man von dem Stück, das man essen will, die Haut ab, legt es in eine Schüssel und wäscht es mehrmals in heißem Wasser; danach läßt man es abtropfen und kocht es nach Belieben. Die Tibeter sind mäßige Köche. Sie kennen nur gekochtes oder in kleine Stücke geschnittenes, recht scharf gebratenes Fleisch. Ich habe versucht, eine Lammkeule in der Schmorpfanne zuzubereiten, und hatte Erfolg. Es ist übrigens nicht sehr angenehm, hier im Winter als Vegetarier zu leben. Von Kartoffeln und einigen für mich schwer verdaulichen Rüben abgesehen, gibt es hier nämlich kein Gemüse. Ich glaube zwar, daß ich in meiner Gefräßigkeit auch ab und zu ein Stück Hammelfleisch essen werde, im allgemeinen jedoch bekommt die fleischlose Kost meiner Verdauung sehr gut. (...)

Ich habe diesen Brief für ein paar Tage unterbrechen müssen, denn ich war damit beschäftigt, die Einlagerung meiner Vorräte zu beaufsichtigen. Diese Arbeit ist jetzt abgeschlossen, und die Räume sind so hergerichtet, daß sie auch den demnächst eintreffenden Nachschub aufnehmen können. Meine Diener hören mit Lachen und Fröhlichsein gar nicht mehr auf, denn ein solcher Berg »eßbarer« Dinge macht sie ganz selig!

In ein paar Tagen ist Neujahr, und ich habe beschlossen, es angemessen zu feiern. Es wird Butterreis mit Zucker und Korinthen geben. Dieses Gericht ist in Tibet eigentlich den Radschas, sehr hohen Lamas und einigen anderen bedeutenden Persönlichkeiten vorbehalten. Den Dienern ist es fast ein wenig bange davor, so etwas vorgesetzt zu bekommen. Wir werden am Flußufer ein Picknick veranstalten; die Jungen können dort Fußball spielen, um die Wette laufen und über Hindernisse hüpfen. Es wird sogar Preise zu gewinnen geben. In Kalkutta habe ich einen Drachen und Fähnchen bestellt (ein französisches, ein belgisches und ein englisches, zu jeweils 60 Centimes). O, es wird bestimmt ein großartiges Fest werden! Du kannst Dir vorstellen, daß es für die Jungen nicht sehr lustig ist, an einem so abgeschiedenen Ort und vor allem ohne Freunde zu leben. Deshalb muß ich von Zeit zu Zeit für etwas Unterhaltung sorgen. (...)

De-Tschen Aschram, 26. Dezember 1915

Was besondere Vorkommnisse in De-Tschen angeht, so ist zweierlei zu sagen: Ich war vor kurzem krank, und meine Hütte wäre beinahe abgebrannt.

Ich weiß gar nicht recht, was mit mir los war: Schon seit mehreren Tagen hatte ich Fieber. Gegen Abend wird mir plötzlich schrecklich kalt, und ich bekomme heftige Nervenschmerzen und kann nichts essen. Ich gehe zu Bett und schlafe rasch ein. Gegen Mitternacht jedoch wache ich auf, muß brechen und klappere mit den Zähnen, obwohl es in meiner Höhle beileibe nicht kalt ist. Als der Anfall vorbei ist, lege ich mich wieder hin, doch bald geht alles von vorne los. Es geht mir wirklich schlecht, und ich schlage schließlich den Gong, um meine Diener zu rufen. Sie machen Feuer und bringen mir heißes Wasser. Eine Stunde lang kauere ich mich an den Ofen, dann schicke ich den Jungen, der bei mir geblieben ist, fort und gehe wieder zu Bett. Ich nicke ein wenig ein, werde jedoch durch ein knisterndes Geräusch alsbald wieder aus meinem komaartigen Zustand geweckt. Ich glaube, mein kleiner Zimmergenosse (ein junger Kater) zerkratze die Holzwand, rufe »kscht, kscht!«, um ihn zu verscheuchen, doch ohne Erfolg. Als ich die Augen öffne, sehe ich, daß die Decke des an die Höhle angrenzenden Zimmers in Flammen steht. Ich springe aus dem Bett, laufe hinaus, schlage den

Gong und rufe aus Leibeskräften meinen Jungen zu, sich zu beeilen. Unterdessen hole ich die vollen Wasserkannen aus meinem Ankleidezimmer — im Nachthemd, was angesichts der Kälte nicht gerade dazu beiträgt, meinen Gesundheitszustand zu verbessern! Schließlich sind sie aufs Dach geklettert und löschen das Feuer mit Wasser. Ursache des Brandes war das Ofenrohr! Drinnen ist jetzt alles entsetzlich schmutzig, und ich zittere vor Kälte. Es ist fünf Uhr morgens; man macht in einem anderen Ofen Feuer und reicht mir Tee. Als die Gefahr gebannt ist, besteht mein Oberdiener darauf, daß ich mich wieder hinlege. Er hat recht, und ich folge seinem Rat. Man macht mir eine Wärmflasche für die Füße zurecht. Alle wollen dableiben, um mir heiße Getränke zu bereiten, auf das Feuer aufzupassen usw.; doch ich möchte lieber allein sein und schicke sie weg. Am nächsten Tag habe ich Fieber, am Tag darauf geht es mir schon wieder etwas besser, und dann war Weihnachten. Da sich die Jungen so sehr einen Ausflug gewünscht hatten, haben wir am Flußufer, ein paar Kilometer von hier entfernt, gepicknickt. Sie haben dort nach tibetischer Art Essen gekocht und ein paar Spiele veranstaltet, für die ich eine Siegprämie von 20 Centimes (2 Annas) ausgesetzt hatte. (...)

De-Tschen Aschram, 12. Januar 1916

Ich sehe mich heute gezwungen, über etwas Unangenehmes zu sprechen: Es dreht sich um das liebe Geld. Ich habe von Herrn Woodroffe einen Brief bekommen, in dem er mir von einigen Schritten, die er für mich unternommen hat, Kenntnis gibt. (Es geht dabei um den Händler, der mir photographische Artikel liefert, sowie um die auf einem Entgegenkommen des Oberpostdirektors beruhende Vereinbarung, selbst bei starkem Schneefall meine Postverbindung nach Chunthang auch außerhalb der regulären Fristen aufrechtzuerhalten.) In seinem Brief schreibt er unter anderem: »Falls Ihr Gatte noch immer Schwierigkeiten hat, Ihnen direkt nach Indien Geld zu schicken, kann er es an meinen Notar in Frankreich (Les Andelys, Eure), Herrn Lefèvre, überweisen.« (...)

Obwohl die Lebensmittel, da sie von sehr weit hergeschafft werden müssen, teuer sind, entstehen mir jetzt, wo meine Hütte fertig ist, keine größeren Ausgaben. Doch falls Du mir etwas schicken willst, wäre ich Dir dankbar, wenn Du den Betrag so bemißt, daß auch wirklich etwas für mich übrigbleibt. Ich habe Dir ja bereits gesagt, in welcher Absicht die Spende von seiten des Maharadschas von Nepal erfolgt ist und daß das Geld nicht für Kleidung oder Lebensmittel, sondern für meine orientalistischen Studien verwendet werden soll. Ich kann somit für den Unterhalt meiner Baracke aufkommen, die Pandite bezahlen, die mir als

Lehrer dienen und denen ich meine Übersetzungen zur Korrektur vorlege, usw. Aber ich brauchte eben auch für mich selbst ein paar Kleinigkeiten.

Natürlich ist es mir peinlich, Dich darum zu bitten, aber immerhin hast Du mir schon lange nichts mehr geschickt. Wir wissen nicht, wann der Krieg vorbei ist, und es ist angenehm, wenn man sich fern der Heimat nicht in allzu großen Geldverlegenheiten befindet. Man weiß ja auch nicht, welche unvorhersehbaren Ereignisse noch eintreten. Der Betrag, um den ich Dich bitten möchte, erreicht nur deshalb so rasch eine beträchtliche Höhe, weil ich viel zurückzuzahlen habe. Wenn Du mir 5 000 Francs schicken könntest, würden etwa 1 500 bis 1 700 Francs für mich übrigbleiben, was ungefähr 900 Rupien entspricht. Das ist, wie Du siehst, kein Vermögen, aber es würde mir helfen. (...)

De-Tschen Aschram, 23. Januar 1916

Es ist nun schon lange her, seitdem ich zum letzten Mal Post bekommen habe. Morgen oder übermorgen werde ich deshalb meine Boys zur Poststation schicken. In dieser Jahreszeit ist das immer eine Staatsaktion. Man kann z.B. nicht wissen, ob bei ihrer Rückkehr der Weg noch frei ist oder sie die Strecke bereits blockiert finden. Das Wetter hat sich zwar sehr gut gehalten, aber jeden Tag türmen sich mehr Wolken am Himmel auf, und es ist jederzeit mit starken Schneefällen zu rechnen.

Ich bin hier mit drei Jungen und einer älteren Frau zusammen, die die Mutter eines von ihnen ist. Ich sehe sie allenfalls morgens und zur Abendmahlzeit, die sie mir in die Höhle bringen. Manchmal mache ich, was auf tibetisch »tsam« heißt. Das bedeutet, daß ich tagelang niemanden sehe und auch mit niemandem spreche. Man bringt mir das Essen ins Nachbarzimmer, betätigt eine Glocke, um mich zu verständigen, und geht wieder. Diese Tage völliger Einsamkeit sind sehr erholsam. (...)

Gestern habe ich die Jungen auf eine kleine Hochebene, die oberhalb meiner Einsiedelei liegt, zum Spielen geführt. Schließlich muß ich ihnen ein wenig Ablenkung verschaffen. Sie sind zweiundzwanzig, achtzehn und fünfzehn Jahre alt. Dieses abgeschiedene Leben ist nicht gerade lustig für sie. Sie haben einen großen Ball zum Fußballspielen und so etwas wie einen Drachen, mit dem sie jedoch nicht umzugehen verstehen. Als sie sich richtig ausgetobt hatten, haben wir im Wald Feuer gemacht und Tee gekocht — tibetischen Tee, versteht sich, mit Salz und Butter; dazu gab es gerösteten Reis. Der Lama, seine Gefährtin sowie ein kleines Waisenkind, das er großzieht, hatten sich uns angeschlossen. Wir waren insgesamt acht Personen, die einzigen menschlichen Wesen in dieser Einöde. Wir hatten kein sehr gutes Wetter; während wir unseren

Tee tranken, fing es zu schneien an. Ich schaute mir diese Wilden an, wie sie so ums Lagerfeuer herum saßen: Es hätte ein Stich aus Jules Verne oder einem vergleichbaren Erzähler sein können, und ich fühlte mich daran erinnert, wie ich als kleines Mädchen in Brüssel Reiseberichte verschlang, mich von ihren Illustrationen in Bann schlagen ließ ... Alles tritt ein, nicht wahr, sogar das Unwahrscheinliche, vielleicht sogar vornehmlich das Unwahrscheinliche! (...)

De-Tschen Aschram, 25. Januar 1916

Die Jungen sind heute morgen aufgebrochen, um meine Post fortzuschaffen, und heute nachmittag sind hier oben zwei Lamas eingetroffen, die die unlängst angekommene Post heraufgebracht haben. In dem Packen war auch der Morgenrock, den Du mir geschickt hast. Ich bin ganz entzückt, ihn hier zu haben. Die Zollgebühren betragen 2,4 Rupien, das entspricht etwa 3,80 Francs. Das ist nicht zuviel, und ich bezahle die Summe gern. Ich bin sehr froh darüber, dieses warme Kleidungsstück wieder bei mir zu haben, denn etwas Vergleichbares wäre in Indien auf gar keinen Fall zu beschaffen gewesen.

Als ich diesen Kimono wiedersah, war ich ziemlich bewegt. Ich glaubte mich plötzlich wieder in das geräumige Wohnzimmer in der Abd al-Wahhab-Straße versetzt: Ich saß am Klavier, Du gingst gerade ins Büro und sagtest mir auf Wiedersehen ... (...) Diese Erinnerungen machten mir das Herz schwer, und ich stand eine ganze Weile da, hielt den Morgenrock in Händen und war den Tränen nahe ... (...)

De-Tschen Aschram, 31. Januar 1916

(...) Das Wetter ist fabelhafter als je zuvor. Schon zwei Tage lang haben wir Sonnenschein ohne Frost. Trotz der Kälte, von der ich Dir bereits erzählt habe, darfst Du Dir nicht vorstellen, De-Tschen läge in einem unfreundlichen und nebligen Land mit blassem Himmel wie etwa Belgien oder England. Es ist nur deshalb so kalt, weil mein Quartier fast 4 000 m hoch liegt. Die Sonne jedoch ist beinahe die der Tropen, der Himmel erinnert mich an unser Afrika und ist vor allem sehr viel hübscher als der *grüne* Himmel Indiens. (...)

Ich habe etwas Eigentümliches festgestellt: Hier ist alles ohne Geschmack: Obst und Gemüse (ob wild gewachsen oder angebaut) schmecken wie Wasser. Daran ist ohne Zweifel die beträchtliche Höhe schuld. Noch etwas weiter oben wachsen überhaupt nur mehr Flechten. Das erstaunt mich auch gar nicht weiter, aber kannst Du Dir vorstellen, daß auch die Eier meiner Hühner — schöne große Eier — ohne jeden Geschmack sind? In den dreißig Kilometer entfernten, etwas tiefer gelegenen Dörfern dagegen sind sie schon wieder ausgezeichnet. Wirkt sich die Höhe auch auf die Hühner aus? Sie sind indes wohlgenährt, laufen den ganzen Tag in der Sonne umher und fressen reichlich Mais. (...)

De-Tschen Aschram, 3. März 1916

Obwohl es in diesem Jahr nur spärlich geschneit hat, ist der Weg doch für mehrere Wochen blockiert, und wir sind auf unserem Berg vom Rest der Welt abgeschnitten. Der Anblick der riesigen weißen Berge war beim letzten Vollmond unglaublich großartig. Hinzu kommt eine ungewöhnliche Stille; alle Bäche und Kaskaden sind erstarrt und stumm, kein Vogel ist zu sehen – abgesehen von den beiden Raben, die in unserer Nähe überwintern und fast schon zum Haushalt gehören.

In dieser Jahreszeit pflegen sich die hohen Lamas einen Monat lang völlig zurückzuziehen, und auch mein Nachbar ist diesem Brauch gefolgt. Er hat mir allerdings erlaubt, jeden zweiten Tag zu ihm hinaufzuklettern, um unter seiner Anleitung weiterhin Tibetischlektüre zu betreiben. Ich habe den Unterricht nicht ein einziges Mal versäumt. Ich zog mir eine Reithose und hohe tibetische Stiefel an und schickte manchmal zwei Diener voraus, die mir als »Schneepflug« dienten und den Weg freimachten. Droben zog mir dann die gute alte Frau am Feuer Hose und Stiefel aus, ich schlüpfte in einen Umhang und ein Paar Pantoffeln, die man dort oben für mich bereithielt, und begab mich sogleich in die Höhle, die mein gelehrter Lama nicht verließ. Es gab Tee und ein paar Leckereien aus der näheren Umgebung. Bevor ich aufbrach, brachte mir die tüchtige Tibeterin meine Hose und meine Stiefel, die sie inzwischen getrocknet hatte, und ich kletterte wieder hinab.

Zuvor – aber das liegt schon weit zurück – haben wir das tibetische Neujahrsfest gefeiert. Primitivere Völker bleiben Tieren sehr ähnlich: Am meisten Freude bereitet ihnen das Essen. Übrigens steht ihnen mancher Zivilisierte darin kaum nach. Also habe ich meine vier Diener ordentlich vollgestopft. Später hat mich dann der Lama mit meinen vier Wilden zu sich eingeladen. Das Wetter war schön. Der Lama und ich saßen in einem kleinen Zelt auf Kissen. Wir aßen nach chinesischer Art, was in Tibet eine sehr hohe Auszeichnung ist. Unter den vielen Dingen, an denen wir uns labten, war eine sehr gute Suppe – ich werde Sophie das Rezept schicken. Danach tranken wir Buttertee mit Salz; anschließend weitere Gänge und dazwischen jeweils wieder Buttertee. Die Diener haben von allem gegessen, genau wie wir – nur in welchen Mengen! Während der Mahlzeit hörte ich, wie einer von ihnen folgende sehr realistische Überlegung anstellte: »Es wäre doch wirklich jammerschade, wenn die vielen schönen Sachen nicht auch alle in den Magen hineinpassen würden!« (...)

De-Tschen Aschram, 16. März 1916

(...) Von hier gibt es nichts Neues zu berichten. Die einzigen Lebewesen, die etwas Abwechslung in dieses Dasein bringen, sind die Hündin und der Kater. Wie fast alle jungen Tiere sind sie sehr drollig. Die Menschen wirken dagegen wie Maschinen. Immerhin verrichten sie ihren Dienst recht anständig, und mehr verlange ich auch gar nicht. Ich selbst komme mit dem Tibetischen zügig voran. Ich beherrsche es jetzt gut genug, um mit dem Lama über philosophische Probleme diskutieren zu können. Ich muß allerdings hinzufügen, daß er über eine bemerkenswerte Intelligenz verfügt und selbst die leiseste Andeutung versteht. Andererseits spricht das natürlich auch ein wenig für mein Kauderwelsch. Lesen ist schwieriger, aber auch in dieser Hinsicht komme ich voran, und ich schreibe Briefe, die mich an meine ersten Schreibversuche in englischer Sprache erinnern. O, diese Zeiten liegen weit zurück! Ich beherrsche das Englische mittlerweile so gut, wie es einem Ausländer überhaupt nur möglich ist.

Falls es das Wetter zuläßt, steige ich nächste Woche zu einem Paß hinauf, der oberhalb meiner Behausung liegt, und betreibe dort oben ein wenig *camping,* wie die Engländer sagen, die diesen Sport sehr schätzen. Ein ganz kleines Zelt, ein Jakfell und nur ein paar Decken, keine Diener, sondern völlige Einsamkeit. Obwohl es hübsch kalt ist, werde ich meine Morgenwäsche am Bach erledigen. Ich will dort oben allein sein, um einige Theorien der Lamas über die Erzeugung von Wärme zu überprüfen. Sie lassen sich in ihren Büchern endlos über dieses Thema aus, und manche Einsiedler leben tatsächlich nackt inmitten der Schneemassen. Ich habe mich immer schon von »interessanten« Dingen angezogen gefühlt. Diese Sache beschäftigt mich schon lange. Ich kenne das Verfahren ein wenig und habe es mit mäßigem Erfolg schon selbst erprobt. Trotzdem bin ich etwas skeptisch und möchte mir das Ganze gern aus der Nähe anschauen. (...)

De-Tschen Aschram, 28. März 1916

(...) In meiner Einsiedelei gibt es nichts Neues, abgesehen von einem neuerlichen Rheumaanfall, der wie üblich von Fieber begleitet ist. Eine üble Sache hat man mir da vererbt. Aber bei meinen Eltern war Rheuma nie mit Fieber verbunden. Es handelt sich in meinem Fall wohl auch ein wenig um Gicht. Glücklicherweise bin ich noch recht flink auf den Beinen. Mein Leiden ist zwar nicht sehr ausgeprägt, aber gleichwohl ein böses Vorzeichen für die kommenden Jahre.

Morgen schicke ich meinem ehemaligen Übersetzer in Gangtok, der inzwischen mein Lehrer geworden ist, die Übertragung eines tibetischen Gedichts. Dies ist mein erster Versuch in dieser Art, und ich bin ein wenig stolz darauf. Vielleicht ist die Übersetzung nicht einmal ganz gelungen; ich halte sie trotzdem für nicht übel.

Mein Oberdiener geht für einen Monat in Urlaub. Er ist der einzige, mit dem ich Englisch sprechen kann. Wenn er fort ist, bin ich ganz auf mein noch elementares Tibetisch angewiesen, das freilich täglich besser wird. Ich habe übrigens keine Angst davor. Vergangenes Jahr habe ich mich in ähnlicher Lage gut aus der Affäre gezogen, und damals konnte ich bei weitem noch nicht so gut sprechen wie jetzt. (...)

De-Tschen Aschram, 3. April 1916

Ich habe kurz nacheinander die Briefe erhalten, in denen Du mir von Deiner Reise nach Béchar erzählst und mir eine Geldsendung ankündigst. Zunächst möchte ich Dir sehr für die liebevolle Fürsorge danken, die Du mir gegenüber immer an den Tag gelegt hast. Ich bin wie mein Vater ein »Gehirn-Mensch« und äußere selten Gefühle. Du darfst mir jedoch glauben, mein lieber Mouchy, daß ich über die echte und beständige Freundschaft, die Du mir entgegenbringst, sehr gerührt bin. Halte mich bitte nicht für vergeßlich oder undankbar, weil mich genau jener mystische Traum in die Ferne gelockt hat, der auch einen Buddha und einen Jesus Heim und Familie vergessen ließ ... und noch viele andere, deren Namen in Asien voll Verehrung ausgesprochen werden. Ohne ihr Format zu haben, ist es mir gelungen, schattenhaft zu sehen, was ihnen vielleicht in mystischer Versenkung klar und unmittelbar erfahrbar geworden ist — das, was sich jenseits des jammervollen und schmerzlichen Wirrwarrs befindet, in dem sich wie toll die Lebewesen tummeln. Die augenblicklichen Ereignisse, das abrupte Ende der pazifistischen Träume und einer Kultur, die man dem Gipfel entgegenstreben sah, die Rückkehr zur Barbarei, das Morden, all das Gemetzel sind wenig geeignet, jemanden für die Welt zurückzugewinnen, der sich ihr bereits von Jugend auf entfremdet hatte. (...)

De-Tschen Aschram, 27. April 1916

(...) Mein lieber Mouchy, ich spüre, daß Dich dies alles wenig interessiert. Zwischen uns beiden besteht der Unterschied, daß ich mich für das, was Du machst, interessiere, Du jedoch für meine Arbeit nichts übrig hast. So oder beinahe so war es immer schon. Nur aus Freundlichkeit und liebevoller Anteilnahme lasest Du meine Manuskripte und Bücher. Am Inhalt selbst lag Dir nichts. So ist es auch heute noch. Ich verdanke Dir viel, und es fällt mir leicht, es zuzugeben; aber mein Leben und meine Arbeiten sind Dir gleichgültig. Das muß vielleicht so sein. Wer den Weg geht, den ich gehe — sei er groß oder klein, ein Buddha oder ein Wurm, mit Riesenschritten oder kriechend –, ist allein. Ihn darf man weder beklagen noch bewundern; die Menschen sind genau das, wozu sie imstande sind. Sie sind das Ergebnis vielfältiger Ursachen, und als solche sind sie weder in ihren Entscheidungen frei noch sind sie sich über die Beschaffenheit der Fäden im klaren, mit denen ihre Bewegungen gesteuert werden.

28. April 1916

Der Frühling und das sonnige Wetter haben mich zu dem spontanen Entschluß veranlaßt, einen Ausflug zu unternehmen und einen See zu suchen, von dem man mir erzählt hatte und der irgendwo – Genaues wußte ich gar nicht – liegen sollte. Ich habe die beiden Jungen mitgenommen (wie Du weißt, ist mein Oberdiener in Urlaub); der Lama hat sich uns mit einem anderen Jungen angeschlossen. Du kannst Dir vorstellen, daß unser Gebirge kein zivilisiertes Gebirge mit gepflegten Wegen oder Hinweisschildern des Touring Clubs ist. Man klettert, so gut es eben geht, über Felsen, durch Dornengestrüpp und steile, grasbewachsene Hänge hinauf. Wir erklommen schließlich einen Felskamm, den ich einfältigerweise für den Gipfel des Berges gehalten hatte, auf dem ich wohne. Ich mußte bald feststellen, daß dieser vermeintliche Gipfel lediglich der Rand einer weiten, hügeligen Hochebene ist, die bis an andere Berge heranreicht, die noch viel höher sind als meiner. In einer Senke, zwischen Felswänden, fanden wir schließlich an völlig unberührter Stelle den See. Sein Wasser war klar und kalt, auf seinem Grunde lagen herabgestürzte Felsbrocken. Wir haben am Ufer »geluncht«; es gab hartgekochte Eier, Kekse (der Konditor war ich selbst) und Konfitüre (sie stammte aus London). Der Lama sang mir einen Hymnus vor, der von einem berühmten Kirchenfürsten, einer historischen Persönlichkeit, stammte; die wirkliche Gestalt des berühmten *Ladzunpa* freilich ist hinter den zahlreichen Legenden kaum mehr erkennbar. Die Dichtung ist in all ihrem philosophischen Nihilismus sehr schön. Dieser ernste, bedächtige Gesang bildete mit der uns umgebenden Landschaft eine vollendete Harmonie. Ich vergaß darüber sogar den eigenartigen, lächerlichen gelben Hut des Lamas. Den Kleinen und der Hündin machte alles sehr viel Spaß, sie tollten wie eine Schar Wilder im Gebirge umher. Neuneinhalb Stunden sind wir am Ufer des Sees entlanggewandert; daraus magst Du ermessen, daß ich noch nicht völlig gebrechlich bin. (...)

De-Tschen Aschram, 10. Mai 1916

Ich hatte eine leichte Grippe, die ich erfolgreich mit Phenazetin und Eukalyptol behandelt habe. Ich war recht erstaunt, plötzlich wieder verschnupft zu sein und husten zu müssen, denn ich war schon lange nicht mehr erkältet. Seltsam, in der Backofenatmosphäre von Benares hatte ich dauernd Schnupfen, und hier habe ich bis neulich noch keine Erkältung gehabt, obwohl ich bei strenger Kälte in einer ausgiebig belüfteten Baracke wohne und sogar dem Beispiel der tibetischen *Jogis* gefolgt bin, die sich in einem Musselingewand in den Schnee setzen. Ich glaube, die große Reinheit der Luft in diesen Höhen tut Wunder. (...)

Du hältst das folgende Thema bestimmt für eine Lappalie, aber sowohl in den Zeitungen, die Du mir schickst, als auch in den illustrierten Katalogen der Warenhäuser Kalkuttas habe ich derart eigenartige Karikaturen von Frauenkleidung gesehen, daß ich sehr neugierig geworden bin. Kleiden sich die Frauen jetzt wirklich wieder nach der Mode von 1830? Ist es denn möglich, daß sie sich, nachdem sie jahrelang geschmackvolle Kostüme und Kleider in nüchternem Schnitt getragen haben, wieder so grotesk ausstaffieren? Der Augenblick für eine Maskerade und solche Kindereien ist ja nun wirklich äußerst glücklich gewählt! Ich stelle mir immer vor, es handele sich dabei lediglich um die Ausgeburt eines spaßigen Zeichners und keine Frau würde sich tatsächlich in solcher Aufmachung auf der Straße blicken lassen. Erzähl mir doch ein wenig, was es damit auf sich hat. (...)

De-Tschen Aschram, 25. Mai 1916

Es ist Frühling, und Frühling in großer Höhe bedeutet blühende Rhododendren, Sträucher, die in Blüte stehenden Alpenrosen gleichen, und Temperaturen um 15 Grad. Tage, an denen es sehr heiß ist, sind ausgesprochen selten. Die Jungen holen im Wald Holz und bringen Blumensträuße und wilde Gemüsepflanzen in meine Hütte. Man ist fast erstaunt darüber, nach acht Monaten Linsensuppe wieder etwas Grünes im Topf zu haben.

Ich setze meine *Thoumo*-Übungen fort, jene in Tibet so berühmte Methode, Wärme zu erzeugen. Es ist etwas daran. Zunächst einmal handelt es sich natürlich — ganz ohne Zweifel — um Autosuggestion; sodann führt das ständige Training zu Gewöhnung und Abhärtung. Schließlich jedoch lernt man Atmung und Blutkreislauf zu beeinflussen, was für Leute, die von der tatsächlichen Physiologie und Anatomie keine Ahnung und die Methode rein empirisch entdeckt haben, wirklich eine Leistung ist. Ich habe nicht genügend Zeit und bin wohl auch ein wenig zu faul, um alle Übungen durchzuführen. Ich gebe mich hier also mit einer halben Sache zufrieden und bin trotzdem von dem Erfolg überrascht. Ich kann jetzt vor Sonnenaufgang, nur mit einem leichten Musselingewand aus Benares bekleidet, im Freien sitzen — genauer gesagt: auf meinem Balkon —, ohne zu frieren. Die Füße stecke ich dabei in den Schnee. Allmählich mußte ich dann unter immer weniger Decken schlafen, weil es mir nachts einfach zu warm wurde. Verglichen mit dem ständigen Zähneklappern im letzten Winter hat sich da doch einiges geändert.

Ich verfolge das Ergebnis meiner Versuche mit Neugier und Interesse, habe jedoch auch etwas durchaus Praktisches dabei im Auge, wie Du leicht einsehen wirst. Es ist nicht sehr lustig, frieren zu müssen, und es ist auch nicht bequem, eine Unzahl von Kleidungsstücken und Decken mit sich herumzuschleppen. Bei meinem letzten Aufenthalt in den Steppen Tibets ähnelte ich eher einem wandelnden Paket als einem Menschen. Wenn ich mich diesmal in leichterer Bekleidung meinem Lieblingssport, dem Wandern, widmen kann und nachts in meinem Zelt nicht mehr mit den Zähnen klappere, so bereitet mir das größte Freude. (...)

De-Tschen Aschram, 20. Juni 1916

In einer Woche breche ich nach Tschörten Nyima sowie einigen anderen, noch nicht genau feststehenden Zielen auf, die ich Dir jedoch nach Abschluß meines Ausfluges nennen werde. Ich bitte Dich, in den Briefen, die Du mir schreibst, nicht das Wort »Tibet« zu gebrauchen. Du kannst ja Umschreibungen verwenden; »Schneeland« z.B. ist genausogut auf den Himalaya anwendbar, es ist sogar die genaue Übersetzung des Sanskrit-Ausdrucks (...): Hima = Schnee, laya = Wohnung. In diesen Kriegszeiten werden nämlich manchmal von der Zensur Briefe geöffnet, und in einem Land, das sich bis heute abgekapselt hat, könnten selbst Ausflüge in die unmittelbare Umgebung als Erkundungsreisen gedeutet werden. Solche Mißverständnisse hätten bestimmt ärgerliche Folgen. (...)

Tschörten Nyima, 2. Juli 1916

Ich bin soeben hier angekommen und benutze den Umstand, daß die Jaktreiber nach Lachen zurückkehren, dazu, ihnen ein paar Zeilen an Dich mitzugeben.

Wie üblich hat mir der Wind Gesichtshaut und Lippen verbrannt. Ich bin ganz aufgedunsen und leide »nicht schlecht«.

Nachdem wir die Grenze überschritten hatten, war schönes Wetter. Wir kamen sehr gut voran, weil wir die Etappen ausdehnten, was übrigens recht anstrengend für mich war, denn ich hatte schon lange nicht mehr auf einem Pferd gesessen. Doch ansonsten ist alles in Ordnung, und nach einem Rasttag werde ich bestimmt nichts mehr spüren. (...)

Tschörten Nyima, 4. August 1916 (?)

Ein Mann kehrt mit seinen Pferden nach Lachen zurück, und ich benutze die Gelegenheit, Dir in aller Eile (der Mann hat nicht viel Zeit) ein paar Zeilen zu schreiben.

Ich war in Schigatse und werde Dir von dieser Reise ausführlich berichten. Der Taschi-Lama, der mich bereits durch unseren Briefwechsel kannte, und seine Mutter, eine sehr liebenswürdige Dame, empfingen mich äußerst zuvorkommend. Ich besuchte auch mehrere Lamas, die hohe Würdenträger sind. Kurz und gut, der Aufenthalt war interessant, aber die Reise war für eine ungeübte Amazone, wie ich es im Augenblick bin, einigermaßen anstrengend.

Übermorgen mache ich mich erneut auf den Weg, um einen Einsiedler zu besuchen, der eine hoch oben im Gebirge gelegene Grotte bewohnt. Anschließend kehre ich nach De-Tschen Aschram zurück.

Der Taschi-Lama und seine Mutter haben mich reichlich beschenkt, woraufhin man meiner Person besondere Bewunderung und Wertschätzung entgegenbrachte. (...)

De-Tschen Aschram, August 1916 (?)

Gestern bin ich von meiner kleinen Expedition zurückgekehrt, die sehr aufschlußreich, wenn auch vom Wetter (Hagelschauer, Wolkenbrüche) nicht gerade begünstigt war. Sie hatte übrigens ein Nachspiel, das man im Hinblick auf eine Verhaltensstudie der Kolonialverwaltung ebenfalls als aufschlußreich bezeichnen kann. (...)

Geschehen ist folgendes: Der Regierungsvertreter hat sich plötzlich über meine Reise nach Schigatse aufgeregt. Wahrscheinlich haben einige liebenswerte Geistliche den Herrn gegen mich aufgehetzt, weil sie sich darüber geärgert haben, daß man mich an einem Ort, wo sie nicht einmal hindürfen, freundlich empfangen hat. Auch wollten sie wohl ihren einheimischen Schäfchen das abschreckende Beispiel einer »Weißen«, die freundschaftliche Beziehungen zum Taschi-Lama unterhält, vor Augen führen. Kurz, es ging ein Donnerwetter auf die Dorfbewohner nieder, die – nebenbei gesagt – nicht viel taugen und die übelsten Biester sind, die man sich nur vorstellen kann, in diesem Fall jedoch völlig unschuldig waren. Er hat alle mit einer schweren Geldbuße belegt und gegen die betroffenen Lamas (ausnahmslos untergeordnete Dorflamas) losgewettert. Meine Diener und ich müssen eine Geldstrafe bezahlen, weil man uns vorwirft, gegen eine Vorschrift der Verwaltung verstoßen zu haben. Mehr kann diese Person in all ihrem Zorn nicht tun. Glücklicherweise ist es ihr untersagt, uns festzunehmen, denn das täte sie bestimmt brennend gerne. (...)

Lieber Freund, nach meiner Rückkehr in die tibetische Einsamkeit hatte ich in den vergangenen Tagen den etwas melancholischen Eindruck, ich hätte mein letztes Abenteuer erlebt und die letzte Seite im Buch meiner verspäteten, dafür aber um so längeren Jugend umgeblättert. Japan wird ein friedliches, ruhiges, zivilisiertes Land sein — mit Eisenbahnen, Straßen, Brücken über den Flüssen, Hotels, Omnibussen ... Dort wird es keine halsbrecherischen Touren durch Steppen und auf einsame Berge hinauf mehr geben, keine eisigen Nächte im Zelt, keine verschneiten Spätnachmittage, an denen das Feuer aus Jakmist nicht anbrennen will und man die Abendmahlzeit mit einer Konservendose und einem Glas schmutzigem Eiswasser aus einem nahen Gebirgsbach bestreitet. All das hat seinen Reiz, aber ... um in einem solchen Land alt zu werden, muß man wohl dort geboren sein — oder der gewöhnlichen Vernunft trotzen können. Wenn ich den Himalaya verlasse, fange ich wahrscheinlich an, zu jener kleinen Alten mit Gold- oder Silberbrille zu werden, die Du einmal im Traum gesehen hast. Ich weiß nicht, ob die Brille aus Gold oder Silber sein wird, aber es wird sicher ein wenig Gelehrsamkeit dahinter stecken ... vielleicht sogar ein Körnchen Weisheit! (...)

De-Tschen Aschram, 24. August 1916

(...) Ich bereite jetzt meine Abreise vor. Letzten Endes — ich habe Dir ja bereits früher darüber geschrieben, vielleicht erinnerst Du Dich — wußte ich natürlich, daß der Augenblick kommen würde, wo ich das Gebirge verlassen und mir meine Behausung zum letzten Mal anschauen würde, so wie ich neulich die bläulichen Berge des Transhimalaya und das tibetische Land zum letzten Mal gesehen habe. Die Dinge sind wie feiner Sand, den man in der Hand festhalten möchte, oder wie Wasser, das man mit den Fingern greifen will. Doch so sehr man die Hand auch zusammenpreßt, der Sand rinnt fort, das Wasser fließt weiter ... Alles vergeht und huscht an uns vorüber ... (...)

Kannst Du Dir vorstellen, daß ich, eine erfahrene Reisende, vor diesem Japan etwas Angst habe? Ich kann nicht Japanisch; nun, in einem halben Jahr werde ich es einigermaßen radebrechen, das ist keine Hexerei. Man fühlt sich aber so völlig unbeholfen und dumm, wenn man Menschen gegenübersteht, die man nicht versteht und denen man sich auch seinerseits nicht verständlich machen kann. (...)

Dardschiling, 17. September 1916

(...) Du wirst es kaum glauben: Die Monate, die ich in Dewa-Thang verbracht habe, sogar mein »auf Felsen gebautes« Haus — alles kommt mir jetzt vor, als hätte es nie existiert. Ich sehe diese Dinge vor mir wie schemenhafte Traumgebilde; dabei waren sie doch gestern noch Wirklichkeit für mich. Ich hing sehr an diesem einsamen Winkel im Gebirge. Wäre man wirklich allein gewesen, hätte es sich dort bestimmt gut leben lassen. Aber die Einheimischen, die meine Gegenwart wie eine Wolke giftiger Insekten angezogen hatte, haben mir meinen Aufenthalt doch ziemlich vergällt. Ihre letzte Heldentat bestand darin, während meiner Tibetreise in meine Hütte einzudringen und sie auszuplündern. Sie haben bei weitem nicht alles geraubt, aber der Verlust ist schmerzlich genug. Der Regierungsvertreter untersucht den Vorfall. (...)

Penang, 13. Januar 1917

Gestern habe ich mir Penang angeschaut. Es ist ein hübsches, sauberes Städtchen, das ganz malerisch von Bergen umgeben ist. Mit Ausnahme des chinesischen Tempels, dessen verschiedene Heiligtümer an einem Hang terrassenförmig übereinander angeordnet sind, gibt es kaum Sehenswürdiges. Wie die meisten Kirchenbauten, die Chinesen gehören, ist alles sauber, gepflegt und reichlich mit Holzschnitzereien und schönen Stickereien versehen. Zufällig spricht der Vorsteher des Klosters ein bißchen Englisch. Außerdem kennt er Leute, die auch ich zu meinen Bekannten zähle. Die buddhistische Liebenswürdigkeit und die Gastfreundschaft, die für fast alle Chinesen charakteristisch ist, tun ein übriges. Er lädt mich zu Tee und Plätzchen ein und besteht schließlich auch darauf, daß ich zum Abendessen bleibe, und er erzählt mir ein paar hübsche Sachen voll philosophischen Raffinements, wie sie gelehrte Buddhisten zu erzählen wissen, besonders wenn sie einer *Mahajana*-Sekte angehören. Es sind Gedanken voll Scharfsinn und ohne Eigennutz, die von allem Sektierertum und Fanatismus weit entfernt sind. Die Seligkeit ist hier keine tragische Angelegenheit; sie war es vielleicht *vorher*, für den Schüler, der noch nicht *begriffen* hatte. Die »Erlösung« schließlich begleitet bereits das friedliche Lächeln dessen, der Bescheid weiß: »Was denn, nichts weiter? ... Die schrecklichen Traumbilder, die Götter, die Teufel und das ganze Weltenschauspiel — alles nur ein kurzer Augenblick in einem Fieberwahn?« Um uns herum lächeln riesige Buddhas. Aus großen Räucherfässern steigen wohlriechende Wolken auf ... Die Welt könnte ein hübscher Traum sein, wenn die Menschen nur einsichtig sein wollten. Drunten im Abendland bringen sie sich jedoch lieber gegenseitig um! (...)

Passagierdampfer »Cordillère«,
Kap Saint-Jacques, 22. Januar 1917

(...) Albert Sarrault, den Gouverneur, bemerkt man fast gar nicht, denn er paukt in seiner Kabine die Rede, die er bei der Ankunft halten will. Er ist das Oberhaupt einer höchst interessanten Sippschaft: eine Frau, die wohl früher einmal hübsch war, ohne jede Vornehmheit — obwohl sie eine Miene zur Schau trägt, die sie sicher für sehr aristokratisch hält — und mit einer grauenhaften südländischen Aussprache, in der das »r« gerollt wird, als sollte ein Donnergrollen nachgeahmt werden. Die ältere Tochter hat ein anmutiges Äußeres, aber auch sie setzt dabei eine Miene auf, die schlecht zu ihr paßt. Ihr sechzehn- oder siebzehnjähriger Bruder ist ein Exemplar jenes Menschenschlages, den mein Vater mit einem inzwischen altmodischen Ausdruck als »Stinkwanzen« bezeichnete. Er redet nur vom Jagen, Töten und Tieremassakrieren. Man spürt, daß er zur Not auch »Wilde« abschlachten würde, falls sich die Gelegenheit dazu böte. Außerdem sind da noch zwei kleine Kinder, eine russische Lehrerin, die herrlich Klavier spielt, und ein Erzieher, der wohl besser im Schützengraben aufgehoben wäre, anstatt hier herumzustolzieren.

Und diese Leute tanzen abends Tango. Gestern habe ich es mir zur Aufgabe gemacht, mit ihnen zusammen im Salon zu bleiben, um sie mir näher anzuschauen. Armselige Gestalten! Es dürfte wohl kaum ein geeigneter Augenblick zum Tanzen sein, solange die *Boches* in unserer Heimat sind. Wenn diese vielleicht heute in Berlin oder sonstwo Tango tanzen, so geschieht das mit der Mentalität eines Sioux, der den Skalptanz vollführt: »So trampelt man auf den Leichnamen der Besiegten herum, auf den Trümmern der Städte des Feindes!« So etwas ist abscheulich, aber genau diese Denkweise hat die Hunnen, die Westgoten und all die asiatischen Horden geleitet, die dem Ruhme Roms ein Ende bereitet haben. Man muß wissen, was und wohin man will — ob man die Welt besitzen oder von sich stoßen will. Als der junge Sarrault davon sprach, Silberreiher, diese wunderbaren Vögel, umzubringen, dachte ich bei mir: Der Vogel ergötzt sich am Tode der Insekten, die seine Nahrung sind; der Mensch vor mir findet Spaß daran, diesen Vogel zu vernichten; der Deutsche wiederum vergnügt sich damit, Franzosen umzubringen. Haben diese Franzosen nicht in Annam, in Tongking, das wir anlaufen, Abscheuliches begangen?! Die belgischen Pioniere im Kongo haben kleine Sklavenmädchen als Köder für die Tigerjagd gekauft und sie auf Ameisenhaufen festgebunden, damit ihre Schmerzensschreie die Raubkatzen anlocken sollten. Sie haben Hunderten von Schwarzen die Hände abgeschlagen, die nicht ihre Träger sein wollten. Jetzt haben die *Boches* belgischen Kindern die Hände abgehackt. Die Engländer haben die Buren furchtbar gequält, und die Buren haben die Schwarzen in Südafrika gepeinigt. Diese Greueltaten und diese Gewissenlosigkeit sind weltweit. In solchen Fällen gibt es weder Menschlichkeit noch vergleichbare Werte, sondern lediglich entfesselte Triebe, die ein Produkt der trügerischen Wirklichkeit des »Ich« sind und nur um dieses Ich herum kreisen. Dahinter steht der blinde Wunsch zu »sein«, »Dauer zu haben« — ein Wunsch, der doch dem unabänderlichen Gesetz der *Vergänglichkeit* von allem und jedem so eklatant widerspricht.

All diese Leute um mich her wirken auf mich wie Brennesseln; ihr chaotisches, tolles Treiben ist mir zuwider. Ich kann es gar nicht erwarten, die Einsamkeit und den Frieden der Berge wiederzufinden. (...)

Japan, Kobe, 7. Februar 1917

Gestern nachmittag, gegen vier Uhr, bin ich in Kobe eingetroffen. Ein Herr, den ich nicht kannte und den andere Leute, mit denen ich lediglich in Briefkontakt stehe, geschickt haben, ist gleichzeitig mit der Gesundheitspolizei an Bord gekommen, um mich abzuholen, ... was mir bei der Ausschiffung und Zollabfertigung meiner achtundzwanzig Gepäckstücke zustatten kam. Es hat alles sehr gut geklappt. In Japan ist es kalt, aber die Temperatur läßt sich nicht mit der vergleichen, die ich in Schanghai angetroffen habe. Die Fahrt durch das japanische Binnenmeer ist einfach zauberhaft. Man kommt durch eine Welt kleiner Inseln, von denen eine malerischer ist als die andere. Das Wetter war schön geworden: Sonnenschein und gerade soviel Nebel, um der Landschaft etwas Geheimnisvolles zu verleihen. Mein erster Eindruck, vor dem ich so viel Angst hatte, war also ausgezeichnet. Hoffentlich werde ich auch weiterhin nicht enttäuscht.

Ich bin heute in Kobe ein wenig spazierengegangen. Es ist eine dichtbevölkerte Stadt, die nichts Erwähnenswertes zu bieten hat. Morgen mittag fahre ich mit dem Zug nach Kioto, wo ich mich bis auf weiteres niederlassen will. (...)

Hotel in Atami, 18. Februar 1917

Ich schreibe Dir mit Blick auf den Stillen Ozean, der heute wirklich ausgesprochen still ist. Vor zwei Stunden bin ich hier angekommen. (...)

In Kioto bin ich von Professor Sonada, dem Direktor der buddhistischen Universität und Freund Sylvain Lévis, sehr herzlich empfangen worden. (Es gibt in Kioto eine kaiserliche, eine christliche und eine buddhistische Universität.) Er hat mir eine Unterkunft in einem Kloster der *Zen*-Sekte verschafft. Unter »Kloster« mußt Du Dir einen weiten ummauerten Park vorstellen, in dem sich eine Anzahl Tempel, verschiedene Gebäude und Räume befinden, die ihrerseits von einem Garten und einer Mauer umgeben sind. Das für mich bestimmte Haus ist fürstlich, besonders Dach und Eingangshalle sind beeindruckend. Es hat zwölf Zimmer, von denen zwei einen Andachtsraum bilden, in dem sich die Mönche einmal im Monat für ein paar Stunden versammeln. Das stört mich überhaupt nicht. Für die Benutzung des Hauses erwartet man von mir pro Monat etwa 30 Francs. So weit, so gut; aber dieses schöne Haus ist von einem so dichten Bambusgehölz umgeben, daß man keinerlei Aussicht hat, und das ist natürlich schon weniger schön. Mir wäre selbstverständlich das flache Land oder ein Berg, von dem aus man eine schöne Landschaft überblicken kann, lieber gewesen. Ich habe jedoch nichts Entsprechendes gefunden. An hübschen Gegenden fehlt es nicht, nur stehen dort keine Häuser. In einem Kloster zu wohnen, ist für mich insofern vorteilhaft, als ich dort u.U. Gelehrte finde, die mir bei meinen Forschungen weiterhelfen können. Immerhin wird das Haus jeweils für einen Monat vermietet, so daß ich nicht langfristig gebunden bin ... Heute nachmittag habe ich mich ein wenig in der Umgebung des Dorfes umgesehen; ich halte es jedoch für praktisch ausgeschlossen, in dieser Jahreszeit ein leerstehendes Haus zu finden. (...)

19. Februar 1917

Heute morgen habe ich mich auf den Weg gemacht und wollte eigentlich nur einen Tempel in der Nachbarschaft besuchen. Von diesem Tempel bin ich jedoch zu einem anderen und schließlich bis zum Süßwasserspeicher des Ortes hinaufgeklettert. Noch weiter oben traf ich auf einen Pilgerpfad, der in bestimmten Abständen mit Steinen aus dem japanischen Pantheon gekennzeichnet war — also ein *Bodhisattwa* in abgewandelter Form. Ich ging den Weg immer weiter — dem Gipfel entgegen —, bis ich nach mehrstündiger Wanderung an einen schlichten Altar kam, auf dem unter einem Schilfdach ein Buddha thronte. In der Nähe waren zwei Häuser, wo Erfrischungen verkauft wurden. Ich aß eine Apfelsine und trank Tee. Der Wirtin gelang es unterdessen, mir auf japanisch zu verstehen zu geben, daß ich noch höher hinaufsteigen solle und dann den berühmten Berg Fudschi sehen könne. Also bin ich noch ein gutes Stück weitergeklettert und sah schließlich den König der japanischen Berge mit schneebedecktem rundem Rücken vor mir liegen. Ein armseliger Riese für jemanden, der mit den Himalayagipfeln vertraut ist! In der entgegengesetzten Richtung jedoch, wo die zum Meer hin immer flacher werdenden Gebirgszüge eine regelrechte Stufenleiter bildeten, bot sich ein köstlicher Anblick. Hin- und Rückweg meines Ausfluges haben zusammen sechs Stunden gedauert. Es wehte ein scharfer Wind, der gegen Abend sogar zum Sturm wurde. Da war der Stille Ozean dann gar nicht mehr still.

21. Februar 1917

Gestern abend habe ich einen Brief aus Tokio bekommen, in dem ich aufgefordert werde — da ich nun schon einmal in der Nähe sei —, doch rasch zu kommen und mich mit einigen Leuten zu treffen. Ich werde deshalb übermorgen Atami verlassen und drei oder vier Tage in Tokio verbringen, von wo aus ich direkt nach Kioto zurückkehren und wahrscheinlich den Sommer über dort bleiben werde. Es ist von Vorteil, wenn ich sofort mit möglichst vielen Leuten in Verbindung trete, die mir bei der Fortführung meiner philosophischen Untersuchungen behilflich sein können. (...)

22. Februar 1917

Ich habe gerade meinen Koffer gepackt und werde morgen früh abreisen. Gestern abend habe ich bei meinen Freunden japanisch zu Abend gegessen. »Er« ist ausgesprochen nett. Es steckt viel Montmartrehaftes in diesem kleinen Japs. Er ist — wie seine Frau übrigens auch — Maler, und beider Kunst kommt mir einigermaßen »modernistisch« vor. Die Farbe wird dick aufgetragen, und man muß weit, sehr weit von den Bildern zurücktreten, um sie würdigen zu können.

Atami ist ein reizender Flecken in der Provinz. Meer und Himmel sind herrlich blau. Dunkle Kiefern, die sich vom Bambus abheben ... es ist wirklich schön hier. An den Bäumen hängen viele dicke Apfelsinen. Während den Pflaumenbäumen nur ein spärlicher Rest von ihrer Blütenpracht geblieben ist, wird das Auge von den Pfirsich- und Kirschbäumen geradezu geblendet. Man muß so etwas außerhalb der Ortschaften sehen, denn die Dörfer sind — wie überall — häßlich. (...)

Kioto, 22. März 1917

Lieber Freund, ich habe diesen Brief ruhen lassen, um Dir von dem Einzug in meine Unterkunft in Kioto zu berichten. Die Sache ist zwar erledigt, aber schlecht erledigt und muß wohl neu geregelt werden. Ich habe Dir bereits berichtet, daß man mir innerhalb eines Klosterbezirkes ein Haus zur Verfügung gestellt hat. Ich habe Dir weiterhin berichtet, daß mir seine Lage mißfällt. Um jedoch die beträchtlichen Kosten für ein Hotel zu sparen, habe ich beschlossen, zumindest vorläufig dort Quartier zu beziehen. Als ich mich dann eingerichtet hatte, wurden mir die Nachteile der viel zu großen Wohnstätte erst richtig klar: Es ist finster, ausgesprochen kalt, und zu einigen dringend notwendigen Reperaturen sehen sich die Eigentümer außerstande. Der Abt des Klosters freilich, dessen Rang bei uns in etwa dem eines Bischofs entspricht, ist der liebenswürdigste Greis, den man sich nur vorstellen kann. Du mußt wissen, daß ich ihn nur deshalb mit einem Bischof vergleiche, damit Du Dir einen Begriff von seiner gesellschaftlichen Stellung machen kannst. Sein Kompetenzbereich ist sehr vielfältig, und obwohl die Japaner so etwas wie eine Hierarchie des Klerus haben, ist der Einfluß des ursprünglichen Buddhismus doch viel zu mächtig geblieben, als daß etwa eine Kirche wie die römische oder die griechisch-orthodoxe hier aufblühen könnte. Der treffliche Abt also ist ein leutseliger, schlicht auftretender, gebildeter Mann, dazu ein Denker. Ich war ihm von gemeinsamen Freunden empfohlen worden, so daß er mich sehr herzlich aufnahm. Sein Haus liegt ganz in der Nähe — es ist von meinem nur durch ein paar Gärten getrennt — und ist wie sein Bewohner: schlicht und makellos sauber. Es begegnen einem dort junge Mönche in schwarzer Kutte mit Puppengesicht und rasiertem Schädel. Der Abt selbst ist in weite — teils bräunlich-goldene, teils violette — Gewänder gehüllt; sein sehr weißes, braunäugiges Gesicht wirkt kaum japanisch. Seiner Liebenswürdigkeit verdanke ich neben diversen Leckereien auch Einladungen zum Abendessen, vor denen ich entsetzliche Angst habe, denn die japanische Küche ist einfach abscheulich. Meine letzte Heimsuchung liegt erst ein paar Tage zurück. Ich war zusammen mit besagtem Abt sowie zwei anderen bei einer auf dem Klostergelände wohnenden Ordensgemeinschaft eingeladen. Ein großer, kahler Raum, wie fast überall hier; makellos reine Matten, rote Teppiche und für jeden Gast ein Kissen, vor dem ein winziger, kaum zwanzig Zentimeter hoher Tisch steht. Bronzene Glutbecken erfüllen den Raum mit Kohlenoxyd. Schließlich beginnt das Fest: eine Parade von Schalen und Tellerchen mit Happen, die grauenhaft nach Abwaschwasser schmecken und ekelhaft nach Kloake riechen. Es ist abscheulich, und man muß sich schon wirklich sehr in der Gewalt haben, um den Brechreiz zu unterdrücken, den die erstickende Atmosphäre noch zusätzlich verstärkt. Man ist ausgesprochen erleichtert, wenn die gegenseitigen Verbeugungen das Ende des Martyriums und die Möglichkeit, wieder an die frische Luft zu kommen, ankündigen! Den ekelhaften Geschmack freilich hat man noch den ganzen nächsten Tag auf der Zunge. Schmerzlich, schmerzlich!

In drei Tagen wird Mrs. Suzuki hier sein; wir werden Nara besuchen, das ganz nahe bei Kioto liegt, und den Koja-Berg besteigen, wo ich vielleicht eine Wohnung für den Sommer finden kann. Koja ist, wie ich Dir bereits geschrieben habe, ein weitläufiges Kloster, das etwa dreihundert Tempel umfaßt, die über die Hochebene eines etwa 800 Meter hohen Berges verstreut liegen. Ich brauche frische Luft und Ruhe; seit ich den Himalaya verlassen habe, fühle ich mich von meinen Stadttouren ganz erschöpft.

Ich habe, offen gestanden, »Heimweh« nach einem Land, das gar nicht meine Heimat ist. Die Steppe, die Einsamkeit, der ewige Schnee und der weite blaue Himmel »dort oben« lassen mir keine Ruhe! Die Stunden der Not, der Hunger, die Kälte, der Wind, der mir ins Gesicht peitschte und die Lippen anschwellen und aufplatzen ließ, die Zeltlager im Schnee, wo man in eiskaltem Schlamm schlief, die kurzen Verschnaufpausen inmitten unvorstellbar schmutziger Menschen, die Habgier der Lamas und Bauern ... all das ist unwichtig, alles Elend war immer wieder rasch vergessen, denn man tauchte in ein ewiges Schweigen ein, wo nur der Wind sein Lied singt, in eine Einsamkeit, in der es kaum pflanzliches Leben, sondern nur eine chaotische, phantastische Felsenlandschaft gibt, mit schwindelerregenden Steilwänden und blendend hellem Horizont. Ein Land, das zu einer anderen Welt zu gehören scheint, ein Land der Titanen oder Götter. Es hat mich bezaubert. Dort oben, bei den Himalayagletschern, habe ich Landschaften gesehen, die kaum ein Menschenauge zuvor erblickt haben dürfte. Vielleicht war das gefährlich, vielleicht rächen sich die Götter jetzt wie in den Fabeln der Antike. Doch wofür eigentlich sollten sie sich rächen? Für meine Dreistigkeit, die Ruhe ihrer Wohnstätten zu stören, oder dafür, daß ich sie im Stich gelassen habe, nachdem ich mir bereits einen Platz in ihrer Nähe erobert hatte? Ich weiß es nicht; im Augenblick spüre ich nur meine Sehnsucht. Japan dagegen hat mich enttäuscht, wahrscheinlich hätte mich in meiner jetzigen Gemütsverfassung jedes andere Land ebenso enttäuscht. Ich leugne nicht, daß es reizende Orte gibt; von denen um Atami herum habe ich Dir ja bereits erzählt. Auf der Rückfahrt bin ich mit dem Zug durch entzückende Gebirgsregionen gekommen. Aber Vergleichbares kann man auch in den Cevennen, den Pyrenäen oder den Alpen finden; der Himalaya indes ist einmalig. Und dann ist Japan auch viel zu dicht bevölkert für mich. Kaum läßt einen der Anblick einer schönen Landschaft aufatmen, taucht prompt hinter einer Wegbiegung eine Ortschaft, eine Fabrik oder was weiß ich für ein Gewimmel geschäftigter, lärmender Menschen auf. (...)

Diese Menschen selbst sind allerdings reizend. Auf jeder Stufe der gesellschaftlichen Hierarchie überbieten sie sich gegenseitig an Liebenswürdigkeit! Natürlich nehmen die Armen, die Diener, die Rikschaleute usw. gerne ein Trinkgeld an, aber sie sind nicht anmaßend wie etwa die Hindus oder die Tibeter und machen sich wirklich nützlich, auch dann noch, wenn sie ihr Geld schon bekommen haben. Kurz, sie handeln nicht mit ihrer Hilfsbereitschaft, wie es in Indien und mehr noch in Birma oder Tibet üblich ist. Manche Europäer und Amerikaner beklagen sich darüber, daß sie auf der Straße belächelt werden. Das kommt daher, daß sie normalerweise sehr groß sind; da ich klein bin und dunkle Haare habe, verursache ich nicht eine solche Volksbelustigung, wenn ich irgendwo vorbeikomme. Manchmal rufen mir die Kinder »Guten Tag« zu oder machen eine Verbeugung, aber das geschieht ohne Bosheit und ist eher ein netter Schelmenstreich. Wenn ich sie rufe oder eins an die Hand nehme, betragen sie sich plötzlich mit dem höflichen Ernst eines Erwachsenen, was bei solchen Knirpsen höchst drollig wirkt.

Tofokuji, mein Kloster, ist eine schmucklose Wohnstätte; so etwas wie der Aufenthaltsort begüterter Puritaner. Die Alleen werden so peinlich sauber gefegt wie die Zimmer; auf den Türschwellen findet man kein Staubkörnchen ... Mehrmals täglich werden die Bretter, die als Glocken dienen, angeschlagen. Mit dem Holzhammer wird ein ganz bestimmter Rhythmus eingehalten, der in Indien und Tibet der gleiche ist. Die Schläge folgen anfangs in großem Abstand, dann immer rascher aufeinander, bis schließlich eine Art Trommelwirbel erreicht ist. Das Ganze wird anschließend noch zweimal wiederholt und mit einem kräftigen Schlußschlag beendet. Auf diese Weise wird — gegen vier Uhr morgens — die erste Meditationsübung angekündigt, außerdem die Mahlzeiten, weitere Meditationsübungen und schließlich, um neun Uhr abends, die Zubettgehstunde. Dieser nüchterne Ton, der nichts von der Fülle des Glockenklangs hat, verstärkt natürlich die Kargheit der geistigen Atmosphäre noch beträchtlich. Die Sekte, der das Kloster gehört, brüstet sich damit, nicht mystisch, sondern realistisch zu sein. Ihre Mitglieder behaupten, es sich als freie Forscher vorbehalten zu müssen, alles selbst zu untersuchen, zu beurteilen, anzufassen und aus der Nähe zu betrachten. Sie sagen, sie machten sich weder etwas aus Heiligen Schriften noch aus Göttern oder Teufeln, die es gebe oder aber vielleicht auch nicht gebe. Tatsächlich haben sie der japanischen Aristokratie ein paar Stoiker geschenkt, die es mit den Leuten um Zenon[1] aufnehmen können.

Nun hat aber Asien — sogar das praxisbezogene gelbe — seine mystische Ader. Sie kommt in der *Shingon*-Sekte, zu der auch Koja gehört, deutlich zum Ausdruck. Im Tofokuji-Kloster gibt es Betstuben, die nach kostbarem Weihrauch duften. Hier begleitet die allnächtlichen *Sutra*rezitationen eine feierliche Musik von in langsamem Rhythmus geschlagenen Bronzegefäßen. Diese Gefäße dienen im Tempelinneren als Glocken. Sie sind äußerst klangvoll, und man kann ihre Schwingungen mehrere Minuten lang hören. Um Mitternacht wechselt im Nachbartempel das verhaltene Psalmodieren — hier ist nichts laut — mit diesen tiefen Gongschlägen ab, die rasch die im Schatten der hohen Bambusgehölze gelegenen Wohnstätten und Parks mit ihrem Klang erfüllt haben, sich immer weiter ausdehnen, um sich schließlich mit den Tönen, die aus den anderen Tempeln dringen, zu vermischen. Hier herrschen Ruhe, Friede, Gleichgültigkeit und völlige Gelöstheit ... vermischt mit ein ganz klein wenig künstlerischer und intellektueller Sinnlichkeit ... Ja, gewiß ... aber die herben Balladen, die der Wind singt, wenn er in der Steppe von Kampa ums Zelt pfeift ... die Musik der großen Trommeln

---

[1] Zenon von Kition (354—262 v. Chr.), Begründer der stoischen Philosophenschule.

und Blechinstrumente, die in den *Gömpas* erklingt, wenn sie sich in der Dämmerung zwischen den Wolken verstecken ... Wer sollte so etwas vergessen können!

Im Tempel Rikyokuan,
Tofokuji-Kloster, 5. April 1917

Ich bin wieder in Kioto. Der Berg Koja ist herrlich und hat mich sehr an Sikkim erinnert. Die Bäume in den Wäldern sind ungewöhnlich hoch. Diese Riesen beeindrucken einen. Leider verwandelt sich der Erdboden oft in einen äußerst unangenehmen, glitschigen Schlamm, in den man bis zum Knöchel einsinkt. Ich habe mich deshalb in einer von zwei Männern gezogenen Riksha bis zum Gipfel fahren lassen. Auf diese Weise habe ich für die Strecke von den Ausläufern des Gebirges bis zur Abtei hinauf vier Stunden benötigt. Ich hätte natürlich auch zu Fuß gehen könen, aber der abscheuliche Schlamm ließ mich davor zurückschrecken; außerdem fühle ich mich im Augenblick nicht gerade bei Kräften. Wir — meine Begleiterin[1] und ich — haben in einem prunkvollen, aber sehr unbequemen Haus übernachtet, in dem es eiskalt war. In dem riesigen Klosterbezirk gibt es mehrere schöne Tempel, der bemerkenswerteste jedoch ist der »Friedhof«. Es handelt sich hierbei um eine im Wald gelegene, gewaltige alte Nekropolis, die gewissermaßen die mächtige Vorhalle zu jenem Grab ist, in dem der berühmte Gründer der *Shingon*-Sekte ruht: Kobo Daishi. Vom imposanten Grabmal bis zur schlichten, zwanzig Zentimeter hohen Gedenktafel findet man dort Grabsteine in jeder Größe. Neben herrschaftlichen Gräbern liegen andere, die namenlosen armen Gläubigen gehören. Manche Grabstätten bergen sogar nur einen Finger oder ein Haarbüschel, da die Bestattung des ganzen Leichnams aus den bescheidenen Geldbeuteln nicht hätte finanziert werden können. Die Allerärmsten freilich können sich selbst den winzigsten Grabstein nicht leisten. Für sie hat man einen Gemeinschaftsbau errichtet, ein Beinhaus, wo die sterblichen Überreste dieser wirklichen Proletarier aufgehäuft werden. Alle wollten sie dem großen Heiligen Gesellschaft leisten und an seiner Seite das eine oder andere Jahrhundert ruhen ... Doch er selbst liegt ganz am Ende der Nekropolis, wo Säulen seine Ehrenwache bilden. Sein Grab ist ein schlichter, etwa zwei Meter hoher Hügel, der von Leuchten und Lotusblumen aus Bronze umgeben ist. Bei Tag und Nacht brennt zu seinen Ehren in einem Räucherfaß Weihrauch. Dies würde, in all seiner Schlichtheit, eigentlich genügen, und man würde gerne in der Stille des schattigen

---

[1] Es handelt sich um die Frau des Professors und Schriftstellers T.-D. Suzuki, eines Zen-Buddhisten.

Waldes verweilen und über das Leben dieses Weisen nachsinnen. Seine Jünger waren jedoch anderer Meinung. Vor das einfache, nüchterne Grabmal haben sie ein kostbares Haus aus Edelhölzern mit klobigen Goldlaternen gesetzt, so daß das eigentliche Grab zu den feuchten, schimmeligen Laubhaufen im Hintergrund abgedrängt wurde. Drinnen liegen auf Hunderten von kleinen Tischen die Opfergaben, die man den Manen dieses großen Mannes dargebracht hat, der übrigens nicht nur das Weiterleben, sondern sogar die bloße Existenz eines »Ich« bestritten hat. Ein paar Bonzen bieten Amulette feil und beschwören so den Geist des berühmten Kobo zugunsten eines jeden, der fünf Sen (etwa 15 Centimes) zu zahlen bereit ist. Das ist doch geschenkt, nicht wahr! (...)

Wir haben den Tempel von Nara besichtigt und dort Leute getroffen, unter denen sich eine Verwandte des Kaisers befand. Das achtzehn, höchstens zwanzig Jahre alte Mädchen war Äbtissin in einem Nonnentempel. Das flache Land dort erinnerte mich stellenweise an den Süden Nepals, von dem wir hier freilich weit entfernt sind. Im Grunde sagt mir dieses allzu zivilisierte, allzu abendländisch gewordene Japan wenig zu.

Von Nara aus haben wir uns nach Ise begeben, wo sich die dreifach geweihten Tempel befinden, die der *schintoistischen* Sonnengöttin Amaterasu sowie allen anderen göttlichen Ahnen der Kaiser Japans gewidmet sind. Mit seinen riesigen Bäumen erinnert der Ort an die Druidenwälder. Die von drei Schutzbezirken umgebenen Götterwohnungen befinden sich in der Mitte des Waldes. Man kann von ihnen nur die strohgedeckten Dächer sehen, die auf riesigen Balken aus natürlichem, zum Teil mit Gold überzogenem Holz ruhen. Das ist äußerst schlicht und doch zur gleichen Zeit sehr imposant und großartig. Der Kaiser und die Priester dürfen als einzige die Tempel betreten. Die kaiserliche Familie gelangt nur bis zur Schwelle, die hohen Würdenträger bis hinter den ersten Innenzaun. Wer einen weniger hohen Rang hat, darf bis in den zweiten Bezirk, und der Masse schließlich bleibt selbst die dritte Zone verschlossen. Die zahlreichen Pilger verneigen sich tief und kauern sich auf den Fersen nieder, wenn sie ihre Opfergaben in ein großes weißes Tuch geworfen haben, das vor dem Portikus ausgebreitet liegt. Von Zeit zu Zeit schaffen Priester das Geld fort. Ich sah, wie sie vier volle Säcke fortschleppten, von denen jeder so schwer war, daß ihn ein Mann allein kaum tragen konnte. Zum größten Teil waren es natürlich Scheidemünzen, aber es waren auch Silberstücke darunter. Wallfahrten also auch hier. Die Götter haben andere Namen, die Mentalität des Gläubigen jedoch ist überall die gleiche ... und wohl auch die des Priesters, der vom Altar lebt und dies auf unbestimmte Zeit auch weiterhin tun wird.

Wären nicht diese Scharen von Pilgern, so wäre das Ganze wirklich beeindruckend. Die extrem schlichten Tempel aus unlackiertem Holz, die fernab im Walde liegen und von Wesenheiten bevölkert sind, die der

jahrhundertealte Glaube eines ganzen Volkes hervorgebracht hat ...
diese Tempel können schon so manchen Gedanken in einem wachrufen,
und diese Vorstellungen können ihrerseits mancherlei Gestalt annehmen, denn der Schinto kennt keine Götzendienerei, und in den Heiligtümern ihrer Götter stehen keine Standbilder. (...)

Ob ich krank bin? Ja, ich wäre wieder einmal fast erstickt. So etwas ist mir nun schon viermal passiert. Das erste Mal war es in einem Hotel in Lille, wo der Schornstein in der falschen Richtung Zug hatte; dann strömte in London Gas in mein Zimmer; beim dritten Mal reicherte ein Kohlenbecken die Luft in der Höhle des tibetischen Lamas allzu freigebig mit Kohlenoxyd an. Auch diesmal hat es sich um ein, oder besser mehrere Kohlenbecken gehandelt. Ich hatte sie vor dem Zubettgehen aus meinem Zimmer holen lassen, aber das Zimmermädchen des japanischen Hotels stellte sie einfach auf die andere Seite einer halbhohen spanischen Wand, so daß das schädliche Gas über diesen papierenen Wandschirm hinweg sowie durch alle möglichen Ritzen weiterhin in mein Zimmer dringen konnte. O, ich kenne diese Situation sehr genau, und nicht erst seitdem ich in Japan bin: der besondere Geruch, die Benommenheit im Kopf, wo sich plötzlich alles dreht, schließlich die nahende Ohnmacht, das Koma. Auf meiner unmittelbar auf dem Fußboden liegenden Matratze spürte ich bald, welches Übel da nahte. Aber da ich bereits eingenickt war und das Kohlenoxyd auch schon etwas gewirkt hatte, war ich ganz matt und benebelt. Ich träumte ... wovon? ... nun, von Zola, der starb, weil er aus dem Bett gefallen war und sich mit den giftigen Gasen auf einer Höhe befand, während seine Frau, die im Bett lag, überlebte. Es geht mir dauernd durch den Kopf, daß ich so nicht liegenbleiben kann, aber ich kann mich nicht rühren. Ich spüre, daß ich schon wieder einschlafe, und es gelingt mir schließlich, den Arm auszustrecken und das Fenster aufzustoßen, so daß etwas Luft herein kann. Dann schlafe ich wieder ein. Die Kohlenbecken sind dann wahrscheinlich irgendwann erloschen, und die frische Luft hat den schädlichen Gasen ihre Wirkung genommen. (...)

Ich erwäge, nach Korea zu reisen und mich im Gebirge umzuschauen, ob ich vielleicht bei den dort lebenden Einsiedlern interessante Dokumente auftreiben kann. Diese Männer setzen die uralte Tradition jener Anachoreten fort, die sich zu einer Zeit dorthin zurückzogen, als der Buddhismus noch nicht so weit heruntergekommen war, wie es heute im größten Teil des Fernen Ostens der Fall ist. Vielleicht haben einige von ihnen bestimmte althergebrachte Lehren bewahrt, die es wert sind, erforscht und in einem Werk über den *Mahajana* neu beleuchtet zu werden. Eine Reise nach Korea dauert nicht sehr lange, man ist in ein paar Stunden dort, und ich glaube, die Luft und die Ruhe in den Bergen werden mir guttun. Auch lebt man dort viel billiger als in Japan. (...)

Mrs. Suzuki hat mich zum Tanz der Geishas mitgenommen. Es ist ein wirklich reizendes, freilich eintöniges Schauspiel. Die Tänzer tragen immer das gleiche Kostüm und führen die fünf oder sechs Tänze des Programms in wenig abwechslungsreicher Form vor. Sie wirken wie automatische Puppen, nicht wie lebendige Menschen. Ich schicke Dir das Programmheft, in dem Du eine ganze Reihe Musmees abgebildet findest. Die winzigen Kulissen sind entzückend, lassen sich allerdings nicht mit denen in der Oper vergleichen. (...)

Kioto, 7. April 1917

(...) Deine Äußerungen über meine Chinareise haben mich daran erinnert, daß ich sie nur aus Kostengründen bisher unterlassen habe, was vielleicht ein Fehler war. Anderseits ist es gut, daß ich mir über Japan keine Illusionen mehr mache. Das Klima dieses Landes sagt mir absolut nicht zu. Zwar bin ich im Winter angekommen, aber gerade im Winter kann man ein Land gut beurteilen. Im Sommer ist es nämlich überall schön, mit Ausnahme bestimmter Tropenzonen, und sogar da kann es reizvoll sein. Ich bezweifle gar nicht, daß es auch in Japan schöne Tage gibt, aber es regnet einfach zu oft, und außerdem ist es zu kalt. Kurz und gut, es ist feucht und düster; alles ist grau in grau wie in England. Die Menschen kleiden sich in dunklen, matten Farben, und die Gegenstände in ihrer Umwelt sind auch nicht viel farbenfroher. Mich erinnert das alles zu sehr ans nördliche Abendland. Die Leute (zum größten Teil sehr liebenswürdige Menschen) und die Sitten sind ebenfalls viel zu zivilisiert – zu »gezähmt«, *too tamed*, wie man auf englisch sagt – für jemanden, der sich an das Leben im Dschungel gewöhnt hat, den es von Geburt an immer dorthin gezogen hat. Es ist einfach niederschmetternd, was man alles nicht tun darf. Jedes Haus ist gleichsam ein Götzenbild, das man anzubeten hat, anstatt sich seiner schlicht zu bedienen. Hier »ist der Mensch für das Haus da«, und nicht das Haus für den Menschen. In Indien empfindet man es bereits als Zumutung, wenn man an der Schwelle des Hauses, dessen Bewohnern man einen Besuch abstatten will, die Schuhe ausziehen muß. Aber immerhin ist es warm, jedermann läuft in Pantoffeln herum. Auch kann man bei sich zu Hause natürlich auf dieses Zeremoniell verzichten. In Japan jedoch, wo es regnet und der Schlamm auf den ungepflasterten Straßen jeder Beschreibung spottet, bedeutet das, daß man seine Stiefeletten an einem einzigen Nachmittag zehnmal aufknöpfen bzw. aufschnüren muß und jedesmal, wenn man aus dem Zimmer in den Garten, in die Küche oder auf die Toilette geht, zu der gleichen Verrichtung schreiten muß, weil die in der Wohnung ausgelegten Polstermatten weder schmutzig gemacht noch abgenutzt werden dürfen. Diese Tatami-Matten sind ein

Kreuz. Ihretwegen sind alle Tisch- und Stuhlbeine (die ebenfalls domestiziert bzw. »tamed« sind) mit einem breiten Gleitschuh unterlegt. Außerdem muß natürlich gewaschen, gescheuert und geputzt werden; den ganzen Tag über behandelt man alle Einrichtungsgegenstände wie Heiligtümer. Eigentlich brauchte man für diese Arbeiten einen Sklaven; mein junger Tibeter führt sich zwar gut, ist jedoch nicht gewillt, die Rolle eines niederländischen Hausmädchens zu spielen. Er braucht freie Zeit für seine Studien und hat gewiß recht damit. (...)

Rikyokuan – Tofokuji – Kioto, 28. April 1917

Ich habe einen weiteren Versuch unternommen, für die Regenzeit einen Schlupfwinkel zu finden, und bin auf den Hiei hinaufgeklettert. Der Aufstieg war im oberen Teil recht schwierig, die Aussicht auf dem Gipfel dafür um so herrlicher. Das Kloster liegt, wie hier üblich, beträchtlich tiefer als der Gipfel, und zwar mitten im Walde, an sehr feuchter Stelle. So ist es übrigens immer. Die Japaner streichen gern die ohnehin beträchtliche Feuchtigkeit ihres Landes besonders heraus. Moosbedeckte Steine oder mattglänzende Pfützen, im Schatten riesiger Bäume begeistern sie. Auch hat diese Landschaft etwas durchaus Besonderes, und ich habe gar nichts dagegen, sie ein wenig kennenzulernen. Etwas völlig anderes freilich wäre es, hier zu wohnen! (...) Man baut sich hier kostspielige Miniaturwelten mit Seen, Bergen, Flüssen und Bäumchen; wenn jedoch die Natur eine herrliche Landschaftskulisse ganz umsonst darbietet, errichtet man eine Mauer davor. Die Leute hier finden nur an Dingen Geschmack, die künstlich sind; es ist ganz eigenartig. (...)

Tja, weißt Du, manchmal denke ich, es ist eigentlich schade, daß ich nicht in meiner Einsiedelei gestorben bin ... Alle meine Träume hatten sich dort erfüllt: Auf jenem Himalayagipfel saß ich in meiner Höhle wie der Adler auf seinem Horst ... Was bleibt mir danach noch zu sehen, zu tun oder zu erleben? ... Wäre ich dort gestorben, wäre eines Morgens der alte Lama gekommen und hätte meinen Leichnam – wie er es mir versprochen hat – noch weiter hinauf auf irgendeinen Felsen geschafft und dort liegen lassen. In dieser Abgeschiedenheit gibt es keine behördlichen Bestattungsvorschriften ... Alles wäre schlicht und doch ohne Banalität gewesen; es hätte genau meinem Wunsche entsprochen. Du wärest vielleicht etwas schwermütiger gewesen, doch das wäre – wie es immer und mit allem ist – rasch vergangen, und Du wärest, was mich betrifft, alle Sorgen los gewesen. Ja, es ist wirklich schade. Denn was habe ich an einem Ort zu schaffen, wo die Leute das Leben verbessern wollen und es doch nur schmälern und beeinträchtigen? Was soll ich mit all ihren Fabriken, Äckern und Geschäften anfangen? Ich fühle mich heimatlos und unglücklich; ich weiß, daß ich etwas verloren habe, was ich nicht wiederfinden werde. Ich schaue mir die verschiedensten Länder an und frage mich, wohin ich gehen soll: Überall nur Städte, Straßen, Parkanlagen, Museen und was weiß ich noch . . . nützliche und zugleich häßliche Dinge des Komforts, geschäftige Menschen, die sich für wichtig halten.

Ich hänge trüben Gedanken nach, ich weiß es wohl. Das kommt vom Fieber, den dauernden Nervenschmerzen, dem grauen Himmel und dem Regen, der hier einfach nicht aufhören will. Seit ich aus Belgien fort bin, habe ich etwas derart Trauriges nicht mehr gesehen! Ich klammere mich an meine Studien und habe gerade erst einen Abschnitt aus einer tibetischen Abhandlung übersetzt. Aber in meinem Haus ist es nicht hell genug, ich kann nur am offenen Fenster arbeiten, und wenn es regnet, ist es eiskalt.

Der ältere meiner beiden Tibeter ist gestern abgereist, und ich bin froh darüber, denn er wäre hier fast verrückt geworden. Der andere[1], der schon lange bei mir ist, beträgt sich tadellos; ja ich wüßte, offen gesagt, gar nicht, was ich ohne ihn anfangen würde. Er legt überall mit Hand an und ist nie brummig. Wenn er in der Küche fertig ist, übersetzt er aus dem Tibetischen oder beschäftigt sich mit Sanskrittexten. Er macht sich wirklich nützlich. (. . .)

Da ich Dir nun schon einmal von ihm erzählte, möchte ich Dir auch folgendes mitteilen: Er ist nun schon mehrere Jahre bei mir und hat mich auf schwierigen, ja gefährlichen Expeditionen begleitet. Ich behaupte nicht, daß er vollkommen wäre – wer ist das schon –, aber er war immer bereit, sich für mich und meine Angelegenheiten einzusetzen, sogar seinen eigenen Landsleuten gegenüber. Als ich bei meiner letzten Reise in Tibet so viel Ärger hatte, hat er dem Drängen seiner Brüder, Onkel usw. wacker standgehalten. Ohne Garantie, jemals wieder in sein Land zurückkehren zu können, ja ohne überhaupt genau zu wissen, wohin die Reise geht, hat er mich hierher begleitet. Du wirst natürlich wissen wollen, weshalb. Diese Sitten, die dem Abendland fremd sind, entstammen alter asiatischer Tradition: Ein junger Mann glaubt, daß er bei einem Meister etwas über die religiösen Lehren erfahren kann und schließt sich ihm an. Was mein Junge tut, ist noch recht wenig und verblaßt angesichts dessen, was man in berühmten Geschichten beschrieben findet und was in Indien oder Tibet noch tagtäglich geschieht. Er hat zu mir mehr Zutrauen gehabt als zu den Lamas aus seiner Heimat, er war wißbegierig und wollte die Welt kennenlernen, also hat er sich auf den Weg gemacht. Er ist kein Wunderkind, keine Spur von Genialität. Er wird – im abendländischen Sinne – nie sehr

---

[1] Lama Yongden, den Alexandra David-Néel 1929 rechtsgültig adoptiert hat.

intelligent oder gelehrt sein; in seiner Heimat jedoch kann aus ihm etwas werden. Aus dem Gesagten wird Dir sicher klar, daß ich eine gewisse Verantwortung für ihn trage. Falls ich in Asien sterbe — hier oder anderswo —, so wäre es mein Wille, daß er in seine Heimat zurückkehren kann und eine Summe ausgezahlt erhält, mit der er sich in seinem Dorf ein Haus bauen, heiraten — das ist in seiner Sekte erlaubt — und sich als Lama niederlassen kann. Mein Gewissen sagt mir, daß ich ihm dies schuldig bin; sicher teilst Du meine Auffassung. (...)

Rikyokuan — Tofokuji — Kioto, 8. Juni 1917

Vor einigen Tagen erhielt ich Deinen Brief mit dem Duplikat des Schecks. Ich hatte ihn bereits bei meiner Bank in Kioto eingelöst, wo die Abwicklung über Cook erfolgte. Somit hatte ich keinerlei Schwierigkeiten.

Ich danke Dir nochmals mit allem Nachdruck für diese Geldsendung, die mich allerdings trotzdem etwas melancholisch gestimmt hat. Der Yen, der normalerweise 2,50 Francs wert ist, ist auf über drei Francs gestiegen, und was die Kaufkraft angeht, kann man hier mit einem Yen nicht mehr anfangen als bei uns mit einem Franc. Du kannst den Wert des Betrages, den ich erhalten habe, in etwa ermessen, wenn Du ihn in Francs umrechnest. Ich brauchte mindestens 300 Yen im Monat, um hier ungefähr so leben zu können wie in Indien. Das wären umgerechnet 1000 Francs. In De-Tschen Aschram hätte Deine Geldsendung für mich, meine vier Diener, das Pferd und die Hunde notfalls ein ganzes Jahr gereicht. In Kioto muß ich jeden Pfennig zweimal umdrehen und bin Aphur[1], meinem tibetischen Jungen, in dieser Hinsicht wirklich zu Dank verpflichtet, denn er ist ausgesprochen sparsam. (...)

Ich möchte meine tibetischen Studien, die ich mit ungewöhnlichem Fleiß betrieben habe, unbedingt fortsetzen. Ich hoffe, daß ich noch nach Peking und später vielleicht zum berühmten Kloster von Kumbum komme, von dem ich schon seit zwanzig Jahren träume. (...)

Jene erbärmliche Hütte aus schlecht aneinandergefügten, mit der Axt roh behauenen Brettern, die sich an eine Höhle anlehnte, war gewiß kein Palast, aber es war *mein* Haus, und das Mobiliar aus nicht zusammenpassendem Krimskrams schien in diesem wilden Land der Gipfel allen Luxus zu sein. Ich hatte ein schwarzes Pony und einen Esel — so niedlich wie ein Spielzeug —, der manchmal in mein Zimmer hereinwollte, was ihm eines Tages auch tatsächlich gelang. Unsere tiefschwarzen Hunde waren aufmerksame Wächter mit mächtigen Fangzähnen. Wenn sich kein Fremder in der Nähe aufhielt (was im allgemeinen

---

[1] Aphur ist der erste Vorname des Lamas Yongden.

der Fall war), machten wir sie los. Sie tollten dann mit meinen Jungen herum und sprangen von Zeit zu Zeit auch an mir empor, um mich so — auf ihre Art — zur Teilnahme an dem ausgelassenen Treiben aufzufordern.

Außer dem Rauschen des Gebirgsbaches, der tief unter uns dahinfloß, war kein Laut zu hören, und man sah nur die Steilwände aus schwarzem Fels, den ewigen Schnee und die riesigen Wolken, die gemächlich über die Täler hinwegzogen.

Die landschaftliche Kulisse war, je nach Jahreszeit, schneeweiß oder mit Blumen übersät. Man war dort mit der Natur allein. Das Land hatte durch jahrtausendalte Legenden und die Verehrung eines ganzen Volkes eine unglaubliche Anziehungskraft gewonnen: der Himalaya als Sitz der Götter und Weisen! Ich habe diesen Traum gelebt und voll ausgekostet. (...)

Der Regen, so heißt es, wird in einem Monat aufhören. Ich werde dann nach Korea aufbrechen und bis zum Herbst dortbleiben. Danach will ich mich nach Peking begeben. (...)

(...) Das Ende meiner Reisen kommt mir wie eine Pensionierung vor, wie der Eintritt ins graue Vorzimmer des Todes. Weshalb? Ich könnte doch weiterhin schreiben und Vorträge halten. Gewiß, aber die Vorstellung eines »Nie wieder« wird sich meiner bemächtigen: »Nie mehr« werde ich unterwegs sein, »niemals mehr« fast unbekannte Länder der sogenannten zivilisierten Welt durchqueren. »Nie mehr«, weil sich das Alter bemerkbar macht, die Gelenke steif werden und wohl auch die Kosten nicht mehr bestritten werden können. Deshalb ergreift mich ein Schauder, wenn ich daran denke, daß Asien plötzlich für mich verschlossen sein könnte. Ich spüre, daß das das Ende wäre, und es wird mir weh ums Herz. (...)

Kioto, 20. Juni 1917

(...) Ich kämpfe mit aller Macht gegen den Ausbruch einer neurasthenischen Krise an. Der alte Feind, der jahrelang besiegt war, aber doch nur tot schien, reckt den Hals und möchte gern einen Augenblick der Schwäche ausnutzen. Ich befinde mich in der Lage jenes Opernchors, der eine halbe Stunde lang »Rasch, gehen wir, laufen wir, eilen wir!« singt und sich nicht von der Stelle rührt. Selbstverständlich ist so etwas lächerlich, aber »gebranntes Kind scheut das Feuer«; ich habe deshalb auch etwas Angst, wenn ich an Peking denke. Wieder eine Stadt mit Straßen voller Leute. (...)

Ich habe es ausgesprochen satt, Gepäck mit mir herumzuschleppen. Daraus entsteht nur Ärger, und man ist geradezu sklavisch an diesen Ballast gebunden. Ich glaube, ich habe erst jetzt die Bedeutung jenes Buddha-Wortes richtig verstanden, das da lautet: »Die Freiheit besteht im Verzicht.« Alle meine Kisten werde ich in Tofokuji lassen. Der Abt hat sich freundlicherweise einverstanden erklärt, sie bis auf weiteres — notfalls mehrere Jahre, jedenfalls bis zum Ende des Krieges und bis zur Wiederherstellung normaler Verkehrsverbindungen — in dem Saal unterzustellen, wo die Wertsachen der Klöster aufbewahrt werden. Per Überseespedition werde ich Dir all das schicken, was einen gewissen Seltenheitswert hat. (...)

Kioto, 6. Juli 1917

(...) Ich bin noch immer in Kioto und werde auch noch einen weiteren Monat hier bleiben. Ich habe dies dem Bischof von Tofokuji versprechen müssen, der einen seiner Schüler erwartet, einen Beamten, der während der Ferien des Hofs in Tokio hierher kommen will. Er spricht gut Englisch und soll mir eine ganze Reihe von Sachen übersetzen, die mir der Bischof unbedingt mitteilen will und von denen ich mir meinerseits Aufzeichnungen machen möchte. Es wird dann allerdings bereits recht spät im Jahr sein (wir werden etwa den 15. August haben), und falls ich nicht den ganzen Winter über dort bleiben will, werde ich mich in den koreanischen Bergen nur sehr kurz aufhalten können. Ich habe Dir ja bereits mitgeteilt, daß ich in Peking erwartet werde. Ein liebenswürdiger Beamter aus dem Unterrichtsministerium hat mir ein Quartier besorgt. Aber in China geht mal wieder alles drunter und drüber. Die Mandschu-Restauration ist kein Fortschritt, ganz im Gegenteil. Doch das kümmert mich wenig, denn wie auch immer die Einstellung des Volkes Fremden gegenüber sein mag, ich habe nicht die Absicht, als *Ausländerin* in China zu weilen. (...)

Ich träume davon, vor meiner Rückkehr noch einen größeren Abstecher in die Mongolei zu machen und all die berühmten historischen Klöster zu besuchen. Man wird mich sicher freundlich aufnehmen. Mein Aufenthalt in Schigatse war reizend, und Ekai Kawaguchi, ein Japaner, den ich bei meinem Besuch beim Dalai Lama getroffen hatte und der gerade aus Lhasa zurückgekehrt ist, äußert sich sehr lobend über die Gastfreundschaft, die man ihm entgegengebracht hat. Im Grunde sind nur die Engländer daran schuld, daß man so schwer nach Tibet hineinkommt. Dieser Japaner hat es mit einer Verkleidung geschafft, und als er die Grenze erst einmal überquert hatte, war alles recht einfach für ihn. Die Mongolen sind viel freundlicher als die Tibeter, und ich könnte in ihrem Land eine sehr interessante Rundreise unternehmen. (...)

In Kioto ist es im Augenblick sehr heiß. Die Temperatur ist nicht ganz so hoch wie in Benares, aber der übermäßigen Luftfeuchtigkeit wegen sehr viel drückender. In meinem Zimmer sind es bei Tag und Nacht zwischen 30 und 32 Grad. Es ist so schwül, daß man kaum atmen kann. Trotzdem wird die Regenzeit in diesem Jahr allgemein als günstig bezeichnet, denn die sonnigen Tage sind relativ zahlreich. Die Stadt hat sich in eine Art Paradiesgarten verwandelt, wo sich die »Akademien« in aller Freiheit und Unschuld entfalten können. In vielen Läden sitzen die Händler lächelnd und in kurzen Badehosen hinter ihren aufgestapelten Waren. Neulich sprach ich mit einem Photographen über eine Aufnahme (sie soll reproduziert werden, denn das Negativ ist verlorengegangen); seine ganze Bekleidung bestand aus einem langen, weißen Hemd, das in rührend-indiskreter Weise durchsichtig war. Die »Zivilisation« hat einige junge Leute auf die fortschrittliche Idee gebracht, beim Baden im Fluß kurze Hosen zu tragen, doch sie sind — dies mag so etwas wie männliche japanische Koketterie sein — so weitmaschig, daß sie eher noch das betonen, was sie in Europa den Blicken entziehen sollen. Die Frauen bieten Oberkörper, Brüste und Schenkel ebenso großzügig dar. Es achtet übrigens niemand darauf. Sie haben ganz recht. Im Vergleich dazu benehmen wir uns wie törichte, verdorbene Narren.

Doch das alles lindert nicht mein fiebriges Leiden, und es gelingt mir auf gar keinen Fall, mich in Japan einzugewöhnen. In dieser kindischen und allzu künstlichen Umgebung träume ich von den Steppen dort oben, den langen Ausflügen in die Berge, vom endlosen Horizont, von den sternklaren Nächten, in denen vor den kleinen Zelten das Feuer züngelte, auf dem der abendliche Tee kochte. Und über allem die Unermeßlichkeit des Raums. (...)

Pusan, Korea, 8. August 1917

Nach einer anfangs ungemütlichen und am letzten Tag rundweg scheußlichen Überfahrt bin ich gestern früh hier angekommen. Das Schiff war ein schäbiger Frachter: 1650 Registertonnen, sehr alt und ausgesprochen schmutzig. Man hatte mich in einem als »Kabine« bezeichneten Verschlag untergebracht, der ausschließlich durch ein winziges Bullauge in der Größe eines Fünf-Francs-Stückes belüftet wurde. Gegenüber, auf der anderen Seite eines schmalen Ganges, lag der Maschinenraum, aus dem eine glühende Hitze drang. Von Schlafen konnte unter solchen Bedingungen natürlich keine Rede sein. Die ersten beiden Nächte, die ich auf Deck verbrachte, waren noch einigermaßen zu ertragen; in der dritten Nacht jedoch brach ein Orkan los, und es goß in Strömen. Etwas Schutz bot lediglich ein etwa zwei Meter breites Zelt, gegen das von beiden Seiten der Regen peitschte. Die Decken, in die ich mich eingewickelt hatte, waren ebenso rasch durchnäßt wie meine Kleidung, und ich schlief gleichsam in einem Bade. Unterdessen tobte draußen der Sturm weiter, und unser Kahn schwankte bedrohlich. (...)

In Pusan habe ich feststellen müssen, daß alle Auskünfte, die ich bezüglich der Verkehrsverbindung nach Kongosan eingeholt hatte, falsch waren. Ich wußte zunächst nicht, was ich machen sollte. (...)

Da ich weder Chinesisch noch Koreanisch kann, habe ich hier mehr Ausgaben als sonst. Ich wohne in Hotels und bin auf Leute angewiesen, die mir alles, was ich gerade brauche, besorgen. Falls ich längere Zeit in China bleibe, werde ich etwas Umgangschinesisch lernen — gerade so viel, wie man im täglichen Leben unbedingt braucht. Aphur ist ziemlich sprachbegabt, er kann Tibetisch, Englisch, Hindi, Nepalesisch und beherrscht außerdem den Leptscha-Dialekt. Mittlerweile kann er sogar ein wenig Japanisch radebrechen, und er wird sich gewiß auch mit dem Chinesischen zurechtfinden.

Ich fühle mich sehr abgespannt. Seitdem ich die Himalayagipfel und die tibetischen Steppen verlassen habe, kommt es mir vor, als wäre jetzt für mich alles zu Ende. Ich interessiere mich kaum mehr für etwas und möchte auch gar nichts mehr sehen, denn alles kommt mir klein, schrecklich banal und armselig vor. (...) Ich frage mich, was jemand, der ein solches Land gesehen hat, noch in Städten zu schaffen hat, was er auf Äckern oder Bergen in Maulwurfshügelformat zu finden hofft. Wirklich, wenn man sich einmal dort oben aufgehalten hat, gibt es nichts — absolut gar nichts — mehr, was man noch tun oder sich anschauen könnte. Das Leben (ein Leben wie meines, das ein einziger langer Traum vom Reisen war) ist dann zu Ende, hat sein endgültiges Ziel erreicht. Du magst für verrückt halten, was ich hier sage, und vielleicht sogar zu Recht, aber es ist nun einmal so: Ich bin versessen auf diese verschneiten Gipfel, diese endlos weiten Ebenen, dieses Land, das zu beschreiben für jede Sprache eine Herausforderung darstellt. (...)

Kloster Hokyuan, Kongosan, 25. August 1917

Gestern habe ich, mitten im Gebirge, Deinen Brief erhalten, der vom 8. Juni datiert ist. Die Postverbindung wird immer schlechter! Die französische Zensur hatte den Brief geöffnet (Deine Briefe werden sehr oft geöffnet!) und wieder zugeklebt, aber die Rückseite des Umschlags war eingerissen, und man hätte den Inhalt leicht herausziehen können. Obwohl der Brief eingeschrieben war, hat man keine Unterschrift von mir verlangt. Wahrscheinlich haben die Leute vom Reisebüro in Söul, die für die japanische Regierung arbeiten (Staatliche Eisenbahnverwaltung), an meiner Statt unterzeichnet. Nur gut, daß der Scheck nicht verloren gegangen ist.

Vielen Dank für diese Sendung. (...)

Ich frage mich, ob ich nicht den Winter über in einem der großen Klöster von Kongosan bleiben sollte, wo ich zu sehr günstigem Preis ein Privatquartier bekommen könnte. Das Diamantgebirge (Kongosan) ist sehr schön. Die Koreaner scheinen einfache und herzliche Menschen zu sein. Unser Botschafter in Tokio hat mir ein Empfehlungsschreiben für die japanische Regierung in Korea mitgegeben, und diese hat mich ihrerseits mit einem Brief versehen, in dem die Klostervorsteher angehalten werden, mich besonders gastfreundlich aufzunehmen. Außerdem hat die Zentralverwaltung die verschiedenen Polizeichefs angewiesen, alle Widrigkeiten von mir fernzuhalten, was zwar überflüssig, aber von seiten der japanischen Behörden doch sehr liebenswürdig ist. Der Polizeichef von Onseiri wollte mir sogar einen seiner Leute als Eskorte zur Verfügung stellen, ich habe jedoch dankend abgelehnt und werde erst bei meinem nächsten Ausflug nach Yutenji, der etwas länger dauern wird, darauf zurückkommen. Es ist nämlich gut, wenn man jemanden bei sich hat, der die Träger beaufsichtigt, besonders wenn man die Landessprache nicht beherrscht.

Yutenji ist ein großes Kloster, dessen Abt ich bereits kenne. Wir sind uns auf dem kleinen *steamer* begegnet, der mich von Gensan zu den Ausläufern des Gebirges gebracht hat. Ohne Zweifel freut er sich darüber, daß ich den ganzen Winter dableiben will, aber mit der Ernährung wird es Schwierigkeiten geben. Mein Magen würde die äußerst spartanische Küche des koreanischen Klosters wohl kaum längere Zeit ertragen können. (...) Ich habe gerade mehrere Tage in einem ganz kleinen Tempel verbracht, in dem nur ein Mönch und sein Jünger wohnen. Das Leben dort ist äußerst schlicht. Ich hatte lediglich eine Decke mitgenommen, die ich zum Schlafen auf den Steinplatten meiner Zelle ausbreitete. Es war dennoch bedeutend härter als auf Holzfußboden. Im Bach, hinter einer spanischen Wand aus Matten, nahm ich mein Bad. Geweckt wird man dort um drei Uhr morgens, also mitten in der Nacht. Um fünf Uhr läutet in allen über das Gebirge verstreuten Einsiedeleien die Glocke, und man läßt sich unter der Veranda nieder, um die Meditation, die man um drei Uhr in seinem Kämmerlein begonnen hat, im Freien fortzusetzen. Dieses Programm gilt Sommer und Winter. Auch ich befolgte es im tiefverschneiten De-Tschen ohne Ausnahme. Seltsam, aber solche Bräuche setzen sich im allgemeinen hartnäckiger durch als Ideen. Die Unterschiede in den Lehren der verschiedenen buddhistischen Sekten sind beträchtlich, aber dieses frühmorgendliche Aufstehen, das auf die *Brahmanen* des alten Indiens zurückgeht, hat sich als ebenso unausrottbar erwiesen wie jenes flatternde Kleidungsstück, eine Art Schal, das man als Zeichen der Ehrerbietung unter dem rechten Arm trägt. Es handelt sich hierbei um eine jahrtausendealte Sitte, die noch in die Zeit vor Buddha zurückreicht und sich in ganz Asien, von Japan bis nach Ceylon, unverändert erhalten hat. Solche Albernheiten passen eben zu albernen Gehirnen besser als tiefe philosophische Gedanken. (...)

Kloster Choangji, Kongosan, Korea, September 1917 (?)

Ich habe das Hotel von Onseiri verlassen und bin über die Berge hierher gekomen. Es sind etwa dreiunddreißig Kilometer. Der Aufstieg ist recht beschwerlich, wenn man aber erst einmal den Paß hinter sich hat, ist die Straße gut. Choangji liegt mitten im Gebirge, in einer bizarren Felslandschaft. Es ist ein großes Kloster, das vor einigen Jahrhunderten sicher glanzvolle Zeiten erlebt hat. Aus dieser Zeit sind noch ein paar prächtige Tempel erhalten, in denen sich sehr schöne Wandmalereien chinesischer Meister befinden. Man hat mich in einem neuhergerichteten Gebäude untergebracht, in dem ich ein Zimmer mittlerer Größe (wo ich schlafe) sowie zwei kleinere Räume zur Verfügung habe. Nach vorn hinaus geht eine kleine verglaste Veranda, wo ich mich normalerweise aufhalte. Ganz nahe bei meiner Unterkunft befindet sich ein sehr sauberes Badezimmer. Ansonsten steht das weitläufige Gebäude leer. Es kommt selten vor, daß die Mönche einen Besucher unterzubringen haben. Alles hier ist peinlichst sauber. Die Wände sind weiß tapeziert; der Landessitte entsprechend sind selbstverständlich keine Möbel vorhanden, aber im Grunde genommen braucht man sie auch wirklich nicht so dringend, wie man im Abendlande annimmt. Kurz, ich habe es gut getroffen. Die Landschaft ist schön und die Luft reiner als in Kioto. Freilich, die Nahrung, die mir die Mönche bringen, ist leider genauso spärlich wie das Mobiliar. (...)

Vor vier Tagen habe ich eine Bergspitze erklommen, auf der sich eine kleine Einsiedelei befindet. Es war eine arge Kletterei. Da kein Pfad vorhanden war, ging es kreuz und quer über Felsbrocken, die der in mannigfachen Kaskaden herabstürzende Gebirgsbach mitgerissen hatte. Gleich zu Anfang nahmen der Polizist, der mir als Führer diente, und ich ein Bad, denn als er mir beim Überqueren des Flusses helfen wollte, rutschten wir auf einem Felsen aus. Mein Kleid und meinen Unterrock konnte ich auswringen, die Schuhe jedoch blieben patschnaß. Mitten in dieser wirklich beschwerlichen Kletterei ging dann auch noch ein sintflutartiger Regenguß auf uns nieder. Wir trieften nur so. Als wir schließlich oben waren, hatte der Mönch (ein junger Mann), der ganz allein in dem kleinen Tempel wohnt, nicht einmal Tee im Haus, und unser Stärkungstrunk bestand lediglich aus heißem Wasser. Ein gutes Mahl wäre nach diesen vier Stunden Marsch willkommen gewesen. Eigentlich hatte ich, als der Regenguß einsetzte, den Entschluß gefaßt, in der Einsiedelei zu übernachten, um nicht erneut den stark angeschwollenen Gebirgsbach überqueren zu müssen (man muß einundzwanzigmal hindurch, insgesamt also – auf Hin- und Rückweg – zweiundvierzigmal). Aber durchnäßt wie wir waren, ohne Decken und Proviant, war die Aussicht, die Nacht auf kalten Steinplatten zu verbringen, nicht gerade rosig. Also redete ich Aphur und dem Polizisten zu, und recht lustlos machten wir uns an den Abstieg. Der Regenguß hatte mittlerweile wieder in aller Heftigkeit eingesetzt. Wie befürchtet, war der Fluß beträchtlich gestiegen, und die Felsbrocken, auf denen wir ihn auf dem Hinweg überquert hatten, lagen jetzt unter Wasser. Es blieb uns also nichts weiter übrig, als kurz entschlossen — bis zur Hüfte im Wasser — hindurchzuwaten. Dabei mußten wir uns auch noch beeilen, denn es stand zu befürchten, daß die zahlreichen Zuflüsse den Sturzbach noch stärker anschwellen ließen, bevor wir am Fuße des Berges angelangt wären. Das Wasser hatte im übrigen eine angenehme Temperatur, aber es war trotzdem lästig, sich ausziehen zu müssen. In solchen Fällen ist es schon nützlich, wenn man einen Halbwilden wie meinen Jungen bei sich hat. Dieser stämmige kleine Kerl (er ist etwa so groß wie ich, eher noch etwas kleiner) ist sehr kräftig und hat mich bei vergleichbaren Gelegenheiten schon oft auf dem Rücken getragen. So hat er mich denn heute einundzwanzigmal huckepack genommen. Dort, wo es besonders tief war, bin ich zwar etwas naß geworden, aber wir sind immer heil am anderen Ufer angekommen. Am folgenden Tag habe ich einige nahe gelegene Klöster besucht. (Hin- und Rückweg betrugen zusammen etwa acht Kilometer.) Von diesem Tag an regnete es dann ununterbrochen, und ich konnte mein Quartier nicht mehr verlassen. Ich bin jedoch nicht untätig, sondern lese und fertige Übersetzungen aus dem Tibetischen und Sanskrit an. Mein Allrounddiener ist im Augenblick mein Sekretär und Mitarbeiter geworden. (...)

7. September

Ich habe diesen Brief ein paar Tage liegen lassen; es gibt nichts Neues. Das Wetter ist abscheulich. Da es gestern früh nicht regnete, habe ich eine herrliche Schlucht besucht, mußte jedoch kehrtmachen, weil der an Stromschnellen reiche Fluß gar zu reißend war. (Wir hätten nämlich wieder wie neulich ein Bad nehmen müssen!) Doch obwohl das schlechte Wetter kein Ende nehmen will, ziehe ich es vor zu warten. Vorgestern habe ich ein kurzes Aufklaren dazu benutzt, am Fluß meine Wäsche zu waschen. Du hättest mich sehen sollen! Ich habe doch so einiges gelernt, wofür ich nie ausgebildet worden bin. Du kannst Dir natürlich vorstellen, daß es hier keine Wäschereien gibt ... auch keine Bäckereien, aber Aphur kann auf einem heißen Stein Fladenkuchen backen. Sie schmecken zwar nicht gerade wie Pariser »Croissants«, aber man kann halt nicht alles haben. (...)

Kloster Choangji, Diamantgebirge (Kongosan)
Korea, 16. September 1917

(...) Morgen breche ich nach Yutenji auf. Dieses Kloster liegt etwa zwanzig Kilometer von hier entfernt. Ich will eine Woche dort bleiben. Mein Gepäck lasse ich in Choangji, auf der Polizeistation. Wenn ich nach Söul zurückkehre, hole ich es mir ab. Vielleicht kann ich in dem Fahrzeug mitfahren, das in unregelmäßigen Abständen von hier zur Eisenbahnlinie fährt. Andernfalls steht mir eine dreitägige Rikschareise bevor. Im offiziellen Führer ist jedenfalls von drei Tagen die Rede, aber da dann pro Tag fünfundvierzig Kilometer zurückgelegt werden müßten, bezweifle ich sehr, daß es so rasch geht. Der Wagen legt die Entfernung selbstverständlich an einem Tag zurück, und man kann anschließend, nach kurzer Zugfahrt, in Söul zu Bett gehen.

In Söul halte ich mich nur so lange auf, bis unsere Pässe verlängert sind (dies muß nach Ablauf eines Jahres für meinen Paß im französischen, für Aphurs im britischen Konsulat beantragt werden). Das wird mich abermals ein Dutzend Yen kosten, aber solche Formalitäten sind unumgänglich. Danach geht es sofort nach Mukden weiter; ich werde eine Nacht unterwegs sein und am Ufer des Yalu vorbeikommen, der durch den russisch-japanischen Krieg berühmt geworden ist – ein freilich unbedeutender Krieg, verglichen mit dem jetzigen, von dem ich übrigens in meinem »Diamantgebirge« kaum mehr etwas höre. In Mukden werde ich mich zwei oder drei Tage aufhalten. Erinnerst Du Dich noch, daß ich während des russisch-japanischen Krieges über die Geschichte der Mandschu-Hauptstadt ein paar Seiten geschrieben habe? Damals wäre es mir nicht im Traum eingefallen, daß ich sie eines Tages wirklich zu Gesicht bekäme! Von dort aus fahre ich dann direkt nach Peking und halte mich nur noch einen Tag in Schan-hai-kuan auf, um mir die »Große chinesische Mauer« anzuschauen, die dort am Meer endet. (...)

Mukden, 4. Oktober 1917

Gestern abend bin ich in Mukden eingetroffen. Heute habe ich eines der Kaisergräber besucht und viel Zeit darauf verwendet, eine tibetische Inschrift abzuschreiben, die stellenweise schwer zu lesen war, aber von historischem Wert ist. Aphur hat geschrieben, und ich habe ihm diktiert, denn ich sehe besser als er. Dann habe ich noch den französischen Konsul getroffen, es ist ein reizender Mann. Er hat mir einen Konsulatsangestellten, einen gebildeten Chinesen, als Führer und Dolmetscher geschickt, so daß ich mongolische Lamas besuchen konnte, die mir zwar liebenswert und unbedeutend, aber sehr viel »sauberer« als ihre tibetischen Kollegen vorgekommen sind! Sie haben mir eine gut ausgestattete Bibliothek gezeigt. Morgen will ich die Kaiserpaläste, das Chinesenviertel und einige andere Tempel besichtigen. Übermorgen breche ich dann nach Peking auf und unterbreche die Reise für eine Nacht in Schan-hai-kuan. (...)

Peking, 12. Oktober 1917

Seit vier Tagen bin ich jetzt in Peking. Die Fahrt durch die Mandschurei und der Besuch der Großen Chinesischen Mauer in Schan-haikuan haben mir ausgezeichnet gefallen. Peking hat keine außergewöhnliche Attraktion zu bieten, abgesehen vielleicht von seinem schönen, blauen, strahlend hellen Himmel, der sich von der Feuchtigkeit und den trüben Farben, die man in Japan fast immer und überall vorfindet, deutlich unterscheidet. Davon abgesehen ist Peking eine große Stadt, die gepflegt und — den Reiseführern zum Trotz — überhaupt nicht schmutzig ist. Die Häuser sind zum größten Teil einstöckig und, von den Geschäften abgesehen, mit Mauern umgeben. Im Labyrinth der engen Gassen, das hinter den Durchgangsstraßen verborgen liegt, mußte ich plötzlich an Pompeji denken. In einer Mauer befindet sich eine Tür, doch öffnet man sie, so gibt sie nur den Blick auf eine weitere Mauer frei, die gleichsam als steinerner Vorhang den Blick auf das Innere verstellt. Geht man an diesem Vorhang entlang, so gelangt man in einen kleinen Hof, der mit Blumentöpfen und auf dem Boden stehenden Körben geschmückt ist. In einer weiteren Wand ist wieder eine Tür, dahinter wieder ein Mauervorhang ... In vornehmen Häusern befindet sich die Wohnung des Hausherrn u.U. erst hinter der dritten oder vierten dieser Umfriedungen. Es ist dort sehr ruhig und sehr privat; ein wenig kommt man sich wie in einem Gefängnis vor. Alles atmet hier den Hauch der Werke des Konfuzius, der — wie einige meiner chinesischen Freunde behaupten — einen unseligen Einfluß auf China gehabt hat. Ich wohne in einem Kloster, einer historischen Stätte: Hier residierte einst der Kaiser vor seiner Thronbesteigung. Die Höfe sind weit, die Mauern hoch; an den Türen halten phantastische Löwen Wache; die Dächer sind reich verziert. Meine Unterkunft ist riesig, die Einrichtung besteht aus geschnitzten, haushohen Ebenholzmöbeln. Chinesischer Vorstellung entsprechend ist alles sehr schön, nach abendländischen Begriffen freilich höchst unbequem. Das Haus liegt sehr günstig, und tagsüber hält es die Sonne schön warm. Sobald sie jedoch nicht mehr scheint, kühlt es empfindlich ab. Ich glaube, im Winter hielte man es hier selbst bei offenem Feuer nicht aus. Aber werde ich denn im Winter noch hier sein? Möglicherweise nicht. Du weißt ja, daß ich in die Mongolei will. Ich bin fest entschlossen, nicht bis zum Frühjahr damit zu warten. Ein Vertreter des Taschi Lama, der mir ein intelligenter, gebildeter Mensch zu sein scheint und viel gereist ist, hat mir versichert, daß ich meine Forschungen mit größerem Erfolg in der Mongolei fortsetzen könne, wo sich — wie in Lhasa — große Kirchenuniversitäten befinden und man mich genauso entgegenkommend behandeln würde wie in Schigatse oder anderswo. Wahrscheinlich könnte ich die Strecke im Automobil zurücklegen, so daß die Reise eine Kleinigkeit wäre. Die Versuchung ist groß, denn bei meinen Nachforschungen vor Ort, in Peking, habe ich feststellen müssen, daß die gebildeten tibetischen Lamas, die sich hier aufhielten, bei Ausbruch der chinesisch-tibetischen Feindseligkeiten das Land verlassen haben. Was hier sonst noch kreucht und fleucht, ist — trotz prunkvoller Seidengewänder und gewichtiger Mienen — in intellektueller Hinsicht nicht der Rede wert. (...)

Peking gefällt mir besser als Kioto oder Tokio. Zumindest äußerlich erscheint mir auch die Wesensart der Chinesen sympathischer. Das ständige Grinsen der Japaner ist auf die Dauer unerträglich. Ich kann mich nicht über sie beklagen, ganz im Gegenteil. Alle, ob sie nun dem öffentlichen Leben angehörten oder nicht, waren äußerst liebenswürdig zu mir. Aber was man hinter der Stirn dieser Leute, denen man auf der Straße begegnet, vermutet, vergiftet die Atmosphäre. Diese kleinen *Japse* sind die *Boches* des Fernen Ostens. Derselbe Geist, der das *Deutschland über alles* hervorgebracht hat, ist in Japan überall zu spüren, von den Leuten am Hof bis zum letzten Straßenfeger. Es sind dies sehr häßliche, sehr gefährliche Mikroben. Sie wollen alles schlucken. Man muß erlebt haben, mit welchen Gesten Leute aus dem Volk, die sich nicht so in der Gewalt haben, einem auseinandersetzen, daß sie die Mandschurei und Korea kassiert haben, daß sie auch China kassieren werden. Und als auf dem Dampfer Indochina in Sicht kam, konnte es sich ein Marineoffizier nicht verkneifen, zu mir zu sagen: »Wir brauchen dieses Land. Sie werden es uns geben.« Nur aus Höflichkeit sagte er nicht: »Wir werden es uns holen.« Überall im Fernen Osten haben sie sich eingemischt, und wie die Deutschen — Verfasser von Baedekern — sind sie unter dem Vorwand, Reiseführer zu erstellen, überall hingezogen und haben alles erforscht, Indochina inbegriffen. Ihr *Indochina-Führer* ist kürzlich erschienen. Unsere braven Verwaltungen in Tongking und anderswo erblicken darin bloße Begeisterung. In Kham, der tibetischen Provinz, die in der Nähe von Yünnan liegt und an Birma grenzt, bilden sie militärische Einheiten aus. Das dürfte kaum in der Absicht geschehen, Tibet zu erobern, denn nach dort können sie nur gelangen, wenn sie ein anderes Land durchqueren. Könnte es nicht so sein, daß sie unter den Staaten Indochinas Grenzstreitigkeiten provozieren wollen, um dann die Situation auszunutzen? Sie müssen jedenfalls etwas vorhaben, denn mehrere vorgebliche Bonzen (drei davon kannte ich persönlich) haben sich aus unerfindlichen Gründen ziemlich lange in Tibet aufgehalten. Sie wollten gewiß nicht die religiösen Sekten kennenlernen, denn angesichts meiner Sachkenntnis mußten sie ihre Unwissenheit eingestehen und sich mit dem Vorwand herausreden, sie hätten Grammatik- und Geschichtsstudien betrieben.

Kürzlich habe ich einen Artikel gelesen, dessen japanischer Verfasser der Auffassung ist, die Aufmerksamkeit der westlichen Länder werde sich nach dem Kriege nicht gerade voll Sympathie auf Japan richten, und man werde in den Japanern die Schüler der Deutschen erblicken. Dieser Japaner verstand sehr wohl, wie es um seine Landsleute steht; aber darf er einfach annehmen, daß man das im Abendlande ebenfalls begreift?

Was die Chinesen angeht, so bieten sie ein Bild des Jammers. Es ist zum Heulen! Sie kommen mir wie ein majestätischer Elefant vor, der von Fliegenschwärmen geplagt wird und nicht weiß, wie er sich ihrer mit seinen riesigen Gliedern entledigen kann. Die Ausländer haben sie bis aufs Mark ausgesaugt, und diese großen Dummköpfe wählen genau diesen Augenblick, um sich gegenseitig in die Haare zu geraten. Überall sieht man Soldaten. Auf der gesamten Strecke durch die Mandschurei wird die Eisenbahnlinie bewacht. Sogar im Zug selbst stehen Soldaten Wache. Diese armen Kerle wirken nicht gerade großartig in ihren europäisch geschnittenen Uniformen, die für Leute ihrer Statur entweder zu eng oder zu weit sind, und man kann sich unschwer vorstellen, daß sich ihre Seele in diesen ausländischen Fetzen noch weniger wohlfühlt als ihr Körper. Wenn der Zug vorüberfährt, erzeugen die Hornisten auf ihren Instrumenten ein paar Mißklänge, und die Soldaten präsentieren das Gewehr. Wozu? ... Es wirkt etwas peinlich und grotesk angesichts dieser weiten Steppe, in der einst die Horden des Dschingis-Chan aufgebrochen sind, um Europa in Angst und Schrecken zu versetzen ... (...)

Manchmal frage ich mich allen Ernstes, ob ich nicht aus Aphur einen Franzosen machen könnte, damit wenigstens etwas bleibt, was mich nach meinem Tode ersetzt. Es gibt sehr viel dümmere Franzosen als diesen Jungen. Aber er ist wie ich: Aphur hat die Seele eines Gelben. Eine Zeitlang wäre er von London oder Paris beeindruckt, würde ordentlich staunen; doch dann würde er allmählich wieder an die Berge dort oben denken müssen, an den Klang der Glocken, der von den *Gömpas* zu den Ortschaften in den Tälern hinabdringt, an die Nächte in der Steppe, wo »so viele Planeten« funkeln, wie der Hirte in »Die Arlesierin« sagt.

16. Oktober

Es sieht im Augenblick gar nicht danach aus, als könnte ich in die Mongolei reisen. Im Auto, dem öffentlichen Verkehrsmittel, wäre es sehr teuer; mit einer Karawane würde es nicht nur sehr lange dauern, ich müßte auch in der kalten Jahreszeit reisen, die uns jetzt bevorsteht. Andererseits weiß ich noch nicht, ob ich in Peking bleiben werde... (...)

Peking, 31. Oktober 1917

Gestern fand ich auf der Post zwei Briefe von Dir vor, die vom 1. und 8. Juli datiert sind. Professor Suzuki hat sie mir aus Japan nachgeschickt. Hab für alle beiden herzlichen Dank; sie sind voller Güte, Zuneigung und unsäglicher Klugheit. Ich war ganz bewegt, als ich sie las. Das einigermaßen ausgefallene Wesen, das ich bin, konnte sich gar keinen *passenderen* Gatten wünschen, als Du es bist — trotz Deiner völligen Andersartigkeit. Sei nicht böse, Mouchy, wenn ich Dir so etwas sage, aber ... wie hast Du Dich doch verändert! Mit Dir ist es wie mit den Weinen, die mit zunehmendem Alter besser werden! Ich bin ganz durcheinander, und ich sende Dir ganz einfach meine liebevollen Gedanken. (...)

Und dann muß ich auch an die Rückkehr denken. Wäre ich alleinstehend, so zöge ich sie überhaupt nicht in Betracht. Aber ich empfinde Dir gegenüber zuviel Zuneigung, als daß ich darauf verzichten möchte, Dich wiederzusehen. Ich werde also zurückkehren, falls ich denn wirklich noch von dieser Welt bin. Vielleicht reise ich eines Tages quer durch Tibet auf dem Landwege nach Indien — *aber darüber darfst Du selbst in Algerien oder Frankreich mit niemandem sprechen,* denn ich könnte sonst großen Ärger bekommen und sogar in Gefahr geraten. Nun, auf der Karte sieht das Ganze ziemlich phantastisch aus, in Wirklichkeit ist es aber gar nicht so schlimm. Ich habe oft an die Berichte von Forschungsreisenden denken müssen, wenn ich durch die Steppe zog oder die hohen, verschneiten Pässe überquerte. In den Büchern kommt einem alles großartig vor, in Wirklichkeit jedoch ist es ganz einfach. Ob man nun auf einem asphaltierten Boulevard oder in der Einsamkeit Tibets unterwegs ist — man muß schlicht die Beine bewegen und einen Fuß vor den anderen setzen. Die Gefahren? ... Ach! Ist es nicht genauso gefährlich, wenn man die Place de la Concorde überquert, wo von allen Seiten die Autos herangeschossen kommen? ... Nun, wenn ich auf dieser Strecke nach Indien zurückkehre, so wird es lange, sehr lange dauern — aber es ist durchaus nicht unmöglich. Ich werde immer auf der Hauptstrecke bleiben, Städte besichtigen und in Dörfern verweilen. Mir ist ja alles erlaubt, sogar zum Betteln kann ich meine Zuflucht nehmen. Die Leute würden eine *Jogini,* die so viele Pilgerstätten besucht hat, freundlich aufnehmen. (...)

(...) Mouchy, Du wirst eine wenig temperamentvolle Lebensgefährtin in mir haben. Doch es wird zu ertragen sein. Wenn Du nicht gerade darauf bestehst, das ganze Jahr über in einer großen Stadt zu wohnen, werden wir ohne größere Schwierigkeiten miteinander auskommen ... In Frankreich gibt es viele schöne Orte, etwa in den Alpen, den Cevennen, den Pyrenäen oder am Mittelmeer, und auch in Algerien gibt es manches schöne Plätzchen. Ich lege allerdings großen Wert darauf, daß ich eine Wohnung für mich allein habe, wo ich um drei Uhr morgens aufstehen und um neun Uhr zu Bett gehen kann, wo ich mich, wenn ich gerade Lust dazu habe, eine oder zwei Wochen einschließen kann, ohne daß ich Dich störe oder von Dir gestört werde. Das ist nicht sehr schwer. Du empfängst, wen Du willst, aber Du verlangst nicht von mir, dabei anwesend zu sein, mich umzuziehen, an Festessen teilzunehmen oder mich einladen zu lassen. Versteh mich recht, Mouchy, ich komme Deinetwegen — allein Deinetwegen — zurück, weil ich Dich aufrichtig gern habe, weil ich in Deiner Gesellschaft glücklich sein werde, was hoffentlich auch umgekehrt ein wenig der Fall sein wird. Doch vom Ehrgeiz bin ich ebenso befreit wie von aller weltlichen oder häuslichen Fronarbeit, und ich werde mir keine mehr aufladen. Was das Leben in Gemeinschaft oft so unerträglich macht, ist die Tatsache, daß sich die Leute gegenseitig zur Last fallen. Man soll sich sehen, wenn man es wünscht, aber auch allein bleiben können, wenn einem danach zumute ist; denn ist es nicht eine unnötige Strapaze, wenn jeder zur gleichen Zeit immer das gleiche tun soll wie der andere! Aber wir haben ja noch genügend Zeit, um über diese Dinge zu sprechen. Im Augenblick will der Krieg einfach kein Ende finden. Ich habe gestern von dem Unglück erfahren, das Italien betroffen hat: Alles gewonnene Gelände verloren und ein Armeekorps in Gefangenschaft. Man fragt sich wirklich, ob es sich bei den *Boches* um Menschen oder mit übernatürlichen Kräften ausgestattete Teufel handelt. Bei uns mußten sie etwas zurückweichen, aber die Frage ist, ob sie nicht wiederkommen. Und mit welchem Stolz wird sie ihr Sieg über die Italiener erfüllen! Das scheint immer so weiterzugehen!

Ich freue mich zu hören, daß Du mit Deiner neuen Tätigkeit zufrieden bist. (...) Nun, man sollte sich nicht beklagen. Was würdest Du erst sagen, wenn Du mein mageres Budget in einem Land zu finanzieren hättest, wo man mit Dollars zahlt, die heutzutage fast 5 Francs wert sind! Ich weiß zwar nicht, was Dir Deine Köchin zubereitet, aber Du darfst sicher sein, daß es sehr viel besser ist als das spartanische Süppchen, das mir Aphur vorsetzt. Apropos Köchin: Bist Du mit Deiner Algerierin zufrieden? Schläft auch ihr Mann bei Dir zu Hause? Es ist jedenfalls gut und vorsichtig, wenn man zu mehreren in einem Haus ist. Und hast Du von Sophie etwas gehört? Wie ist es Tahar in der Armee ergangen? Er muß ja schon ziemlich alt sein! Kümmere Dich um ihn! Er hat nicht gerade ein sehr lustiges Hundeleben gehabt; mag er wenigstens im Alter ein paar ruhige Tage genießen. Man sollte ihm keine Gräten mehr zu fressen geben, ein alter Magen verdaut so etwas nicht so gut wie ein junger, und es könnte dem armen Hundchen Schmerzen verursachen. Man sollte gütig sein, das ist noch immer das Beste! Ein ganzes Meer von Leid lastet auf den Lebewesen, und trotzdem geben sie sich alle Mühe, sich auch noch gegenseitig zuzusetzen. Ich muß schon die ganze Zeit über viel an meinen Vater denken. Wie traurig sein Alter doch war! Meine Mutter war bis zum letzten Tag hartherzig zu ihm. Armer Papa! Vielleicht hätte er es sich gewünscht, daß ihn jemand gern hat ... Er war kein Buddhist, er glaubte an die Wirklichkeit des Lebens. So vieles von ihm fällt mir wieder ein; traurig, traurig! Und meine Mutter: ihre elenden alten Tage einer bewußtlosen Gelähmten! Traurig, ja herzzerreißend! Und alles übrige ... die lange Reihe von Tagen, die das Leben ausmachen ... ich sehe mich selbst, sehe die anderen vor mir, die Menschen, die Tiere, sogar meine Hunde, die ich in Sikkim zurücklassen mußte. Das Leiden verschlingt alles. Und Du meinst, man solle in diese Hölle zurückkehren, wenn man bereits mit einem Fuß draußen ist, wenn man bereits die frische Luft geatmet hat, die das Fieber lindert, und einen heiteren Horizont erblickt hat, den der ermüdende Tanz gemarterter Schatten nicht zu trüben vermag ...

Doch weißt Du, ich möchte diesen Brief nicht in so düsterer Stimmung beenden. (...)

Wirst Du froh sein, wenn Du demnächst erfährst, daß ich Peking verlassen habe? Du schienst mir nicht gerade erbaut davon zu sein, daß ich hier bin. In der Tat herrscht in dieser Stadt vor allem eine beängstigende Atmosphäre der Unsicherheit. Um neun Uhr abends hockt jeder in seiner Stube. Nicht einmal Mäuse sieht man auf der Straße; es ist ihnen dort nicht sicher genug, heißt es! Da ist mir, offen gesagt, das nordafrikanische Hinterland lieber.

Neulich habe ich den berühmten »Sommerpalast« besichtigt. Er ist gewiß hübsch, hat aber überhaupt nichts Majestätisches. Die Gebäude wirken so zerbrechlich, als stammten sie aus einer Spielzeugkiste. Alles in allem gibt es nichts sonderlich Beeindruckendes in Peking, abgesehen vielleicht von den Toren der riesigen Stadtmauer, die wirklich sehenswert sind. (...)

Peking, 26. November 1917

In Peking ist es empfindlich kalt geworden, und man ahnt bereits, welche Temperatur uns in einem Monat hier erwartet. Der Himmel ist jedoch blau, die Sonne scheint, und das ist immerhin tröstlich. Zum Besten, was Nordchina zu bieten hat, gehört sein herrlich blauer Himmel, der alles mit strahlendem Licht überflutet. Nach dem japanischen

Nebel ist mir dieser Wechsel besonders angenehm. Neulich unterhielt ich mich über dieses Thema mit einer Nonne des französischen Krankenhauses, die sich schon lange in China aufhält. Ich argwöhnte, es könnte sich vielleicht in diesem Jahr um einen Ausnahmefall handeln, und fragte sie, ob das Wetter hier immer so gut sei wie im Augenblick. »Immer«, antwortete sie mir. »Es ist ununterbrochen schön, nur ab und zu ein Sandsturm, der sich aber rasch wieder legt.« »Und wie steht es mit dem Regen, Schwester?« »Im Juni regnet es etwas, aber sehr wenig und nur kurz. Auf allen Feldern, die Sie hier sehen, gedeiht nur durch Bewässerung etwas. Der Regen würde nicht eimal ein Radieschen zum Sprießen bringen, aber das in Kanäle geleitete Flußwasser reicht aus. Manchmal — wie z.B. im vergangenen Monat — kommt es sogar zu einer Überschwemmung.«

Damit die Flüsse so viel Wasser führen können, muß es ja wohl irgendwo regnen. Ich fragte den Lama, mit dem zusammen ich reisen werde und dessen Heimat in der Nähe des Quellgebietes des Gelben Flusses liegt, des großen schrecklichen Stromes, der alles überflutet. »Oh«, sagte er zu mir, »es regnet bei uns sehr wenig. Der Himmel ist ständig blau, und alles ist sehr, sehr trocken. Aber es gibt Flüsse bei uns. Mein Hauptkloster liegt in der Nähe von neun Flüssen, die alle in den Gelben Fluß münden. An Wasser fehlt es uns nicht, wir kommen durchaus ohne Regen aus.« Doch gerade das ist erstaunlich, denn woher stammt all das Wasser, das aus einer ausgesprochen trockenen Gegend kommt und ein Land bewässert, das nicht weniger trocken ist?

Die Abreise des Lamas verzögert sich, und das verdrießt mich, denn einerseits werden wir so bei noch größerer Kälte reisen, andererseits verursacht mir der längere Aufenthalt in Peking unnötige Kosten — doch was soll ich machen! Auch hält sich der Lama hier nicht zu seinem Vergnügen auf. Ich habe erfahren, daß er nicht nur die Güter der Lamas der roten Sekte in der Gegend des Kuku-nor verwaltet, sondern außerdem eine Art Richter und Beamter ist, der von der chinesischen Regierung ein Gehalt bezieht. Auf die Zahlung eben dieses Gehaltes wartet er jetzt. In China ist es mit den Beamten ähnlich wie in Spanien; sie werden nur unregelmäßig bezahlt und oft nur dann, wenn sie denen, die den Staatssäckel in Verwahrung haben, Geldgeschenke machen.

Er hat mich ein paarmal besucht, und die günstige Meinung, die ich von ihm hatte, ist bestätigt worden. Er ist ein kluger und gebildeter Mann, der bestrebt ist, sich die wissenschaftlichen Erkenntnisse des Abendlandes anzueignen, um sie seiner Umgebung zugute kommen zu lassen. Leider hat er es sich jedoch dabei in den Kopf gesetzt, mich als Lehrer zu benutzen. Was soll ich nicht alles unterrichten: Astronomie, Anatomie, Arithmetik! Rechnen lasse ich mir ja noch gefallen, aber Astronomie und Anatomie — stell Dir das nur vor! Der gute Mann hat mir im übrigen einen Haufen kleiner Bücher gebracht. Er hat durchaus etwas Ahnung von der Materie und hat es sich in den Kopf gesetzt, auf tibetisch ein kleines Werk über die Bewegung der Erde, die Gezeiten, die Planeten usw. zu verfassen, und möchte mich als Mitarbeiter gewinnen. Was einem nicht alles auf dieser Welt so widerfährt!

Wir waren, so scheint mir, übrigens von vornherein dazu bestimmt, im Land der Mongolen pädagogisch aktiv zu werden. Hör Dir folgendes an: Da er wußte, daß meine Reserven allmählich knapp wurden, unterbreitete mir Aphur einen genialen Vorschlag. »Ich werde mir dort unten«, meinte er, »ein paar Schüler suchen, Kinder reicher Eltern, denen ich Englisch beibringe. Ich zeige Ihnen jeweils am Abend zuvor, was ich am nächsten Tag im Unterricht machen werde, damit Sie es verbessern können. Man wird mir, der Sitte gemäß, Geschenke bringen, und zwar sowohl in Form von Geld als auch von Naturalien – Butter, Mehl und Reis. Wir werden davon gut leben können und heben Ihr Geld für andere Ausgaben auf.« Was sagst Du dazu? Das Ganze hat mich an den Wert echter Tugend erinnert: »Der Diener, der im Notfall seinen Herrn ernährt.« Ich mußte lachen, aber die Idee des Jungen könnte tatsächlich einmal von Nutzen sein. (...)

Wie ärgerlich ist es doch, sich mit solchen Schwierigkeiten herumschlagen zu müssen! Ich nehme an, daß Du mich verstehst und mir das Nötige schickst, sie zu beheben. (...)

Ich rechne fest damit, daß es am Kuku-nor anders sein wird, andernfalls bleibt uns nur ein Sprung in besagten Blauen See übrig! (...)

(...) Der Sohn des Lama-Richters ist ein ausgesprochen hübsches, sehr nettes und aufgewecktes Kerlchen im Alter von etwa elf Jahren. Mir scheint, daß wir noch eine hübsche Mama zu sehen bekommen, denn der Papa ist äußerst häßlich, und sein Sohn sieht ihm kaum ähnlich. Der listige Knirps hat seine kleine schwarze Hand in die meine gelegt und erklärt: »Wir werden zusammen Ausflüge machen; ich werde Ihnen das Land zeigen, und Sie werden mir Englisch beibringen. Dafür werde ich Sie im Chinesischen und Mongolischen unterrichten.« Dieser Junge ist genauso ehrgeizig wie sein Vater. Besagter Vater geht übrigens nach Grundsätzen vor, die eines Brutus würdig wären: »Wenn mein Sohn«, so sagt er, »gescheit ist, viel lernt und ein gebildeter Mann wird, mache ich ihn zu meinem Erben – das heißt, daß er die verschiedenen Lamaämter und die damit verbundenen Pfründen erbt; andernfalls berücksichtige ich ihn nicht, er wird nicht mein Sohn sein und irgendein Bauer werden!«

So mühen sich denn überall auf dieser Welt die Leute ab, um etwas darzustellen; sie hoffen, ängstigen sich und kämpfen, um schließlich wenige Jahre nach ihrem Tode vergessen zu sein. Auch in einem Ameisenreich herrscht emsige Betriebsamkeit. Doch der Fuß des Spaziergängers, der gar nicht ahnt, was er anrichtet und welche Katastrophe er verursacht, zertritt die Arbeiter, die Armee, die Redner ... und die Trümmer des Reiches versinken im Sand.

Ach, wie wohl täte mir die Ruhe, wenn ich ihrer irgendwo teilhaftig werden könnte. Doch selbst in der Wüste ist sie nicht zu finden. Man muß sie dort suchen, wo die Buddhas sie entdeckt haben: im eigenen Denken, das so klar und leer geworden ist wie der wolkenlose Raum ...
(...)

Peking, 9. Dezember 1917

Es geht nicht voran; zwei Tage lang hat es heftig gestürmt, und die Temperatur liegt bei fast 20 Grad unter Null, was für den Winter in Nordchina normal ist. Ich ertrage die eisige Kälte, so gut ich kann, es ist gar nicht einmal so schlimm. Du wirst Dir denken können, daß es in meinem Haus — einer Kathedrale aus Pappkarton, ohne Mauern — nicht gerade warm ist. Ich kann fast überhaupt kein Feuer machen; es sind lediglich zwei irdene Töpfe vorhanden, in denen man Kugeln aus einem Gemisch von Erde und Kohle verbrennt, wie man sie auch in Frankreich herstellt. Diese beiden Behälter muß ich von einem Ort zum anderen tragen, je nachdem, ob ich gerade koche, ein Bad nehme oder mich in meinem Zimmer aufhalte. Eigentlich brauchte ich einen großen Ofen, aber so kurz vor der Abreise möchte ich kein Geld dafür ausgeben, mir einen aufstellen zu lassen. Trotzdem muß ich mir wohl einen Ofen kaufen und in die Mongolei mitnehmen. Ich kann nicht den ganzen Winter ohne Heizung auskommen; außerdem brauchen wir ja auch einen Herd zum Brotbacken.

Ich war angenehm überrascht, als ich erfuhr, daß der Lama mit Papieren ausgestattet ist, die ihn dazu berechtigen, Pferde und Fahrzeuge zu requirieren und sein Gepäck auf diese Weise umsonst zu transportieren. Freundlicherweise läßt er mich an dieser Vergünstigung teilhaben und befördert meine Gepäckstücke zusammen mit den seinen. Ich spare viel Geld dabei, denn ich brauche wahrscheinlich nur den Wagen für mich selbst zu bezahlen. Ich habe mich auch mit dem Gouverneur von Kuku-nor getroffen, einem Südchinesen, der zufällig Studienkollege eines meiner Freunde und ebenfalls Kenner der buddhistischen Literatur ist. Er muß mit der Regierung einige Fragen klären und hält sich seit einer Woche hier auf. Er nimmt an, daß er im Frühjahr in sein Amt zurückkehrt, und hat mir ähnliche Transporterleichterungen angeboten für den Fall, daß ich von meinem Gepäck in Japan etwas kommen lassen will.

Mein Lama kann noch immer nicht abreisen. Seine Kisten sind gepackt und zugenagelt, er rechnet täglich damit, daß ihm die Finanzver-

Alphabetisches Verzeichnis von Fachbegriffen, die in Alexandra David-Néels Briefen erwähnt werden.

Amaterasu, japanische Sonnengöttin des → Schintoismus.
Amitabha, »von unermeßlichem Licht«, im Spätbuddhismus ein → Buddha, der die Gläubigen nach dem Tod in sein Paradies aufnimmt.
Arjamarga, Weg der Edlen, Teilnahme am hinduistischen Weisheitsweg.
Arthabaja, Held des indischen Nationalepos → Mahabharata.
Aschram (Ashram), Einsiedelei, auch Sammlungs- und Besinnungsort religiös Gleichgesinnter.
Awalokiteschwara, Schirmherr der buddhistischen Kirche in Tibet, ein → Bodhisattwa.
Bhagawadgita, »Gesang des Erhabenen«, meistgelesenes Besinnungsbuch Indiens, Teil des Nationalepos → Mahabharata.
Bhikku (Bhikschu), buddhistischer Mönch.
Bodhisattwa, »Wesen, dessen Ziel die Erleuchtung ist«, — in den Geburtslegenden → Buddhas frühere Daseinsformen des künftigen Buddha in Tier-, Mensch- und Gottgestalt. Im → Mahajana-Buddhismus werden zahlreiche Bs. als heilstiftende himmlische Wesen verehrt.
Brahma, männliche indische Gottheit, die als Schöpfer und Lenker der Welt gilt und seit der 2. Hälfte des 1. Jahrtausends n. Chr. mit → Schiwa und → Wischnu als göttliche Dreiheit vorgestellt wird.
Buddha, »der Erleuchtete« (560—480? v. Chr.), Religionsstifter und Begründer des → Buddhismus.
Buddhismus, die von → Buddha im 6. Jahrhundert v. Chr. begründete Religion, die sich in friedlicher Mission über den größten Teil Asiens verbreitete.
Dhammapada, ethisch-religiöse Spruchsammlung, die zum Kanon der Heiligen Schriften des Buddhismus gehört.
Dordsche, tibetisches Gebetszepter.
Ganescha, in der indischen Mythologie der Gott, der die Hindernisse beseitigt und die Gelehrsamkeit schützt.
Ghats, Ufertreppen des Ganges in Benares.
Gitagowinda, indisches Gedicht (12. Jahrhundert n. Chr.), das in zwölf Gesängen den Gott → Krischna und seine Geliebte Radha besingt.
Gömpa (Gompa), tibetisches Kloster.
Gömptschen (Gomptschen), tibetischer Wandermönch und Einsiedler, oft in der Nähe einer → Gömpa lebend.
Gopis, Hirtinnen, in den indischen Legenden Gespielinnen des → Krischna.
Guru, »altehrwürdiger«, geistlicher Lehrer.
Hinajana, »kleines Fahrzeug«, ältere Richtung des Buddhismus mit star-

ker asketischer Ausprägung, heute besonders in Ceylon, Birma, Thailand, Laos, Kambodscha verbreitet. H. wird deswegen auch als »südlicher« Buddhismus bezeichnet.

Hinduismus, indische Religion, die sich als »ewige Lehre« versteht. Der H. entstand etwa um 800 v. Chr.

Jainawalka, ein Held des Epos → Mahabharata.

Joga, die Schulung der geistigen Konzentration in den Religionen Indiens.

Jogi, ein Ausübender des → Joga.

Kali, »die Schwarze«, indische Göttin vom Typus der »Große(n) Mutter«.

Konfuzius, latinisiert aus K'ung-(fu)-tse (551—479? v. Chr.), chinesischer Philosoph und Gelehrter.

Krischna, »der Schwarze«, die achte irdische Erscheinungsform → Wischnus. Im indischen Nationalepos → Mahabharata verkündet K. die → Bhagawadgita.

Lamaismus, tibetische Form des → Buddhismus, eine ausgesprochene Mönchsreligion, in der die Lamas (»Lenker, Lehrer«) als vollgeweihte Geistliche im Mittelpunkt stehen. Religiöses Oberhaupt ist der Taschi Lama, oberster weltlicher Machthaber der Dalai Lama.

Lao-tse, chinesischer Philosoph, dessen berühmtestes Werk das »Tao-te-king« ist. Über Leben und Werk des L. (zwischen 300 und 600 v. Chr.) bestehen bis heute bei Fachgelehrten tiefgreifende Meinungsverschiedenheiten.

Mahabharata, das »große Indien«, Nationalepos der Inder. Es enthält mehr als 80 000 Doppelverse zu 32 Silben. Der Titel M. wird schon im 4. Jahrhundert v. Chr. erwähnt.

Mahadewa, »großer Gott«, Beiname des → Schiwa.

Mahajana, »großes Fahrzeug«, jüngere, etwa zu Beginn der christlichen Zeitrechnung entstehende Form des → Buddhismus, heute besonders in Nepal, Vietnam, China, Korea und Japan verbreitet und daher auch als »nördlicher« Buddhismus bezeichnet. Im Gegensatz zum → Hinajana werden im M. mehr die kosmologischen Prinzipien der Welterklärung betont und eine aktivistische Ethik befürwortet.

Mahawira, »großer Held«, Beiname Wardhamanas, des Begründers der Dschaina-Sekte, die heute noch recht großen Einfluß in Indien ausübt. Ein wesentlicher Bestandteil des Dschainismus ist die Einhaltung der »ahimsa«, das Nichtverletzen von Lebewesen.

Maja, Prinzip der indischen Philosophie, das die vergängliche Vielfalt der Welt kennzeichnet.

Mandala, »Kreis«, ein Diagramm, das in indischen Religionen als mystisches Meditationshilfsmittel dient.

Mantra, »Spruch«, Hymnen und Formeln, die bei Meditationen und

magischen Handlungen verwandt werden, gebräuchlich im →
Buddhismus, → Hinduismus und → Lamaismus.

Matham, indisches Kloster.

Milarepa (Mi-La-Ras-Pa), tibetischer Dichter des 11. Jahrhunderts.

Mokscha, Sanskritwort für »Erlösung«, die im → Hinduismus in der Befreiung aus dem Kreislauf individueller Wiedergeburten gesehen wird.

Nirwana, »das Erlöschen«, »des Leidens Ende«, — im → Buddhismus die Loslösung aus dem Geburtenkreislauf und die Befreiung von dem Leiden des Diesseits. Dieser Zustand kann von dem Erlösten schon in diesem Dasein erreicht werden, das N. »der diesseitigen Ordnung«. Mit dem Eintritt des Todes verbürgt das N. die Unmöglichkeit, in einer individuellen Existenz wiedergeboren zu werden → (Pari-N.).

om mani padme hum, ein → Mantra des → Lamaismus. Om und hum sind mystische Silben, mani wird gedeutet als »O du Edelstein« und padme als »im Lotus«, also: »Om, o du Edelstein im Lotus, hum.«

Padmasambhawa, »der aus dem Lotus Geborene«, buddhistischer Lehrer und Wundertäter, der in Tibet seit 747 n. Chr. den → Tantrismus verbreitete.

Pandit, Gelehrter, Lehrer, altindischer Titel.

Pari-Nirwana (Parinirwana), die nach dem Tode des Körpers gesicherte Vollkommenheit des → Nirwana.

Radscha-Joga, die Stufen 6—8, die höchsten der meditativen Läuterung im → Joga.

Rama, der Held des indischen Epos »Ramajana«, das etwa zwischen 400 und 200 v. Chr. entstanden ist.

Ramakrischna, indischer Mystiker (1836—1886). R. versuchte einen visionären Gottesbegriff zu begründen, in dem die Übereinstimmung aller Religionen zu erkennen sein sollte.

Sadhu, »guter Mann«, »Heiliger«, in Indien Bezeichnung für einen Hindu-Asketen.

Sallasutta, indisches Totengebet.

Samadhi, »Versenkung«, die achte Stufe des → Joga, auf der man »im Leben erlöst« ist.

Sannjasin, indischer Wandermönch, der als Asket umherzieht.

Schankaratscharja, indischer Philosoph, bedeutender Vertreter des → Wedanta. S. lebte vermutlich in der 1. Hälfte des 8. Jahrhunderts.

Schintoismus, japanische Religion mit der Sonnengöttin → Amaterasu an der Spitze von Natur- und Ahngottheiten.

Schiwa, »der Gütige«, der »Freundliche«, einer der hinduistischen Hauptgötter, der als Gott der Zerstörung und als Heilbringer angesehen wird.

Shingon-Sekte, buddhistische Sekte in Japan, begründet im Jahre 816.

Siddhipuruscha, ein → Jogi, der übernatürliche Kräfte erworben hat.
Sutra, »Faden«, Mz. Sutren, im indischen Schrifttum kurze, prägnante Merksätze.
Swami, indischer Mönch.
Tantra, »Gewebe«, das Lehrsystem des → Tantrismus.
Tantrismus, eine im → Hinduismus und → Buddhismus auftretende Religionsbewegung, die etwa ab 500 n. Chr. entstand. Im T., der auf Erlösung aus der Seelenwanderung abzielt, steht eine starke Ritualisierung religiöser Formen im Vordergrund.
Tschakra, »Rad«, »Scheibe«, indische Waffe, ein geschärfter Stahlring, der geschleudert wird.
Tschenresi, »der Herr, der in uns ist«, der tibetische Name des → Bodhisattwa → Awalokiteschwara.
Tschörten (Tschorten), tibetischer Kult-Schrein.
Tschutra, heilige Stelle in indischen Tempeln.
Tulku, Oberpriester des → Lamaismus. Ein T. stellt die irdische Verkörperung eines → Bodhisattwas dar.
Upanischaden, eine Gattung altindischer theologisch-philosophischer Texte. Die älteren U. sind etwa 800−600 v. Chr. entstanden, die jüngeren U. reichen bis in die Zeit um 1500 n. Chr.
Waischnawa, Gläubige des Gottes → Wischnu.
Weda (Veda), »Wissen«, die älteste religiöse Literatur der arischen Inder. Der W. besteht aus mehreren, durch Form, Inhalt und Abfassungszeit verschiedenen Schichten. Die ältesten Teile des W. stammen aus der Zeit vor dem ersten Jahrtausend v. Chr.
Wedanta (Vedanta), »Ende des → Weda (Veda)«, ursprünglich gemeinsamer Name für die → Upanischaden, deren Lehren in den »Brahmasutren«, dem Grundwerk aller W.-Schulen, systematisiert wurden.
Wetala (Vetala), sagenhafter indischer Vampir, der auf Friedhöfen leben soll.
Wischnu, einer der Hauptgötter des → Hinduismus. In der Vorstellung der Gläubigen sorgt er für den Schutz und die Erhaltung der Welt.
Wischnuismus, eine etwa seit 400 n. Chr. immer mehr an Einfluß gewinnende indische Religion, in deren Mittelpunkt die Verehrung → Wischnus steht.
Wiwekananda (Vivekananda), indischer Mystiker (1863−1902), der bedeutendste Schüler des → Ramakrischna.
Zen, »Kontemplation«, »Selbstversenkung«, buddhistische Lehre der Meditation (begründet um 520 n. Chr.), heute besonders in Japan verbreitet.